Robison Cris Brito

ANDROID

com Android Studio

passo a passo

Android com Android Studio – passo a passo
Copyright© Editora Ciência Moderna Ltda., 2017

Todos os direitos para a língua portuguesa reservados pela EDITORA CIÊNCIA MODERNA LTDA.
De acordo com a Lei 9.610, de 19/2/1998, nenhuma parte deste livro poderá ser reproduzida, transmitida e gravada, por qualquer meio eletrônico, mecânico, por fotocópia e outros, sem a prévia autorização, por escrito, da Editora.

Editor: Paulo André P. Marques
Produção Editorial: Dilene Sandes Pessanha
Capa: Daniel Jara
Diagramação: Janaina Salgueiro
Copidesque: Eveline Vieira Machado

Várias **Marcas Registradas** aparecem no decorrer deste livro. Mais do que simplesmente listar esses nomes e informar quem possui seus direitos de exploração, ou ainda imprimir os logotipos das mesmas, o editor declara estar utilizando tais nomes apenas para fins editoriais, em benefício exclusivo do dono da Marca Registrada, sem intenção de infringir as regras de sua utilização. Qualquer semelhança em nomes próprios e acontecimentos será mera coincidência.

FICHA CATALOGRÁFICA

BRITO, Robison Cris.

Android com Android Studio – passo a passo

Rio de Janeiro: Editora Ciência Moderna Ltda., 2017.

1. Informática. 2. Linguagem de Programação
I — Título

ISBN: 978-85-399-0763-2

CDD 01.642
005.133

Editora Ciência Moderna Ltda.
R. Alice Figueiredo, 46 – Riachuelo
Rio de Janeiro, RJ – Brasil   CEP: 20.950-150
Tel: (21) 2201-6662/ Fax: (21) 2201-6896
E-MAIL: LCM@LCM.COM.BR
WWW.LCM.COM.BR

Dedicatória

Dedico esta obra a todos os amantes de novas tecnologias, que não se cansam nas atividades de pesquisar, estudar e aplicar o que aprenderam na prática, reunindo materiais, comprando livros, assistindo vídeos sobre este mundo novo; um mundo desafiador que engloba muitos dispositivos móveis (que já não são tão limitados), tais como celulares, smartphones, tablets, TVs Digitais, entre outros pequenos dispositivos que fazemos uso.

Também dedico esta obra à minha família! Aos meus pais que não mediram esforços para me dar a melhor educação, à minha irmã, e à minha amada esposa Jaqueliny, que abriu mão de minha presença nas minhas inúmeras horas de pesquisas e estudos. E claro, dedico especialmente esta obra às minhas filhas, Isabella Liz e Lara Beatriz, que fazem tudo em minha vida valer a pena. Papai ama vocês!

Agradecimentos

Agradeço especialmente a Deus pela oportunidade de escrever e publicar esta obra, assim como outras envolvendo tecnologias com que trabalho e tenho o maior prazer em compartilhar o pouco que aprendi durante os últimos anos.

Um muito obrigado à Universidade Tecnológica Federal do Paraná - Câmpus Pato Branco, onde tive a oportunidade de iniciar meus estudos em 1996, no curso técnico em eletrônica, e desde então a universidade tornou-se minha casa, e meus colegas de trabalho, minha família, pois nela cursei a minha graduação, fiz especialização, cursei o mestrado e atualmente sou professor das disciplinas que envolvem computação móvel no curso Superior de Tecnologia em Análise e Desenvolvimento de Sistemas e no curso de Engenharia de Computação. Obrigado a todos pela confiança e oportunidade.

Também não poderia deixar de agradecer às pessoas, profissionais e empresas que compartilharam parte do seu tempo comigo, nas infindáveis conversas envolvendo novas tecnologias, sejam nas palestras, nos eventos, em salas de aula ou nos corredores, experiências sobre o mercado de trabalho, sobre as tendências neste mundo e sobre projetos que existem hoje, informações que muitas vezes não estão em livros, mas que possuem igual valor.

Agradeço também ao grande profissional e amigo Ricardo da Silva Ogliari, com quem tive o prazer de escrever outra obra envolvendo a tecnologia Android e com quem compartilho muito tempo, seja escrevendo artigos, ministrando palestras em conjunto, ou simplesmente, jogando conversa fora. Obrigado Ricardo pelas oportunidades.

Por fim, porém não menos importante, um muito obrigado especial à minha família, minhas lindas filhas, a todos que direta ou indiretamente contribuíram para a construção desta obra.

Prefácio

É incontestável o impacto que os dispositivos móveis possuem na vida das pessoas nos dias de hoje. Estamos passando por uma nova revolução – a revolução da informação, e a prova está nas mãos das pessoas (ou no bolso, ou na bolsa, ou em cima de suas mesas, ou em qualquer lugar que se deixe os celulares, smartphones ou Tablets).

Estes "inocentes" dispositivos permitem que o usuário esteja conectado à rede mundial de computadores – a Internet – 24 horas por dia, não apenas consumindo informações, mas também alimentando essa grande rede, em especial no que diz respeito às redes sociais, blogs, compartilhando fotos e vídeos em tempo real.

Hoje, é cada vez mais difícil estarmos invisíveis a este mundo digital. Praticamente todas as pessoas já possuem um dispositivo móvel, seja para fazer ligações e enviar mensagens, seja para acessar e-mail, Internet, usar aplicativos, utilitários que utilizam recursos como GPS, sensores, mapas, desde um simples controle financeiro até um sofisticado sistema de biometria, temos praticamente todos esses recursos na palma da mão.

Com tantas oportunidades, é natural que tenhamos diferentes tecnologias para explorar este mundo de possibilidades. Das tecnologias para o desenvolvimento de dispositivos móveis, destacam-se: mais recentes plataformas até o fechamento desta obra – o Windows Phone, assim como a mais tradicional – IOS, e, é claro, a plataforma na qual tenho investido muitas horas de pesquisa e estudos – Android.

Esta última destaca-se pela grande aceitação do mercado, já que a maioria dos smartphones disponíveis hoje são Android. Além de possuir um ambiente de desenvolvimento baseado na linguagem Java, está amplamente adotada nas universidades e no mercado de desenvolvimento, e além de uma plataforma de desenvolvimento de software, o Android também é um sistema operacional, que faz com que ambos (plataforma e sistema operacional) trabalhem de forma harmônica, permitindo o acesso aos recursos de baixo nível sem muitas dificuldades.

Estas e outras informações motivaram a escrita desta obra, que visa, em especial, apresentar aos usuários leigos (com pouco ou nenhum conhecimento em programação) o desenvolvimento de aplicativos para esta importante plataforma.

A obra divide o conteúdo em capítulos, apresentando no formato de tutorial (passo a passo) o desenvolvimento de aplicativos para a plataforma Android, apresentando desde a preparação do ambiente de desenvolvimento, até a estrutura dos projetos, o desenvolvimento do HelloWorld, passando por todas as etapas até termos um aplicativo que utiliza persistência de dados e conectividade com a Internet via WebServices.

Para validar o conteúdo, ao final de cada capítulo é sugerido uma lista de exercícios, para que o leitor consiga identificar como foi a assimilação do conteúdo visto.

O objetivo é que, com esta obra, o leitor aprenda a desenvolver para dispositivos móveis, conhecendo os conceitos importantes que permitam aprofundar-se no conteúdo. Este material foi testado ao longo de anos com alunos do curso de graduação e de especialização, apresentando os conceitos de uma forma sequencial e didática. Ao longo desses anos, muitos alunos aprenderam com esse material a utilizar a linguagem Android sem a supervisão de um professor.

Este livro é uma ferramenta útil aos desenvolvedores, acadêmicos, professores, à comunidade tecnológica em geral, que desejam explorar novos horizontes, fugindo do tradicional desenvolvimento para desktop e web.

Uma boa leitura a todos.

Sumário

Capítulo I - Introdução ao desenvolvimento de aplicações Android para dispositivos móveis na plataforma Android Studio 1
- Um pouco da história do Android 4
- Características da plataforma Android 7
- Ambiente de desenvolvimento 9
- Instalando o Android Studio 10
- Atualizando o Android SDK 15
- Criando um AVD – Android Virtual Device 15
- Manipulando um AVD a partir do Android Studio 19
- Concluindo... 22
- Exercícios de fixação do capítulo 22

Capítulo II - Desenvolvimento de um primeiro aplicativo para a plataforma Android .. 25
- Criando a primeira aplicação Android 26
- Concluindo... 37
- Exercícios de fixação do capítulo 37

Capítulo III - Introdução aos componentes visuais básicos da plataforma Android e aos gerenciadores de layout 39
- Desenvolvimento de interfaces visuais 40
- Exemplo de uma interface gráfica possuindo ViewGroup e View 40
- Outras propriedades dos componentes View 46
- Outras características do gerenciador de layout LinearLayout 49
- Utilizando múltiplos gerenciadores de layout: LinearLayout com ScrollView 51
- Utilizando dois LinearLayouts em uma mesma interface 53
- TableLayout 55
- RelativeLayout 56
- AbsoluteLayout 57
- Outros gerenciadores de layout 59
- Criando interfaces a partir do código Java na Activity 59
- Concluindo... 60
- Exercícios de fixação do capítulo 61

Capítulo IV - Tratando eventos simples dos componentes visuais na plataforma Android 63
- Simplificando o tratamento do evento de clique em um botão 70
- Adicionando um evento de clique longo 71
- Concluindo... 74
- Exercícios de fixação do capítulo 74

Capítulo V - Técnicas para a depuração de aplicações Android 77
Estudo de caso – Calcular o IMC 78
Erros de digitação no arquivo XML e no arquivo Java 81
Erros de codificação 84
Utilizando um Breakpoint 85
Verificando o conteúdo das variáveis/objetos durante a execução 88
Executando o aplicativo em um device Android real 90
Concluindo... 93
Exercícios de fixação do capítulo 93

Capítulo VI - Trabalhando com internacionalização e literais na plataforma Android... 95
Estudo de caso – Calcular o IMC 96
Tratando as literais de uma aplicação Android 99
Literais no código da Activity 102
Internacionalizando as aplicações Android 103
Concluindo... 107
Exercícios de fixação do capítulo 108

Capítulo VII - Componentes visuais avançados da plataforma Android 109
Desenvolvendo um aplicativo para o teste dos componentes 110
Componente RadioGroup e RadioButton 111
Componente CheckBox 115
Componente ToggleButton 117
Componente DatePicker e TimePicker 119
Componente ImageButton 121
Componentes de lista 123
Componente ListView 124
Componente Spinner 130
Componente AutoCompleteTextView 132
Componente ProgressBar 134
Concluindo... 138
Exercícios de fixação do capítulo 138

Capítulo VIII - Tratando eventos sofisticados na plataforma Android 141
Eventos de toque 142
Evento de foco 144
Eventos de tecla 147
Adicionando um menu de contexto 148
Utilizando menus 151
Utilizando uma ActionBar 154
Evento de item selecionado 156
Concluindo... 162
Exercícios de fixação do capítulo 162

Capítulo IX - Entendendo o ciclo de vida de uma aplicação Android 165
Funcionamento da Activity Stack 166
Ciclo de vida de uma aplicação Android 167
Estudo de caso para testar o ciclo de vida de uma aplicação Android 168
Exemplos práticos de utilização do ciclo de vida de uma aplicação Android 176
Testando os recursos no método onCreate( ) da aplicação Android 176
Testando recursos no método onDestroy( ) da aplicação Android 177
Pausando e retornando a Activity Android 178
Parando e reiniciando a Activity Android 179
Concluindo... 180
Exercícios de fixação do capítulo 181

Capítulo X - Alternando entre telas e desmistificando a classe Intent 183
Estudo de caso 184
Classes Acitivities 186
Criando uma segunda tela para a aplicação 186
Classe Intent 190
Chamando uma nova tela 190
Chamando uma Activity ao passar um parâmetro 191
Recuperando os parâmetros de outra Activity 195
Utilizando a classe Intent para chamar as telas "nativas" e usar os recursos do Android 200
Concluindo... 202
Exercícios de fixação do capítulo 202

Capítulo XI - Utilizando o SQLite nas aplicações Android 207
SQLite 208
O projeto 208
Usando o SQLite no Android 212
Usando a SQLiteOpenHelper 222
Concluindo... 230
Exercícios de fixação do capítulo 230

Capítulo XII - Utilizando WebService no acesso a dados remotos nas aplicações Android 233
Conectividade utilizando um WebService 234
Desenvolvendo a interface do aplicativo Android 236
Preparando o aplicativo para o acesso ao WebService 238
Acessando um WebService a partir do Android 240
Utilizando a classe AsyncTask 242
Adicionando um ProgressBar ao programa 245
Concluindo... 248
Exercício de fixação do capítulo 249

Capítulo XIII - Utilizando recursos do GPS e mapas nas aplicações Android 251
Entendendo os Geocódigos..253
Usando recursos do GPS em uma aplicação Android 255
Mapas 259
API do Google Maps 260
Baixando e adicionando a biblioteca do Google Play Services ao projeto 260
Utilizando Google Maps em uma aplicação Android 264
Personalizando as características do mapa..266
Concluindo... 268
Exercícios de fixação do capítulo...268

Capítulo Extra I - Persistência de dados com Android utilizando o Eclipse: muito além do SQLite.. 271
Utilizando o SharedPreferences 273
Utilizando a PreferenceActivity..277
Utilizando o armazenamento interno (Internal Storage)...282
Armazenando dados temporários nas aplicações Android 285
Utilizando o armazenamento externo (External Storage) 285
Concluindo... 288
Exercícios de fixação do capítulo...288

Capítulo Extra II - Tirando o máximo de vantagem das classes para o uso de imagens no Android com Eclipse 291
Usando os componentes *Gallery* e *ImageView* 292
Apresentando uma imagem selecionada no centro da tela 297
Utilizando o componente ImageSwitcher..299
Utilizando o GridView para a apresentação de Imagens 302
Concluindo... 305
Exercícios de fixação do capítulo...305

Capítulo Extra III - Introdução à comunicação Bluetooth no Android com o Eclipse 307
Funcionamento técnico do Bluetooth 308
Protocolos 309
Especificações...309
Android e Bluetooth 310
Sistema proposto..311
Desenvolvimento do aplicativo servidor 312
Desenvolvimento do aplicativo cliente 316
Testando o aplicativo Bluetooth..326
Concluindo... 326
Exercício de fixação do capítulo..326

Capítulo I - Introdução ao desenvolvimento de aplicações Android para dispositivos móveis na plataforma Android Studio

> Aprenda os conceitos básicos da plataforma Android, assim como montar um ambiente de desenvolvimento livre usando a IDE de maior destaque para o desenvolvimento Android

Desde o surgimento do primeiro aparelho celular até os dias de hoje, os esforços têm sido grandes para transformar, inovar, criar e aperfeiçoar tecnologias para facilitar e ajudar nas tarefas simples do dia a dia, como se comunicar com outras pessoas, pagar uma fatura em aberto no banco, e até mesmo nos momentos de entretenimento, como jogar, escutar música ou assistir um filme.

O início aconteceu em 1888, quando o físico alemão Heinrich transmitiu pela primeira vez códigos sonoros pelo ar, o que possibilitou não somente o desenvolvimento dos radiotransmissores, como também a primeira ligação telefônica intercontinental em 1914.

Após 26 anos, em 1940, foi criado um sistema de comunicação à distância que possibilitava a mudança de canais de frequência, evitando, assim, que houvesse interceptações no sinal. Sete anos depois, em 1947, a empresa de tecnologia norte-americana, Bell, que hoje faz parte da AT&T, utilizou essa tecnologia para desenvolver um sistema telefônico interligado por várias antenas, batizadas de "células", o que gerou o nome do aparelho que todos nós conhecemos e utilizamos hoje, o aparelho celular.

Em 1956, a Ericsson resolveu unir todas as tecnologias desenvolvidas anteriormente e finalmente criar um aparelho celular, chamado Ericsson MTA (Mobile Telephony A). O aparelho só era móvel se fosse levado em um carro porque pesava quase 40 quilos, e o custo de produção também não facilitava sua popularização. A **Figura 1.1** apresenta uma imagem do Ericsson MTA.

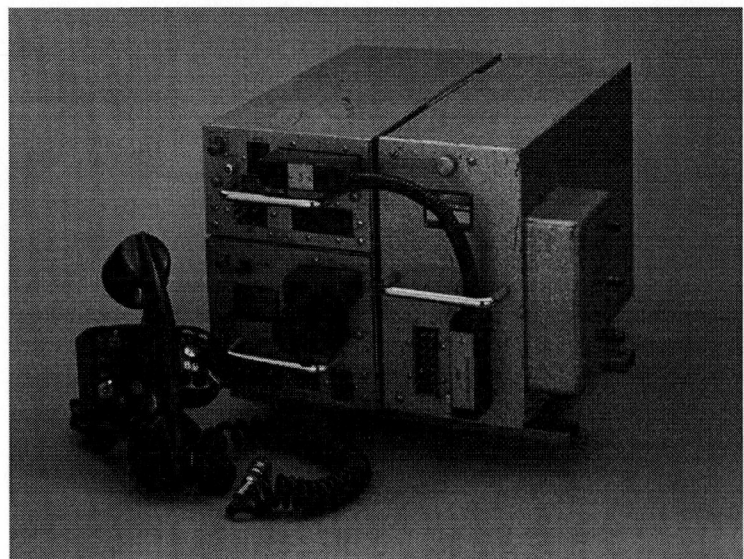

Figura 1.1. Imagem do Ericsson MTA 1.

Na sequência, foi lançado o primeiro aparelho "portátil", que, na verdade, pesava mais de um quilograma, mas que já podia ser transportado sem a ajuda de um veículo. Outra característica desse aparelho eram as limitações, já que sua bateria durava menos de 20 minutos e deveria ser carregada por mais de 10 horas. O aparelho foi batizado de Motorola DynaTAC e pode ser visto na **Figura 1.2**.

Figura 1.2. Imagem do Motorola DynaTAC 1.

Já o primeiro telefone celular lançado no Brasil, em 1990, foi o Motorola PT-550, vendido inicialmente no Rio de Janeiro e logo depois em São Paulo. Como pode ser visualizado na **Figura 1.3**, o aparelho já era um pouco mais compacto, embora ainda fosse analógico.

Figura 1.3. Imagem do Motorola PT-550 1.

Quase 60 anos se passaram e o aparelho que inicialmente pesava quase 40 kg, hoje pode pesar menos de 200 g, evoluindo principalmente em suas funcionalidades, pois inicialmente era utilizado apenas para realizar ligações. Hoje, os aparelhos são utilizados como pequenos computadores, permitindo acesso a informações presentes na Internet, possuem sensores, GPS, mapas, reconhecimento e sintetização de voz, entre muitos outros recursos.

E a popularização do aparelho não para de crescer. Segundo dados da consultora IDC, no segundo trimestre de 2013 foram vendidos 8,3 milhões de smartphones no Brasil, um aumento de 110% da comercialização desses equipamentos em relação ao mesmo período em 2012. Com o aumento da procura desses aparelhos, também aumentou o número de aplicativos, entre eles se destacam aqueles que fazem uso das tecnologias emergentes, como de o GPS (Global Position System), mapas e sintetização de voz.

Assim como as tecnologias e os recursos existentes nos aparelhos celulares, os ambientes de desenvolvimentos para essa plataforma também não param de evoluir. O grande marco do desenvolvimento de aplicativos para dispositivos móveis aconteceu em meados da década de 1990, quando a antiga Sun Microsystem dividiu a plataforma Java em três partes: Java ME (Micro Edition), Java SE (Standard Edition) e Java EE (Enterprise Edition), sendo que a primeira era destinada ao desenvolvimento de aplicativos para a plataforma móvel, tais como, aparelhos celulares e PDA (Personal Digital Assistent).

Na época, os aparelhos eram muito limitados se comparados aos dias de hoje, mas já tinham poder de processamento e armazenamento suficiente para suportarem a execução de aplicativos desenvolvidos na plataforma, assim como contavam com uma rede de acesso a dados, limitada e intermitente, mas que mesmo assim permitia a transmissão de uma quantidade significativa de dados.

A plataforma Java ME se destacou por décadas, porém, não evoluiu na mesma velocidade dos aparelhos, sendo atualizada apenas algumas vezes, em especial, as bibliotecas de desenvolvimento de aplicativos para celular – o MIDP – que passou pelas versões 1.0, 2.0, 2.1 e 3.0. Esta última, na prática, não contava com uma quantidade significativa de aparelhos celulares.

Com a evolução dos aparelhos celulares, que passaram a ser conhecidos como smartphones, assim como a introdução e a disseminação dos tablets na sociedade, houve a necessidade de uma plataforma de desenvolvimento não mais limitada aos aparelhos celulares tradicionais existentes entre 2005 e 2010, e sim uma plataforma de desenvolvimento já concebida para a codificação de aplicativos contando com o poder de processamento/armazenamento não limitado, acesso à rede de alta velocidade, recursos adicionais como telas touch, GPS, sensores e muito mais. Então, surgiu o sistema operacional e a plataforma de desenvolvimento Android.

Um pouco da história do Android

O Android é uma plataforma para o desenvolvimento e a execução de programas para dispositivos móveis, robusta e de fácil utilização/aprendizagem. Foi construída inicialmente por uma pequena empresa de Palo Alto (Califórnia - USA), chamada Android Inc., esta formada por Andy Rubin, Rick Miner, Nick Sears e Chris White. A Android Inc. era inicialmente uma empresa que desenvolvia aplicativos para celulares. Em agosto de 2005, a Google adquiriu a Android Inc. Mesmo com a troca de propriedade, Andy Rubin continuou colaborando com a plataforma Android.

Juntamente com o nascimento da plataforma Android, surgiu também a Open Handset Alliance, ou apenas OHA. Essa aliança foi fundada em novembro de 2007, sendo que, além da Google, outras empresas do setor, como a Intel, Acer, Motorola, Asus, DoCoMo, HTC, Huawei, Sprint, Kyocera, T-Mobile, LG, Samsung, Vodafone, SonyEricsson, Qualcomm e NVidia, uniram-se para fortalecer o crescimento da plataforma Android.

Na sequência, foi lançado o primeiro dispositivo móvel Android Enabled: o HTC T-Mobile, lançado em 2008 - **Figura 1.4**. A versão do Android era a 1.0 e trouxe diversos avanços como a janela de notificações, sincronização com Gmail e link direto para downloads de aplicativos no Android Market, atualmente conhecido como Google Play

Figura 1.4. HTC T-Mobile, primeiro aparelho com Android.

A segunda versão mais conhecida, já lançada com nomes de doces (característicos das versões atuais do Android) foi a 1.5, conhecida como Cupcake, em 2009. Com ela, vieram os teclados virtuais, integração com o YouTube, possibilidade de copiar e colar, e o principal, a possibilidade de fazer download e a instalação de aplicativos de terceiros.

Atualmente, as versões mais encontradas no mercado são as versões 2.2 (Froyo), lançada em maio de 2010, 2.3 (Gingerbread), lançada em dezembro de 2010, 3.0 (Honeycomb), lançada em fevereiro de 2011, 4.0 (Ice Cream Sandwich), lançada em outubro de 2011, as versões 4.1 e 4.2 (Jelly Bean), lançadas em julho/outubro de 2012 respectivamente, a versão 4.4 (KitKat), no final de 2013. A versão 5 (Lollipop)foi lançada em novembro/2014 e a última versão até o fechamento desta obra é o Android 6.0 (Marshmallow), lançada em setembro/2015.

Um fator curioso, sem dúvida, é o de que todas as versões do Android seguem uma nomenclatura de doces e em ordem alfabética. A **Tabela 1.1** apresenta as versões do sistema operacional Android, assim como sua nomenclatura e a versão da API, que é um número sequencial e crescente.

Tabela 1.1. Versões do sistema operacional Android.

Versão	Nome	API
1.0		1
1.1		2
1.5	CupCake	3
1.6	Donut	4
2.0	Eclair	5
2.0.1		6
2.1		7
2.2	Froyo	8
2.3 – 2.3.2	Gingerbread	9
2.3.3 – 2.3.7		10
3.0	Honeycomb	11
3.1		12
3.2		13
4.0	Ice Cream Sandwich	14
4.0.3 – 4.0.4		15
4.1.x	Jelly Bean	16
4.2.x		17
4.3		18
4.4	Kit Kat	19
5.0	Lollipop	21
		22
6.0	Marshmallow	23

Fonte: Adaptado de ANDROID DEVELOPERS, 2013.

Já a **Figura 1.5** apresenta as principais versões do Android no mercado, assim como a porcentagem (%) de sua distribuição. Como a versão 6.0 do Android foi lançado recentemente, este não possui dados significativos para ser apresentado no gráfico.

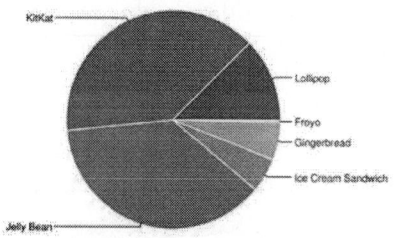

Versão	Codinome	Data de lançamento	Nível API	Distribuição
5.1.x	Lollipop	10 de março de 2015	22	0,8%
5.0-5.0.2		12 de novembro de 2014	21	11,6%
4.4	KitKat	31 de outubro de 2013	19	39,2%
4.3		24 de julho de 2013	18	5,2%
4.2.x	Jelly Bean	13 de novembro de 2012	17	17,5%
4.1.x		9 de julho de 2012	16	14,7%
4.0.3–4.0.4	Ice Cream Sandwich	16 de dezembro de 2011	15	5,1%
2.3.3–2.3.7	Gingerbread	9 de fevereiro de 2011	10	5,6%
2.2	Froyo	20 de maio de 2010	8	0,3%

Figura 1.5. Principais versões do Android e sua porcentagem de distribuição.

Fonte: Google, 2015.

Segundo o grupo de pesquisas Gartner, em uma pesquisa realizada no ano de 2015, o número de smartphones e tablets vendidos com o sistema operacional Android ultrapassaram um bilhão, um crescimento de 26% em comparação com o ano anterior. No geral, espera-se que as vendas globais de todos os dispositivos cheguem a 2,48 bilhões de unidades em 2014, um crescimento de 7,6% em relação a 2013.

Em comparação com outras tecnologias de desenvolvimento, a plataforma Android vem destacando-se, em especial, nos últimos anos. A **Figura 1.6** apresenta as plataformas de desenvolvimento, bem como a porcentagem de uso nos anos de 2014 e a previsão para o ano de 2018.

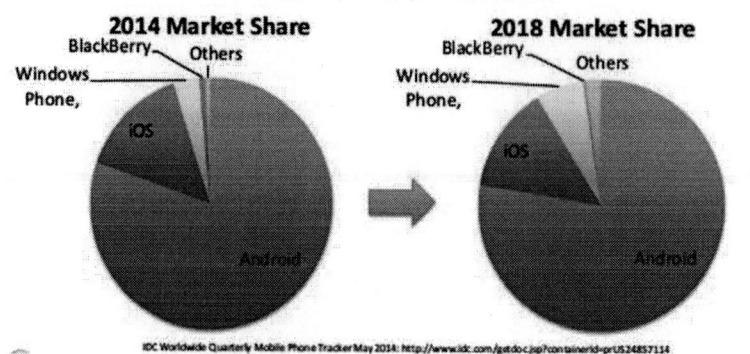

Figura 1.6. Mercado de software para dispositivos móveis no mundo.

Fonte: IDC, 2014.

Ainda segundo Gartner, em 2014 o mercado de tablets no mundo todo teve um crescimento superior a 40%. Esse aumento ocorre devido à baixa nos preços. Os consumidores continuam comprando tablets como um dispositivo adicional que eles levam para toda parte. No mercado de sistemas operacionais para dispositivos, o Android continua a ser o mais utilizado tanto em tablets quanto em smartphones.

Destaca-se também que o sistema operacional Android está presente em inúmeros outros aparelhos, além dos tradicionais smartphones e tablets, como, por exemplo, em sistemas de navegação veicular, Netbook, painéis eletrônicos inteligentes e recentemente foi anunciado um relógio com suporte ao Android Lollipop; esta versão do Android para dispositivos "vestíveis" é chamada de Android Wear – **Figura 1.7**.

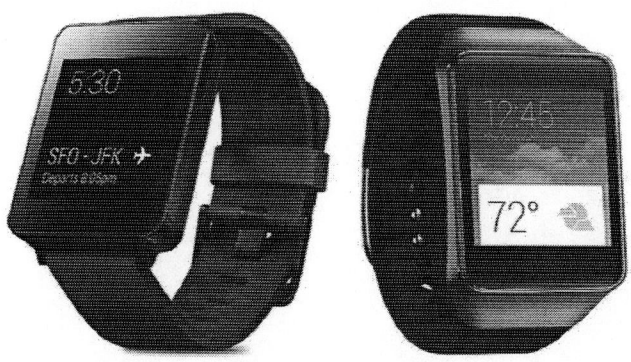

Figura 1.7. Relógio com Android Wear.

Características da plataforma Android

Da mesma maneira como os outros projetos de software livre, qualquer desenvolvedor pode apresentar sua contribuição para o projeto Android. Essa medida, aliada ao uso da tecnologia Java, fez com que uma grande quantidade de profissionais da área optasse por desenvolver seus projetos usando a plataforma Android.

A plataforma Android é disponibilizada segundo dois tipos de licenças de software livre:

- O kernel Linux é licenciado segundo as diretivas do GNU General Public License, ou GPL, como todas as versões dos sistemas operacionais baseados no Linux;
- O restante da plataforma é licenciado pelas diretivas da Apache Software License (ASL). A grande diferença entre as duas licenças está no fato que o ASL é mais amigável à comercialização de software.

Do ponto de vista técnico, para os programadores que conhecem outras linguagens de programação, como o Java ME, Windows Phone ou iOS, aprender a programar com o Android é uma tarefa simples, uma vez que essa tecnologia utiliza a linguagem de programação Java e para o desenvolvimento da interface visual, podem-se utilizar arquivos XML, o que simplifica consideravelmente o processo de desenvolvimento.

Para otimizar a execução de aplicações mobile desenvolvidas em Android, este utiliza uma máquina virtual chamada Dalvik, que foi projetada para otimizar a memória e os recursos de hardware em um ambiente que pode ser bastante limitado. Por este motivo, os programas desenvolvidos com a plataforma Android possuem a extensão dex, que significa Dalvik Executable, fazendo uma referência à máquina virtual Dalvik.

Uma das características mais importantes do Android é a prioridade igualitária para os aplicativos nativos e de terceiros. As aplicações desenvolvidas por terceiros dispõem de toda a infraestrutura de hardware e software, assim como os aplicativos nativos, como, por exemplo, acesso ao Google Maps, Calendário, Agenda, entre outros. Talvez seja umas das plataformas com a ligação mais forte entre a plataforma de desenvolvimento e o sistema operacional.

Para completar a lista de vantagens, destaca-se seu design sofisticado e o fato de ter o nome associado ao Google, completando a força que a plataforma precisa para impulsionar seu avanço no mercado.

No que diz respeito à infraestrutura de software, o Android consiste de uma pilha que engloba um sistema operacional baseado em Linux, um conjunto de bibliotecas, uma API chamada Android Runtime, aplicações preexistentes no Android e aplicações diversas, conforme apresentado na **Figura 1.8**, tirada do developer.android.com.

Figura 1.8. Arquitetura em camadas dos softwares no Android.

O sistema operacional Android conta com um Kernel Linux, versão 2.6 e versão 3.0 (Android API Level 11 e posteriores), sendo este responsável pelas tarefas de gerenciamento de memória, acesso à rede, gerenciamento de processos etc. É responsabilidade do sistema operacional fazer a comunicação entre o software desenvolvido e o hardware do dispositivo.

As bibliotecas ou libraries consistem em um conjunto de bibliotecas C/C++ usadas por diversos componentes do Android e possuem funções específicas. Para o desenvolvedor, o acesso a esta acontece por meio do Android Application Framework. Entre as bibliotecas, destacam-se:

- SQLite: implementação de um banco de dados relacional disponível para todos os aplicativos;
- 3D Libraries: biblioteca baseada no OpenGL ES 1.0 APIs. Ela usa a aceleração 3D em hardware (se estiver presente) para o processamento de imagens gráficas;
- Media Libraries: baseada em PacketVideo's OpenCORE, suporta a gravação e playback de vários formatos de mídia. Também trabalha com imagens estáticas;
- LibWebCore: um motor de browser Web usado nos browsers do sistema;
- Surface Manager: gerencia o acesso ao subsistema de display;
- FreeType: renderização de fontes Bitmap e vetorial.

O Android Runtime, resumidamente, compreende as bibliotecas básicas do Android (core libraries) que são utilizadas pelas bibliotecas mencionadas anteriormente.

Já as Application Frameworks são bibliotecas de mais alto nível, responsáveis por funções específicas no aparelho, como o gerenciamento de janelas, de recursos dos dispositivos móveis, notificações etc. Essas são as bibliotecas costumeiramente acessadas pelos desenvolvedores Android para interagirem com o dispositivo móvel.

Por fim, os aplicativos são ferramentas comuns a todos os usuários de celulares e smartphones. Uma característica do Android, como já foi informado, é que esses aplicativos nativos não possuem prioridade em relação aos outros instalados por terceiros, como acontecia com o Java Micro Edition. Inclusive, qualquer programa instalado no aparelho pode compartilhar informações ou módulos para outros programas utilizarem. Além disso, um aplicativo de terceiros pode executar os aplicativos nativos.

Ambiente de desenvolvimento

O Eclipse foi até pouco tempo atrás o ambiente mais utilizado para o desenvolvimento de aplicativos para a plataforma Android, destacando-se pela facilidade de gerenciamento de plug-ins. Entretanto, uma nova ferramenta vem recebendo destaque mundial e ganha adeptos a cada dia, esta chamada Android Studio.

O Android Studio é um ambiente específico para o desenvolvimento de aplicativos para a plataforma Android. Foi desenvolvido com base na IDE InteliJ Community Version, desta forma, programadores que vêm da plataforma Eclipse sentem um pouco de dificuldade para se familiarizar com o ambiente, principalmente pelas diferenças de estrutura visuais e de desenvolvimento, e pela diferença nas teclas de atalhos. Entretanto, para os desenvolvedores que estão iniciando no desenvolvimento Android, a IDE Android Studio mostra-se mais didática, necessitando de menos configurações e aumentando significativamente a produtividade no desenvolvimento de software.

A IDE foi lançada oficialmente no evento da Google: Google I/O 2013, quando foi lançada a primeira versão de teste. Esse ambiente ficou por muito tempo (quase 2 anos) sem uma versão estável (permanecendo na versão 0.x), entretanto, no final de 2014, a Google lançou a versão 1.0 do ambiente de desenvolvimento, o que incentivou seu uso até mesmos por programadores adeptos ao desenvolvimento de software com a IDE Eclipse.

As vantagens do Android Studio sobre outras IDEs de desenvolvimento são muitas, destacando-se:

- A interface de desenvolvimento de software do Android Studio é atraente, traz inúmeros recursos específicos para a plataforma Android (lembrando que ela é de desenvolvimento específico para essa plataforma);
- Os recursos de autocomplete de código são um dos mais completos, pois foi agrupado o que existia no InteliJ com o Eclipse. Não existe a necessidade de pressionar CTRL+Espaço para a sugestão de preenchimento. No Android Studio, a sugestão é apresentada automaticamente;
- Permite a Injection Language, permite que strings de outras linguagens sejam validadas pela IDE. Quando criamos uma expressão regular, por exemplo, o Android Studio valida-a e até permite que seja realizado um teste com entrada e saída, sem precisar recorrer a sites da Web. A ideia é que esse recurso também seja aplicado a outras linguagens que fazem uso de strings, como o SQL, XML, HTML etc. Também é possível visualizar o conteúdo de recursos como strings, ícones e cores ao utilizá-los no código;
- Fácil integração com sistemas de controle de versão, tais como, Git e Subversion;
- Preview de layout mais robusto e rápido que o utilizado pelo Eclipse.

Para a instalação, é necessário apenas que a máquina de desenvolvimento possua o JDK instalado. Para instalar o JDK, caso o desenvolvedor ainda não possua na máquina de desenvolvimento, deve-se acessar a url http://www.oracle.com/technetwork/java/ javase/downloads/index.html, clicando no link referente ao Kit de Desenvolvimento Java Padrão (JDK), conforme a **Figura 1.9**. Após o download do arquivo, é só proceder com a instalação padrão, de acordo com o sistema operacional utilizado.

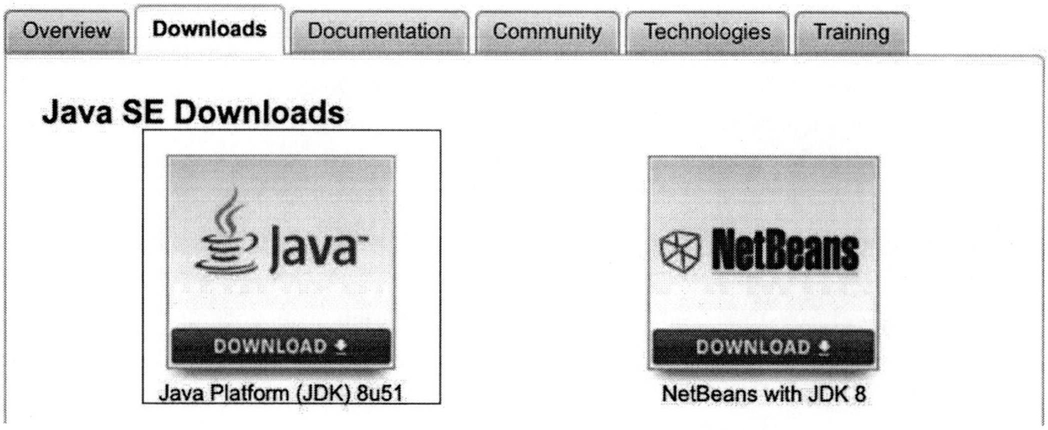

Figura 1.9. Página para download do Java SDK.

> **Dica.** Ambiente de Desenvolvimento Android e os Sistemas Operacionais
> O ambiente de desenvolvimento Android é multiplataforma, ou seja, além de gratuito (o que é um ótimo diferencial para programadores e empresas que estão iniciando na plataforma), é possível baixar o ambiente para diferentes sistemas operacionais, tais como, o Windows, Linux ou MacOS, sendo que o processo de desenvolvimento é praticamente o mesmo, independentemente do sistema operacional escolhido.

Instalando o Android Studio

O processo de instalação do Android Studio é muito simples. O instalador já possui toda as ferramentas necessárias. Caso seja necessária mais alguma funcionalidade, o download pode ser realizado de dentro da IDE, não sendo necessário o download e a configuração manual.

O download da ferramenta pode ser realizado diretamente do site oficial do projeto, disponível em https://developer.android.com/sdk/index.html. Após acessar, será exibida uma interface, como a mostrada na **Figura 1.10**.

Figura 1.10. Página para download da IDE Android Studio.

Ao clicar no botão de download, será baixado para sua máquina um arquivo de instalação, dependendo da plataforma optada para o desenvolvimento (Windows, Linux, Mac OS). Após o download, o processo de instalação do ambiente é bastante simples e o mais interessante, toda a integração entre a IDE de desenvolvimento e o Kit de Desenvolvimento Android (Android SDK) é realizada automaticamente.

Após a instalação, basta clicar no ícone da aplicação para a execução do ambiente de desenvolvimento, o qual apresentará uma tela inicial, dando as primeiras opções do ambiente, conforme a **Figura 1.11**.

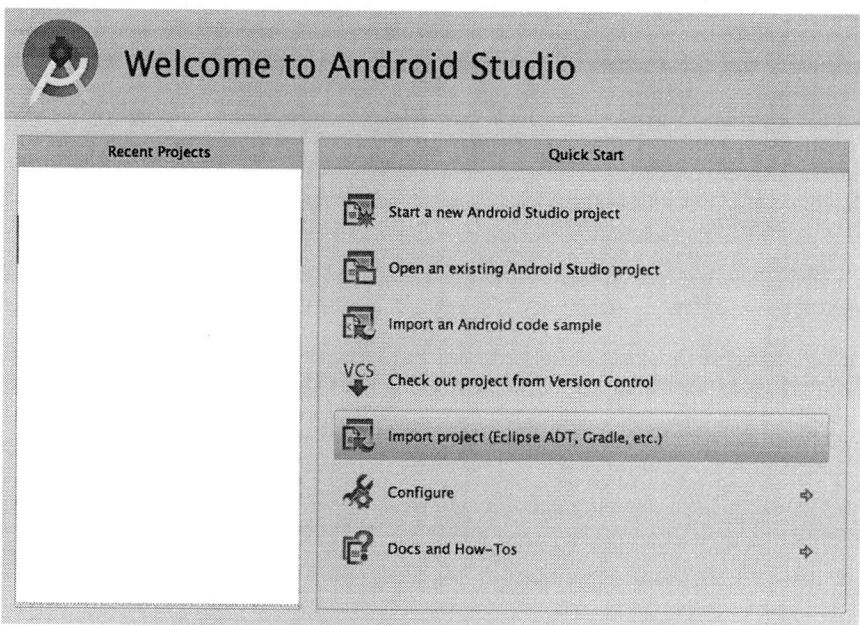

Figura 1.11. Opções iniciais da IDE Android Studio.

Entre as principais opções, estão:

- **Start a new Android Studio Project**: Esta opção permite iniciar o desenvolvimento de um novo projeto Android;
- **Open an existing Android Studio Project:** Permite abrir um projeto já existente, este desenvolvido na plataforma Android Studio. Outra opção para abrir um projeto é escolhê-lo no lado esquerdo da tela, na lista dos **Recent Projects**;
- **Import Project (Eclipse ADT, Gradle etc.):** Importa os projetos Android desenvolvidos em outras plataformas, como os projetos Eclipse.
- **Configure:** Apresenta uma lista de ferramentas de configurações do ambiente, como o SDK Manager, ferramentas para as configurações da IDE, entre outras.

Clicando na opção *Start a new Android Studio Project*, um wizard de criação de projeto é apresentado. No **Capítulo 2**, esse wizard será detalhado. Por hora, informaremos um nome do projeto, bem como do pacote. Para este tour, utilizaremos o MyFirstTour para o nome do projeto e livro.com.br para o pacote, conforme a **Figura 1.12**.

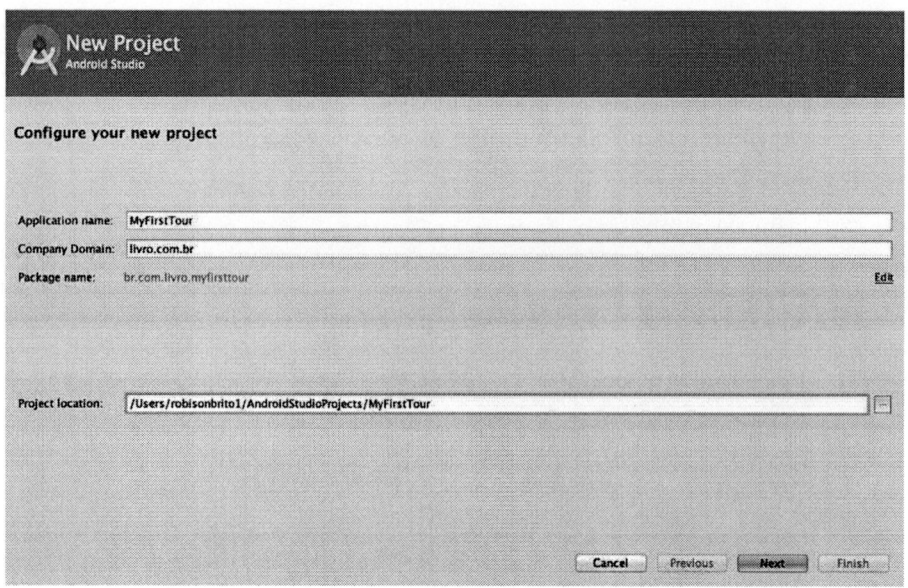

Figura 1.12. Criando um novo projeto Android Studio.

A tela seguinte é utilizada para a seleção da plataforma Android usada para o desenvolvimento do projeto. Para este exemplo, utilizaremos a *API 15: Android 4.0.3 (Ice Cream Sandwich)* – **Figura 1.13**.

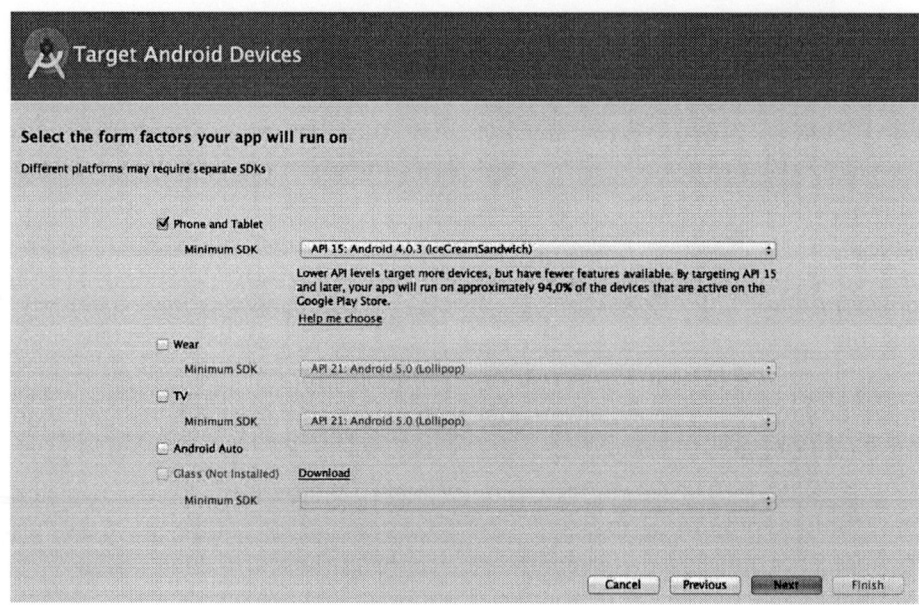

Figura 1.13. Seleção da plataforma Android para o desenvolvimento do projeto.

A tela seguinte solicita o tipo de Activity (resumidamente, este é o tipo de tela), que será utilizada como tela principal do projeto. Selecione *Blank Activity* – **Figura 1.14**.

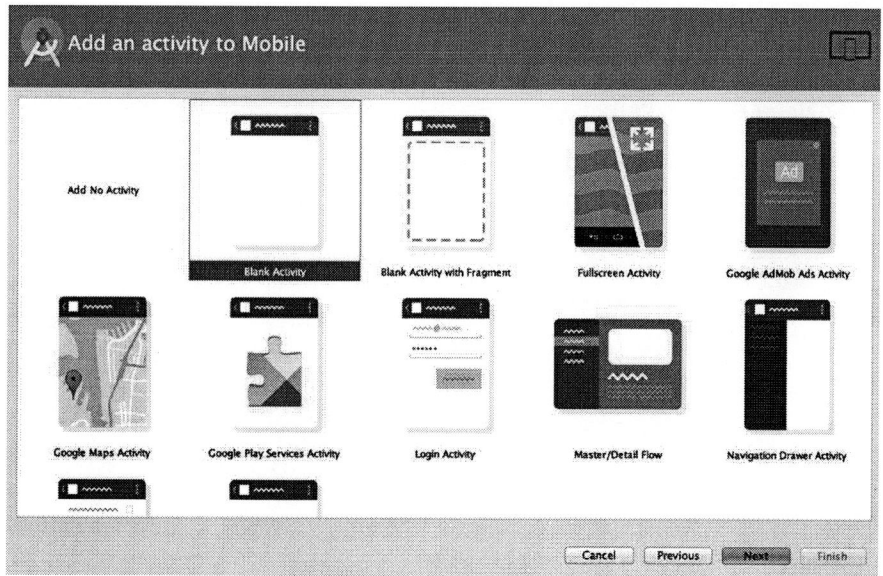

Figura 1.14. Escolha do tipo de Activity para a tela principal do projeto.

Por fim, é solicitado o nome dos arquivos que farão parte do projeto. Por hora, nomeamos o nome da classe Java (Activity Name:) como PrincipalActivity, e automaticamente os demais nomes já serão nomeados, conforme a **Figura 1.15**.

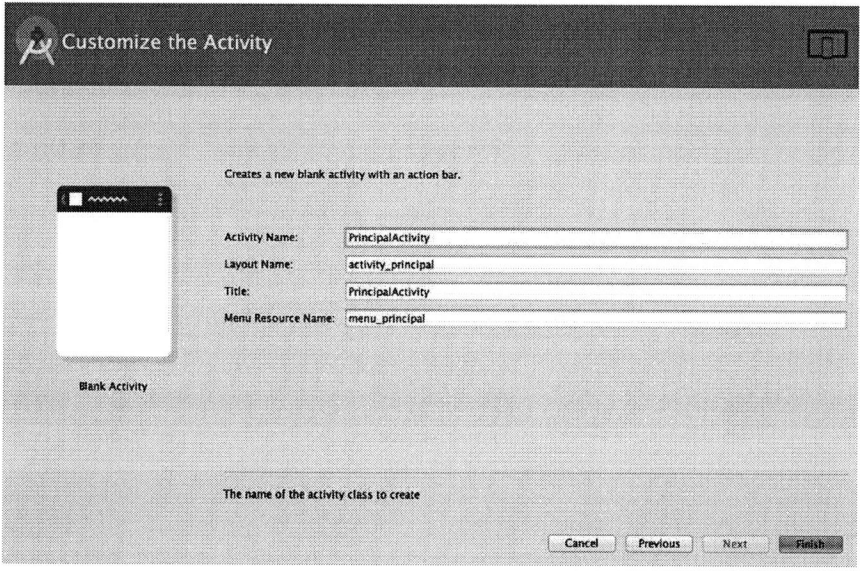

Figura 1.15. Entrada dos nomes referentes à Activity principal do projeto.

Após, basta finalizar o wizard de criação de projeto clicando no botão *Finish*. A interface gráfica do ambiente de desenvolvimento é apresentada pela primeira vez – **Figura 1.16**.

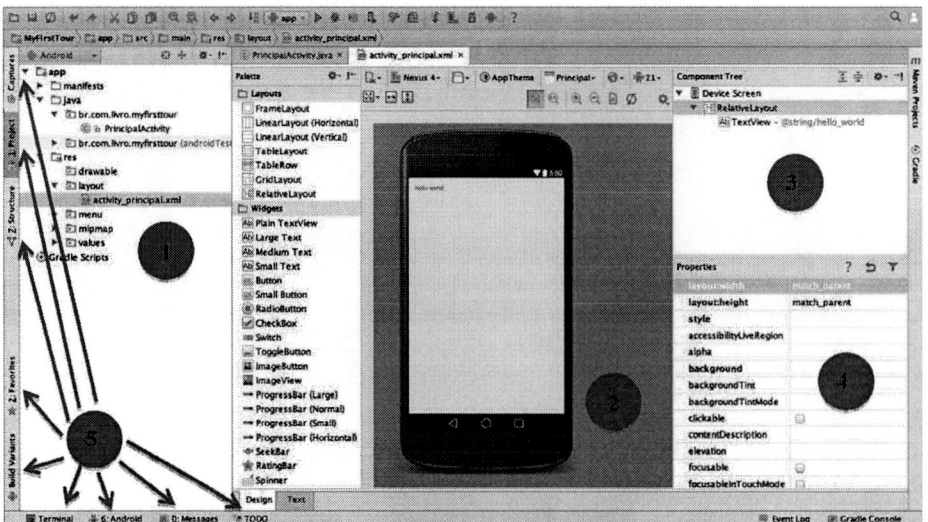

Figura 1.16. Interface gráfica da IDE Android Studio.

Algo que os usuários de outras IDEs estranham no Android Studio é o fato desta só trabalhar com um projeto por tela, desta forma, ao abrir outro projeto utilizando o menu *File – Open...*, este novo projeto é aberto em uma nova janela, o que permite um melhor gerenciamento do espaço da tela (um projeto por tela).

A janela da IDE é dividida em partes, conforme segue:

1-Janela de Projeto: Neste local, é possível navegar pelo código-fonte do projeto. Uma diferença em relação às outras IDES de desenvolvimento Android é o fato de que todos os arquivos de código-fonte, assim como os recursos (res), estão armazenados em uma única pasta, chamada src. Os arquivos importantes para o Android, mas que o desenvolvedor não podia alterar, como o R.java, não são apresentados nesta lista de arquivos. Os arquivos são organizados em pasta, podendo ser observado na Figura, o local onde se encontra o código-fonte da janela principal (PrincipalActivity.java) e o arquivo de interface gráfica (activity_principal.xml). O gerenciamento e a estrutura dos arquivos são feitos a partir do Gradle.

2-Editor de Código/Pré-Visualização de telas: O Android Studio possui um excelente editor de código. À medida que se digita, são apresentadas sugestões para completar o código, minimizando os erros de digitação. Também possui recursos que automatizam o processo de criação de arquivos de literais, criação automática de código, entre outros. Isso acontece tanto no código Java como no XML. No código XML da interface gráfica, o usuário tem a opção de utilizar a aba *Design*, que permite desenvolver a tela utilizando o clicar e arrastar de componentes, usando para isso a paleta apresentada no lado esquerdo da janela. Outra vantagem do *Design* é a possiblidade de ver como ficará a interface em diferentes telas e diferentes orientações.

3-Hierarquia dos componentes: Esta janela permite ver a hierarquia dos componentes visuais, sabendo que o componente visual (também chamado de view) está inserido em cada contêiner (também chamado de viewgroup). A seleção do componente visual pode ser feita nessa janela.

4-Propriedades: Permite alterar graficamente as características do componente visual selecionado.

5-Janelas ocultas: Para um melhor gerenciamento de espaço, o Android Studio deixa visível praticamente só a tela do editor de código; todas as outras janelas podem ser vistas clicando em seu ícone dentro da IDE, os quais costumam ficar nas bordas da janela. Outra maneira de apresentar essas janelas é por meio do menu *View – Show Windows...*

Atualizando o Android SDK

Após a instalação, é aconselhável verificar as versões dos ferramentas utilizadas pelo Android Studio, tais como, Android SDK, bem como instalar as versões da plataforma Android mais conhecidas do mercado para poder criar os ambientes de simulação e testar os aplicativos. Para abrir a janela do SDK Manager, utilizado para essas verificações, acesse o menu *Tools – Android – SDK Manager*. Será aberto o aplicativo Gerenciador do Android SDK, conforme a **Figura 1.17**.

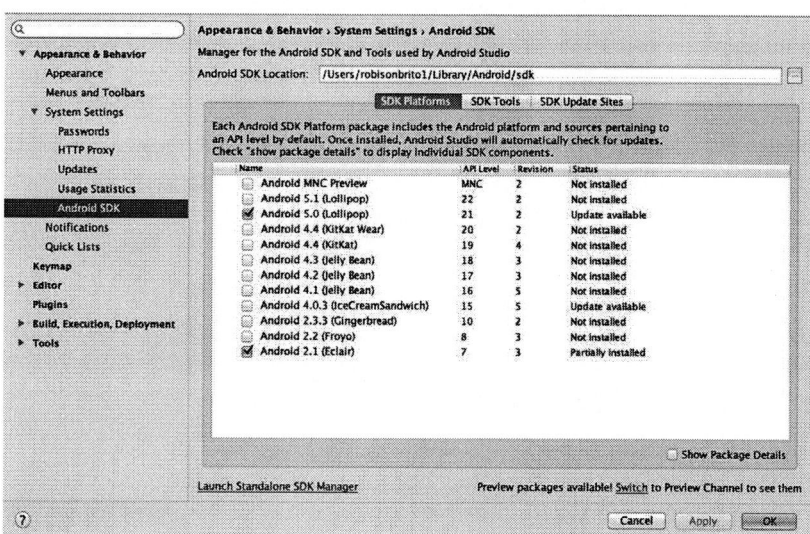

Figura 1.17. Android SDK Manager.

Neste ambiente, na categoria Android SDK, é possível ver as versões das plataformas Android disponíveis para download. O ambiente da figura, por exemplo, possui instalado o Android 5.0 (Lollipop) e o Android 2.1 (Eclair), ambos podendo ser utilizados no desenvolvimento e testes de aplicativos para a plataforma Android. Caso o desenvolvedor precise de alguma outra versão, é só selecionar e fazer o download.

Já as ferramentas de desenvolvimento estão disponíveis na aba *SDK Tools* e podem ser instaladas e/ou atualizadas pelo desenvolvedor.

> **Dica.** Instalação das versões do Android
>
> Devido ao tamanho de cada plataforma, que pode ultrapassar tranquilamente 100 MB, não é aconselhável a instalação de todas as plataformas disponíveis, a não ser, claro, que o programador precise testar sua aplicação em todas as plataformas disponíveis.

Criando um AVD – Android Virtual Device

Android Virtual Device (AVD) é um emulador para um device Android. Por meio dele, é possível simular um dispositivo Android real, definindo opções de hardware e software. A **Figura 1.18** apresenta um AVD do Android em execução.

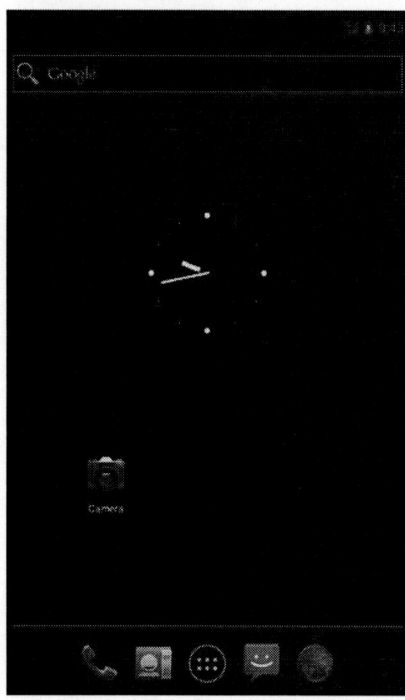

Figura 1.18. AVD do Android em execução.

Ao criar um AVD, devem-se definir os recursos de hardware do dispositivo virtual, o qual simulará o dispositivo real, definindo, por exemplo, o tipo de teclado, a memória do dispositivo, configurar a plataforma/versão do Android, especificar para o emulador as dimensões da tela, aparência, o tamanho do cartão SD, entre outros. Pode-se também criar vários AVDs para testar em diferentes plataformas o dispositivo desenvolvido.

A criação do AVD é possível escolhendo, no Android Studio, o menu *Tools – Android – AVD Manager...* A tela Android Virtual Device Manager (**Figura 1.19**) é aberta e com ela, podem-se criar os emuladores.

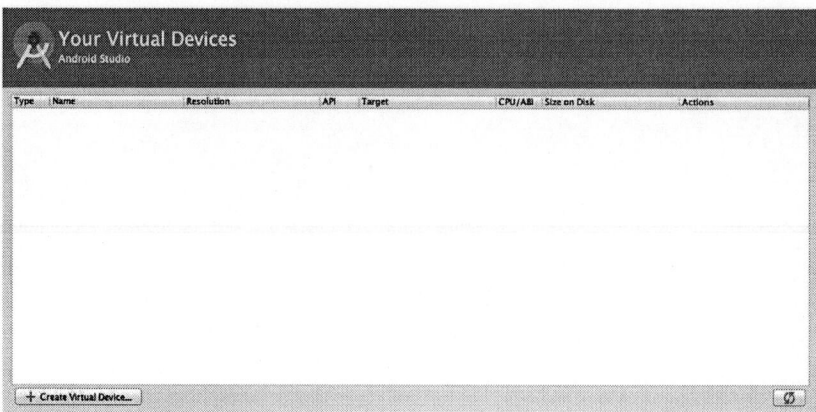

Figura 1.19. Tela do Android Virtual Device Manager.

Na tela apresentada, para criar um AVD, clica-se no botão *Create Virtual Device*, onde é apresentado uma tela para informar as características do Android Virtual Device. A **Figura 1.20** apresenta a primeira tela do wizard, onde são solicitados os dados referentes ao tipo de dispositivo, assim como o tamanho da tela. Para este exemplo, utilizaremos um smartphone (phone), com a tela de 5.1 polegadas WVGA.

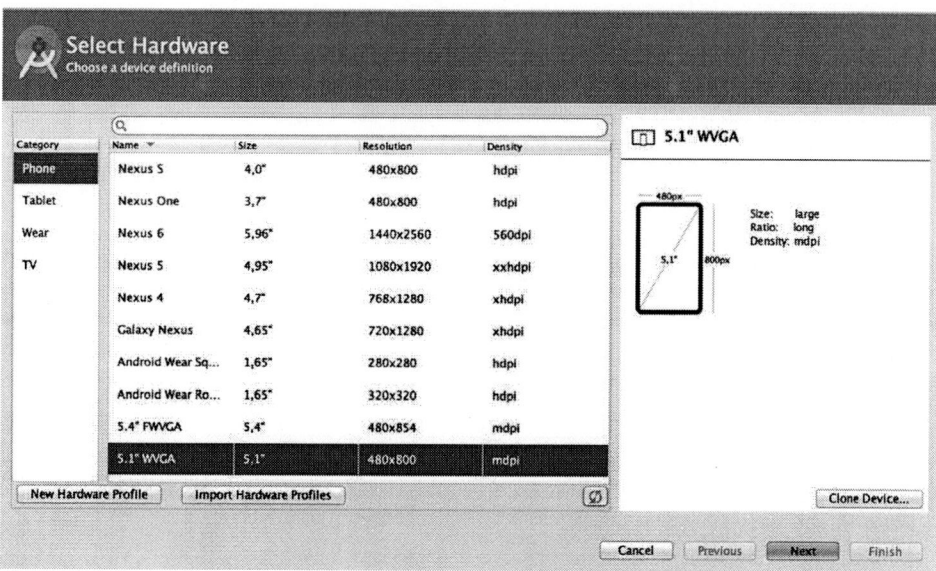

Figura 1.20. Tela para a definição do tipo e tamanho de tela do AVD.

Na tela (**Figura 1.21**) seguinte, é solicitada a plataforma para a criação do AVD. Para o exemplo, destacamos a plataforma Lollipop (API 21). Dicas e a possibilidade de download de novas ferramentas são permitidas a partir da tela do wizard, como pode ser observado no lado direito, onde se sugere a instalação do intel HAXM para melhorar a performance da emulação.

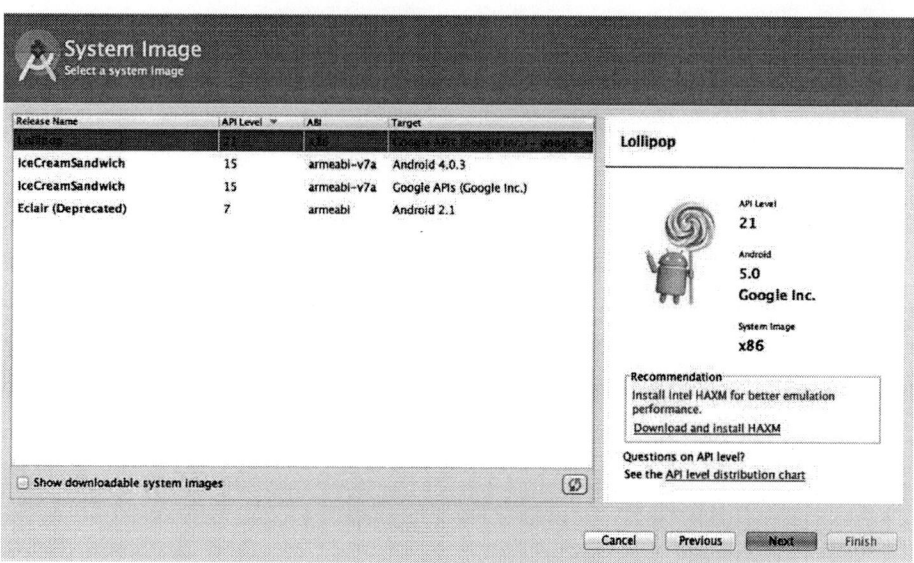

Figura 1.21. Seleção da plataforma de desenvolvimento.

Na última tela – **Figura 1.22** – é solicitado o nome do AVD, que, para o exemplo, foi utilizado Aulas, assim como é apresentado um sumário de todas as configurações utilizadas. Para finalizar a criação, é só clicar no botão *Finish*.

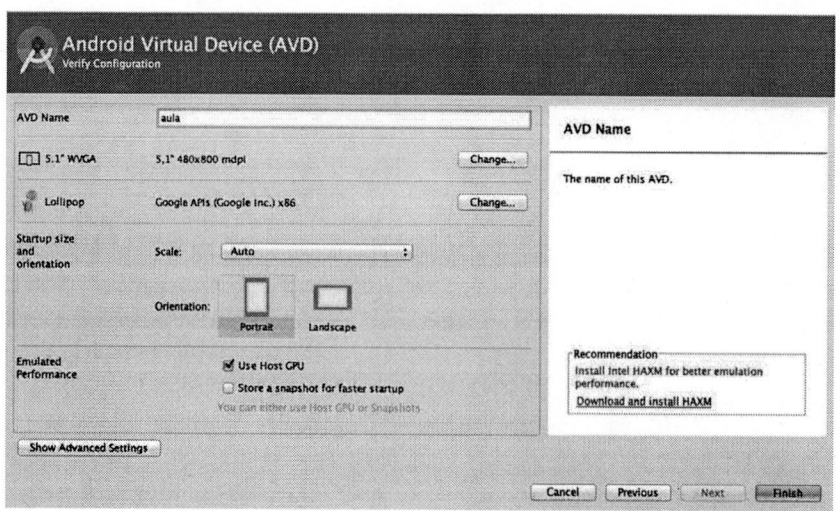

Figura 1.22. Nome do AVD e informações finais para a criação.

Após criado o emulador, o mesmo pode ser iniciado selecionando-o na tela da **Figura 1.23** e clicando no botão *Start*..., em destaque na figura. É apresentada uma tela do sistema operacional Android bloqueada, como se você tivesse iniciado um dispositivo Android.

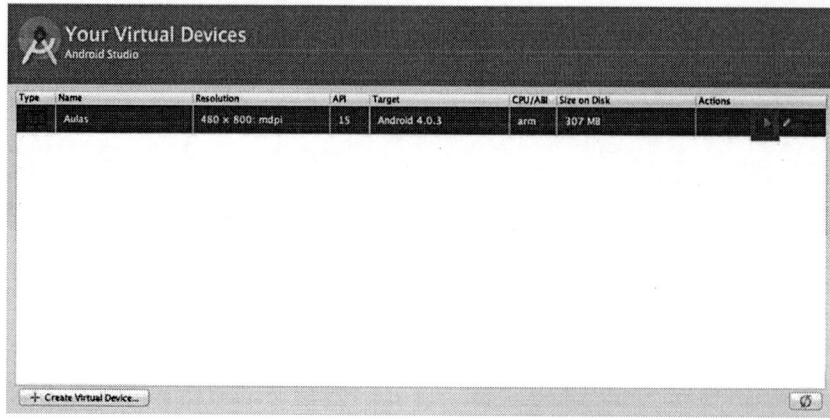

Figura 1.23. Processo para executar um AVD.

Ao executar o AVD, você tem acesso a todas as aplicações do sistema operacional, bem como as aplicações instaladas ou executadas no AVD.

Na tela principal, o usuário também tem acesso a alguns aplicativos, tais como, discador, agenda de contatos, browser, aplicativo de mensagens, entre outros.

Após os passos apresentados anteriormente, o ambiente de desenvolvimento está pronto, com um AVD criado e pronto para executar. Só se deve observar que o projeto Android criado deve ser compatível com o AVD para sua execução.

Por exemplo, se o programador criou um AVD com a versão 2.1 do Android (API 7) e criar um projeto no Android Studio para o Android 4.5 (API 21), o mesmo não será compatível com o AVD, então, não será executado. Agora, se foi criado um AVD para a API 21 e um aplicativo Android com a API 7, o mesmo poderá ser executado, já que a compatibilidade de versão é retroativa, ou seja, um device Android (ou AVD) executa qualquer aplicativo com versão igual ou inferior à versão do device.

> **Dica.** Alternativas ao uso do AVD
>
> Os AVDs possuem a fama (verdadeira) de serem muito lentos. Para iniciar um AVD, dependendo do computador, podem-se levar vários minutos, o que pode prejudicar o desenvolvimento de programadores que utilizam os AVDs no dia a dia. Uma dica se você está utilizando AVDs é iniciá-lo apenas uma vez e após, só rodar os aplicativos no Android, sendo que os mesmos serão carregados nesse AVD.
>
> O que justifica a lentidão na execução dos AVDs é que os mesmos simulam aparelhos Android reais, assim, todo o sistema operacional e todas as funcionalidades são carregados na hora de iniciar um AVD. Mas o motivo principal da lentidão é que, na maioria das vezes, os AVD emulam os processadores ARMs, entretanto, o processador de desenvolvimento é baseado na arquitetura x86, e isso deixa muito lenta a emulação.
>
> Todavia, existem alternativas para a execução de aplicativos Android de forma rápida, e uma delas é utilizar um device Android real conectado ao computador via porta USB (detalhado no **Capítulo 5** deste livro). Uma segunda alternativa é baixar ferramentas que simulam os aparelhos Android reais em processadores x86, e entre as principais estão o Genymotion (http://genymotion.software.informer.com) e também o Bluestack (http://www.bluestacks.com).
>
> Para usar essas ferramentas, basta baixá-las, instalá-las e configurá-las de acordo com a necessidade do desenvolvedor. Após, é necessário rodar a ferramenta. Assim, ao executar o aplicativo no Android Studio, ele já será instalado e executado na ferramenta de forma muito rápida.
>
> Se for optado pelo uso de uma dessas ferramentas (Genymotion ou Bluestack), não será necessária a criação de AVDs.

Manipulando um AVD a partir do Android Studio

O objetivo de um AVD é ser o mais parecido possível com um device Android real que possua a mesma versão do Android. A similaridade é tão grande que é possível simular o cadastro de contatos, realizar ligações, enviar mensagens, acessar a Internet e até mesmo aplicativos nativos, como despertador e calculadora, podem ser utilizados.

Como a maioria dos devices Android possui uma tela sensível ao toque, o número de teclas no device é muito pequeno, basicamente o botão para ligar/desligar o device, botões de volume (aumentar e diminuir) e três botões muito importantes para a navegação, destacados na **Figura 1.24**.

Figura 1.24. Device Android com seus respectivos botões.

É importante conhecermos as teclas de um dispositivo Android para tirarmos o máximo de proveito delas em uma aplicação. Dessas teclas, três merecem destaque. São elas:

- **Home**: A tecla home faz com que a aplicação na tela do device entre no estado de parado, ocultando a aplicação e retornando à tela principal do device;
- **Menu**: Permite apresentar os menus ocultos da tela atual;
- **Voltar**: Ao contrário do que o nome representa, o botão Voltar não volta para a tela anterior, e sim, finaliza a Activity que está em execução. Uma Activity, resumidamente, é uma tela, assim, o botão Voltar finaliza a tela atual, retornando para a tela anterior, o que dá a impressão que voltou, mas, na verdade, a tela atual foi finalizada. Esse botão será estudado com mais detalhes no **Capítulo 9 – Entendendo o ciclo de vida de uma aplicação Android**.

Na maioria das telas disponíveis para a seleção na criação de AVDs, essas teclas não estão presentes, podendo ser acessadas exclusivamente por teclas de atalho. Assim, a **Figura 1.25** apresenta as principais teclas de atalhos do AVD, assim como suas funcionalidades.

Início	Home
Menu (tecla esquerda)	F2 ou Page Up
Star (tecla direita)	Shift F2 ou Page Down
Voltar	ESC
Discador	F3
Finalizar Chamada	F4
Procurar	F5
Desligar	F7
Aumentar Volume	TN +, Ctrl-F5
Diminuir Volume	TN - , Ctrl-F6
Câmera	Ctrl e TN 5, Ctrl-F3
Mudar para a orientação anterior (retrato, paisagem)	TN 7, Ctrl F11
Mudar para a próxima orientação (retrato, paisagem)	TN 9, Ctrl F12
Alternar a Rede do Celular lig/des	F8
Alternar os Perfis de Códigos	F9 (somente com a opção de iniciação -trace)
Alternar Modo Tela Cheia	Alt Enter
Alternar Modo *Trackball*	F6
Entra no Modo Trackball temporariamente (enquanto o botão é pressionado)	Delete
Teclas Direcionais esquerda/cima/direita/baixo	TN 4, TN 8, TN 6, TN 2
Tecla Direcional Clique Central	TN 5
Onion alpha aumentar/diminuir	TN * / TN /

Figura 1.25. Teclas de atalhos disponíveis no AVD.

Para os usuários de devices Android, o uso do AVD não tem nenhum segredo, já que suas funcionalidades são idênticas a um smartphone ou tablet, por exemplo. Neste momento, começaremos a interagir com o AVD usando ferramentas específicas. A primeira ferramenta vista será o File Explorer, o qual permite navegar os arquivos armazenados nesse AVD, permitindo, inclusive, que o usuário copie ou envie arquivos para ele.

Para acessar essa ferramenta, acesse o menu *Tools – Android – Android Device Monitor*, escolhendo a aba *File Explorer*, como apresentado na **Figura 1.26**.

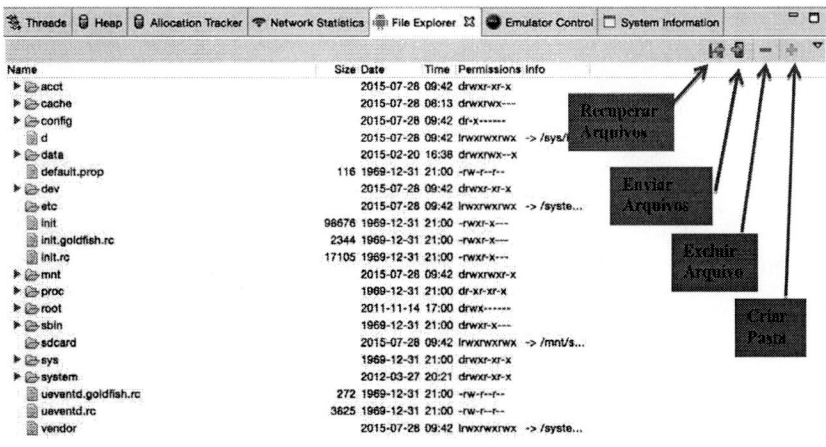

Figura 1.26. Gerenciamento de arquivos do AVD usando o File Explorer.

Por meio do File Explorer, é possível enviar arquivos para o AVD, recuperar arquivos, excluir e até mesmo criar pastas. É importante conhecer algumas pastas. Por exemplo, o sdcard é o local que simula um cartão de memória, então, é possível copiar imagens para dentro delas e associar a contatos cadastros no AVD. A pasta data/data possui uma lista de diretórios, um para cada aplicação, possuindo os dados (banco de dados, arquivos de configurações etc.) das aplicações instaladas no AVD.

Outro recurso interessante quando se usa um AVD é a possibilidade de simulação de recursos, como o recebimento de uma ligação, SMS, modificação do status da rede (device fora da rede da operadora, em roaming etc.) e até mesmo a simulação de dados do GPS. Esses recursos estão presentes na janela Emulator Control, também disponível no menu *Tools – Android – Android Device Monitor*. Essa janela é apresentada na **Figura 1.27**.

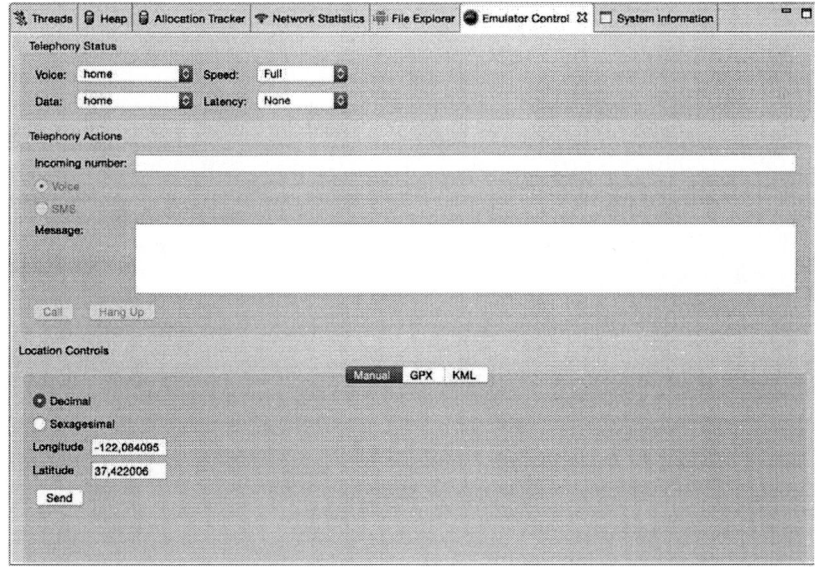

Figura 1.27. Simulando situações em um AVD com o Emulator Control.

Esta tela é dividida em partes, como segue:

- **Telephony Status:** permite mudar o status da rede de dados e de voz;
- **Telephony Action:** permite simular a chamada telefônica para o AVD, assim como o envio de SMS;
- **Location Controls:** É possível simular o envio de dados de latitude e longitude, permitindo o teste de aplicativos que fazem uso do GPS.

Outra funcionalidade que também pode ser utilizada é o "giro" do emulador para testar situações com a tela no formato paisagem ou formato retrato, já que isso muda significativamente a disposição dos componentes na tela. Essa funcionalidade é possível selecionando as teclas CTRL+F11, conforme a **Figura 1.28**.

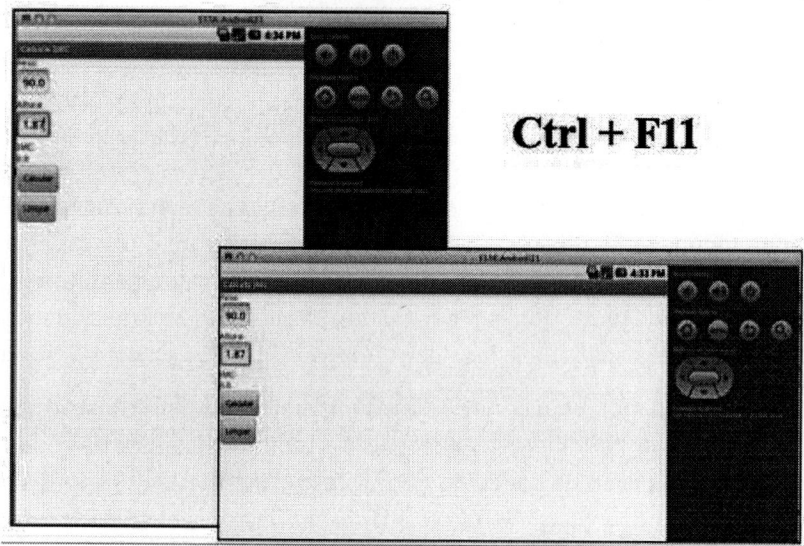

Figura 1.28. Alternando entre os modos retrato e paisagem.

Concluindo...

Como apresentado neste capítulo, é possível preparar ambientes completos para o desenvolvimento Android sem gastar dinheiro. Com ferramentas livres e multiplataformas, é possível desenvolver aplicativos simples até sistemas complexos, podendo estes fazer comunicação com a rede da operadora, utilizar Bluetooth, sensores, arquivos, entre outros recursos.

Deste ponto em diante, todos os exemplos apresentados pelo livro serão desenvolvidos utilizando a IDE de desenvolvimento Android Studio, porém, os exemplos podem ser desenvolvidos em outras IDEs de acordo com as preferências do leitor, já que a linguagem e a estrutura dos aplicativos são as mesmas, independentemente da plataforma escolhida para o desenvolvimento.

Exercícios de fixação do capítulo

Exercício 1

Em 2014, a plataforma Android dominou o mercado de dispositivos móveis. Destaque o que você considera como sendo as principais vantagens da plataforma, permitindo-lhe este título.

Exercício 2

Resuma em alguns passos os procedimentos para preparar um ambiente de desenvolvimento Android.

Exercício 3

Faça uma pesquisa nas lojas virtuais para descobrir quais são os smartphones mais vendidos hoje. Destes, identifique quantos utilizam a plataforma Android, assim como as versões deles.

Exercício 4

Se o programador desenvolver um aplicativo para a versão 2.1 do Android (API 7), este poderá ser executado em versões mais atuais, como a 4.1 (API 16)? O inverso também é possível (aplicativo desenvolvido na API 16 executando no device com a API 7)?

Exercício 5

Ao longo do capítulo, foram apresentadas alternativas mais rápidas, os AVDs (ex., Genymotion e BlueStack), pois os mesmos são emuladores baseados na arquitetura x86, e não ARM, como a maioria dos AVDs. Entretanto, algumas versões de API Android (ex., Android 4.1 – API 16) dão a opção de criar o AVD utilizando a CPU Intel ou a CPU ARM. Comparando os dois AVDs, qual você acredita ser mais rápido? Crie AVDs em seu computador e tente comparar os resultados.

Exercício 6

Execute um AVD e teste nele funcionalidades simples, como cadastrar um contato, usar a Internet, mandar um SMS, realizar uma ligação e verificar o histórico de ligação.

Exercício 7

Execute um AVD e teste funcionalidades mais complexas, como realizar uma ligação para um AVD, enviar um SMS, deixar o celular em roaming e rotacionar o celular (modo paisagem).

Capítulo II - Desenvolvimento de um primeiro aplicativo para a plataforma Android

> Aprenda a desenvolver o primeiro aplicativo para a plataforma Android, bem como executá-lo em um AVD

Após instalado e configurado o Android Studio, o próximo passo é desenvolver o primeiro aplicativo, o HelloWorld, com o objetivo de se familiarizar com o ambiente de desenvolvimento.

Para o desenvolvimento de aplicações Android, este livro utilizará como IDE base o Android Studio, mantido pela Google e que, apesar de relativamente novo, tem uma ótima aceitação pelos desenvolvedores do mundo todo.

Entre os recursos existentes no Android Studio, existe um editor de código poderoso e com inúmeros recursos, como o autocompletar de código, apresentação de erros de código durante a digitação e muito mais. Também se destacam recursos como o desenvolvimento visual de interfaces gráficas Android, visualizador de logs de erros, recursos para depuração, fácil integração com AVDs e dispositivos Android reais, entre inúmeros outros recursos.

Embora os aplicativos desenvolvidos sejam para o Android Studio, os usuários de outros IDEs, como Eclipse ou Netbeans, poderão desenvolver os exemplos deste livro sem problemas, já que a linguagem e a arquitetura do Android são as mesmas, independentemente da IDE.

Iniciaremos o desenvolvimento de um primeiro aplicativo, o HelloWorld.

Criando a primeira aplicação Android

A versão do Android Studio utilizada para o desenvolvimento dos exemplos deste livro é 1.0.1 e desta forma, algumas capturas de tela podem não corresponder 100% à sua versão do Android Studio (se estiver usando essa IDE). Porém, todos os conceitos serão reaproveitados.

Assim, para iniciar o primeiro aplicativo, o passo inicial é a criação de um projeto. Ao iniciar o Android Studio, uma tela inicial é apresentada, conforme a **Figura 2.1**.

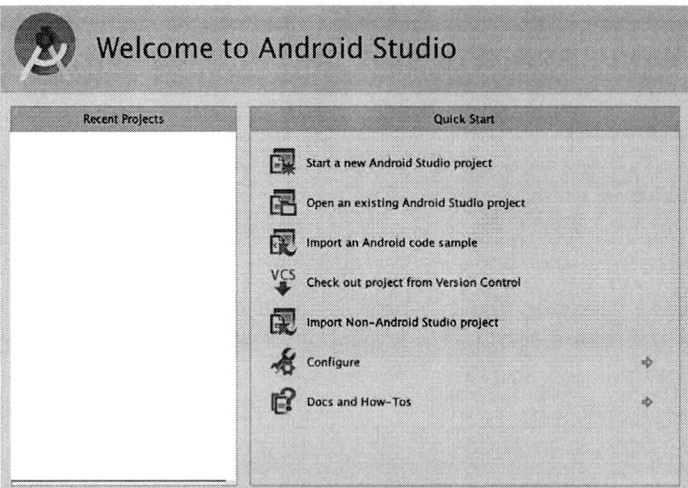

Figura 2.1. Criando um novo projeto com Android.

Assim, para iniciar um novo projeto, deve-se escolher a opção *Start a new Android Studio Project*.

Dica. Abrindo projetos
No Android Studio, quando já existe um projeto em desenvolvimento (projeto aberto), ao iniciar o ambiente de desenvolvimento esse projeto já é carregado automaticamente, não sendo apresentada a tela da **Figura 2.1**. Nesta situação, para criar um novo projeto, deve-se escolher a opção *File – New Project...*

Na tela seguinte, são informados alguns dados do novo projeto, conforme a **Figura 2.2**.

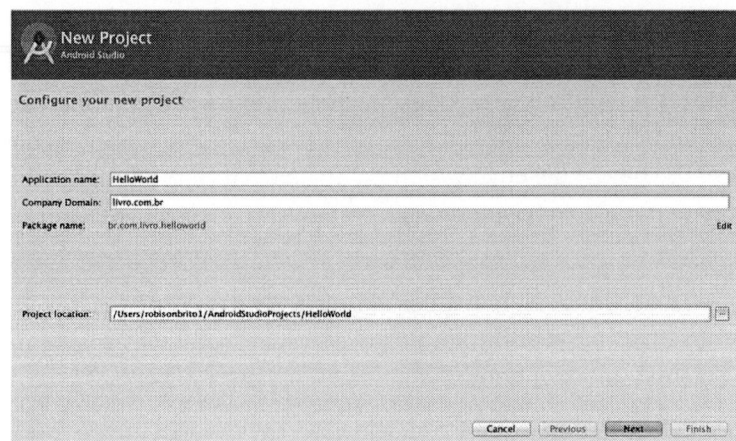

Figura 2.2. Tela para a definição do nome do projeto no Android Studio.

Os dados solicitados nessa tela são:

- **Application name**: O nome "apresentável" do projeto. Este pode ter espaços, caracteres especiais etc. É o nome que ficará na barra de título do projeto e também abaixo do seu ícone na área de aplicativos do dispositivo;
- **Company Domain**: O pacote onde a aplicação será armazenada. Este campo é obrigatório, ao contrário das aplicações Java tradicionais, onde os pacotes eram facultativos. Outra característica importante é que o campo deve ser preenchido no formato url (livro.com.br) e não no formato pacote (br.com.livro);
- **Project location**: O local onde o projeto será armazenado na máquina de desenvolvimento. Por padrão, este é armazenado na pasta AndroidStudioProject, repositório onde todos os projetos ficam por padrão. Este caminho pode variar, dependendo do sistema operacional adotado no desenvolvimento, bem como da versão.

Após, clicando no botão *Next*, uma nova tela com informações referentes ao projeto é apresentada. Nesta, deve-se informar a plataforma de desenvolvimento, que pode ser *Phone and Tablet, TV, Wear* ou *Glass*, sendo que para o desenvolvimento em qualquer uma dessas plataformas, o SDK correspondente à plataforma deve estar previamente instalado. A tela com as opções disponíveis é apresentada na **Figura 2.3**.

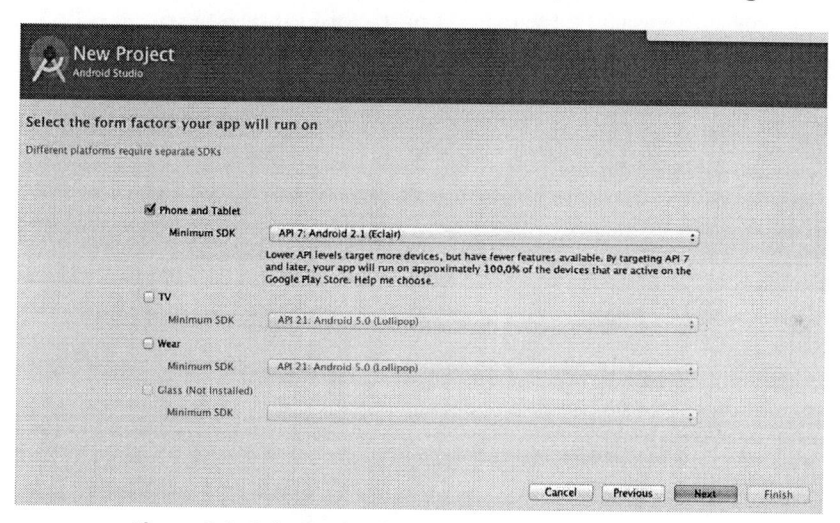

Figura 2.3. Seleção da plataforma de desenvolvimento.

A opção selecionada para os exemplos utilizados ao longo deste livro será *Phone and Tablet*. Nesta, é possível identificar a versão do SDK utilizado para o desenvolvimento. Este deve ser compatível com a plataforma-alvo, ou seja, se o aplicativo for utilizar recursos mais tradicionais, como componentes básicos de entrada e saída de dados, aconselham-se utilizar versões mais antigas, como a API 4, que corresponde ao Android 1.6 (Versão Donut), já que este será compatível com todas as versões posteriores. Já se o aplicativo for utilizar recursos muito específicos, como leitura com NFC, deve-se utilizar a API 19 (Android 4.4 – KitKat) ou superior. Entretanto, nesta situação, o número de dispositivos compatíveis com sua aplicação será reduzido. Para o exemplo, utilizaremos a versão 2.1 do Android (API 7).

Clicando no link *Help me choose*, abaixo do combo referente às versões do Android, uma tela informativa é apresentada para auxiliar na escolha da plataforma, conforme apresentado na **Figura 2.4**.

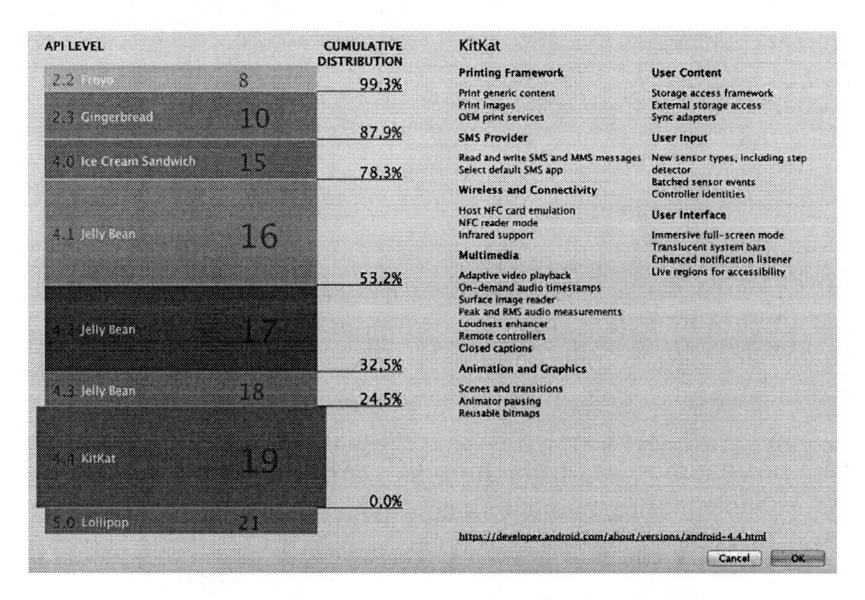

Figura 2.4. Resumo referente às versões do Android.

Conforme apresentado na imagem, ao clicar em uma determinada versão do Android (lado esquerdo), será apresentada uma série de características e recursos adicionados a partir dessa versão (do lado direito), assim como um link com a documentação da versão na parte inferior direita da tela.

O passo seguinte refere-se ao tipo de tela que corresponderá à tela principal da aplicação. Para auxiliar os desenvolvedores mais experientes, uma série de exemplos de tela é apresentada. Para o primeiro exemplo, deve-se escolher a opção *Blank Activity,* conforme apresentado na **Figura 2.5**.

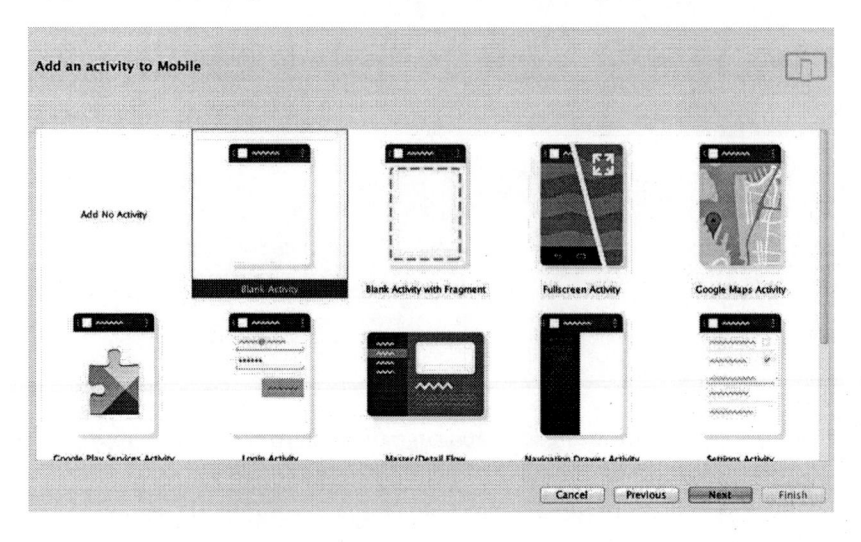

Figura 2.5. Tipos de telas disponíveis.

Por fim, na última tela, devem-se informar os dados referentes à tela principal do aplicativo, dados como o Nome da Activity (a classe Java responsável pelo processamento da tela), Layout Name (o arquivo XML que possui o layout do aplicativo), Title Name (o título da aplicação; este texto pode ter espaços e caracteres especiais) e Menu Resource Name (o arquivo que possui informações referentes aos menus da aplicação). A última tela é apresentada na **Figura 2.6**.

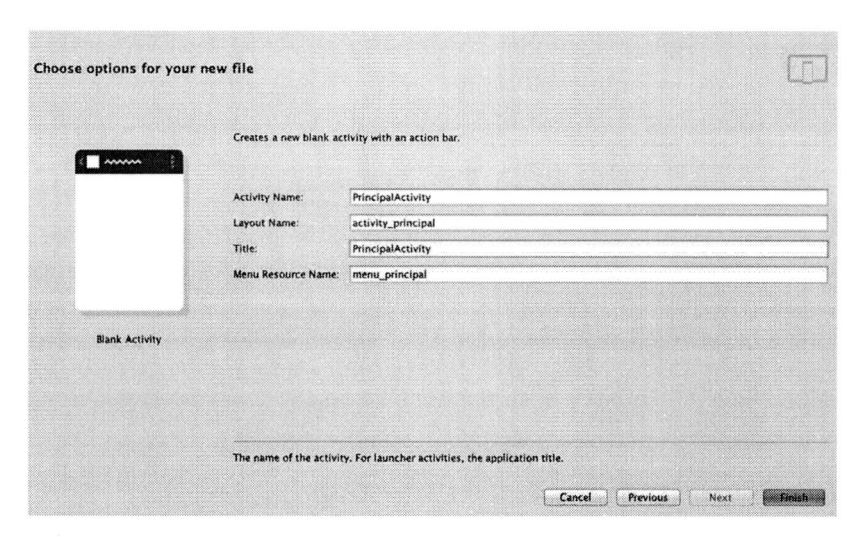

Figura 2.6. Informações referentes à tela principal.

Depois dessas definições, o wizard pode ser finalizado clicando no botão *Finish*. Com isso, o projeto será criado. A estrutura do mesmo é apresentada na **Figura 2.7**, sendo esta ilustrada por uma aba do lado esquerdo da tela do Android Studio (na grande maioria dos casos, pois o usuário pode mudar a localização de todas as abas nessa IDE). A aba correspondente a esta imagem é *1:Project*.

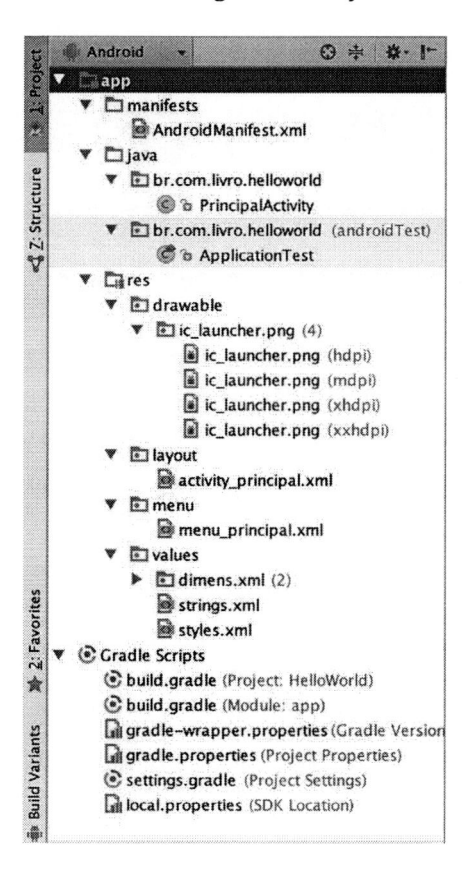

Figura 2.7. Estrutura do projeto no Android Studio.

A estrutura hierárquica onde estão os arquivos do projeto está dividida da seguinte forma:

1. **manifests**: Nesta estrutura, está o arquivo AndroidManifest.xml, arquivo xml que contém uma série de informações sobre o projeto, informações sobre a versão, título, ícone, permissões, registros de telas e Activities, entre outras. O usuário pode mudar estas características conforme a necessidade, entretanto, sugere-se sua manipulação apenas por usuários mais experientes.

2. **java:** O local onde se localizam os códigos-fontes Java do projeto, em especial, em um primeiro momento, serão armazenadas as Activities, que são classes Java que processam as telas de um aplicativo Android. Neste primeiro momento, apenas uma classe se encontra nesta estrutura: PrincipalActivity.java. Para uma melhor organização, as classes são apresentados dentro dos pacotes onde se inserem (neste exemplo, br.com.livro.helloworld). Observe também um novo pacote na estrutura, este com o texto *(AndroidTest)* à sua direita, cujo arquivo presente é o ApplicationTest. Este não será utilizado de imediato e é a classe para os casos de testes do aplicativo.

3. **res:** O local onde são armazenados os recursos do projeto. Para uma melhor organização, está dividido em pastas, tais como, *drawable* (arquivos com as imagens do aplicativo, respeitando o formato de portabilidade mdpi, hdpi, xhdpi e xxhdpi), *layout* (arquivos xml referentes à interface gráfica das Activities e layouts), *menu* (arquivos referentes aos menus presentes nas telas), *values* (arquivos com dados utilizados ao longo do aplicativo, tais como, as literais da tela, valores de listas, entre outros).

4. **Grades Scripts**: Os scripts para o gerenciamento do projeto e o ambiente de desenvolvimento.

> **Dica.** Uso de imagens na plataforma Android
>
> Um grande desafio para o desenvolvimento de aplicativos para os dispositivos móveis é a portabilidade visual deste, já que um mesmo programa pode ser executado em devices com telas muito pequenas (smartphones mais antigos), telas um pouco maiores (smartphones) ou bem maiores (tablets). Para permitir essa portabilidade visual, a tela dos dispositivos Android foram classificadas em mdpi (240x320), hdpi (320x480), xhdpi (480x800) e xxhdpi (720x1028). A ideia é que quando existirem imagens em uma aplicação Android, a mesma exista em quatro tamanhos diferentes, respeitando as proporções 3:4:6:8, representadas respectivamente como mdpi, hdpi, xhdpi e xxhdpi, conforme a Figura que se segue:

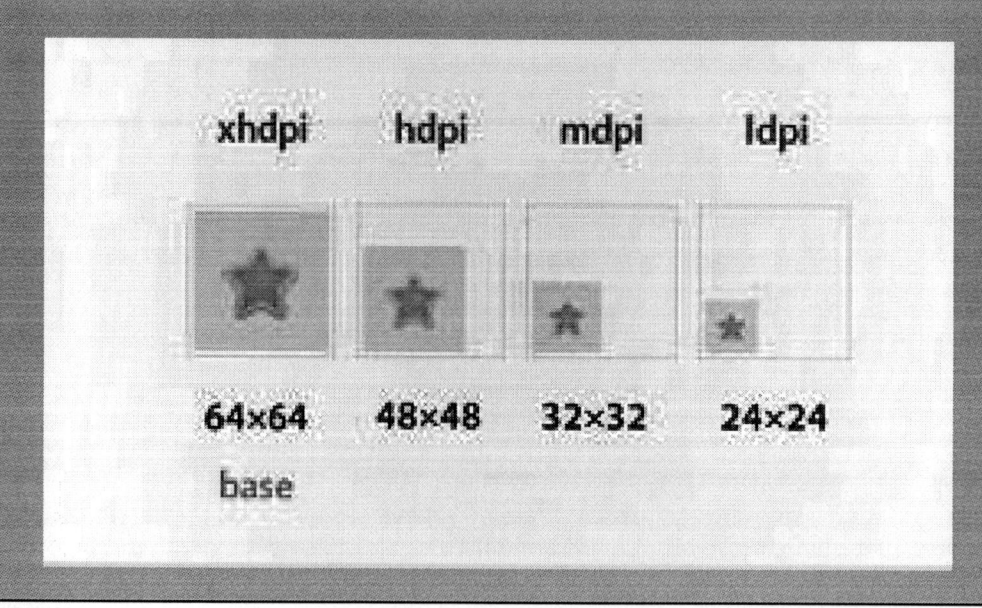

Se não criarmos diferentes imagens, com diferentes tamanhos, imaginemos uma imagem na nossa aplicação de 50x50 pixels. Se o aplicativo for executado em uma tela de 100x100 pixels, esta imagem ocupará 1/4 da tela. Se o aplicativo for executado em uma tela de 200x200 pixels, ocupará 1/16 da tela, o que deixará o aplicativo totalmente fora de proporção. Para exemplificar, veja a figura a seguir, na qual foi utilizada a imagem com o mesmo tamanho para diferentes tipos de tela.

Observe que quanto maior a resolução da tela, menor o ícone.

Agora, se forem utilizados diferentes tamanhos para as imagens, respeitando as proporções, a aplicação será apresentada da mesma maneira, conforme a figura abaixo:

Cada tela de uma aplicação Android, por padrão, é formada por um arquivo xml (interface gráfica da aplicação) e uma classe Java, que é uma subclasse de Activity (o código-fonte que processa e possui a lógica de negócio da tela). Em algumas situações, embora pouca utilizada, a interface gráfica da aplicação pode ser desenvolvida diretamente na classe *Activity*, usando uma lógica semelhante ao desenvolvimento desktop com Swing ou AWT. No exemplo criado, o arquivo *activity_principal.xml*, presente na pasta *res/layout*, possui a interface gráfica da aplicação, já o arquivo *PrincipalActivity.java*, presente na pasta *res/br.com.livro.helloworld*, contém o código-fonte.

O arquivo XML é presentado na **Listagem 2.1**.

Listagem 2.1. activity_principal.xml – Interface gráfica do aplicativo HelloWorld.

```
01.    <RelativeLayout xmlns:android="http://schemas.android.com/apk/res/android"
02.        xmlns:tools=»http://schemas.android.com/tools"
03.        android:layout_width=»match_parent»
04.        android:layout_height=»match_parent»
05.        android:paddingLeft=»@dimen/activity_horizontal_margin»
06.        android:paddingRight=»@dimen/activity_horizontal_margin»
07.        android:paddingTop=»@dimen/activity_vertical_margin»
08.        android:paddingBottom=»@dimen/activity_vertical_margin"
09.        tools:context=».PrincipalActivity" >
10.
11.        <TextView
12.            android:text="@string/hello_world"
13.            android:layout_width=»wrap_content»
14.            android:layout_height=»wrap_content»
15.            />
16.
17.    </RelativeLayout>
```

O arquivo XML acima representa uma interface gráfica simples, onde a tag *RelativeLayout* representa um gerenciador de layout, com cada componente sendo adicionado à tela em relação a outro componente ou à própria tela. Como característica, esse layout define a largura e a altura da tela como o tamanho total do display (comandos match_parent das linhas 03 e 04). Esta propriedade poderia ser definida com wrap_content e neste caso, o relative ocuparia somente o espaço necessário para apresentar seu conteúdo, nada mais.

> **Dica.** match_parent ou fill_parent
>
> Para definir o tamanho de um componente, aconselha-se, sempre que possível, usar atributos relativos, que poderiam ser wrap_content (ajusta o tamanho ao conteúdo do componente) ou match_parent (ocupa o tamanho inteiro do componente-pai; muitas vezes este é o display do device). Entretanto, nas primeiras versões do Android, a propriedade match_parent não era definida na linguagem, sendo utilizado no seu lugar o fill_parent. Sendo assim, se você estiver usando o Android 2.1 (API 7), por exemplo, deverá utilizar fill_parent, para as versões 4.x, já é possível usar o match_parent.

Também é apresentado na tela um componente visual, TextView, sendo este declarado na linha 11 e atribuídas suas características de largura e altura (linhas 13 e 14) como wrap_content, ou seja, o tamanho do componente se ajusta ao texto apresentado. Por fim, seu texto vem de um arquivo de literais, *string.xml*, e está presente na pasta *values* da pasta *res*. Basicamente, essa literal possui o texto Hello World!. Mais detalhes sobre os arquivos de literais serão apresentados no **Capítulo 6**.

Entretanto, o código xml sozinho não é suficiente para a apresentação da interface para o usuário. É necessário um arquivo de *activity*, codificado em PrincipalActivity.java, conforme apresentado na **Listagem 2.2**. Basicamente, a lógica pode ser entendida desta forma. A tela é sempre uma Activity, que precisa de uma View associada a ela. Esta, por sua vez, pode ser construída com um XML (a melhor maneira) ou com uma classe que herda diretamente de View.

Listagem 2.2. PrincipalActivity.java – Classe principal do aplicativo Android.

```
01. package br.com.livro.helloandroid;
02.
03. import android.app.Activity;
04. import android.os.Bundle;
05. import android.view.Menu;
06. import android.view.MenuItem;
07.
08. public class PrincipalActivity extends Activity {
09.
10.     @Override
11.     public void onCreate(Bundle savedInstanceState) {
12.         super.onCreate(savedInstanceState);
13.         setContentView(R.layout.activity_principal);
14.
15.     }
16.
17.     @Override
18.     public boolean onCreateOptionsMenu(Menu menu) {
19.         // Inflate the menu; this adds items to the action bar if it is present.
20.         getMenuInflater().inflate(R.menu.menu_principal, menu);
21.         return true;
22.     }
23.
24.     @Override
25.     public boolean onOptionsItemSelected(MenuItem item) {
26.         // Handle action bar item clicks here. The action bar will
```

```
27.         // automatically handle clicks on the Home/Up button, so long
28.         // as you specify a parent activity in AndroidManifest.xml.
29.         int id = item.getItemId();
30.         if (id == R.id.action_settings) {
31.             return true;
32.         }
33.         return super.onOptionsItemSelected(item);
34.     }
35. }
```

> **Dica.** Activity e ActionBarActivity
>
> Dependendo da versão do Android selecionada na criação do projeto, pode ser apresentada para o usuário a classe PrincipalActivity herdando as funcionalidades de ActionBarActivity, e não de Activity, como no exemplo apresentado (**Listagem 2.2**, linha 08). Do ponto de vista inicial, ambas as classes funcionam da mesma forma, a diferença é que a partir do Android 3, uma nova funcionalidade foi incorporada, que são os ActionBars. Mais detalhes sobre essa classe são apresentados no **Capítulo 8**.

A classe apresentada é uma Activity, sendo responsável pelo processamento da interface visual do usuário. Basicamente em um aplicativo Android, temos uma classe de Activity para uma interface gráfica, embora existam algumas exceções. Essa classe deve herdar funcionalidades da classe android.app.Activity (linha 08), a qual possui um ciclo de vida que será detalhado no **Capítulo 9**. Por hora, só o método onCreate( ) foi codificado – linha 11. Esse método é executado quando o aplicativo é iniciado e tem a função de executar o código correspondente na classe-mãe (linha 12), assim como apresentar para o usuário o layout definido no arquivo activity_principal.xml (linha 13)

Já o método onCreateOptionMenu( ) – linha 18 – é chamado para apresentar um menu no aplicativo Android, visualizado após pressionar o botão de menu do device. Nos aplicativos iniciais, esta função não será utilizada, podendo este método ser excluído.

Outro método também criado automaticamente é o onOptionsItemSelected( ) – linha 25 – que faz o tratamento do menu apresentado no aplicativo. Assim como o método onCreateOptionMenu( ), o método onOptionsItemSelected( ) também pode ser excluído nos aplicativos iniciais.

> **Dica.** Ciclo de vida da Activity
>
> Entender o ciclo de vida de uma Activity é fundamental para a construção de bons aplicativos Android. Primeiro, essa classe representa de forma didática uma tela.
>
> Quando uma tela é acionada, o primeiro método no ciclo a ser chamado é onCreate( ). Posteriormente, segue-se a ordem onStart( ) e onResume( ). Na chamada deste último método, a tela já estará disponível para o usuário.
>
> Neste momento, a tela pode ficar em segundo plano e o método onPause( ) será acionado. Porém, a mesma pode estar parcial ou totalmente sem o foco. No primeiro caso, o usuário deixou momentaneamente a tela, como ao ver uma notificação, por exemplo. Já no último caso, outra tela foi acionada, ficando no topo da Stack Activity.
>
> Se a Activity perder totalmente o foco, o método onStop( ) será chamado depois de onPause( ).
>
> A tela pode voltar a ser o centro das atenções. Se ela estiver somente pausada, o método onResume( ) será chamado diretamente. Caso a mesma se encontre em onStop( ), o caminho será onRestart( ), onStart( ) e onResume( ).

É importante ressaltar que em stop, a Activity pode ser destruída pelo sistema operacional do Android, caso o mesmo esteja com recursos extremamente escassos (memória, por exemplo).

E, finalmente, de onStop( ), uma tela pode ser destruída, passando por onDestroy( ) e saindo da memória e da Stack Activity.

O ciclo de vida de uma aplicação Android é detalhado no **Capítulo 9**.

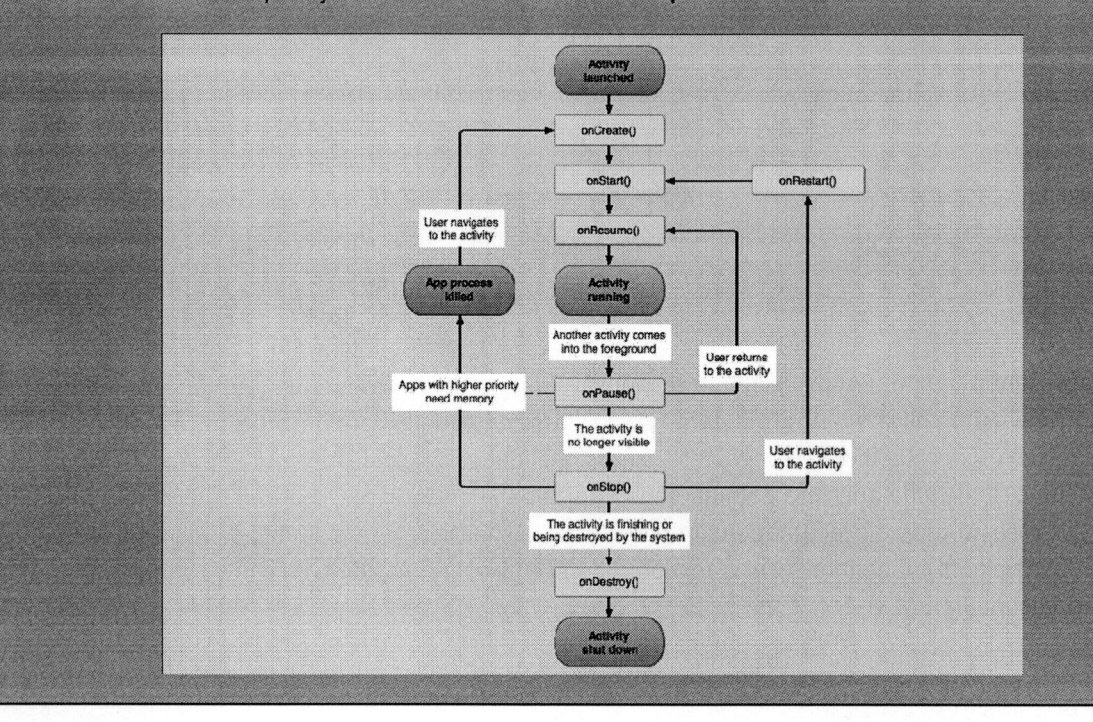

Outro arquivo que merece um destaque especial é o R.java. Como não se deve modificar esse arquivo, o mesmo não é apresentado pela IDE do Android Studio. Para visualizar o conteúdo dele, deve-se acessar a pasta onde foi salvo o projeto (caminho informado no campo *Project Location:* da **Figura 2.2**). Na pasta do projeto, dentro da subpasta *app, build, gen, sourc, r, debug, br, com, livro, helloworld* , está o arquivo R.java, cujo conteúdo é apresentado na íntegra na **Listagem 2.3**. Esse arquivo (na verdade, uma classe) possui constantes importantes que apontam para os recursos do aplicativo e por este motivo, essa classe não deve ser alterada pelo programador, sendo criada e mantida pela própria IDE.

Listagem 2.3. R.Java - Classe com constantes utilizadas pelo aplicativo Android.

```
01. /* AUTO-GENERATED FILE.  DO NOT MODIFY.
02.  *
03.  * This class was automatically generated by the
04.  * aapt tool from the resource data it found.  It
05.  * should not be modified by hand.
06.  */
07.
08. package br.com.livro.helloworld;
09.
10. public final class R {
11.     public static final class attr {
12.     }
13.     public static final class dimen {
14.         public static final int activity_horizontal_margin=0x7f040000;
15.         public static final int activity_vertical_margin=0x7f040001;
```

```
16.     }
17.     public static final class drawable {
18.         public static final int ic_launcher=0x7f020000;
19.     }
20.     public static final class id {
21.         public static final int action_settings=0x7f080000;
23.     }
24.     public static final class layout {
25.         public static final int activity_principal=0x7f030000;
26.     }
27.     public static final class menu {
28.         public static final int menu_principal=0x7f070000;
29.     }
30.     public static final class string {
31.         public static final int action_settings=0x7f050000;
32.         public static final int app_name=0x7f050001;
33.         public static final int hello_world=0x7f050002;
34.     }
35.     public static final class style {
36.         /** Customize your theme here.
37.          */
38.         public static final int AppTheme=0x7f060000;
39.     }
40. }
```

Este arquivo é um elo entre o conteúdo existente na pasta res e o código-fonte do programa. Por exemplo, o arquivo activity_principal.xml existente na pasta layout é mapeado para dentro do arquivo R.java na linha 25 da **Listagem 2.3**, e este é referenciado pela Activity na linha 13 da **Listagem 2.2**.

Outros recursos também são mapeados, como as imagens existentes na pasta *drawable* (linha 18), configurações de menus (linha 28) e literais do programa (linhas 31 a 33).

O presente projeto foi criado automaticamente pelo Android Studio, assim, sem modificar o conteúdo dos arquivos .xml e .java o aplicativo desenvolvido já está pronto para a execução. Para isso, basta acessar o menu *Run – Run 'app'* ou clicar no botão *Run* presente na barra de tarefas.

O processo de carregar o emulador é relativamente lento, podendo levar vários minutos dependendo da configuração da máquina em que se está programando, por isso, muitos programadores preferem executar o aplicativo via cabo USB diretamente em seus dispositivos Android. Mais detalhes sobre como executar um aplicativo diretamente em um dispositivo real serão apresentados no **Capítulo 5**.

Ao executar o aplicativo, será apresentada uma tela para a seleção do AVD, na qual o aplicativo será executado. Pode-se selecionar um AVD já em execução, caso exista (*Choose a Running Device*), ou iniciar a execução de um novo AVD (*Launch Emulator*), conforme apresentado na **Figura 2.8**.

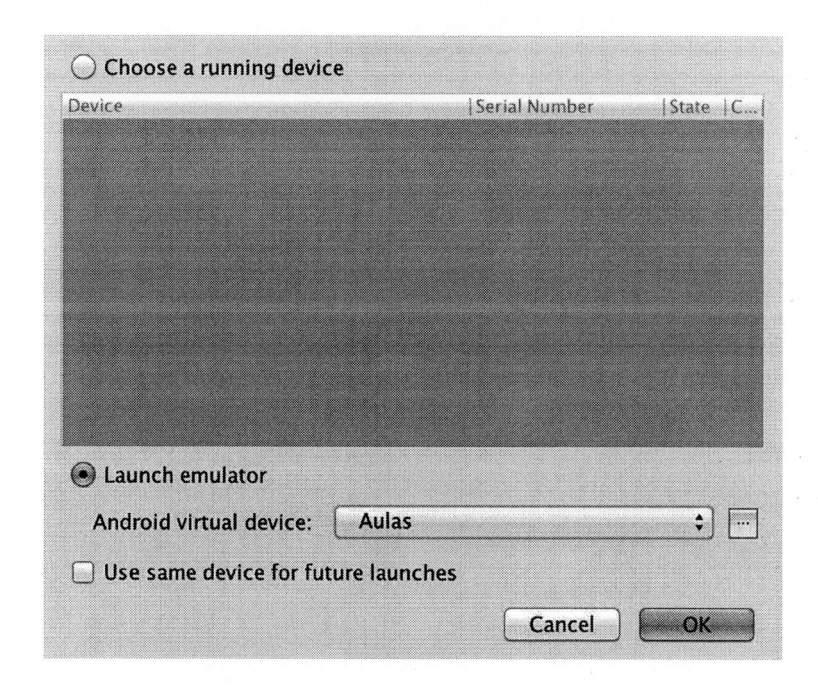

Figura 2.8. Seleção do AVD para a execução do projeto.

É importante conhecer a versão do Android na qual foi desenvolvido o aplicativo, bem como a versão do Android no AVD para manter a compatibilidade entre eles. A compatibilidade no Android é retroativa e desta forma, um aplicativo desenvolvido para o Android 2.1 roda perfeitamente em um AVD criado para o Android 4.4, por exemplo. Porém, o contrário não é permitido.

Após a execução do AVD, deve-se desbloquear a tela (clicando e arrastando o cadeado apresentado) e assim, a tela do aplicativo é apresentada, conforme a **Figura 2.9**.

Figura 2.9. Tela do AVD com a aplicação HelloWorld em execução.

Concluindo...

Este capítulo apresentou o desenvolvimento de um aplicativo Android simples (HelloWorld), desde o início do wizard de criação até sua execução em um AVD previamente criado.

Após a criação do projeto, a estrutura do mesmo é apresentada, detalhando cada uma das pastas e o papel delas no universo da plataforma. Além disso, foi apresentado o importante conceito de telas associadas a uma Activity, assim como o papel essencial da classe R.java.

Exercícios de fixação do capítulo

Exercício 1
Altere o ícone da aplicação para alguma imagem baixada da Internet (dica: utilize uma imagem de tamanho pequeno. Ex. 50x50, no formato png).

Exercício 2
Verifique no arquivo R.java se a imagem foi mapeada para dentro dele (dica: o nome da imagem deve respeitar as regras de nome de variáveis em Java).

Exercício 3
Instale outras ferramentas para a simulação de um device Android (ex., Genymotion (http://genymotion.software.informer.com) ou Bluestack (http://www.bluestacks.com). Feche os AVDs que estão em execução e instale/execute o aplicativo nessas novas ferramentas.

Exercício 4
Leia o Capítulo 5 – Técnicas para a depuração de aplicações Android, em especial a seção que apresenta como executar um aplicativo em um dispositivo real, e tente rodar o seu aplicativo diretamente em um device Android.

Capítulo III - Introdução aos componentes visuais básicos da plataforma Android e aos gerenciadores de layout

> Conheça os componentes visuais básicos da plataforma Android que permitem a entrada, processamento e saída de dados, assim como os principais gerenciadores de layout da plataforma.

Os programadores que já trabalham com outras linguagens de programação para dispositivos móveis, como, por exemplo, Java ME, conhecem as limitações destas em relação à interface visual com o usuário. São poucos componentes, simples e muitas vezes não é possível nem mesmo trocar suas cores, alinhá-los na tela ou modificar tamanhos/cores das letras.

Essa limitação ocorre porque muitas dessas linguagens foram desenvolvidas há muitos anos, na época em que os dispositivos móveis eram muito limitados, porém, hoje, é comum encontrar aparelhos celulares com grande poder de processamento, com telas grandes e touchscreen, possuindo alta conectividade com a Internet e muitos outros recursos. Esses aparelhos podem ser smartphones ou tablets.

A plataforma Android possui uma grande variedade de componentes visuais adaptáveis aos mais diversos tipos de dispositivos e estilizados com efeitos visuais, além de gerenciadores de layouts sofisticados que permitem organizar os componentes na tela de diferentes formas.

Este capítulo apresentará os três componentes visuais básicos da plataforma Android: um componente de entrada de dados (EditText), um componente de processamento (Button) e um componente de saída de dados (TextView). Esses componentes, apesar de simples, são muito didáticos, sendo utilizados na maioria das aplicações para dispositivos móveis, permitindo o desenvolvimento de um aplicativo completo, com entrada, processamento e saída de informação.

Desenvolvimento de interfaces visuais

O Android oferece dois modos de criar interfaces gráficas para aplicativos móveis. O primeiro é definindo um arquivo xml que será carregado no início da aplicação, sendo que o desenho da tela é realizado durante a execução. Na segunda maneira, o desenho da interface acontece a partir da codificação dentro da própria classe Java, semelhante ao que acontece com os aplicativos Java SE Swings ou AWTs.

Para a plataforma Android, na maioria dos casos os desenvolvedores optam pelo uso do arquivo xml por considerarem este mais simples e intuitivo, assemelhando-se ao desenvolvimento de aplicações Web (onde a interface gráfica é definida em um arquivo html, por exemplo, e a lógica de negócio encontra-se em uma classe Java). Assim, no Android, a interface gráfica é definida em um arquivo xml e a lógica de negócio em uma classe Java, esta chamada de Activity.

Outra característica interessante da plataforma Android é a diferenciação entre os componentes visuais, conhecidos como Views, e os gerenciadores de layouts, chamados de ViewGroups.

Os componentes-filhos da classe View, resumidamente, representam os componentes de uma interface gráfica. Uma View ocupa uma área na tela do device Android e é responsável por desenhar e controlar os eventos de um componente. Podem-se citar, como exemplos, componentes como botões, caixas de texto e listas.

Já os componentes ViewGroup são responsáveis pelo gerenciamento de layouts. O ViewGroup pode ser resumido a um contêiner invisível que pode receber uma ou mais Views (ou ainda outros ViewGroups). A estes, podem ser atribuídas propriedades de layouts que permitem mudar a forma de visualização dos componentes. É semelhante às classes de Layout existentes nos programas Java SE Swing ou AWT (BorderLayout, FlowLayout, GridLayout etc.)

A **Figura 3.1** apresenta a hierarquia de utilização de View e ViewGroup.

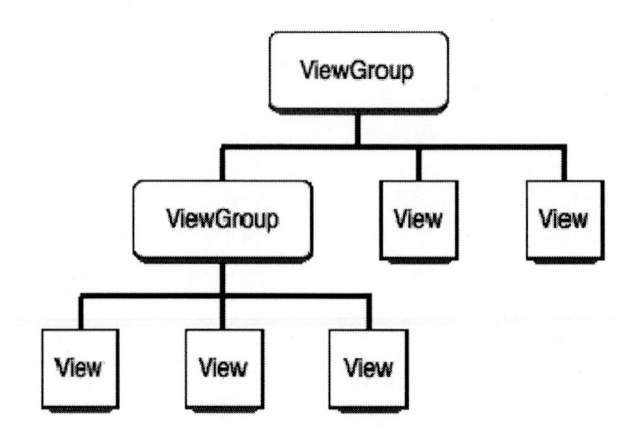

Figura 3.1. Hierarquia da utilização dos componentes Views e ViewGroups.

Como pode ser observado na **Figura 3.1**, um ViewGroup pode receber componentes View e também outros ViewGroup, este possuindo novos componentes View.

Exemplo de uma interface gráfica possuindo ViewGroup e View

Para exemplificar a utilização dos três principais componentes View da plataforma Android (EditText, Button e TextView), assim como o uso do ViewGroup LinearLayout, criaremos um projeto Android.

Esse projeto, para fins didáticos, será o desenvolvimento de um aplicativo que faz o cálculo do IMC de uma pessoa, possuindo como componentes de entrada de dados dois EditTexts, o primeiro para informar o peso do indivíduo e o segundo para informar a altura; ambos os campos são necessários para o cálculo do IMC. Para a interação com o usuário, serão utilizados dois componentes Button, o primeiro para o cálculo do IMC e o segundo para limpar os campos da tela. Por fim, para a apresentação do cálculo do IMC, será utilizado um componente TextView.

Para organizar os componentes na tela, optou-se pelo gerenciador de layout LinearLayout, que é certamente o mais didático da plataforma e também um dos mais utilizados. Esse gerenciador organiza os componentes de forma linear, um após o outro. Na declaração do gerenciador de layout, o desenvolver pode optar por organizar os componentes no formato horizontal ou vertical.

O projeto desenvolvido terá o nome CalculaIMC e deve ser criado a partir do menu *File – New Project...* A tela para a configuração do projeto é apresentada conforme a **Figura 3.2**.

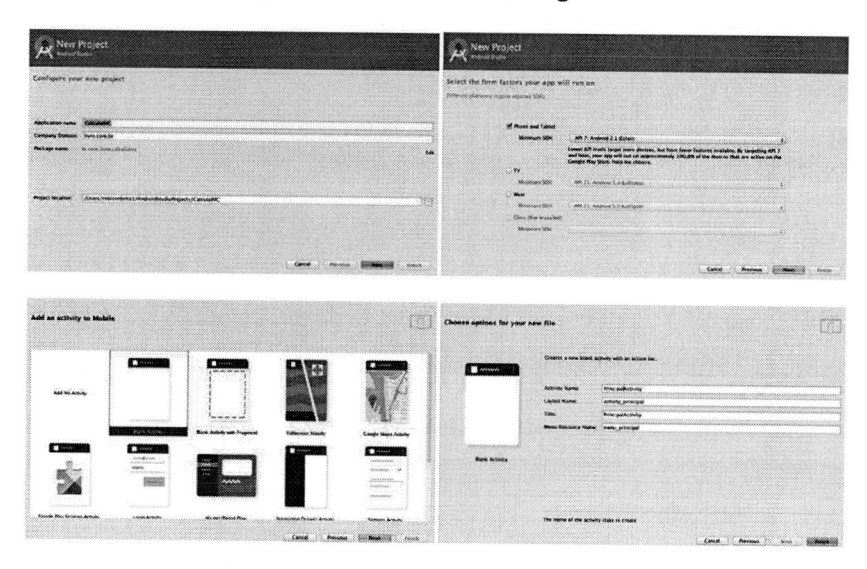

Figura 3.2. Configuração inicial do projeto.

Resumindo, o nome da aplicação (*Application Name*) será CalculaIMC, *Company Domain* será livro.com.br, a plataforma de desenvolvimento será API 7 (Android 2.1), o tipo de Activity selecionado será *Blank Activity* e o nome do Activity e tela, respectivamente, serão PrincipalActivity e activity_principal.

Com o projeto criado, iremos alterar a interface gráfica da Activity principal. Para isso, deve-se clicar duas vezes no arquivo activity_principal.xml, o qual se encontra dentro da pasta res, subpasta layout, conforme a **Figura 3.3**.

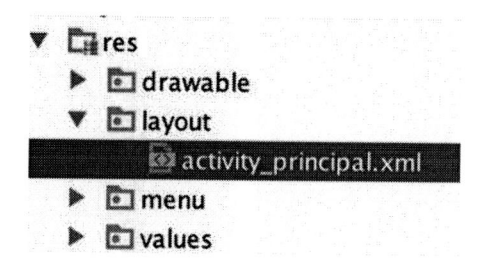

Figura 3.3. Arquivo que representa a interface gráfica do aplicativo.

Uma vez no arquivo, seu conteúdo corresponderá ao código apresentado na **Listagem 3.1**.

Listagem 3.1. activity_principal.xml – Interface gráfica principal do aplicativo.

```xml
01.    <LinearLayout xmlns:android="http://schemas.android.com/apk/res/android"
02.        xmlns:tools="http://schemas.android.com/tools"
03.        android:layout_width="match_parent"
04.        android:layout_height="match_parent"
05.        android:orientation="vertical"
06.        tools:context=".PrincipalActivity" >
07.
08.        <TextView
09.            android:layout_width="wrap_content"
10.            android:layout_height="wrap_content"
11.            android:text="Peso:" />
12.
13.        <EditText
14.            android:id="@+id/etPeso"
15.            android:layout_width="wrap_content"
16.            android:layout_height="wrap_content"
17.            android:inputType="numberDecimal"
18.            android:text="" />
19.
20.        <TextView
21.            android:layout_width="wrap_content"
22.            android:layout_height="wrap_content"
23.            android:text="Altura:" />
24.
25.        <EditText
26.            android:id="@+id/etAltura"
27.            android:layout_width="wrap_content"
28.            android:layout_height="wrap_content"
29.            android:inputType="numberDecimal"
30.            android:text="" />
31.
32.        <TextView
33.            android:layout_width="wrap_content"
34.            android:layout_height="wrap_content"
35.            android:text="IMC:" />
36.
37.        <TextView
38.            android:id="@+id/tvResult"
39.            android:layout_width="wrap_content"
40.            android:layout_height="wrap_content"
41.            android:text="0,0" />
42.
43.        <Button
44.            android:id="@+id/btCalcular"
45.            android:layout_width="wrap_content"
46.            android:layout_height="wrap_content"
47.            android:text="Calcular" />
48.
49.        <Button
50.            android:id="@+id/btLimpar"
51.            android:layout_width="wrap_content"
52.            android:layout_height="wrap_content"
53.            android:text="Limpar" />
54.
55.    </LinearLayout>
```

O arquivo de interface apresentado é composto por um gerenciador de layout LinearLayout (linha 01) do tipo vertical (linha 05). O fim da declaração dessa interface é realizado na linha 55, assim, todos os componentes que estiverem neste escopo farão parte do LinearLayout, sendo apresentados um após o outro. Como a orientação escolhida foi a vertical, esses componentes serão apresentados um abaixo do outro na tela do device; se a orientação fosse horizontal, os componentes seriam organizados um ao lado do outro.

Perceba que foram colocados na tela três componentes TextView que funcionarão como rótulos, ou seja, para o usuário do sistema saber o que cada EditText solicita. Esses componentes foram declarados nas linhas 08, 20 e 32.

Também foram declarados dois componentes para a entrada de dados: EditTexts, nas linhas 13 e 25, que representam, respectivamente, os campos peso e altura.

Outro característica interessante dessa interface é a declaração de um quarto componente TextView para apresentar o resultado do cálculo do IMC (componente declarado na linha 37). A diferença entre esse TextView e os apresentados anteriormente está na existência de um id para ele (declarado na linha 38), já que o resultado será valorizado durante a execução, após o clique do botão calcular, e por esse motivo, o resultado precisa de um id.

Por fim, os dois botões para a realização de ações no aplicativo, o primeiro para o cálculo do IMC (linha 43) e o segundo para limpar o conteúdo da tela (linha 49).

Repare que todos os componentes possuem atributos xml. Esses atributos definem as características dos componentes visuais. Entre os atributos, destacam-se:

- android:width: Este atributo define a largura do componente visual na tela do device Android. Aconselha-se utilizar tamanhos relativos, como match_parent ou fill_parent (ocupa a largura total da tela do device) e wrap_content (a largura se ajustará ao conteúdo; no caso de um campo de texto, a largura do texto digitado no campo);
- android:height: Este atributo define a altura do campo. Aconselha-se também o uso de match_parent ou fill_parent (a altura total da tela do dispositivo) e wrap_content (a altura será dinâmica, de acordo com o conteúdo que existe no campo);
- android:text: Texto inicial do componente. Esta propriedade existe em todos os componentes que apresentam texto para o usuário, tais como, EditText, TextView ou Button;
- android:id: Este atribuirá um nome ao componente para que ele possa ser referenciado durante a execução, via código-fonte, ou ser referenciado via outro componente visual, com o XML.

Se optarmos pelo modo de visualização Design, na parte inferior esquerda da aba onde se localiza o código do activity_principal.xml, veremos o layout desenvolvido, conforme a **Figura 3.4**.

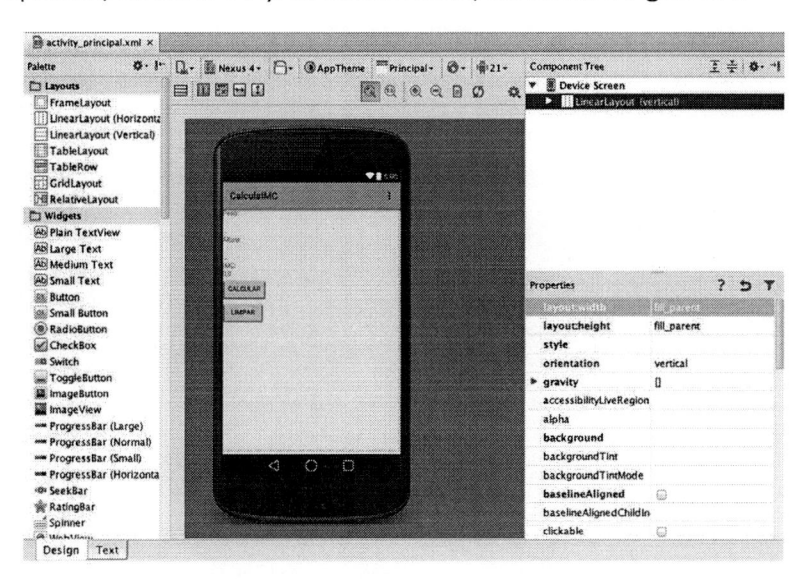

Figura 3.4. Modo Design da interface gráfica desenvolvida.

Observe que o componente Button possui largura (android:width) igual a wrap_content e a altura (android:height) também é wrap_content, e isso fará com que as bordas dos botões se ajustem ao seu texto, tanto na largura como na altura.

Se modificarmos a propriedade da largura (android:width) para match_parent, observe que a largura do botão será toda a dimensão da tela do device, independentemente do seu tamanho – **Figura 3.5**. Se for um dispositivo pequeno, com 240 pixels de largura de tela, ou um dispositivo com 1024 pixels de largura, ou se você girar o dispositivo para o formato retrato ou paisagem, em qualquer situação o componente ocupará a largura inteira da tela.

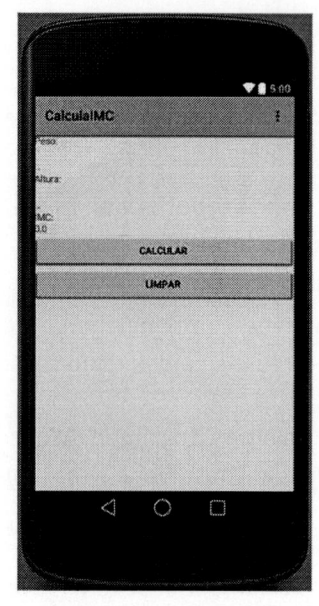

Figura 3.5. Tela do aplicativo com a propriedade android:width="match_parent" dos botões.

Agora, muito cuidado. Ao alterar a propriedade android:height para match_parent, você observará que a altura do componente se ajustará a todo o tamanho restante da tela, assim, se fizermos essa mudança nos dois botões, repare que o primeiro botão (Calcular) ocupará o restante da tela e o segundo botão desaparecerá. Isso porque ele está abaixo da interface visível para o usuário e para poder ver o botão Limpar, só usando a barra de rolagem (gerenciador de layout ScrollView).

> **Dica.** Cuidado ao utilizar match_parent na altura dos componentes (android:height)
> Ao utilizar match_parent na altura de um componente, ele fará com que o componente ocupe todo o espaço restante da tela do dispositivo. Se você deseja que a tela tenha, por exemplo, uma única caixa de texto (EditText), este poderá possuir propriedades android:height e android:width iguais a match_parent. Agora, se houver mais de um componente na tela, não será aconselhável utilizar match_parent na altura (android:height), já que poderá omitir os outros componentes visuais que foram declarados na sequência.

Abaixo, as **Figura 3.6**, **3.7** e **3.8** apresentam mudanças da interface do aplicativo desenvolvido (cálculo de IMC), mudando as propriedades altura e largura para match_parent e wrap_content, além de algumas mudanças nos conteúdos na tela do dispositivo.

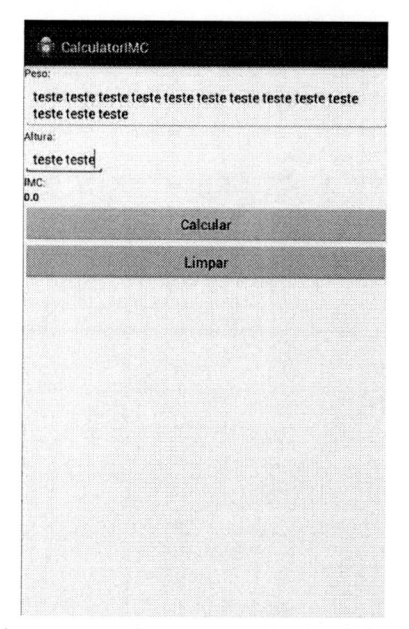

Capítulo III - Introdução aos componentes visuais básicos da plataforma Android ... | 45

Figura 3.6. Componentes EditText com altura wrap_content e texto que ultrapassa uma linha.

Figura 3.7. Componentes EditText Peso com altura e largura iguais a match_parent. Repare que os demais componentes foram omitidos (ficam abaixo da área visível da tela do device).

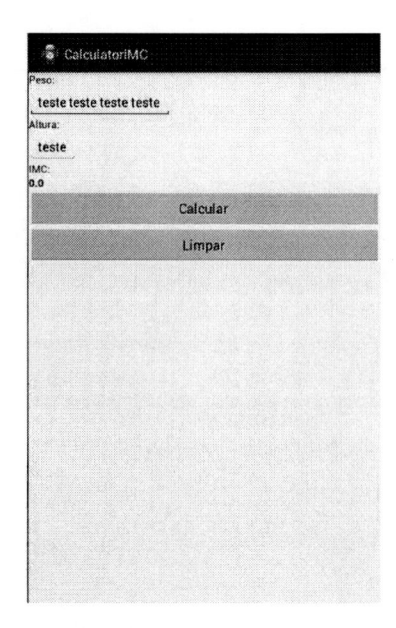

Figura 3.8. Componentes EditText com larguras wrap_content e textos digitados nos componentes.

> **Dica.** Procure sempre que possível utilizar tamanhos relativos (wrap_content e match_ parent/ fill_parent)
>
> A plataforma Android é fascinante, pois permite a criação de aplicativos para os mais diversos devices, podendo ser smartphones pequenos e muito limitados, smartphones modernos e com muitos recursos ou tablets com telas grandes (em alguns casos, muito grandes). Para fazer com que o mesmo aplicativo rode de forma equivalente em diferentes devices, deve-se optar por definir tamanhos com tags como wrap_content ou fill_parent, que são relativos ao device no qual o software está sendo executado, assim, independentemente do tamanho da tela, o componente ocupará toda a dimensão da tela ou a dimensão do conteúdo que está no componente. Outras formas de definir o tamanho podem ser usadas, como android:width="120px", entretanto, neste caso, a largura do componente será de 120 píxels. Se a tela tiver uma largura de 240 pixels, esse componente ocupará a metade do tamanho dela, se a tela tiver 1024 pixels de largura, o componente ocupará pouco mais de 10% da largura da tela, e assim por diante.

Outras propriedades dos componentes View

Os componentes visuais possuem inúmeras propriedades, sendo que é comum vários componentes visuais compartilharem as mesmas propriedades, como é o exemplo do android:width, android:height e android:id. Entretanto, algumas propriedades são específicas de alguns grupos de componentes.

Por exemplo, os componentes que apresentam texto na tela do device (como EditText, TextView e Button) possuem a propriedade android:text. Essa propriedade, a exemplo de outras, não é obrigatória, assim, não informando um valor para ela, é assumido um valor padrão.

A seguir, algumas das principais propriedades disponíveis para os componentes EditText, TextView e Button.

EditText

Lembrando que o EditText é uma caixa de texto para a digitação de informação na tela do device. Entre as principais propriedades do EditText estão:

- android:input_type: Esta propriedade define qual tipo de informação o EditText está preparado para receber. Por exemplo, se você utiliza o EditText para receber dados numéricos (como peso ou altura), é interessante que ao clicar no campo, seja apresentando o teclado virtual apenas com informações numéricas. Para isso, é possível definir android:input_type="number". Neste caso, apenas números inteiros positivos poderão ser informados. Para os campos peso e altura do exemplo, essa propriedade deveria ser valorizada com androi:input_type="numberDecimal". Também existe a opção de usar um input_type para password, entre várias outras opções;
- android:max_length: Esta propriedade permite definir o limite de caracteres aceitos em um componente EditText, limitando, assim, a entrada de dados;
- android:hint: A propriedade hint aceita um conjunto de caracteres que será apresentado dentro do componente EditText, quando vazio. É utilizado como uma dica de preenchimento, por exemplo;
- android:textSize: Todo componente visual que apresenta texto possui essa propriedade, que define o tamanho do texto apresentado na tela.

A **Listagem 3.2** apresenta um exemplo de declaração do componente EditText, com alguns de seus atributos, e a **Figura 3.9** reflete como esse componente é apresentado para o usuário

Listagem 3.2. Propriedades do componente EditText.

```
01.     <EditText
02.         android:id="@+id/etPeso"
03.         android:layout_width="wrap_content"
04.         android:layout_height="wrap_content"
05.         android:inputType="numberDecimal"
06.         android:hint="Digite o peso em KG"
07.         android:maxLength="8"
08.         android:textSize="28dp"
06.         android:text="" />
```

Figura 3.9. Componentes EditText com algumas características.

TextView

O componente TextView é um componente que apresenta informações textuais estáticas para o usuário, sendo assim, algumas propriedades existentes no EditText não se aplicam ao TextView, como inputType, hint e maxLength. Já outras propriedades podem ser utilizadas como as de formatação do texto, como estilos, negrito, tipo de fonte etc. Algumas das propriedades desse componente são apresentadas na sequência:

- android:textAppearence: Esta propriedade permite definir alguns estilos predefinidos para um componente de texto, entre eles está o "?android:attr/textAppearenceLarge", onde o componente é apresentado em um tamanho pouco maior do que o normal;
- android:textColor: Esta propriedade permite definir a cor do texto de um componente. Este pode possuir um código hexadecimal iniciando com o sustenido (#), seguido de seis dígitos hexadecimal, sendo o primeiro par para Red, o segundo par para Green e o último par para Blue (ex., #FF0000 é atribuído para um valor máximo para o vermelho, sendo o verde e o azul ausentes);

- android:typeface: Permite escolher uma fonte para o texto. Como o sistema operacional Android é baseado no Linux, não existem muitas opções de fontes, destacando-se "monospace", "serif" e "sans";
- android:textStyle: Esta propriedade permite definir o estilo do texto, podendo ser negrito ou itálico. Desejando mais de uma propriedade, as mesmas podem ser concatenadas usando o caractere |. Ex. android:textStyle="bold|italic";
- android:layout_gravity: Esta propriedade define o alinhamento do texto, caso o componente visual ocupe a largura inteira da tela (ex., match_parent ou fill_parent). Para alinhar centralizando o texto, por exemplo, pode-se utilizar "center_horizontal".

A **Listagem 3.3** apresenta um exemplo de declaração do componente TextView e a **Figura 3.10** como ele é apresentado visualmente no device.

Listagem 3.3. Propriedades do componente TextView.

```
01.     <TextView
02.         android:id="@+id/tvResult"
03.         android:layout_width="wrap_content"
04.         android:layout_height="wrap_content"
05.         android:textAppearance="?android:attr/textAppearanceLarge"
06.         android:textColor="#FF0000"
07.         android:typeface="monospace"
08.         android:layout_gravity="center_horizontal"
06.         android:textStyle="bold|italic"
07.         android:text="0.0"/>
```

0.0

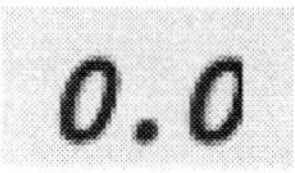

Figura 3.10. Componentes TextView com algumas características.

Button

O componente Button é um componente interativo da plataforma, permitindo a ação de clique no mesmo e a execução de um código associado a esse clique. A maioria das propriedades do TextView se aplica a Button, sendo incluídas mais algumas propriedades, como a seguir:

- android:enabled: Propriedade booleana, na qual se pode habilitar ou não o componente Button para o clique;
- android:focusable: Em devices que possuem um soft button para alterar o foco entre os diferentes componentes. Se focusable estiver valorizado com false, este não receberá o foco;
- android:onClick: Pode-se associar o clique do botão há algum método presente dentro da classe Activity. Essa associação se dá a partir da propriedade onClick.

A **Listagem 3.4** apresenta um exemplo de declaração do componente Button e a **Figura 3.11** apresenta como ele é apresentado visualmente no device.

Listagem 3.4. Propriedades do componente Button.

```
01.     <Button
02.         android:id="@+id/btCalcular"
03.         android:layout_width="wrap_content"
04.         android:layout_height="wrap_content"
```

```
05.         android:text="Calcular"
06.         android:enabled="false"
07.         android:focusable="false"
08.         android:onClick="btCalcularOnClick"/>
```

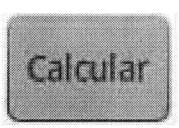

Figura 3.11. Componente Button com algumas características.

> **Dica.** Assistente de código
>
> No editor de código da maioria das IDEs, existem assistentes de código, podendo ser acionados pela combinação de teclas CTRL+Espaço no momento da digitação. No Android Studio, esse assistente é apresentado automaticamente na maioria das vezes, sem a necessidade de pressionar um conjunto de teclas. À medida que o programador vai digitando, são apresentadas as sugestões para completar o código. Sempre que possível, use ou observe esses códigos, pois usando-os, o risco de cometer erros de digitação é praticamente nulo. Como exemplo, para saber quais são os input_types possíveis para o EditText, basta seguir esta sequência de passos e escolher o desejado, conforme apresentado na figura abaixo:

Outras características do gerenciador de layout LinearLayout

O LinearLayout é o gerenciador de layout mais utilizado no desenvolvimento de aplicações para Android devido à sua simplicidade e ao arranjo dos componentes na tela, já que ele não depende do tamanho do display do dispositivo móvel (é um gerenciador de layout relativo, onde um componente é alocado na tela levando em consideração a posição do componente anterior).

Na **Figura 3.12**, é apresentado o layout desenvolvido no exemplo anterior, com o gerenciador de layout LinearLayout vertical.

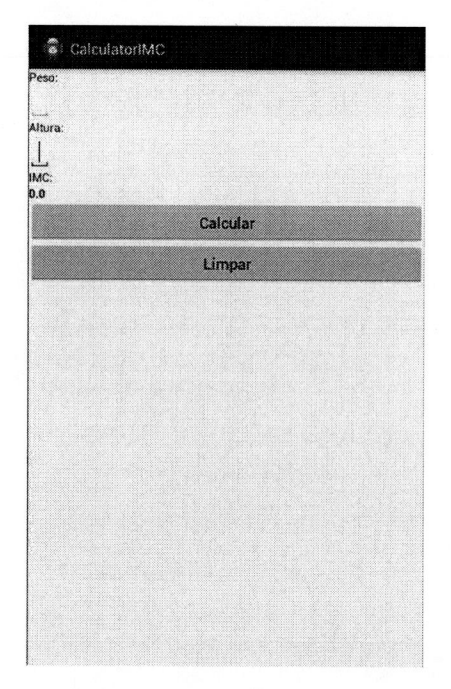

Figura 3.12. Tela com os componentes orientados no gerenciador LinearLayout vertical.

Se alterarmos o gerenciador de layout para o formato horizontal (na linha 05 da **Listagem 3.1**, mudando para android:orientation="horizontal"), teremos o resultado conforme apresentado na **Figura 3.13**.

Figura 3.13. Tela com os componentes orientados no gerenciador LinearLayout horizontal.

Observe que como a tela do device é limitada, apenas os primeiros componentes visuais serão apresentados. Para resolver essa limitação, deve-se utilizar o gerenciador de layout ScrollView, o qual proverá uma barra de rolagem na interface, conforme apresentado na próxima seção.

Utilizando múltiplos gerenciadores de layout: LinearLayout com ScrollView

Este gerenciador é utilizado nas interfaces visuais formadas por vários componentes. Em situações nas quais eles não cabem na tela do dispositivo móvel, o ScrollView apresenta barras de rolagem para poder navegar os componentes.

Basicamente, esse gerenciador de layout deve conter o gerenciador que necessitará de rolagem, assim, para utilizar no aplicativo de cálculo de IMC a orientação horizontal, ele precisa ser definido conforme a **Listagem 3.5**.

Listagem 3.5. activity_principal.xml – Interface gráfica principal com barra de rolagem.

```
01.    <ScrollView xmlns:android="http://schemas.android.com/apk/res/android"
02.        xmlns:tools="http://schemas.android.com/tools"
03.        android:layout_width="match_parent"
04.        android:layout_height="match_parent"
05.        tools:context=".PrincipalActivity" >
06.
07.        <LinearLayout
08.            android:layout_width="match_parent"
09.            android:layout_height="match_parent"
10.            android:orientation="horizontal" >
11.
12.
13.            <TextView
14.                android:layout_width="wrap_content"
15.                android:layout_height="wrap_content"
16.                android:text="Peso:" />
17.
18.            <EditText
19.                android:id="@+id/etPeso"
20.                android:layout_width="wrap_content"
21.                android:layout_height="wrap_content"
22.                android:inputType="numberDecimal"
23.                android:text="" />
24.
25.            <TextView
26.                android:layout_width="wrap_content"
27.                android:layout_height="wrap_content"
28.                android:text="Altura:" />
29.
30.            <EditText
31.                android:id="@+id/etAltura"
32.                android:layout_width="wrap_content"
33.                android:layout_height="wrap_content"
34.                android:inputType="numberDecimal"
35.                android:text="" />
36.
37.            <TextView
38.                android:layout_width="wrap_content"
39.                android:layout_height="wrap_content"
40.                android:text="IMC:" />
41.
42.            <TextView
43.                android:id="@+id/tvResult"
44.                android:layout_width="wrap_content"
45.                android:layout_height="wrap_content"
46.                android:text="0,0" />
47.
48.            <Button
49.                android:id="@+id/btCalcular"
50.                android:layout_width="wrap_content"
51.                android:layout_height="wrap_content"
52.                android:text="Calcular" />
53.
54.            <Button
```

```xml
55.            android:id="@+id/btLimpar"
56.            android:layout_width="wrap_content"
57.            android:layout_height="wrap_content"
58.            android:text="Limpar" />
59.
60.        <Button
61.            android:id="@+id/btExtra1"
62.            android:layout_width="match_parent"
63.            android:layout_height="wrap_content"
64.            android:text="Extra 1" />
65.
66.        <Button
67.            android:id="@+id/btExtra2"
68.            android:layout_width="match_parent"
69.            android:layout_height="wrap_content"
70.            android:text="Extra 2" />
71.
72.        <Button
73.            android:id="@+id/btExtra3"
74.            android:layout_width="match_parent"
75.            android:layout_height="wrap_content"
76.            android:text="Extra3" />
77.
78.        <Button
79.            android:id="@+id/btExtra4"
80.            android:layout_width="match_parent"
81.            android:layout_height="wrap_content"
82.            android:text="Extra4" />
83.
84.        <Button
85.            android:id="@+id/btExtra5"
86.            android:layout_width="match_parent"
87.            android:layout_height="wrap_content"
88.            android:text="Extra5" />
89.
90.    </LinearLayout>
91. </ScrollView >
```

Como pode ser observado no exemplo, inicialmente é declarado o layout ScrollView (linha 01), declarando o schema do arquivo xml (linhas 01 e 02). Este gerenciador ocupará a tela inteira do device (linhas 03 e 04) e conterá o gerenciador de layout LinearLayout, declarado na linha 07 e configurado para a orientação horizontal (linha 10). Na sequência, o código é idêntico ao apresentado na **Listagem 3.1**, sendo incluído apenas mais alguns botões (linhas 60 a 88). No final, primeiro é encerrado o gerenciador LinearLayout (linha 90) e na sequência, o gerenciador ScrollView (linha 91). O resultado visual deste código, em uma tela no formato paisagem (Ctrl + F11 para alternar entre retrato e paisagem) é apresentado na **Figura 3.14**.

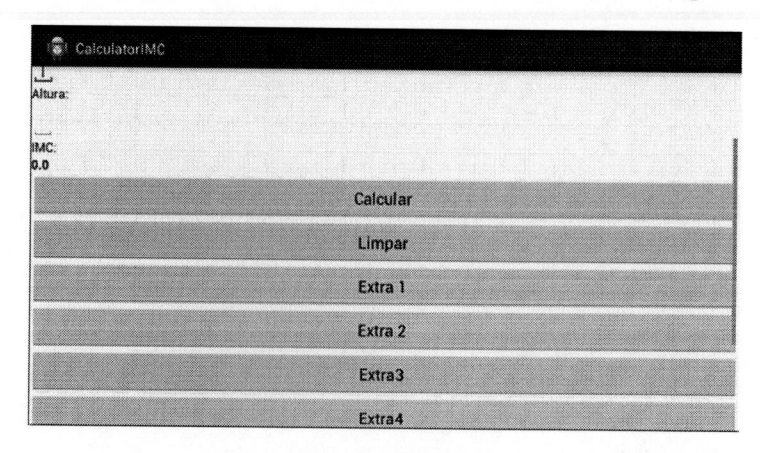

Figura 3.14. Exemplo de tela com vários componentes visuais e barra de rolagem.

Além do LinearLayout e ScrollView, existem outros gerenciadores que podem ser utilizados pelos aplicativos Android, tais como, RelativeLayout, AbsoluteLayout, TableLayout, entre outros.

Utilizando dois LinearLayouts em uma mesma interface

Em algumas situações, é necessário utilizar mais de um gerenciador de layout em uma mesma interface. Um exemplo foi a utilização do ScrollView com o LinearLayout horizontal, entretanto, é possível também utilizar dois LinearLayouts em uma mesma interface para garantir múltiplas linhas de componentes (LinearLayout na orientação vertical) e garantir que alguns componentes sejam apresentados um ao lado do outro (LinearLayout na orientação horizontal).

Para exemplificar o uso deste recurso, iremos alterar a interface representada pela **Listagem 3.1**, deixando os componentes botões um ao lado do outro. Como foi visto nos conceitos do LinearLayout vertical, nesse gerenciador de layout um componente é apresentado abaixo do outro, conforme a **Figura 3.4**. Para fazer que os botões sejam organizados um ao lado do outro, é necessária a declaração de um novo gerenciador de layout LinearLayout, na orientação horizontal, contendo os dois botões.

O código dessa interface é apresentado na **Listagem 3.6**.

Listagem 3.6. activity_principal.xml – Interface gráfica com botões alinhados na horizontal.

```
01.     <LinearLayout xmlns:android="http://schemas.android.com/apk/res/android"
02.         xmlns:tools="http://schemas.android.com/tools"
03.         android:layout_width="match_parent"
04.         android:layout_height="match_parent"
05.         android:orientation="vertical"
06.         tools:context=".PrincipalActivity" >
07.
08.         <TextView
09.             android:layout_width="wrap_content"
10.             android:layout_height="wrap_content"
11.             android:text="Peso:" />
12.
13.         <EditText
14.             android:id="@+id/etPeso"
15.             android:layout_width="wrap_content"
16.             android:layout_height="wrap_content"
17.             android:inputType="numberDecimal"
18.             android:text="" />
19.
20.         <TextView
21.             android:layout_width="wrap_content"
22.             android:layout_height="wrap_content"
23.             android:text="Altura:" />
24.
25.         <EditText
26.             android:id="@+id/etAltura"
27.             android:layout_width="wrap_content"
28.             android:layout_height="wrap_content"
29.             android:inputType="numberDecimal"
30.             android:text="" />
31.
32.         <TextView
33.             android:layout_width="wrap_content"
34.             android:layout_height="wrap_content"
35.             android:text="IMC:" />
36.
37.         <TextView
38.             android:id="@+id/tvResult"
39.             android:layout_width="wrap_content"
40.             android:layout_height="wrap_content"
```

```
41.            android:text="0,0" />
42.
43.        <LinearLayout
44.            android:layout_width="wrap_content"
45.            android:layout_height="wrap_content"
46.            android:orientation="horizontal">
47.
48.
49.            <Button
50.                android:id="@+id/btCalcular"
51.                android:layout_width="wrap_content"
52.                android:layout_height="wrap_content"
53.                android:text="Calcular" />
54.
55.            <Button
56.                android:id="@+id/btLimpar"
57.                android:layout_width="wrap_content"
58.                android:layout_height="wrap_content"
59.                android:text="Limpar" />
60.
61.        </LinearLayout>
62.
63.    </LinearLayout>
```

A interface apresentada na **Listagem 3.6** possui a mesma estrutura da **Listagem 3.1**, diferenciando apenas na declaração de um novo gerenciador LinearLayout na linha 43, com orientação horizontal, contendo a declaração dos dois botões internamente (linhas 49 e 55). Ao final, o LinearLayout horizontal é finalizado na linha 61 e o LinearLayout vertical é finalizado na linha 63.

O resultado do uso do código da **Listagem 3.6** é apresentado na **Figura 3.15**.

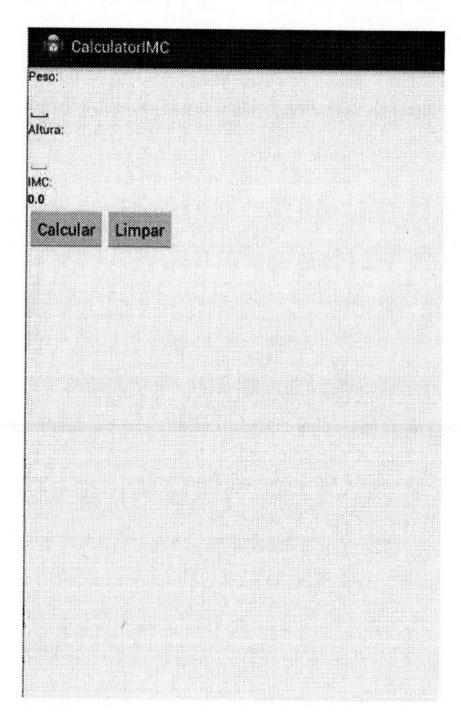

Figura 3.15. Utilização do gerenciador de layout LinearLayouts horizontal e vertical.

Embora o LinearLayout seja o gerenciador de layout mais didático da plataforma Android, e um dos mais utilizados, outros gerenciadores de layout também são disponibilizados.

TableLayout

Este gerenciador é muito interessante para organizar os componentes no formato linha/coluna, sendo um dos mais utilizados para apresentar formulários de cadastros em aplicativos móveis.

As linhas da tabela são representadas pela classe TableRow. As colunas são criadas dinamicamente, à medida que se adicionam componentes visuais às linhas. A seguir, na **Listagem 3.7**, é apresentado um exemplo de xml que mostra o uso do TableLayout.

Listagem 3.7. Arquivo xml com um exemplo de TableLayout.

```xml
01. <?xml version="1.0" encoding="utf-8"?>
02. <TableLayout xmlns:android="http://schemas.android.com/apk/res/android"
03.     android:layout_width="match_parent"
04.     android:layout_height="match_parent" >
05.     <TableRow>
06.         <TextView
07.             android:text="Nome"
08.             android:layout_width="100px" />
09.         <EditText android:id="@+id/EditText01"
10.             android:layout_width="200px" />
11.     </TableRow>
12.     <TableRow>
13.         <TextView android:text="Endereço"/>
14.         <EditText android:id="@+id/EditText02"/>
15.     </TableRow>
16.     <TableRow>
17.         <TextView />
18.         <Button android:id="@+id/Button01"
19.             android:text="Enviar" />
20.     </TableRow>
21. </TableLayout>
```

O layout representado pelo código xml anterior faz uso do TableLayout, possuindo três linhas (TableRow). Cada linha é composta por dois componentes visuais.

A primeira e a segunda linhas são compostas por um TextView e um EditText, onde o TextView funciona como um rótulo para o campo EditText, que será digitado pelo usuário do sistema. Já a terceira linha é composta por um TextView anônimo, sendo utilizado apenas para deixar a posição referente ao primeiro componente da linha em branco. Por fim, é utilizado um componente Button.

> **Dica. Código XML**
> Observe no código xml que a largura dos componentes em píxel (android:layout_width) foi definida apenas na primeira linha. Isso porque no layout TableLayout, a largura da coluna é definida de acordo com a largura do maior componente adicionado à tela.

A imagem da interface visual referente ao código da **Listagem 3.7** é apresentada na **Figura 3.16**.

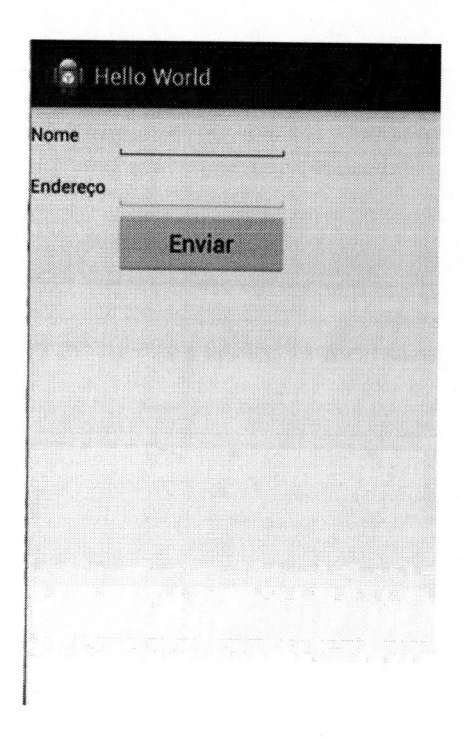

Figura 3.16. Exemplo de TableLayout.

RelativeLayout

Permite adicionar componentes à tela, sendo que a posição deles leva em consideração a posição dos outros componentes adicionados ou do gerenciador de layout no qual eles se encontram. Um exemplo típico é quando se cria um projeto novo no Android. Nele, a tela HelloWorld vem utilizando o gerenciador RelativeLayout, conforme apresentado na **Listagem 3.8**.

Listagem 3.8. Arquivo xml com um exemplo de RelativeLayout.

```
01.   <RelativeLayout xmlns:android="http://schemas.android.com/apk/res/android"
02.       xmlns:tools="http://schemas.android.com/tools"
03.       android:layout_width="match_parent"
04.       android:layout_height="match_parent"
05.       tools:context=".PrincipalActivity" >
06.
07.       <TextView
08.           android:layout_width="wrap_content"
09.           android:layout_height="wrap_content"
10.           android:layout_centerHorizontal="true"
11.           android:layout_centerVertical="true"
12.           android:text="@string/hello_world" />
13.
14.   </RelativeLayout>
```

Utilizando este gerenciador, cada componente pode ficar em posições específicas da tela. No caso do TextView declarado (linha 07), o mesmo foi formatado para ficar no centro da tela (propriedades da linha 10 e 11). O resultado do uso desse layout é apresentado na **Figura 3.17**.

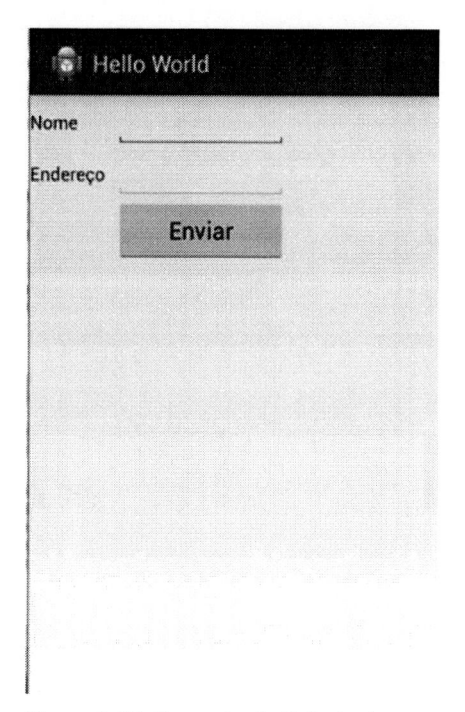

Figura 3.17. Exemplo de RelativeLayout.

AbsoluteLayout

Este gerenciador define a posição dos componentes com base nas coordenadas x e y da tela. A grande vantagem desse layout é que se pode definir a posição exata onde os componentes ficarão. Na **Listagem 3.9**, é apresentado o código xml com um exemplo de AbsoluteLayout.

Listagem 3.9. Arquivo xml com um exemplo de AbsoluteLayout.

```
01. <?xml version="1.0" encoding="UTF-8"?>
02. <AbsoluteLayout xmlns:android="http://schemas.android.com/apk/res/android"
03.     android:layout_width="match_parent"
04.     android:layout_height="match_parent">
05.     <TextView
06.         android:layout_width="180px"
07.         android:layout_height="wrap_content"
08.         android:text="Hello Android LayoutsAndroid "
09.         android:layout_x="12px"
10.         android:layout_y="12px"   />
11.     <EditText android:id="@+id/EditText01"
12.         android:layout_width="180px"
13.         android:layout_height="wrap_content"
14.         android:layout_x="12px"
15.         android:layout_y="60px"   />
16.     <EditText android:id="@+id/EditText02"
17.         android:layout_width="180px"
18.         android:layout_height="wrap_content"
19.         android:layout_x="12px"
20.         android:layout_y="120px" />
21.     <Button android:id="@+id/Button01"
22.         android:layout_width="wrap_content"
23.         android:layout_height="wrap_content"
24.         android:text="Send"
25.         android:layout_x="60px"
26.         android:layout_y="180px" />
27. </AbsoluteLayout>
```

Como pode ser observado, todos os componentes visuais que se encontram em um AbsoluteLayout possuem dois novos atributos obrigatórios, android:layout_x e android:layout_y, que correspondem à posição x e y do componente na tela. A **Figura 3.18** apresenta o layout criado a partir do xml apresentado anteriormente.

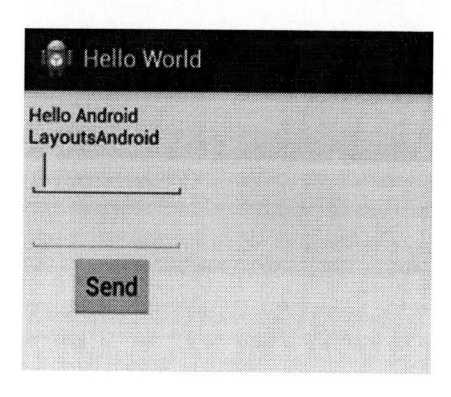

Figura 3.18. Exemplo de AbsoluteLayout.

Entretanto, o AbsoluteLayout possui uma grande desvantagem. Esse layout é pouco flexível e exige muito trabalho para a manutenção da interface. Por exemplo, um aplicativo desenvolvido para um dispositivo com tela de 320x240 pixels, onde todos os componentes ficam perfeitamente alinhados, pode não funcionar muito bem em outras resoluções de tela ou quando o dispositivo muda a orientação do display (de vertical para horizontal), conforme o exemplo apresentado na **Figura 3.19**.

Figura 3.19. Exemplo de problema na portabilidade visual com AbsoluteLayout.

Como pode ser observado, o aplicativo representado pela figura usou as posições fixas para a delimitação do tamanho 240x320 e quando é executado em um device com tela maior (ex., 480x320), ele é apresentado com uma parte da tela sem informação.

Outros gerenciadores de layout

A plataforma Android ainda possui outros gerenciadores de layout, conforme apresentado na sequência, entretanto, com os gerenciadores de layout apresentados anteriormente, já é possível desenvolver interfaces relativamente complexas.

Dos gerenciadores de layout ainda não apresentados, destacam-se:

- **FrameLayout:** Este gerenciador de layout é utilizado para reservar um espaço na tela que será utilizado por um ou mais componentes. Se mais de um componente for colocado dentro de um único FrameLayout, haverá sobreposição, com o último componente inserido aparecendo sobre o primeiro;
- **GridLayout:** Adicionado recentemente, funciona de forma semelhante ao TableLayout. A principal diferença é que, neste caso, podem-se definir células vazias ou definir que uma célula ocupará mais de uma linha e/ou coluna. Obs.: As bibliotecas de compatibilidade permitem seu uso também nas versões mais antigas do sistema operacional.

Criando interfaces a partir do código Java na Activity

Embora seja pouco utilizado, é possível também criar interfaces a partir do código-fonte da aplicação, este desenvolvido em Java (classe Activity). Nela, é possível instanciar componentes visuais (View) e gerenciadores de layout (ViewGroup), associando-os e, por fim, adicionando-os à tela a partir do comando setContentView.

Assim, no lugar de criar o arquivo xml (apresentado na **Listagem 3.1**), o programador pode apenas usar o arquivo PrincipalActivity.java, conforme apresentado na **Listagem 3.10**. Nesta situação, o arquivo activity_principal.xmls pode ser excluído do projeto.

Listagem 3.10. PrincipalActivity.java – Interface visual criada em uma Activity.

```
01.     package br.com.livro.calculaimc;
02.
03.     import android.app.Activity;
04.     import android.os.Bundle;
05.     import android.text.InputType;
06.     import android.widget.Button;
07.     import android.widget.EditText;
08.     import android.widget.LinearLayout;
09.     import android.widget.TextView;
10.
11.     public class PrincipalActivity extends Activity {
12.
13.         @Override
14.         protected void onCreate(Bundle savedInstanceState) {
15.             super.onCreate(savedInstanceState);
16.
17.             LinearLayout linearVertical = new LinearLayout( this );
18.             linearVertical.setOrientation( LinearLayout.VERTICAL );
19.
20.             TextView tvPeso = new TextView( this );
21.             tvPeso.setText( "Peso:" );
22.
23.             EditText etPeso = new EditText( this );
24.             etPeso.setInputType( InputType.TYPE_NUMBER_FLAG_DECIMAL );
25.
26.             TextView tvAltura = new TextView( this );
27.             tvPeso.setText( "Altura:" );
28.
29.             EditText etAltura = new EditText( this );
```

```
30.             etPeso.setInputType( InputType.TYPE_NUMBER_FLAG_DECIMAL );
31.
32.             TextView tvRotuloResultado = new TextView( this );
33.             tvPeso.setText( "Resultado:" );
34.
35.             TextView tvResultado = new TextView( this );
36.             tvPeso.setText( "0,0" );
37.
38.             LinearLayout linearHorizontal = new LinearLayout( this );
39.             linearVertical.setOrientation( LinearLayout.HORIZONTAL );
40.
41.             Button btCalcular = new Button( this );
42.             btCalcular.setText( "Calcular" );
43.
44.             Button btLimpar = new Button( this );
45.             btCalcular.setText( "Limpar" );
46.
47.             linearVertical.addView( tvPeso );
48.             linearVertical.addView( etPeso );
49.             linearVertical.addView( tvAltura );
50.             linearVertical.addView( etAltura );
51.             linearVertical.addView( tvRotuloResultado );
52.             linearVertical.addView( tvResultado );
53.
54.             linearHorizontal.addView( btCalcular );
55.             linearHorizontal.addView( btLimpar );
56.
57.             linearVertical.addView( linearVertical );
58.
59.             setContentView(linearVertical);
60.
61.        }
62.
63.  }
```

No código-fonte apresentado, das linhas 03 a 09, são importadas as classes referentes à interface visual. A linha 11 declara a Activity e a linha 14 define o método onCreate( ), chamado quando uma aplicação Android é executada.

Na sequência, são declarados os componentes visuais da interface gráfica, assim como configuradas algumas das suas principais propriedades (linhas 17 a 45). Na sequência, os componentes são adicionados ao LinearLayout principal da tela (linhas 47 a 52) e como nessa interface os botões são apresentados um ao lado do outro, um LinearLayout auxiliar é criado e utilizado nas linhas 54 e 55, para depois ser adicionado à tela (linha 57). Por fim, a interface é apresentada com a utilização do comando setContentView (linha 59).

Concluindo...

Este capítulo apresentou os conceitos básicos da programação de interfaces visuais para a plataforma Android. Para os exemplos do capítulo, foi utilizada a abordagem baseada em arquivos xml com a utilização dos principais gerenciadores de layouts (ViewGroups) e os componentes visuais mais utilizados (View).

Como pode ser observado, mesmo com componentes simples, a interface visual dos aplicativos Android é bem elaborada, com ótimo acabamento e efeitos visuais para alguns eventos, tais como, receber e perder o foco dos componentes. Além disso, os componentes são personalizáveis, com muitas opções de atributos para modificar.

Com relação aos gerenciadores de layout, é possível desenvolver interfaces customizáveis, adicionando componentes em praticamente qualquer lugar da tela, permitindo, inclusive, utilizar mais de um gerenciador de layout em uma mesma interface, o que já acontecia com a utilização dos padrões AWT e Swing para o desenvolvimento desktop em Java.

Entretanto, os recursos apresentados no capítulo ainda são muito restritos se comparados com a grande quantidade de componentes e recursos visuais disponíveis na plataforma Android, sendo que esses recursos não param de aumentar, pois a plataforma é open-source e muita gente está trabalhando para transformá-la em um padrão para o desenvolvimento de aplicativos móveis.

Exercícios de fixação do capítulo

Exercício 1 – Desenvolvimento da interface gráfica

Desenvolva a interface gráfica de um aplicativo para o registro de combustíveis, conforme a tela que se segue. Para o exemplo, utilize o Android 2.1 (API 7).

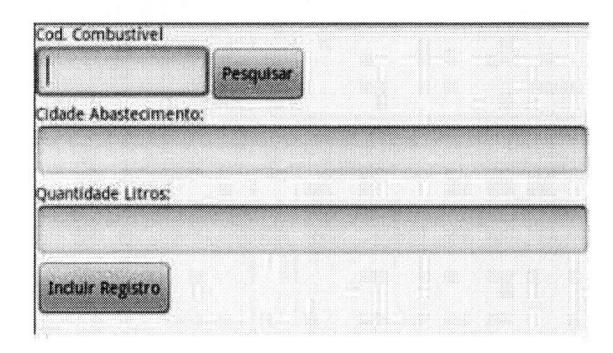

Exercício 2 – Desenvolvimento da interface gráfica

Desenvolva a interface gráfica de um aplicativo para o cálculo da quantidade de óleo em um motor de dois tempos, conforme a tela que se segue. Desenvolva em Android 4.0.3 (API 15).

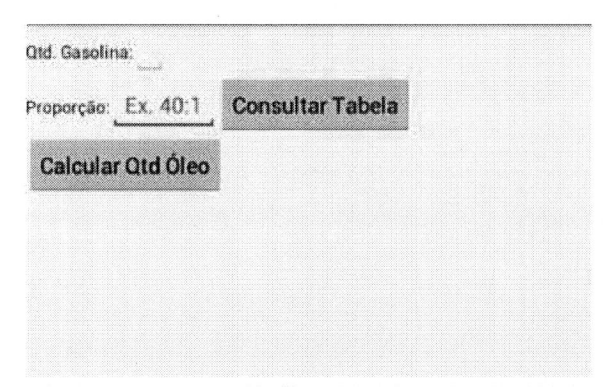

Exercício 3 – Desenvolvimento da interface gráfica

Desenvolva a tela de um aplicativo de pesquisa de opinião contendo o layout que se segue.

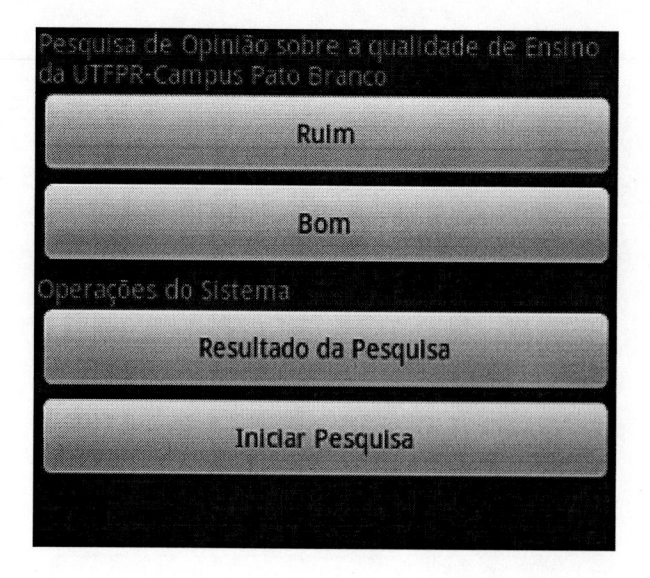

Pesquisa de Opinião sobre a qualidade de Ensino
da UTFPR-Campus Pato Branco

[Ruim]

[Bom]

Operações do Sistema

[Resultado da Pesquisa]

[Iniciar Pesquisa]

Capítulo IV - Tratando eventos simples dos componentes visuais na plataforma Android

Interagindo com aplicações Android a partir do modelo de eventos simples para componentes visuais disponíveis na plataforma

Quando se inicia o desenvolvimento de uma interface gráfica para um aplicativo, independentemente da linguagem de programação ou da plataforma de desenvolvimento, deve-se obrigatoriamente prever a interação entre o usuário e os componentes visuais, que podem ser botões, caixas de seleção, imagens, vídeos, entre outros.

Na plataforma Android, esse processo não é diferente, porém, como se trata de desenvolvimento para dispositivos com recursos limitados, com uma tela que pode ser pequena e um teclado reduzido, esse modelo de eventos é um pouco diferente dos existentes nas aplicações para desktop, onde, por exemplo, era possível tratar os eventos do mouse. Entretanto, entre as linguagens de desenvolvimento móvel, a plataforma Android é uma das que fornecem as maiores quantidades de opções para o tratamento de eventos com o usuário, permitindo, assim, a criação de aplicativos sofisticados.

A interface de programação do Android, de forma resumida, apresenta sete formas de tratamento de evento:

- **Clique**: Acontece quando se pressiona um componente visual e solta-o na sequência. Esse evento também pode ocorrer quando o usuário navega pelo aplicativo utilizando os cursores do device e chegando no componente desejado (este recebendo o foco), pressiona-se a tecla Enter;

- **Clique longo**: Semelhante ao evento anterior, porém, o clique no componente se estende por alguns segundos;
- **Menu de contexto**: O Android permite que um menu específico para cada View seja criado, semelhante aos menus popup que existem na programação desktop;
- **Evento de toque**: Esse evento é chamado quando ocorre o toque em um componente. Usando esse evento, é possível identificar, inclusive, a direção do toque (para baixo, cima, esquerda, direita);
- **Mudança de foco**: Quando o usuário interage com a tela, os componentes podem receber ou perder foco e em ambas as situações, são gerados eventos de mudança de foco;
- **Evento de tecla**: Quando o componente detém o foco e qualquer tecla do dispositivo é pressionada, podendo, com isso, mudar inclusive o conteúdo do componente (o texto de uma caixa de texto);
- **Item selecionado**: Esse evento é chamado toda vez que um item é selecionado. Esse item pode estar em uma lista ou um spinner, por exemplo;
- **Eventos automáticos**: É possível em uma aplicação Android manipular os eventos automáticos, podendo ser gerados por timer (os códigos que se repetem a cada intervalo de tempo, por exemplo) ou ainda gerados por algum evento externo, como o recebimento de um SMS ou quando o device perde o sinal do GPS, por exemplo.

Neste capítulo, serão apresentados os modelos mais comuns de tratamento de eventos na plataforma Android: evento de clique e clique longo dos componentes. Como estudo de caso, será utilizado o exemplo de cálculo do IMC desenvolvido no capítulo anterior, codificando os eventos de clique no botão *Calcular* e *Limpar*.

Para quem está iniciando na plataforma Android, é comum ficar confuso sobre como é feito o tratamento de eventos da interface gráfica na plataforma, já que os componentes visuais são declarados em um arquivo xml, mas a lógica do tratamento de evento é feita via código Java (classe Activities). Isso só é possível com a atribuição de nomes nos componentes de entrada de dados, processamento e saída de dados da interface.

Para o exemplo de cálculo do IMC utilizado no capítulo anterior, os componentes de entrada de dados são os dois EditTexts da tela, os componentes de processamento são os dois botões e o componente de saída de dados é o TextView do resultado. Perceba que todos esses componentes possuem nomes, sendo uma identificação única do componente no projeto e isso é feito pela propriedade android:id (veja as linhas 14, 26, 38, 44 e 50 da **Listagem 3.1** no capítulo anterior). A propriedade id define um nome para o componente, que deve ser informado no formato de string "@+id/nomedocomponente".

Esses nomes são mapeados em um arquivo Java, chamado R.java. Nesse arquivo, existem referências para todos os componentes visuais que possuem nome, assim como todas as imagens do projeto, todas as telas, todos os menus, e assim por diante. O arquivo é criado e gerenciado automaticamente pelo Android, não devendo ser alterado pelo usuário.

Lembre-se que o arquivo R.java não está disponível para a visualização na IDE Android Studio. Para ver seu conteúdo (é importante ressaltar que esse arquivo não deve ser alterado), ele deve ser aberto pelo gerenciador de arquivo e está armazenado na pasta do projeto, dentro da subpasta *app, build, gen, source, r, debug, br, com, livro, helloworld*. Seu conteúdo é apresentado na íntegra na **Listagem 4.1**.

Dica. Atualização do arquivo R.java

É importante saber que o arquivo R.java é atualizado a cada execução do aplicativo pelo Android Studio. Desta forma, se o programador abrir o arquivo pelo gerenciador de arquivos e ele parecer incompleto (para o nosso exemplo, não ter o nome dos componentes dentro da classe id), pode ser que os nomes foram declarados no arquivo xml, porém, o aplicativo ainda não foi executado.

Listagem 4.1. R.java – Arquivo de mapeamento dos recursos do projeto.

```
01.  /* AUTO-GENERATED FILE.  DO NOT MODIFY.
02.   *
03.   * This class was automatically generated by the
04.   * aapt tool from the resource data it found.  It
05.   * should not be modified by hand.
06.   */
07.
08.  package br.com.livro.calculaimc;
09.
10.  public final class R {
11.      public static final class attr {
12.      }
13.      public static final class dimen {
14.          public static final int activity_horizontal_margin=0x7f040000;
15.          public static final int activity_vertical_margin=0x7f040001;
16.      }
17.      public static final class drawable {
18.          public static final int ic_launcher=0x7f020000;
19.      }
20.      public static final class id {
21.          public static final int action_settings=0x7f080005;
22.          public static final int btCalcular=0x7f080003;
23.          public static final int btLimpar=0x7f080004;
24.          public static final int etAltura=0x7f080001;
25.          public static final int etPeso=0x7f080000;
26.          public static final int tvResult=0x7f080002;
27.      }
28.      public static final class layout {
29.          public static final int activity_principal=0x7f030000;
30.      }
31.      public static final class menu {
32.          public static final int menu_principal=0x7f070000;
33.      }
34.      public static final class string {
35.          public static final int action_settings=0x7f050000;
36.          public static final int app_name=0x7f050001;
37.          public static final int hello_world=0x7f050002;
38.      }
39.      public static final class style {
40.          /**  Customize your theme here.
41.           */
42.          public static final int AppTheme=0x7f060000;
43.      }
44.  }
```

Como pode ser observado, a identificação dos componentes visuais é feita a partir da linha 21 do arquivo apresentado na **Listagem 4.1**. Existe uma constante para cada nome de componente visual. O valor em hexadecimal é a referência do componente no projeto, sendo armazenado dentro de uma classe interna id (linha 20) e por este motivo, na atribuição do nome do componente, é utilizada a literal "@+id/nomedocomponente", sendo que @ faz referência ao arquivo R.java, + indica que uma nova variável será adicionada à classe e id é o nome da classe; após a barra (/), é informado o nome do componente.

Também podem ser observadas no arquivo R.java outras informações, como o nome da imagem que representa o ícone da aplicação (ic_launcher – linha 18), que está armazenada na pasta drawable (linha 17), e o nome da tela do aplicativo (linha 29), entre outros dados.

Para fazer uso dos componentes visuais nomeados no arquivo xml e mapeados no arquivo R.java, é necessário declarar os componentes na classe Activity e recuperá-los com o comando findViewById( ), conforme apresentado na **Listagem 4.2**.

Listagem 4.2. PrincipalActivity.java – Declaração e vinculação dos componentes visuais.

```
01.    package br.com.livro.calculaimc;
02.
03.    import android.app.Activity;
04.    import android.os.Bundle;
05.    import android.widget.Button;
06.    import android.widget.EditText;
07.    import android.widget.TextView;
08.
09.    public class PrincipalActivity extends Activity {
10.
11.        private EditText etPeso;
12.        private EditText etAltura;
13.        private Button btCalcular;
14.        private Button btLimpar;
15.        private TextView tvResultado;
16.
17.        @Override
18.        protected void onCreate(Bundle savedInstanceState) {
19.            super.onCreate(savedInstanceState);
20.            setContentView(R.layout.activity_principal);
21.
22.            etPeso = (EditText) findViewById( R.id.etPeso );
23.            etAltura = (EditText) findViewById( R.id.etAltura );
24.            tvResultado = (TextView) findViewById( R.id.tvResult );
25.            btCalcular = (Button) findViewById( R.id.btCalcular );
26.            btLimpar = (Button) findViewById( R.id.btLimpar );
27.
28.        }//fim do método onCreate
29.
30.    } //fim da classe PrincipalActivity
```

Na listagem, são importadas as classes referentes aos componentes visuais entre as linhas 05 e 07, sendo cada componente visual da interface gráfica declarado das linhas 11 a 15. Por fim, no método onCreate( ) (linha 18), são referenciados os componentes a partir do comando findViewById (linhas 22 a 26), sendo que ele vincula esse componente ao componente declarado no arquivo xml por meio de R.id.nomedocomponente.

Assim, uma classe Java pode utilizar os recursos dos componentes visuais declarados em um arquivo xml através do arquivo intermediário R.java, conforme apresentando na **Figura 4.1**.

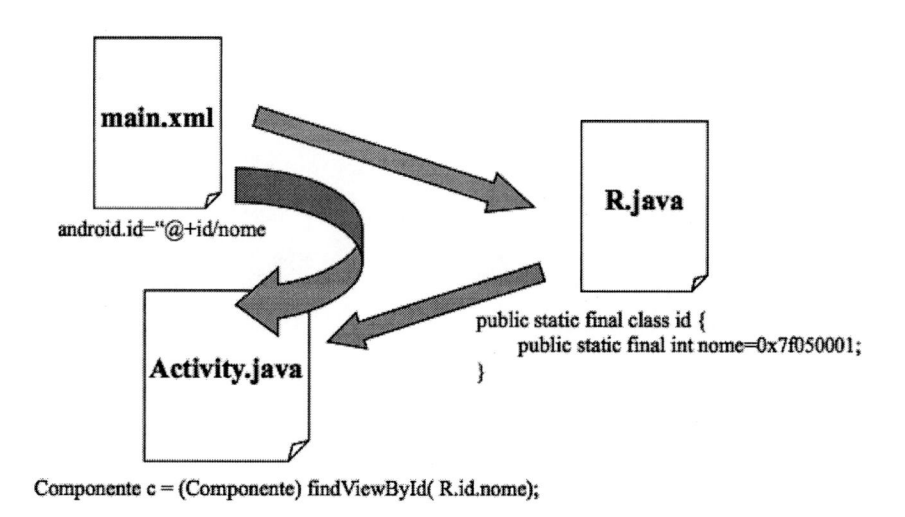

Figura 4.1. Vínculo entre os componentes visuais declarados no arquivo xml, tratados na Activity a partir do arquivo R.java.

O próximo passo é informar que os componentes botões devem tratar um código se clicados, e isso é feito a partir dos Listeners.

Os Listeners são classes que "escutam os eventos" gerados. Elas podem ser codificadas em arquivos separados (arquivos com a extensão .java e que implementam os Listeners desejados) ou a partir de classes internas anônimas, sendo que esta última técnica é a mais utilizada. Para isso, modifique o arquivo PrincipalActivity.java, deixando-o como apresentado na **Listagem 4.3**.

Listagem 4.3. PrincipalActivity.java – Tratamento do evento de clique nos botões.

```
01.   package br.com.livro.calculaimc.;
02.
03.   import java.text.DecimalFormat;
04.
05.   import android.app.Activity;
06.   import android.os.Bundle;
07.   import android.view.View;
08.   import android.widget.Button;
09.   import android.widget.EditText;
10.   import android.widget.TextView;
11.   import android.widget.Toast;
12.
13.   public class PrincipalActivity extends Activity {
14.
15.       private EditText etPeso;
16.       private EditText etAltura;
17.       private Button btCalcular;
18.       private Button btLimpar;
19.       private TextView tvResultado;
20.
21.       @Override
22.       protected void onCreate(Bundle savedInstanceState) {
23.           super.onCreate(savedInstanceState);
24.           setContentView(R.layout.activity_principal);
25.
26.           etPeso = (EditText) findViewById(R.id.etPeso);
27.           etAltura = (EditText) findViewById(R.id.etAltura);
28.           tvResultado = (TextView) findViewById(R.id.tvResult);
29.           btCalcular = (Button) findViewById(R.id.btCalcular);
30.           btLimpar = (Button) findViewById(R.id.btLimpar);
```

```
31.
32.              btCalcular.setOnClickListener(new View.OnClickListener() {
33.
34.                  @Override
35.                  public void onClick(View arg0) {
36.                       btCalcularOnClick();
37.                  }
38.              });
39.
40.              btLimpar.setOnClickListener(new View.OnClickListener() {
41.
42.                  @Override
43.                  public void onClick(View arg0) {
44.                       btLimparOnClick();
45.
46.                  }
47.              });
48.
49.         }// fim do método onCreate
50.
51.         private void btCalcularOnClick() {
52.              if (etPeso.getText().toString().equals("")) {
53.                  Toast.makeText(getApplicationContext(), "Campo Peso deve ser preenchido"
54.                           Toast.LENGTH_LONG).show();
55.                  etPeso.requestFocus();
56.                  return;
57.              }
58.
59.              if (etAltura.getText().toString().equals("")) {
60.                  Toast.makeText(getApplicationContext(), "Campo Altura deve ser preenchido",
61.                           Toast.LENGTH_LONG).show();
62.                  etAltura.requestFocus();
63.                  return;
64.              }
65.
66.              double peso = Double.parseDouble(etPeso.getText().toString());
67.              double altura = Double.parseDouble(etAltura.getText().toString());
68.
69.              double imc = peso / Math.pow(altura, 2);
70.
71.              tvResultado.setText(new DecimalFormat("0.00").format(imc));
72.
73.         }// fim do método btCalcularOnClick
74.
75.         private void btLimparOnClick() {
76.              etPeso.setText("");
77.              etAltura.setText("");
78.              tvResultado.setText( "0.0" );
79.         }// fim do método btLimparOnClick
80.
81.     } // fim da classe PrincipalActivity
```

No código apresentado, na linha 32, é informado qual Listener tratará o evento de clique do botão *Calcular*. Como na maioria dos programas Android, foi optado por criar uma classe interna anônima para a classe View.onClickListener, não havendo, assim, a necessidade de criar um novo arquivo .java.

Para tratar o clique, foi codificado o método onClick( ) da classe View.OnClickListener (linha 35), o qual executa o método btCalcularOnClick( ) codificado entre as linhas 51 e 73 da listagem. Para tratar o botão *Limpar*, foi executado o método btLimparOnClick (linha 43), codificado entre as linhas 75 e 79.

O método btCalcularOnClick( ) primeiramente valida o conteúdo digitado nos campos etPeso (linha 52) e etAltura (linha 59), verificando se eles não estão em branco. Em caso positivo, uma mensagem informativa é apresentada a partir do comando Toast (linhas 53 e 60), que exibe uma mensagem de erro na tela. Os parâmetros do Toast são: Activity, que apresentará a mensagem, a mensagem apresentada e o tempo que a mensagem ficará na tela (pode ser curto, SHORT, ou longo, LONG). Por fim, o método show( ) é executado.

Em ambos os casos, o campo com erro receberá o foco (linhas 55 e 62) e o processamento do método será encerrado (linhas 56 e 63), aguardando um valor consistente.

Os campos sendo preenchidos corretamente, é recuperado o valor digitado no EditText a partir do comando getText(linha 66), sendo que este é recuperado como texto a partir do comando toString( ) e convertido no tipo primitivo double utilizando Double.parseDouble( ). O resultado recuperado convertido em numérico é armazenado nas variáveis double peso e double altura.

Após, o cálculo do IMC é realizado (linha 69), sendo armazenado o resultado na variável double imc. A fórmula para o cálculo do IMC é apresentada na **Figura 4.2**.

$$IMC = \frac{peso\ (kg)}{altura^2\ (m^2)}$$

Figura 4.2. Fórmula para o cálculo do IMC.

Por fim, o resultado é apresentado para o usuário no componente tvResultado (linha 71), utilizando para a apresentação o comando setText( ). Como se trata de divisão, as chances do resultado ser um número com muitas casas decimais é grande, por isso, o resultado é formatado utilizando a classe DecimalFormat.

Já o método btLimparOnClick (linha 75) valoriza com uma cadeia vazia ("") os EditTexts (linhas 76 e 77), assim como valoriza com "0.0" o campo do resultado (linha 78).

Após, é possível a execução do programa, assim como o teste de clique nos botões, como apresentado na **Figura 4.3**.

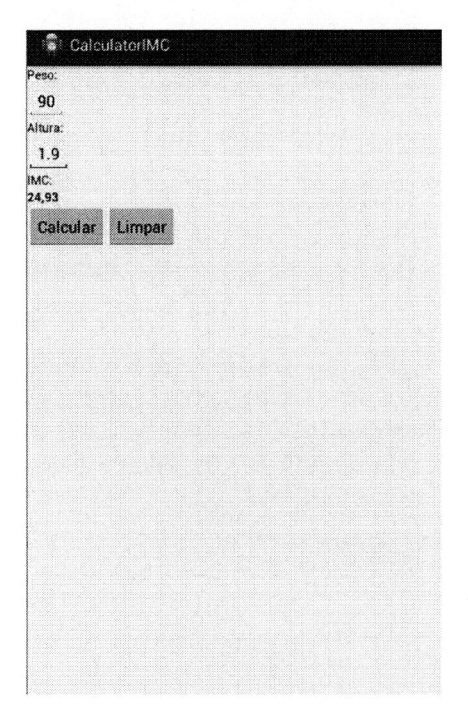

Figura 4.3. Tela do aplicativo em execução.

Simplificando o tratamento do evento de clique em um botão

Na maioria dos programas Android, a interação entre o usuário e o aplicativo acontece por meio do evento de clique em botões. Neste momento, o programa executará uma tarefa específica e desta forma, para simplificar o tratamento do evento, foi criada a propriedade android:onClick na declaração dos componentes Buttons no arquivo xml.

Se o programador optar por utilizar essa forma de tratamento, no código da Activity não será mais necessário criar classes internas anônimas para View.OnClickListener. Assim, a declaração dos botões deve ser feita conforme a **Listagem 4.4** (este trecho mostra em negrito as linhas que devem ser adicionadas ao código correspondente à **Listagem 3.1**).

Listagem 4.4. activity_principal.xml – Declaração dos botões com a propriedade onClick.

```xml
01.         <Button
02.             android:id="@+id/btCalcular"
03.             android:layout_width="wrap_content"
04.             android:layout_height="wrap_content"
05.             android:text="Calcular"
06.             android:onClick="btCalcularOnClick" />
07.
08.         <Button
09.             android:id="@+id/btLimpar"
10.             android:layout_width="wrap_content"
11.             android:layout_height="wrap_content"
12.             android:text="Limpar"
13.             android:onClick="btLimparOnClick" />
```

Assim, o próximo passo é criar um método público com um View de parâmetro para os nomes identificados no método onClick( ) (linhas 06 e 13). Assim, a Activity fica conforme apresentado na **Listagem 4.5**.

Listagem 4.5. PrincipalActivity.java – Codificação dos métodos referenciados via arquivo xml.

```java
01.  package br.com.livro.calculaimc;
02.
03.  import java.text.DecimalFormat;
04.
05.  import android.app.Activity;
06.  import android.os.Bundle;
07.  import android.view.View;
08.  import android.widget.EditText;
09.  import android.widget.TextView;
10.  import android.widget.Toast;
11.
12.  public class PrincipalActivity extends Activity {
13.
14.      private EditText etPeso;
15.      private EditText etAltura;
16.      private TextView tvResultado;
17.
18.      @Override
19.      protected void onCreate(Bundle savedInstanceState) {
20.          super.onCreate(savedInstanceState);
21.          setContentView(R.layout.activity_principal);
22.
23.          etPeso = (EditText) findViewById(R.id.etPeso);
24.          etAltura = (EditText) findViewById(R.id.etAltura);
25.          tvResultado = (TextView) findViewById(R.id.tvResult);
26.
27.      }// fim do método onCreate
28.
29.      public void btCalcularOnClick( View v ) {
30.          if (etPeso.getText().toString().equals("")) {
```

```
31.                    Toast.makeText(this, "Campo Peso deve ser preenchido",
32.                            Toast.LENGTH_LONG).show();
33.                    etPeso.requestFocus();
34.                    return;
35.            }
36.
37.            if (etAltura.getText().toString().equals("")) {
38.                    Toast.makeText(this, "Campo Altura deve ser preenchido",
39.                            Toast.LENGTH_LONG).show();
40.                    etAltura.requestFocus();
41.                    return;
42.            }
43.
44.            double peso = Double.parseDouble(etPeso.getText().toString());
45.            double altura = Double.parseDouble(etAltura.getText().toString());
46.
47.            double imc = peso / Math.pow(altura, 2);
48.
49.            tvResultado.setText(new DecimalFormat("0.00").format(imc));
50.
51.    }// fim do método btCalcularOnClick
52.
53.    public void btLimparOnClick( View v ) {
54.            etPeso.setText("");
55.            etAltura.setText("");
56.            tvResultado.setText( "0.0" );
57.    }// fim do método btLimparOnClick
58.
59. } // fim da classe PrincipalActivity
```

A diferença básica entre esta Activity e a codificada anteriormente (**Listagem 4.3**) é que esta trata os eventos de clique do botão a partir do atributo android:onClick do código xml, o que simplifica consideravelmente o processo, já que na Activity, não é mais necessário declarar os componentes Button, nem mesmo criar as classes internas anônimas para tratar o evento de clique (new View.onClickListener). Basta codificar os métodos informados pela propriedade android.onClick, devendo estes ser públicos e receber por parâmetro um objeto do tipo View (linhas 29 e 53). O código passou de 81 linhas para 59, conforme pode ser observado se compararmos a **Listagem 4.3** e a **Listagem 4.5**.

Ao executar o aplicativo, perceba que o funcionamento dele não se altera.

> **Dica.** Utilizando o atributo android:onClick
>
> A simplificação do tratamento de evento só ocorre para o método onClick de Button, sendo este o modelo de interação mais utilizado pelas aplicações Android. Os demais métodos devem ser codificados no formato tradicional, criando classes internas anônimas para os listeners desejados.

Adicionando um evento de clique longo

O clique longo é um recurso disponível na plataforma Android e analogicamente ele é semelhante ao clique com o botão direito do mouse em uma aplicação desktop, apresentando para o usuário opções extras do uso do aplicativo/componente.

Por padrão, para obter o evento de clique longo é necessário pressionar e continuar pressionando em um componente visual por dois segundos. Um exemplo típico é quando se dá um clique longo em um EditText, o qual apresenta para o usuário (ao utilizar o emulador) a opção de trabalhar com o conteúdo da caixa de texto (área de transferência), conforme a **Figura 4.4**. Este comando não foi tratado pelo programador, ele é implementado automaticamente pela plataforma Android.

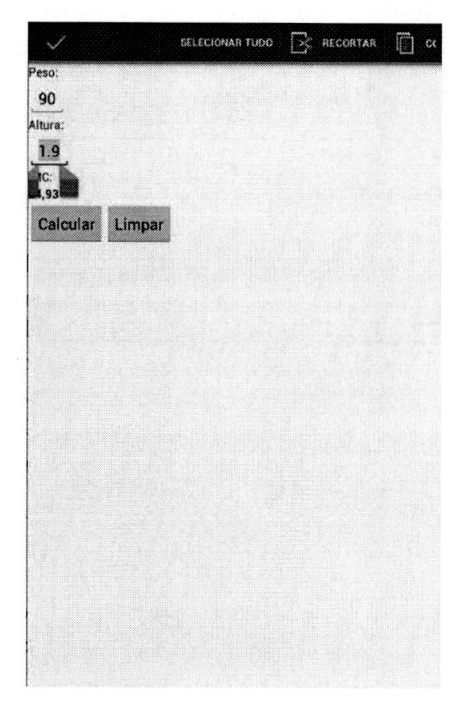

Figura 4.4. Exemplo de utilização de um clique longo em um componente EditText no emulador Android.

Para personalizar o clique longo, tratando assim o evento de forma diferente (por exemplo, apresentar uma mensagem informativa via Toast, caso se dê um clique longo nos EditText), é necessário adicionar o Listener correspondente ao código-fonte, conforme apresentado na **Listagem 4.4**.

Listagem 4.4. PrincipalActivity.java – Tratamento do evento de clique longo nos EditTexts.

```
01.    package br.com.livro.calculaimc;
02.
03.    import java.text.DecimalFormat;
04.
05.    import android.app.Activity;
06.    import android.os.Bundle;
07.    import android.view.View;
08.    import android.widget.Button;
09.    import android.widget.EditText;
10.    import android.widget.TextView;
11.    import android.widget.Toast;
12.
13.    public class PrincipalActivity extends Activity {
14.
15.         private EditText etPeso;
16.         private EditText etAltura;
17.         private Button btCalcular;
18.         private Button btLimpar;
19.         private TextView tvResultado;
20.
21.         @Override
22.         protected void onCreate(Bundle savedInstanceState) {
23.             super.onCreate(savedInstanceState);
24.             setContentView(R.layout.activity_principal);
25.
26.             etPeso = (EditText) findViewById(R.id.etPeso);
27.             etAltura = (EditText) findViewById(R.id.etAltura);
28.             tvResultado = (TextView) findViewById(R.id.tvResult);
29.             btCalcular = (Button) findViewById(R.id.btCalcular);
30.             btLimpar = (Button) findViewById(R.id.btLimpar);
31.
32.             etPeso.setOnLongClickListener( new View.OnLongClickListener() {
```

```
33.
34.                    @Override
35.                    public boolean onLongClick(View arg0) {
36.                            Toast.makeText( getApplicationContext(), "Clique longo no EditText peso", Toast.LENGTH_LONG ).show();
37.                            return true;
38.                    }
39.            } );
40.
41.            etAltura.setOnLongClickListener( new View.OnLongClickListener() {
42.
43.                    @Override
44.                    public boolean onLongClick(View arg0) {
45.                            Toast.makeText( getApplicationContext(), "Clique longo no EditText altura", Toast.LENGTH_LONG ).show();
46.                            return true;
47.                    }
48.            } );
49.
50.        }// fim do método onCreate
51.
52.        public void btCalcularOnClick( View v ) {
53.            if (etPeso.getText().toString().equals("")) {
54.                Toast.makeText(this, "Campo Peso deve ser preenchido",
55.                        Toast.LENGTH_LONG).show();
56.                etPeso.requestFocus();
57.                return;
58.            }
59.
60.            if (etAltura.getText().toString().equals("")) {
61.                Toast.makeText(this, "Campo Altura deve ser preenchido",
62.                        Toast.LENGTH_LONG).show();
63.                etAltura.requestFocus();
64.                return;
65.            }
66.
67.            double peso = Double.parseDouble(etPeso.getText().toString());
68.            double altura = Double.parseDouble(etAltura.getText().toString());
69.
70.            double imc = peso / Math.pow(altura, 2);
71.
72.            tvResultado.setText(new DecimalFormat("0.00").format(imc));
73.
74.        }// fim do método btCalcularOnClick
75.
76.        public void btLimparOnClick( View v ) {
77.            etPeso.setText("");
78.            etAltura.setText("");
79.            tvResultado.setText( "0.0" );
80.        }// fim do método btLimparOnClick
81.
82.  } // fim da classe PrincipalActivity
```

No código apresentado, o tratamento do clique longo acontece nas linhas 49 e 58, tratando respectivamente os EditTexts peso e altura. Ao executar o aplicativo e dar um clique longo no EditText, o resultado é apresentado conforme a **Figura 4.5**.

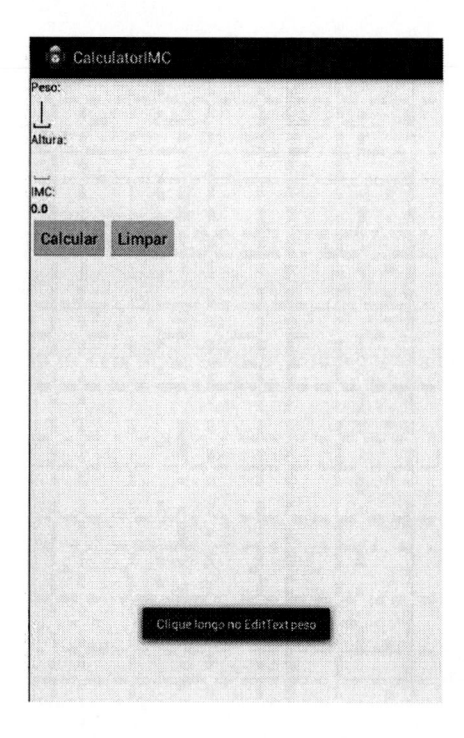

Figura 4.5. Exemplo de utilização de um clique longo após a mudança no código da Activity.

Analisando o código, o procedimento para o tratamento do clique longo é praticamente idêntico ao tratamento do clique simples, mudando apenas o nome do método (setOnLongClickListener( )) do Listener (View.onLongClickListener) e, em especial, o método onLongClick( ) (linhas 52 e 61), que agora passam a retornar um valor booleano.

Este valor representa se os eventos de cliques/cliques longos subsequentes serão executados. Retornando true (linhas 54 e 63), será executado apenas o método onLongClick( ) codificado pelo programador; retornando false, o evento de clique/clique longo codificado pelo programador será executado e na sequência, o evento de clique/clique longo da plataforma Android também será executado de forma sequencial.

Concluindo...

Como pode ser observado no capítulo, existem vários modelos de eventos para a plataforma Android, o que destaca essa plataforma de outras para o desenvolvimento móvel, e entre todos esses modelos, o que recebe destaque é o tratamento de clique simples e clique longo. Conhecendo esses dois eventos, já é possível criar aplicações funcionais na plataforma Android.

Na sequência, no **Capítulo 8**, serão apresentados outros modelos de eventos na plataforma para enriquecer ainda mais a interação com o usuário.

Exercícios de fixação do capítulo

Exercício 1 – Desenvolva e instale no seu celular

A evolução tecnológica brasileira possibilitou o desenvolvimento de veículos automotores que funcionam com dois ou mais tipos de combustíveis (gasolina, álcool etc.). Entretanto, uma dúvida comum de usuários desses veículos é qual o combustível com a melhor relação custo/benefício.

Levando em consideração que a maioria dos veículos bicombustíveis pode ser abastecida com álcool ou gasolina, desenvolva um aplicativo de comparação de preços. Esse aplicativo é formado por quatro componentes EditTexts, cinco componentes TextViews e dois Buttons.

Ao clicar no botão Sair, o aplicativo deve ser finalizado (utiliza-se o comando finish( )).

Ao clicar no botão Calcular, deve-se verificar o custo efetivo de um km com gasolina (gasolina preço/consumo gasolina) e o custo efetivo de um km com álcool (álcool preço/consumo álcool) e verificar qual possui o menor valor, adicionando a resposta no componente TextView.

Desenvolva o programa deixando-o o mais prático possível (as caixas de texto devem aceitar apenas valores decimais, validações etc.).

Exercício 2 – Personalizando seu aplicativo

Utilize um desenho de fundo na tela do aplicativo, pode ser o desenho de uma bomba de combustível, da placa de um posto ou mesmo a foto do seu carro. Para definir um desenho de fundo, utilize a propriedade background de LinearLayout.

Exercício 3 – Realizando a consistência dos componentes de entrada

Verifique se todos os campos foram preenchidos corretamente (diferentes de branco, por exemplo). Caso algum erro ocorra, apresente a mensagem no próprio componente que gerou o erro (nos EditTexts), utilizando o método setError( ).

Exercício 4 – Personalizando o uso do clique longo

Trate no aplicativo o uso do clique longo nos botões (Calcular e Fechar). Ele deve apresentar um descritivo rápido do que o botão faz, utilizando um componente Toast.

Capítulo V - Técnicas para a depuração de aplicações Android

> Aprenda dicas e técnicas para encontrar erros nas aplicações Android utilizando a IDE Android Studio

O processo para programar computadores ou dispositivos móveis é algo relativamente complexo, uma vez que mesmo os programas simples envolvem uma série de conceitos, comandos e ferramentas.

Na programação para a plataforma Android não é diferente. Inicialmente, o programador se depara com o processo para montar o ambiente de desenvolvimento, este muitas vezes baseado em um software livre e multiplataforma. Atualmente, a maioria dos programadores dessa plataforma faz uso do Android SDK para o desenvolvimento Android, sendo o código realizado na IDE Android Studio ou Eclipse com o auxílio de um plugin chamado ADT.

Porém, após a instalação do ambiente de desenvolvimento, entra o processo de configuração do ambiente, onde o programador tem que escolher para qual plataforma/versão do Android o aplicativo será desenvolvido, havendo também a necessidade de criação e configuração de um AVD (Android Virtual Device), feitas a partir do Android Virtual Device Manager (menu *Tools – Android – AVD Manager*).

Após, o programador já possui seu ambiente apto para o desenvolvimento de aplicações, sendo necessária a codificação da interface gráfica em um arquivo xml, acontecendo o mapeamento deste com o código Java (Activity) a partir de um arquivo chamado R.java.

Entretanto, no processo de codificação podem ocorrer erros simples no desenvolvimento, porém, complexos para serem resolvidos, tais como, erros de grafia na declaração dos componentes visuais na interface gráfica, erro na recuperação dos componentes visuais por meio da Activity ou mesmo erros de programação, como os de lógica na utilização de comandos condicionais, estruturas de repetição, inicialização de variáveis, entre muitos outros.

Com base nesses dados, é comum os programadores encontrarem mais dificuldade no processo de depuração dos programas do que no processo de programação propriamente dito. Desta forma, se o programador não souber utilizar ferramentas específicas para encontrar erros, o processo de codificação e correção poderá tornar-se ainda mais complexo.

O termo debugar é derivado da palavra debug, que do inglês significa retirar erros de programação (lembrando que os programadores costumam chamar de bug os erros). Esse termo foi aportuguesado como depurar.

As ferramentas de desenvolvimento de software costumam trazer recursos que permitem a depuração dos programas, tais como, Breakpoint e Watchers (visualização do conteúdo de variáveis).

Assim, este capítulo apresentará maneiras de minimizar os erros de programação para a plataforma Android, bem como ferramentas para encontrar esses erros, caso eles ocorram e, com certeza, irão ocorrer.

Para exemplificar, será utilizado o aplicativo de cálculo do IMC (índice de massa corpórea). Esse aplicativo foi desenvolvido no **Capítulo 3** do livro (interface gráfica) e aprimorado no **Capítulo 4** (tratamento de eventos).

Assim, a seção seguinte, Estudo de caso – Calcular o IMC, deve ser seguida apenas se você não desenvolveu o exemplo apresentado nos dois capítulos anteriores. Se você leu os capítulos e desenvolveu o aplicativo CalculaIMC, pode pular para a próxima seção "Erros de digitação no arquivo XML e no arquivo Java".

Estudo de caso – Calcular o IMC

Para a utilização dos recursos de depuração, um projeto chamado CalculaIMC deve ser criado. Este deve possuir um arquivo de layout (activity_principal.xml), presente dentro da pasta res, subpasta layout, e uma Activity principal (PrincipalActivity.java), presente no pacote br.com.livro.calculaimc. A estrutura do projeto, após criado, é apresentada na **Figura 5.1**.

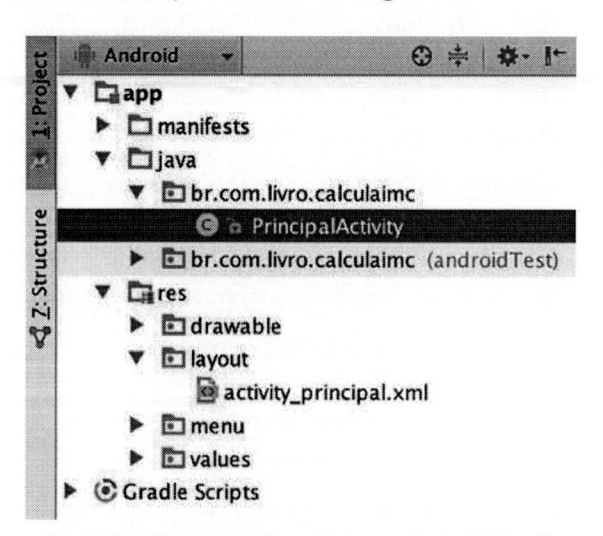

Figura 5.1. Estrutura do projeto no Android Studio.

O arquivo activity_principal.xml terá o layout apresentado na **Listagem 5.1**.

Listagem 5.1. activity_principal.xml – Interface gráfica principal do aplicativo.

```xml
01.     <LinearLayout xmlns:android="http://schemas.android.com/apk/res/android"
02.         xmlns:tools="http://schemas.android.com/tools"
03.         android:layout_width="match_parent"
004.         android:layout_height="match_parent"
05.         android:orientation="vertical"
06.         tools:context=".PrincipalActivity" >
07.
08.         <TextView
09.             android:layout_width="wrap_content"
10.             android:layout_height="wrap_content"
11.             android:text="Peso:" />
12.
13.         <EditText
14.             android:id="@+id/etPeso"
15.             android:layout_width="wrap_content"
16.             android:layout_height="wrap_content"
17.             android:inputType="numberDecimal"
18.             android:text="" />
19.
20.         <TextView
21.             android:layout_width="wrap_content"
22.             android:layout_height="wrap_content"
23.             android:text="Altura:" />
24.
25.         <EditText
26.             android:id="@+id/etAltura"
27.             android:layout_width="wrap_content"
28.             android:layout_height="wrap_content"
29.             android:inputType="numberDecimal"
30.             android:text="" />
31.
32.         <TextView
33.             android:layout_width="wrap_content"
34.             android:layout_height="wrap_content"
35.             android:text="IMC:" />
36.
37.         <TextView
38.             android:id="@+id/tvResult"
39.             android:layout_width="wrap_content"
40.             android:layout_height="wrap_content"
41.             android:text="0,0" />
42.
43.         <Button
44.             android:id="@+id/btCalcular"
45.             android:layout_width="wrap_content"
46.             android:layout_height="wrap_content"
47.             android:text="Calcular"
48.             android:onClick="btCalcularOnClick"/>
49.
50.         <Button
51.             android:id="@+id/btLimpar"
52.             android:layout_width="wrap_content"
53.             android:layout_height="wrap_content"
54.             android:text="Limpar"
55.             android:onClick="btLimparOnClick"/>
56.
57.     </LinearLayout>
58.
```

Como pode ser observado, a interface gráfica não possui recursos avançados, simplesmente foram declarados dois componentes para a entrada de dados (EditText), dois componentes para o processamento (Button) e um componente para a saída das informações (TextView), cada um com seu nome para a identificação via Activity utilizando a propriedade android:id. Também foram apresentadas na interface algumas literais (TextView).

A classe Java responsável pelo funcionamento do aplicativo é apresentada na **Listagem 5.2**.

Listagem 5.2. PrincipalActivity.java – Classe principal para o cálculo do IMC.

```
01.    package br.com.livro.calculaimc;
02.
03.    import android.app.Activity;
04.    import android.os.Bundle;
05.    import android.view.View;
06.    import android.widget.Button;
07.    import android.widget.EditText;
08.    import android.widget.TextView;
09.    import android.widget.Toast;
10.
11.    import java.text.DecimalFormat;
12.
13.    public class PrincipalActivity extends Activity {
14.
15.        private EditText etPeso;
16.        private EditText etAltura;
17.        private Button btCalcular;
18.        private Button btLimpar;
19.        private TextView tvResultado;
20.
21.        @Override
22.        protected void onCreate(Bundle savedInstanceState) {
23.            super.onCreate(savedInstanceState);
24.            setContentView(R.layout.activity_principal);
25.
26.            etPeso = (EditText) findViewById( R.id.etPeso );
27.            etAltura = (EditText) findViewById( R.id.etAltura );
28.            tvResultado = (TextView) findViewById( R.id.tvResult );
29.            btCalcular = (Button) findViewById( R.id.btCalcular );
30.            btLimpar = (Button) findViewById( R.id.btLimpar );
31.
32.        }//fim do método onCreate
33.
34.        public void btCalcularOnClick( View v ) {
35.            if (etPeso.getText().toString().equals("")) {
36.                Toast.makeText(getApplicationContext(), "Campo Peso deve ser preenchido",
37.                        Toast.LENGTH_LONG).show();
38.                etPeso.requestFocus();
39.                return;
40.            }
41.
42.            if (etAltura.getText().toString().equals("")) {
43.                Toast.makeText(getApplicationContext(), "Campo Altura deve ser preenchido",
44.                        Toast.LENGTH_LONG).show();
45.                etAltura.requestFocus();
46.                return;
47.            }
48.
49.            double peso = Double.parseDouble(etPeso.getText().toString());
50.            double altura = Double.parseDouble(etAltura.getText().toString());
51.
52.            double imc = peso / Math.pow(altura, 2);
53.
54.            tvResultado.setText(new DecimalFormat("0.00").format(imc));
55.
56.        }// fim do método btCalcularOnClick
57.
58.        public void btLimparOnClick( View v ) {
```

```
59.         etPeso.setText("");
60.         etAltura.setText("");
61.         tvResultado.setText( "0.0" );
62.     }// fim do método btLimparOnClick
63.
64.
65. } //fim da classe PrincipalActivity
```

A classe apresentada representa a estrutura básica de uma Activity, sendo declarados os componentes visuais presentes no arquivo de layout (linhas 15 a 19). Após esses componentes serem mapeados para a utilização no código Java (linhas 26 a 30), é realizado o evento de clique dos dois botões da tela (linhas 34 a 56 para o botão *Calcular* e linhas 58 a 62 para o botão *Limpar*).

A função desses métodos é simples: btLimparOnClick( ) apenas inicializa os campos da tela com espaços e textos iniciais, já btCalcularOnClick( ) valida os campos digitados na tela e após, calcula o IMC, apresentando o resultado do processamento com duas casas decimais para o usuário.

Desta forma, o aplicativo está pronto para ser executado a partir do emulador ou device real.

Erros de digitação no arquivo XML e no arquivo Java

Basicamente. os erros de programação se dividem em duas categorias: erros de digitação e erros de lógica.

Os erros de digitação, explorados neste primeiro momento, são muitas vezes fáceis de identificar, sendo que o próprio ambiente de desenvolvimento os apresenta.

A **Figura 5.2** exemplifica um erro de digitação na classe Activity.

```
@Override
protected void onCreate(Bundle savedInstanceState) {
    super.onCreate(savedInstanceState);
    setContentView(R.layout.activity_principal);

    etPeso = (EditText) findViewById( R.id.etPeso );
    etAltura = (EditText) findViewById( R.id.etAltura );
    tvResultado = (TextView) findViewById( R.id.tvResult );
    btCalcular = (Button) findViewById( R.id.btCalcular );
    btLimpar = findViewById( R.id.btLimpar );

}//fim do método onCreate
```

Figura 5.2. Exemplo de erro de código.

Os erros de código Java são facilmente identificados, uma vez que a linha onde o erro se encontra fica sublinhada de vermelho. Levando o mouse para a linha com erro, uma mensagem informativa é apresentada, neste caso, a mensagem "Incompatible Types. Required: android.widget.Button Found: android.widget.View". Esse erro aconteceu porque não foi convertido o resultado do comando findViewById( ) para Button, como aconteceu nas linhas anteriores.

Em algumas situações, a própria IDE de desenvolvimento sugere a correção do erro, bastando clicar na lâmpada vermelha apresentada na margem esquerda, como mostrado na **Figura 5.3**.

```java
@Override
protected void onCreate(Bundle savedInstanceState) {
    super.onCreate(savedInstanceState);
    setContentView(R.layout.activity_principal);

    etPeso = (EditText) findViewById( R.id.etPeso );
    etAltura = (EditText) findViewById( R.id.etAltura );
    tvResultado = (TextView) findViewById( R.id.tvResult )
    btCalcular = (Button) findViewById( R.id.btCalcular );
    btLimpar = findViewById( R.id.btLimpar );
```
- Cast to 'android.widget.Button'
- Change field 'btLimpar' type to 'android.view.View'
- Move assignment to field declaration

Figura 5.3. Sugestão para a correção do erro.

Porém, nem sempre são apresentadas sugestões para a correção dos erros, outras vezes são apresentadas sugestões que não condizem com a solução do problema, assim, esse recurso deve ser utilizado com muito cuidado. Todavia, os erros mais comuns, como o Cast apresentado na **Figura 5.3**, podem ser corrigidos clicando na primeira opção ("Cast to 'android.widget.Button'").

Já os erros de codificação no arquivo xml são mais difíceis de ser encontrados e um exemplo é o erro apresentado na **Figura 5.4**.

```xml
        android:layout_height="wrap_content"
        android:text="IMC:" />

    <Textview
        android:id="@+id/tvResult"
        android:layout_width="wrap_content"
        android:layout_height="wrap_content"
        android:text="0,0" />

    <Button
        android:id="@+id/btCalcular"
        android:layout_width="wrap_content"
```

Figura 5.4. Erro de digitação no arquivo xml.

Como observado, na digitação foi utilizado Textview com apenas a primeira letra maiúscula, sendo que o correto seria TextView. Como a plataforma Android é case-sensitive (caracteres maiúsculos são diferentes dos caracteres minúsculos), esse erro comprometerá a execução do programa, conforme a tela do emulador apresentada na **Figura 5.5**.

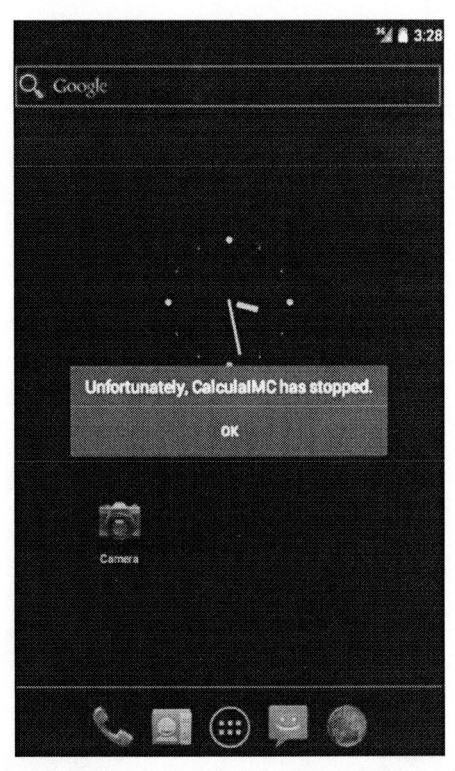

Figura 5.5. Tela do emulador quando um programa não pode ser executado.

Esse erro pode não ser resolvido facilmente, já que no editor do XML, o código não é apresentado com um sublinhado vermelho, como acontecia no código Java. Desta forma, deve-se tomar muito cuidado ao criar/editar o arquivo XML. Uma dica é sempre utilizar o assistente de código (CTRL+espaço) ou utilizar CTRL+C e CTRL+V no código para que o programador tenha certeza de que está sem erros ou, ainda, codificar com muita prudência o código xml.

A descrição do erro xml é apresentada apenas na janela de LogCat, sendo que esta fica localizada na parte inferior da tela de desenvolvimento. Se ela não for apresentada, poderá estar oculta. Para adicionar a tela, deve-se escolher o menu *View – Tool Window – Debug*.

A janela apresentada, assim como a mensagem de erro, está na **Figura 5.6**.

Figura 5.6. Mensagem de erro apresentada via LogCat.

O LogCat costuma apresentar em vermelho os erros de execução, detalhando e, em alguns casos, apresentando até o arquivo e a linha onde o erro se encontra. Os erros do tipo InflateException costumam corresponder aos erros de sintaxe no arquivo xml. Se analisarmos a mensagem, a solução do erro ficará mais simples. Segue a mensagem:

```
java.lang.RuntimeException: Unable to start activity ComponentInfo{br.
com.livro.calculaimc/br.com.livro.calculaimc.PrincipalActivity}:
android.view.InflateException: Binary XML file line #37: Error inflating
class Textview
```

Dada a mensagem acima, podemos identificar que o erro aconteceu na linha 37 do arquivo XML, iniciado pela classe PrincipalActivity (Activity que trabalha com principal_activity.xml). O erro aconteceu porque não foi possível "inflar" o componente visual Textview.

Diretamente no editor de código, não é possível identificar a linha do erro, é necessária uma análise linha a linha para verificar se o texto foi digitado incorretamente. Erros, como a digitação de widht e heigth (invertida a ordem do T do H), também são comuns. Nestes casos, o emulador não permite a execução do aplicativo até que o erro tenha sido consertado.

Outros erros, entretanto, são apresentados com uma marca vermelha diretamente no código xml. Não é comum, mas alguns erros, como o esquecimento do fechamento de uma tag no arquivo xml, são identificados. Na **Figura 5.7**, é possível verificar o erro de esquecer o fechamento da tag TextView, o qual deveria ocorrer com a entrada />.

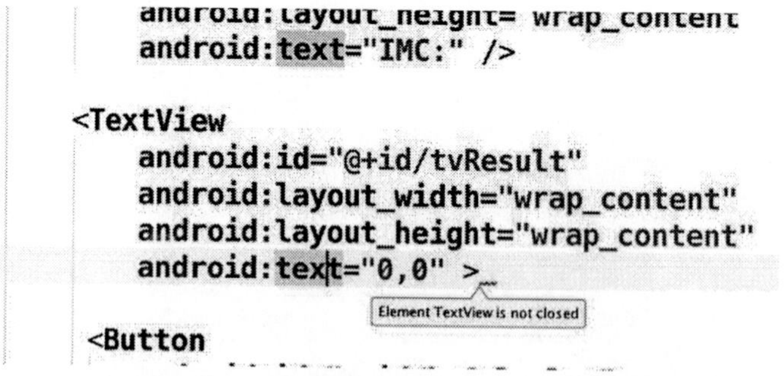

```
android:layout_height="wrap_content"
android:text="IMC:" />

<TextView
    android:id="@+id/tvResult"
    android:layout_width="wrap_content"
    android:layout_height="wrap_content"
    android:text="0,0" >
                        Element TextView is not closed
<Button
```

Figura 5.7. Erro na declaração das propriedades.

> **Dica.** Correção de erros com a omissão do código
>
> Em algumas situações, quando a mensagem informativa do LogCat não condiz com o erro ou o programador/emulador não consegue identificar o local exato do erro, uma sugestão é a correção do erro do arquivo XML a partir da omissão do código. Nesta técnica, aconselha-se a retirada, um a um, dos componentes visuais da tela e, desta forma, apaga-se um componente e tenta-se executar o aplicativo novamente. Se continua o erro, apaga-se o componente seguinte e repete-se o processo, até que em algum momento o aplicativo seja executado e, assim, o componente retirado é o que apresenta o erro, sendo mais fácil sua correção.

Erros de codificação

Os erros e codificação, em geral, são mais difíceis de ser corrigidos, uma vez que podem envolver declarações erradas, erros de lógica, erros de fórmulas ou erros alheios, como, por exemplo, um firewall no computador que não deixa uma requisição http sair do emulador.

Muitas vezes, é muito difícil (ou impossível) encontrar os erros usando apenas o emulador, sendo necessária a utilização de um aparelho real, como nas situações nas quais se trabalha com um Bluetooth ou sensores, recursos que dificilmente podem ser simulados em um emulador.

De qualquer maneira, quando nos deparamos com um erro de codificação, nada melhor do que executar o programa passo a passo para identificar em que momento ocorreu o erro no programa e para isso, utilizamos um recurso chamado Breakpoint.

Para testarmos os erros de código, uma linha importante do programa foi alterada, simulando um CTRL+C e CTRL+V, o componente etPeso é mapeado duas vezes, já o componente etAltura não foi mapeado, como apresentado na **Figura 5.8**. Também, ao final do método onCreate( ), foi adicionada a linha, na qual o foco é direcionado para o componente etAltura. Ambas as alterações estão em destaque no código.

```
@Override
protected void onCreate(Bundle savedInstanceState) {
    super.onCreate(savedInstanceState);
    setContentView(R.layout.activity_principal);

    etPeso = (EditText) findViewById( R.id.etPeso );
    etPeso = (EditText) findViewById( R.id.etAltura );
    tvResultado = (TextView) findViewById( R.id.tvResult );
    btCalcular = (Button) findViewById( R.id.btCalcular );
    btLimpar = (Button) findViewById( R.id.btLimpar );

    etAltura.requestFocus();
}//fim do método onCreate
```

Figura 5.8. Exemplo de erro de codificação.

Ao executar o aplicativo, a tela do emulador apresenta uma imagem idêntica à da **Figura 5.5**, informando que, infelizmente, o aplicativo foi encerrado.

Já a tela de LogCat apresenta uma mensagem de erro NullPointerException, muito conhecido dos programadores Java tradicionais, o que significa que um componente foi declarado, porém, não foi criado. Esta mensagem é apresentada na **Figura 5.9**.

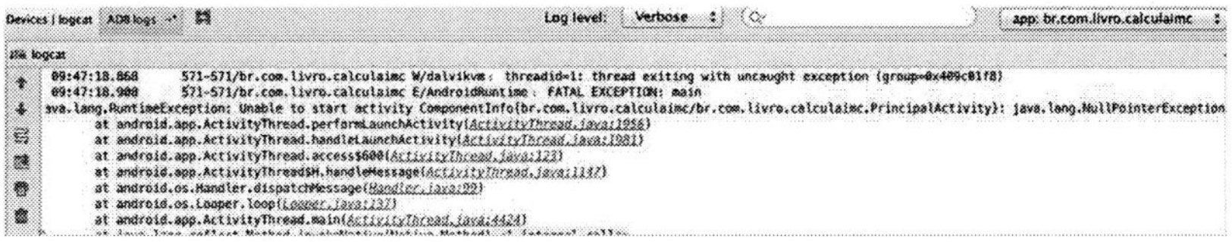

Figura 5.9. Exemplo de erro NullPointerException.

Os erros NullPointerException são difíceis de ser identificados, principalmente pelos usuários que estão iniciando com a tecnologia, então, uma das alternativas é executar o programa passo a passo, verificando em que linha o erro aconteceu.

Utilizando um Breakpoint

Todo programa Android é iniciado a partir do método onCreate( ), ou seja, se o erro aconteceu antes da apresentação da primeira tela do aplicativo no emulador (algo que aconteceu com o erro simulado na **Figura 5.8**), é muito provável que o erro esteja nesse método.

Desta forma, visando encontrar o erro, iniciaremos colocando um Breakpoint na primeira linha do método onCreate( ). Para adicionar um Breakpoint, basta dar um clique na margem esquerda do editor, na posição correspondente à linha onde se deseja o Breakpoint. Este é representado por um círculo vermelho e a linha fica em destaque, conforme a **Figura 5.10**.

```java
private TextView tvResultado;

@Override
protected void onCreate(Bundle savedInstanceState) {
    super.onCreate(savedInstanceState);
    setContentView(R.layout.activity_principal);

    etPeso = (EditText) findViewById( R.id.etPeso );
    etAltura = (EditText) findViewById( R.id.etAltura );
    tvResultado = (TextView) findViewById( R.id.tvResult );
    btCalcular = (Button) findViewById( R.id.btCalcular );
    btCalcular = (Button) findViewById( R.id.btLimpar );
```

Figura 5.10. Adicionando um Breakpoint no método onCreate( ).

Após o Breakpoint, devemos executar o programa no modo Debug, acessando o menu *Run... Debug 'app'* ou, ainda, clicando diretamente no botão correspondente na barra de ferramentas, apresentado na **Figura 5.11**.

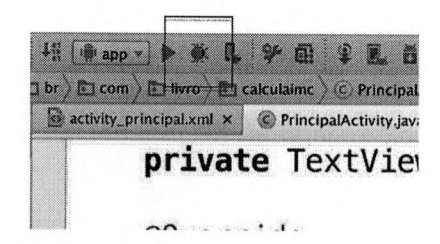

Figura 5.11. Executando o programa passo a passo.

Durante a execução, é apresentada na tela do emulador uma mensagem que se assemelha a uma mensagem de erro, mas que, na verdade, indica que está sendo preparado o ambiente para a depuração, conforme a **Figura 5.12**. **NÃO** se deve clicar no botão *Force Close*. Se esse botão for pressionado, o processamento será finalizado e a depuração não será executada.

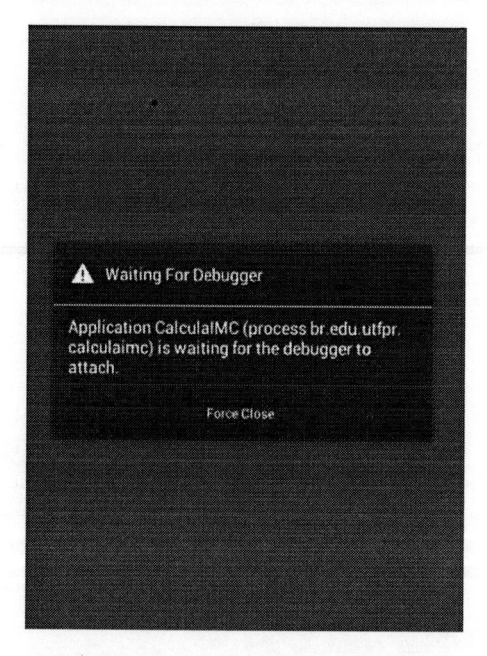

Figura 5.12. Tela de espera do Debug.

Após alguns instantes, a janela apresentada na **Figura 5.12** desaparece e o processamento entra no modo de depuração. Quando se executa um aplicativo no modo Debug, é normal que o processamento fique mais lento, já que o ambiente prepara uma série de ferramentas para que o programador execute o programa passo a passo, identificando as variáveis, observando o processamento e o desempenho, entre outros recursos.

Como o Breakpoint foi adicionado no método onCreate( ), o processamento é parado antes mesmo da apresentação da tela do aplicativo para o usuário, já que este só acontece após o processamento do método.

Será apresentada para o programador, na parte inferior da IDE, uma tela específica para a depuração, conforme apresentado na **Figura 5.13**. Também é possível observar que o Breakpoint mudou de vermelho para azul, indicando que o processamento está parado naquela linha.

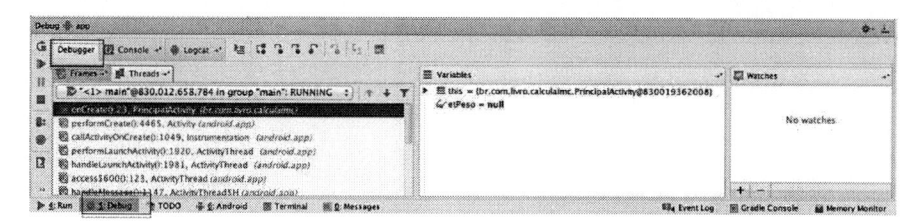

Figura 5.13. Barra de ferramenta inferior para a depuração do código.

Das ferramentas apresentadas na barra de ferramentas do Debug, uma das principais é a que permite a execução passo a passo do código, apresentada na **Figura 5.14**.

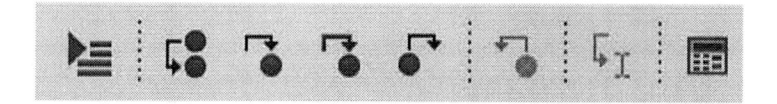

Figura 5.14. Barra de ferramentas para a execução do programa passo a passo.

Segue o detalhamento das opções, da esquerda para direita:

1. **Show Execution Point** – Esta opção direciona o programador para a linha onde a execução está parada;

2. **Step Over** – Executa o método, sem entrar em seu código. Esta é a opção mais utilizado no passo a passo;

3. **Step Into** – Esta opção permite entrar em um método, verificando passo a passo seu conteúdo;

4. **Force Step Into** – Igual ao anterior, porém, força que o processamento entre em um método, ignorando as bibliotecas, métodos construtores etc.;

5. **Step Out** – Permite voltar ao "nível anterior", ou seja, se um método chamador chamou outro, retorna o código do método chamador;

6. **Drop to Frame** – Após modificar o conteúdo de algumas variáveis no debug, esta opção permite reverter ao estado original;

7. **Run to Cursor** – Direciona o processamento para a linha onde o cursor está presente;

8. **Evaluate Expression** – Apresenta uma tela que permite a inclusão de expressões, apresentando seu resultado.

Das opções citadas, certamente as mais utilizadas são Step Over e Step Into. A Step Over é utilizada para avançar linha a linha no processamento, não apresentando o código do método executado em questão, apenas aquela linha é executada.

Já em algumas situações, quando o programador deseja ver o código de um determinado método, por exemplo, a opção Step Over pode ser substituída por Step Into, a qual permite entrar em um método e ver sua execução passo a passo.

> **Dica.** Interagindo com a interface gráfica durante um passo a passo
>
> Enquanto se executa o programa passo a passo, a interface gráfica deste fica travada no emulador, uma vez que está acontecendo o processamento naquele momento. Assim, não é possível gerar novos eventos ou mudar o conteúdo de um componente visual, isso só acontece quando o passo a passo chega ao final da última linha de código (geralmente a chave de fechamento }) ou quando o programador clica no botão *Resume Program*, localizado do lado esquerdo da tela de debug.

No erro de codificação simulado na **Figura 5.8**, o programa é bem executado até a linha etAltura.requestFocus( ). Nessa linha, o código-fonte é redirecionado para a classe ActivityThread( ), já que uma exceção foi capturada. Neste ponto, o melhor é parar a execução (botão *Stop* do lado esquerdo da tela de debug) e iniciar um novo passo a passo até chegar na linha do erro, identificando calmamente o que pode ter ocasionado o problema.

Verificando o conteúdo das variáveis/objetos durante a execução

Durante a execução passo a passo de um programa (depuração), é possível, a qualquer momento, verificar o conteúdo das variáveis e objetos, bastando, para isso, levar o mouse para a variável/objeto desejado.

Identificando o código da **Figura 5.8**, aparentemente o programa está corretamente codificado, então, uma dica é verificar o valor de cada variável/objeto da linha onde o erro ocorreu para saber se este está valorizado com os valores necessários.

Levando o mouse para o objeto etAltura no método requestFocus( ), é possível identificar que este não foi criado, possuindo um valor igual a null. Em Java, sempre que tentamos utilizar um objeto nulo, é retornado um erro do tipo NullPointerException, sendo esta a causa do erro, conforme pode ser observado na **Figura 5.15**.

```
tvResultado = (TextView) findViewById( R.id.tvResult )
btCalcular = (Button) findViewById( R.id.btCalcular );
btLimpar = (Button) findViewById( R.id.btLimpar );

etAltura.requestFocus();
        etAltura = null
}//fim do metodo onCreate

public void btCalcularOnClick( View v ) {
    if (etPeso.getText().toString().equals("")) {
        Toast.makeText(getApplicationContext(), "Campo Pes
```

Figura 5.15. Posicionando o mouse em um objeto para identificar seu conteúdo.

Outra maneira de visualizar o conteúdo das variáveis/objetos utilizados no programa é observando o que já foi declarado na janela *Variables*, que fica à esquerda da tela de debug - **Figura 5.16**.

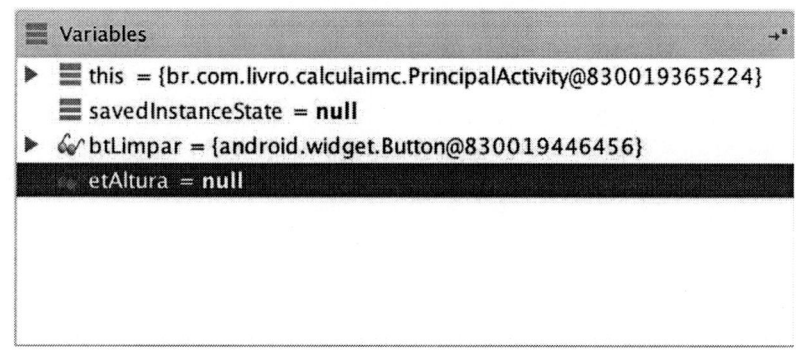

Figura 5.16. Janela de visualização das variáveis.

Essa janela apresenta o conteúdo de todas as variáveis/objetos do programa, podendo identificar quais são nulos, por exemplo.

Corrigindo o erro presente no método onCreate( ), retirando o Breakpoint desse método (já que este passou a funcionar novamente), fazemos um teste e colocamos um Breakpoint no início do método btCalcularOnClick( ). Ao executar o aplicativo, será verificado que o programa foi executado normalmente e foi apresentada a tela principal do aplicativo, como se não estivesse sendo executada no modo Debug. Isto acontece porque o Breakpoint está dentro do evento de um botão e ele só é chamado ao clique do botão *Calcular*. Assim, todas as outras funcionalidades do aplicativo operam normalmente.

Ao clicar no botão *Calcular*, automaticamente é apresentado o editor de código, com a linha onde se encontra o Breakpoint em azul, permitindo a execução passo a passo do código.

Ao executar o programa passo a passo novamente, antes da linha que faz o cálculo do IMC (linha 52 da **Listagem 5.2**), é possível visualizar o conteúdo das variáveis declaradas no programa com o que foi digitado na interface gráfica, porém, o mais interessante é que podemos mudar esses valores, clicando com o botão direito na variável e escolhendo a opção *set value*, conforme apresentado na **Figura 5.17**

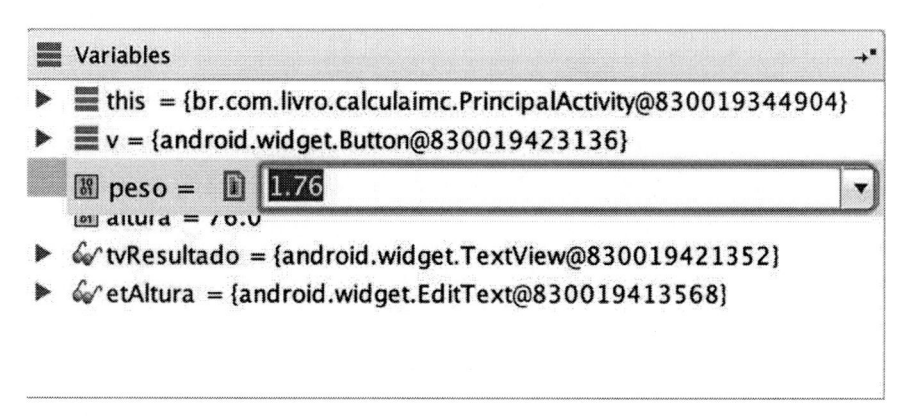

Figura 5.17. Modificando o conteúdo das variáveis durante a execução.

Isso permite uma maior flexibilidade na execução do programa, já que não é necessário reiniciar o passo a passo para a digitação de um novo valor para as variáveis.

Executando o aplicativo em um device Android real

Mesmo com tantos recursos presentes no emulador do Android, o qual permite executar o programa passo a passo, ver o conteúdo das variáveis e modificar essas variáveis, em algumas situações é muito difícil testar o aplicativo e pior, encontrar os erros que podem estar acontecendo nele.

A plataforma Android dá suporte a um recurso bem interessante, que é a execução de aplicativos diretamente nos devices Android, podendo este ser um smartphone ou um tablet. Utilizando um device Android real para testar as aplicações, não é necessário criar nem configurar um AVD no computador de desenvolvimento, já que não será necessário simular um dispositivo Android, e outra vantagem está na rapidez da execução. Enquanto em um AVD, dependendo da velocidade do computador, o tempo para carregar e executar uma aplicação pode ser superior a um minuto, nos devices reais, a execução do aplicativo é praticamente imediata.

Na execução em devices reais, recursos como a execução passo a passo e a verificação das variáveis também funcionam, além de poder testar de forma real recursos como Bluetooth, GPS, sensores, ligações, SMS e muitos outros.

Dadas todas as vantagens citadas, é normal que os programadores que possuem devices Android queiram executar seus aplicativos diretamente em seus devices. A ligação entre os computadores de desenvolvimento e o device Android acontece comumente através de uma conexão física, via cabo USB.

O processo para a execução dos aplicativos diretamente nos devices Android é relativamente complexo, sendo este dividido em algumas etapas:

Passo 1: Conectar o device Android no computador de desenvolvimento, instalando os seus drivers;

Passo 2: Configurar o device Android, habilitando o modo Debug deste;

Passo 3: Instalar o recurso USB Driver no Android SDK;

Passo 4: Ao executar o aplicativo, escolher o device Android.

Após conectar o device Android pela primeira vez no computador, é normal que seja solicitada a instalação dos drivers para esse device, em especial no sistema operacional Windows. Para instalar o driver, o usuário deve utilizar o cd de instalação que costuma vir junto com o device Android ou, ainda, pode procurar na Internet o driver correspondente ao seu device. Após a instalação bem-sucedida do driver, acessando o Gerenciador de Dispositivos do sistema operacional Windows (pode-se utilizar a tecla de atalhado do Windows+Break), o device deve ser apresentado juntamente com os outros dispositivos existentes no computador, conforme a **Figura 5.18**.

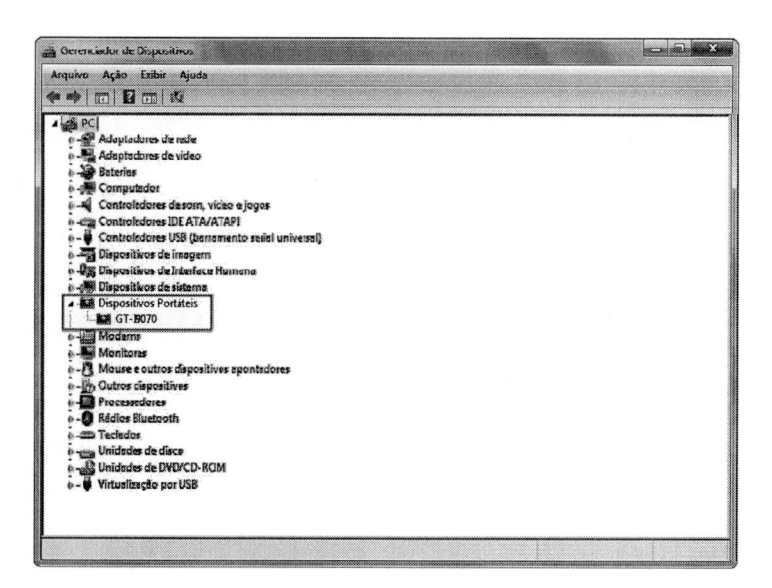

Figura 5.18. Gerenciador de Dispositivos após a instalação do driver de um device Android.

> **Dica.** Instalação do driver em outros sistemas operacionais
>
> Em outros sistemas operacionais, como o Linux ou MacOS, não é comum a instalação do driver, como acontece no sistema operacional Windows. Na maioria das vezes, conectando o device Android no Linux ou MacOS, ele é reconhecido automaticamente e já fica pronto para o uso.

O passo seguinte consiste em habilitar o recurso de debug no device Android. Este processo pode diferenciar um pouco dependendo da versão do Android. Na versão 4.2 (Jelly Bean), é possível habilitar tal recurso acessando o menu de configurações do dispositivo Android – *Aplicações – Desenvolvimento*, habilitando o Android Debbuging, conforme a **Figura 5.19**.

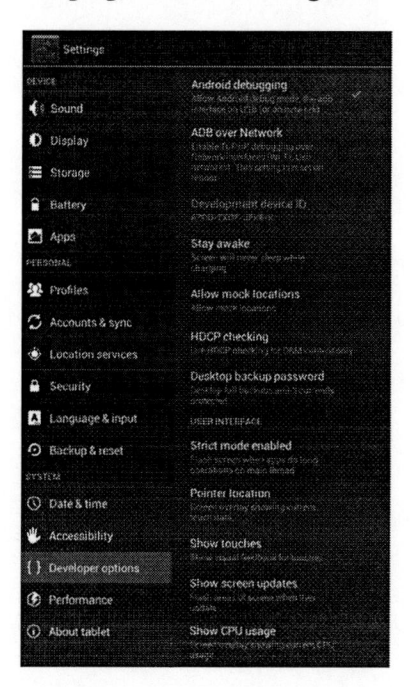

Figura 5.19. Habilitando o Debug no device Android.

Se definido o device Android no modo Debugging, não será permitido utilizar o dispositivo como USB driver, por exemplo. Por isso, este recurso é destinado apenas a desenvolvedores Android e, desta forma, ao escolher o Debugging, é comum ser apresentada uma mensagem de alerta, com um texto parecido com "A depuração USB destina-se apenas para efeito de programação". Muitas vezes, no painel de notificação do device Android, também é apresentado um símbolo de "warning" quando se conecta o device ao computador, mas isto é normal no modo debugging.

O passo seguinte é instalar no computador o componente USB Driver. Este é necessário para o debug no aparelho. Para instalar, na IDE Android Studio, acesse o menu *Tools – Android – SDK Manager* e na janela apresentada, selecione a categoria *Extras*, selecionando *USB Driver*, conforme a **Figura 5.20**. Após, a instalação deve ser realizada.

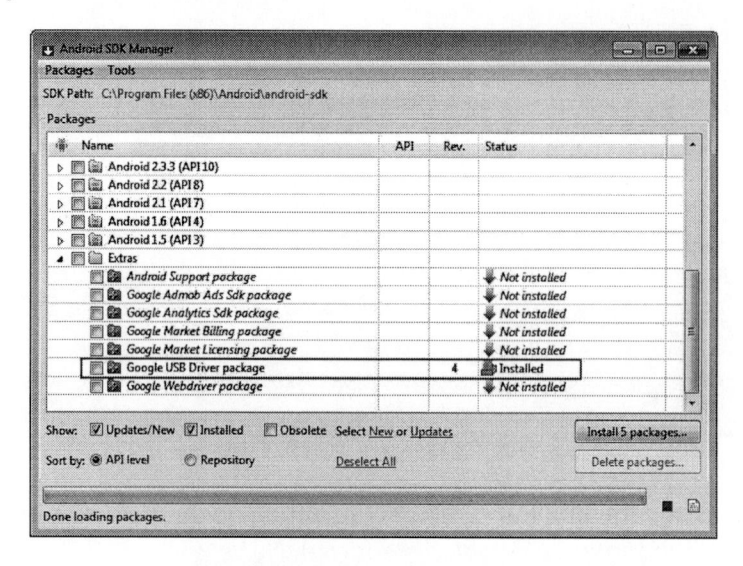

Figura 5.20. Instalando o USB Driver.

Com isso, a aplicação deve estar pronta para ser executada no device Android e desta forma, deve-se conectar o device via USB ao computador de desenvolvimento. Após, deve-se clicar no botão de execução, *Run 'app'*, como se fosse uma execução tradicional. Assim, na tela para a seleção do device, é só escolher seu dispositivo, conforme a **Figura 5.21**.

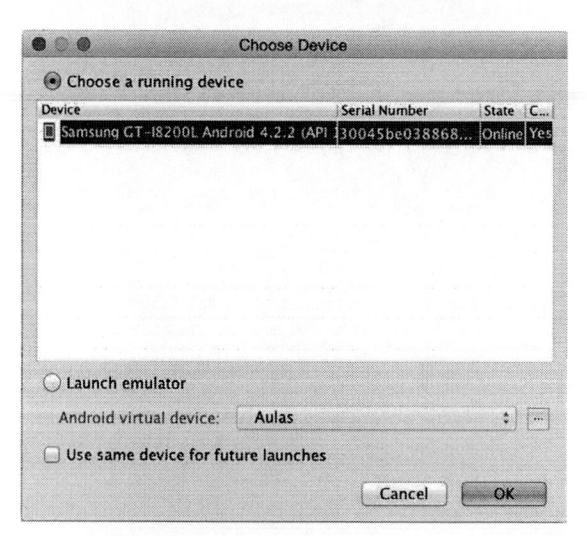

Figura 5.21. Escolhendo um dispositivo real para a execução de um aplicativo.

Assim, o aplicativo é executado em um device Android real. No exemplo utilizado, o aplicativo é relativamente simples, mas é possível verificar que a execução em um device é muito mais rápida e também é possível usar recursos como Breakpoint, mudar o conteúdo da variável, e se houver recursos como Bluetooth no aplicativo, ele poderá ser testado de forma real.

Concluindo...

Este capítulo apresenta a utilização de recursos que auxiliam os testes dos aplicativos Android, minimizando o tempo para encontrar os erros e, consequentemente, aumentando a produtividade no desenvolvimento.

Para exemplificar seu uso, um aplicativo simples de cálculo do IMC foi desenvolvido. A execução desse aplicativo foi realizada passo a passo, permitindo inclusive mudar o conteúdo das variáveis durante o processamento.

Por fim, foram apresentados os passos para executar um aplicativo Android em um device real, o que torna o desenvolvimento mais rápido, permitindo debugar o programa e principalmente testar os recursos que não estão disponíveis no emulador, tais como, o uso de Bluetooth e sensores.

Exercícios de fixação do capítulo

Exercício 1 – Conectando um device real para os testes de um aplicativo

Se você possui um device Android real e ainda não tenha feito, instale esse device e utilize-o para executar o aplicativo desenvolvido no Capítulo 4.

Exercício 2 – Executando passo a passo todo o aplicativo

Coloque um Breakpoint em todos os métodos do aplicativo desenvolvido no capítulo. Execute o aplicativo passo a passo para entender realmente o que acontece em todos os pontos do aplicativo. Leve o mouse para as variável/objetos para ver seu valor, use a janela Variable, teste os comandos para executar os métodos entrando neles ou execute os métodos sem ver seu conteúdo.

Sugere-se repetir este exercício com todos os aplicativos desenvolvidos por você até o momento.

Exercício 3 – Jogo dos cinco erros

Caso esteja lendo esta obra com um grupo de pessoas, sugere-se como atividade realizar cinco erros no seu programa e deixar que outra pessoa tente localizar os erros que você cometeu.

Exercício 4 – Retirando os códigos intencionais para localizar os erros

Cometa intencionalmente alguns erros no seu programa e execute o aplicativo passo a passo para tentar localizá-los. Seguem duas sugestões de erro:

Na Listagem 5.1 – Linha 13, declare o componente EditText com a primeira letra T minúscula (Edittext).

Na Listagem 5.2 – Linha 28, apague esta linha para verificar o que acontece com o processamento se tvResultado estiver com valor Null.

Capítulo VI - Trabalhando com internacionalização e literais na plataforma Android

Aprenda neste capítulo a tirar o máximo de vantagem do uso das literais e da internacionalização nos aplicativos Android

O processo de desenvolvimento de aplicativos evoluiu muito nas últimas décadas. Foi-se o tempo quando os desenvolvedores conseguiam ganhar muito dinheiro desenvolvendo aplicações simples, que trabalhavam de forma isolada e que eram disponibilizadas totalmente no mercado nacional. Com as limitações da Internet há algumas décadas, a disponibilização dos aplicativos acontecia com a venda de CDs ou disquetes. Estes eram instalados em computadores desktop e podiam ser replicados para outros computadores sem muitas dificuldades. Neste mercado, os softwares eram muito valorizados, principalmente quando este resolvia um problema do dia a dia e os usuários não hesitavam em investir grandes quantias em softwares confiáveis.

Hoje os tempos mudaram, assim como o processo de desenvolvimento de software, as plataformas de execução e a forma de fazer dinheiro com eles. Temos acesso à Internet e inúmeros computadores pelos quais passamos ao longo do dia (isso mesmo, hoje, uma pessoa normal pode contar com smartphones, tablets, TV digital, canetas inteligentes, carros com computadores de bordo, caixas eletrônicos, relógios inteligentes e, claro, não podemos esquecer dos computadores desktops e laptops). Assim, esses dispositivos precisam executar programas e esses programas estão disponíveis na rede, de forma gratuita ou paga, ou ainda em portais, como, por exemplo, o Google Play.

Assim, os softwares desenvolvidos para os smartphones Android podem ser acessados e baixados por pessoas de qualquer parte do mundo, que pagarão por esses aplicativos em reais, dólares, euros, libras ou qualquer outra moeda. Entretanto, é necessário que esses softwares estejam acessíveis para todos os usuários.

O termo acessível não se refere apenas em deixar o apk, o instalador de um aplicativo Android, disponível para download na Internet. Acessível refere-se a tornar o aplicativo utilizado por diferentes usuários, que falam diferentes idiomas, possuem diferentes culturas, que trabalham com diferentes unidades de medidas.

Um aplicativo simples, como um que calcula o IMC (índice de massa corpórea) pode funcionar perfeitamente no Brasil. Se traduzirmos o aplicativo e colocarmos no mercado americano, a venda desse aplicativo poderá ser um desastre, pois além do idioma, os Estados Unidos usam um sistema de medidas diferente do Brasil e lá não se costuma medir o peso em quilogramas ou a altura em centímetros. Desta forma, a maioria dos americanos não saberia sua altura em cm ou seu peso em kg, o que inviabilizaria a utilização do software.

Outra mudança está no formato de navegação e leitura. Os povos ocidentais costumam ler da esquerda para direita, de cima para baixo, porém, em alguns povos, a leitura acontece de forma invertida. Assim, uma propaganda de sabão em pó, como a apresentada na **Figura 6.1**, faz sentido para os povos ocidentais, indicando que a roupa lavada com esta marca de sabão fica limpa no final do processo.

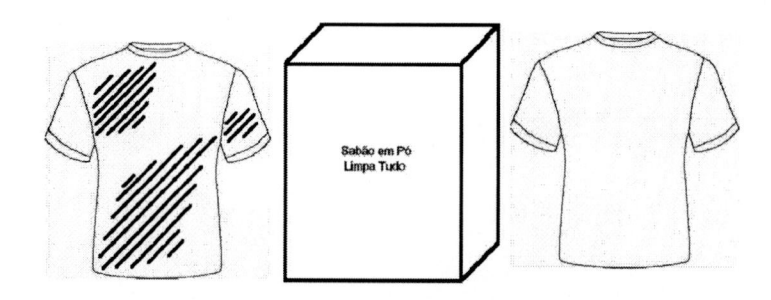

Figura 6.1. Exemplo típico de imagem que deve ser refeita dependendo da cultura onde será apresentada.

Agora, em outras culturas, onde se lê da direita para a esquerda, uma imagem como esta significa que o sabão em pó consegue deixar uma camiseta que está limpa toda suja. Assim, ao trabalhar com a internacionalização, deve-se preocupar não só com a tradução dos textos como muitos imaginam, mas com as imagens, o avanço das telas que normalmente acontece da direita para a esquerda, com o formato da data/hora, unidades de medidas e muito mais.

Assim, este capítulo apresentará algumas dicas de internacionalização na plataforma Android, focando principalmente no processo para traduzir o texto e personalizar alguns recursos dentro do aplicativo.

Como estudo de caso, será utilizado o aplicativo CalculaIMC, este já tratado também pelos capítulos anteriores. Quem já desenvolveu o aplicativo, pode pular para a seção "Tratando as literais de uma aplicação Android".

Estudo de caso – Calcular o IMC

Para a utilização dos recursos de depuração, um projeto chamado CalculaIMC deve ser criado. Este deve possuir um arquivo de layout (activity_principal.xml), presente na pasta res, subpasta layout, e uma Activity principal (PrincipalActivity.java), presente no pacote br.com.livro.calculaimc. A estrutura do projeto, após criado, é apresentada na **Figura 6.2**.

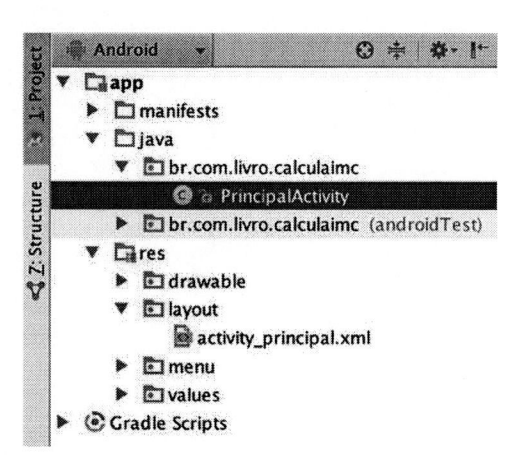

Figura 6.2. Estrutura do projeto no Android Studio.

O arquivo activity_principal.xml terá o layout apresentado na **Listagem 6.1**.

Listagem 6.1. activity_principal.xml – Interface gráfica principal do aplicativo.

```
01.        <LinearLayout xmlns:android="http://schemas.android.com/apk/res/android"
02.            xmlns:tools="http://schemas.android.com/tools"
03.            android:layout_width="match_parent"
004.            android:layout_height="match_parent"
05.            android:orientation="vertical"
06.            tools:context=".PrincipalActivity" >
07.
08.            <TextView
09.                android:layout_width="wrap_content"
10.                android:layout_height="wrap_content"
11.                android:text="Peso:" />
12.
13.            <EditText
14.                android:id="@+id/etPeso"
15.                android:layout_width="wrap_content"
16.                android:layout_height="wrap_content"
17.                android:inputType="numberDecimal"
18.                android:text="" />
19.
20.            <TextView
21.                android:layout_width="wrap_content"
22.                android:layout_height="wrap_content"
23.                android:text="Altura:" />
24.
25.            <EditText
26.                android:id="@+id/etAltura"
27.                android:layout_width="wrap_content"
28.                android:layout_height="wrap_content"
29.                android:inputType="numberDecimal"
30.                android:text="" />
31.
32.            <TextView
33.                android:layout_width="wrap_content"
34.                android:layout_height="wrap_content"
35.                android:text="IMC:" />
36.
37.            <TextView
38.                android:id="@+id/tvResult"
39.                android:layout_width="wrap_content"
40.                android:layout_height="wrap_content"
41.                android:text="0,0" />
42.
43.              <Button
```

```
44.                android:id="@+id/btCalcular"
45.                android:layout_width="wrap_content"
46.                android:layout_height="wrap_content"
47.                android:text="Calcular"
48.                android:onClick="btCalcularOnClick"/>
49.
50.        <Button
51.                android:id="@+id/btLimpar"
52.                android:layout_width="wrap_content"
53.                android:layout_height="wrap_content"
54.                android:text="Limpar"
55.                android:onClick="btLimparOnClick"/>
56.
57.        </LinearLayout>
58.
```

Como pode ser observado, a interface gráfica não possui recursos avançados, simplesmente foram declarados dois componentes para a entrada de dados (EditText), dois componentes para o processamento (Button) e um componente para a saída das informações (TextView), cada um com seu nome para a identificação via Activity utilizando a propriedade android:id. Também foram apresentadas na interface algumas literais (TextView).

A classe Java responsável pelo funcionamento do aplicativo é apresentada na **Listagem 6.2**.

Listagem 6.2. PrincipalActivity.java – Classe principal para o cálculo do IMC.

```
01.    package br.com.livro.calculaimc;
02.
03.    import android.app.Activity;
04.    import android.os.Bundle;
05.    import android.view.View;
06.    import android.widget.Button;
07.    import android.widget.EditText;
08.    import android.widget.TextView;
09.    import android.widget.Toast;
10.
11.    import java.text.DecimalFormat;
12.
13.    public class PrincipalActivity extends Activity {
14.
15.        private EditText etPeso;
16.        private EditText etAltura;
17.        private Button btCalcular;
18.        private Button btLimpar;
19.        private TextView tvResultado;
20.
21.        @Override
22.        protected void onCreate(Bundle savedInstanceState) {
23.            super.onCreate(savedInstanceState);
24.            setContentView(R.layout.activity_principal);
25.
26.            etPeso = (EditText) findViewById( R.id.etPeso );
27.            etAltura = (EditText) findViewById( R.id.etAltura );
28.            tvResultado = (TextView) findViewById( R.id.tvResult );
29.            btCalcular = (Button) findViewById( R.id.btCalcular );
30.            btLimpar = (Button) findViewById( R.id.btLimpar );
31.
32.        }//fim do método onCreate
33.
34.        public void btCalcularOnClick( View v ) {
35.            if (etPeso.getText().toString().equals("")) {
36.                Toast.makeText(getApplicationContext(), "Campo Peso deve ser preenchido",
37.                        Toast.LENGTH_LONG).show();
38.                etPeso.requestFocus();
39.                return;
```

```
40.         }
41.
42.         if (etAltura.getText().toString().equals("")) {
43.             Toast.makeText(getApplicationContext(), "Campo Altura deve ser preenchido",
44.                     Toast.LENGTH_LONG).show();
45.             etAltura.requestFocus();
46.             return;
47.         }
48.
49.         double peso = Double.parseDouble(etPeso.getText().toString());
50.         double altura = Double.parseDouble(etAltura.getText().toString());
51.
52.         double imc = peso / Math.pow(altura, 2);
53.
54.         tvResultado.setText(new DecimalFormat("0.00").format(imc));
55.
56.     }// fim do método btCalcularOnClick
57.
58.     public void btLimparOnClick( View v ) {
59.         etPeso.setText("");
60.         etAltura.setText("");
61.         tvResultado.setText( "0.0" );
62.     }// fim do método btLimparOnClick
63.
64.
65. } //fim da classe PrincipalActivity
```

A classe apresentada representa a estrutura básica de uma Activity, sendo declarados os componentes visuais presentes no arquivo de layout (linhas 15 a 19). Após, esses componentes são mapeados para a utilização no código Java (linhas 26 a 30) e *Calcular* e linhas 58 a 62 para o botão *Limpar*).

A função desses métodos é simples: btLimparOnClick( ) apenas inicializa os campos da tela com os espaços e textos iniciais, já btCalcularOnClick( ) valida os campos digitados na tela e após, calcula o IMC, apresentando o resultado do processamento com duas casas decimais para o usuário.

Desta forma, o aplicativo está pronto para ser executado a partir do emulador ou device real.

Tratando as literais de uma aplicação Android

É possível ver a interface gráfica e as restrições de digitação nos campos EditText, entretanto, embora a criação da interface utilizando literais diretamente no código xml seja mais prática e rápida, esta não é a melhor opção. O próprio Android Studio informa como *warning* a utilização de literais. Clicando no texto da literal, uma mensagem informativa é apresentada na tela, conforme a **Figura 6.3**.

```
<TextView
    android:layout_width="wrap_content"
    android:layout_height="wrap_content"
    android:text="Peso:" />
```
[I18N] Hardcoded string "Peso:", should use @string resource more... (^F1)

Figura 6.3. *Warnings* apresentados na utilização de literais.

As vantagens de utilizar um "repositório central de literais" em uma aplicação Android são muitas. Imagine você colocar em um arquivo xml todas as literais do seu aplicativo, ou seja, todos os textos apresentados para o usuário, através de componentes visuais, mensagens informativas, títulos de janelas, menus, enfim, todas as mensagens e literais. Desta forma, ao término do programa, fica fácil fazer uma verificação gramatical e ortográfica, já que todos os textos estão em um único local.

Outra vantagem está na facilidade de padronizar os termos. Por exemplo, em um menu, você colocou a mensagem "Erro no sistema", em outra tela, colocou a mensagem "ERRO no sistema", em outro ponto, "Erro!!!", e assim por diante. Utilizando um repositório de literais, é possível percorrer todos os textos e verificar se algum termo está fora do padrão do aplicativo, deixando o aplicativo com um aspecto mais profissional.

Por fim, a terceira e maior vantagem de se utilizar um repositório de literais é a facilidade para internacionalizar o aplicativo, permitindo traduzi-lo para vários idiomas modificando somente o arquivo de literais, não havendo a necessidade de modificar o código-fonte.

Analisando o código da **Listagem 6.1**, onde temos uma série de literais ("Peso:", "Altura:", "IMC:", "0.0", "Calcular" e "Limpar"), podemos colocar todo esse conteúdo em um repositório de literais. No Android, esse repositório costuma ser o arquivo strings.xml, sendo que o arquivo se encontra na pasta res, subpasta values, conforme a **Figura 6.4**.

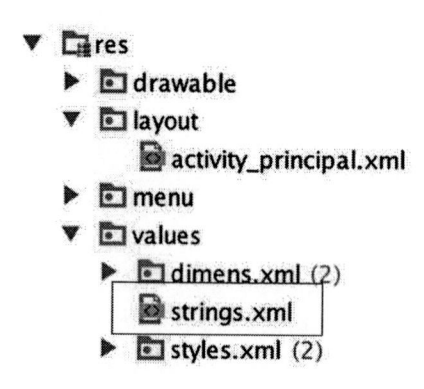

```
▼ 🗀 res
    ▶ 🗀 drawable
    ▼ 🗀 layout
            🖹 activity_principal.xml
    ▶ 🗀 menu
    ▼ 🗀 values
        ▶ 🗀 dimens.xml (2)
            🖹 strings.xml
        ▶ 🗀 styles.xml (2)
```

Figura 6.4. Arquivo utilizado como repositório de literais.

Embora possam ser utilizados outros arquivos como repositório de literais, comumente este é o arquivo utilizado. Abrindo-o, algumas literais do aplicativo já estão nele, como, por exemplo, o nome da aplicação (app_name).

Assim, iremos editar esse arquivo, adicionando novas literais, bastando dar dois cliques no arquivo e mudando seu conteúdo xml. O novo conteúdo do arquivo, já com as literais, é apresentado na **Listagem 6.3**.

Listagem 6.3. strings.xml – Repositório de literais do aplicativo.

```
01.   <?xml version="1.0" encoding="utf-8"?>
02.   <resources>
03.
04.       <string name="app_name">Calcula IMC</string>
05.       <string name="action_settings"> Configurações </string>
06.       <string name="altura">Altura:</string>
07.       <string name="peso">Peso:</string>
08.       <string name="imc">IMC:</string>
09.       <string name="zeros">0.0</string>
10.       <string name="calcular">Calcular</string>
11.       <string name="limpar">Limpar</string>
12.       <string name="erroaltura">Campo altura deve ser preenchido</string>
13.       <string name="erropeso">Campo peso deve ser preenchido</string>
14.
15.   </resources>
```

Na **Listagem 6.3**, além do nome do aplicativo e das literais da tela, duas novas mensagens foram adicionadas, referentes às mensagens de erro para os campos altura e peso digitados de forma errada. Eles serão utilizados posteriormente pelo aplicativo.

Capítulo VI - Trabalhando com internacionalização e literais na plataforma Android | 101

> **Dica.** Literais criadas com o aplicativo
>
> Ao iniciar um aplicativo Android, algumas literais já foram criadas no strings.xml, como, por exemplo, as literais do menu da aplicação (action_setting) e uma literal hello_world, que é apresentada em um TextView adicionado na tela na criação de um projeto novo. Referente a essas variáveis, action_setting teve seu conteúdo traduzido para o português, já hello_world foi retirado, já que não será mais utilizado por este aplicativo.

Para utilizar o conteúdo do repositório de literais dentro do arquivo activity_principal.xml, é necessário, onde se utilizava uma literal, fazer referência ao arquivo strings.xml e ao nome da tag da literal, ficando o arquivo activity_principal.xml conforme a **Listagem 6.4**.

Listagem 6.4. activity_principal.xml – Interface gráfica principal do aplicativo utilizando literais.

```
01.   <LinearLayout xmlns:android="http://schemas.android.com/apk/res/android"
02.       xmlns:tools="http://schemas.android.com/tools"
03.       android:layout_width="match_parent"
04.       android:layout_height="match_parent"
05.       android:orientation="vertical"
06.       tools:context="livro.exemple.calculaimc.PrincipalActivity" >
07.
08.       <TextView
09.           android:layout_width="wrap_content"
10.           android:layout_height="wrap_content"
11.           android:text="@string/peso" />
12.
13.       <EditText
14.           android:id="@+id/etPeso"
15.           android:layout_width="wrap_content"
16.           android:layout_height="wrap_content"
17.           android:inputType="numberDecimal"
18.           android:text="" />
19.
20.       <TextView
21.           android:layout_width="wrap_content"
22.           android:layout_height="wrap_content"
23.           android:text="@string/altura" />
24.
25.       <EditText
26.           android:id="@+id/etAltura"
27.           android:layout_width="wrap_content"
28.           android:layout_height="wrap_content"
29.           android:inputType="numberDecimal"
30.           android:text="" />
31.
32.       <TextView
33.           android:layout_width="wrap_content"
34.           android:layout_height="wrap_content"
35.           android:text="@string/imc" />
36.
37.       <TextView
38.           android:id="@+id/tvResult"
39.           android:layout_width="wrap_content"
40.           android:layout_height="wrap_content"
41.           android:text="@string/zeros" />
42.
43.     <Button
44.         android:id="@+id/btCalcular"
45.         android:layout_width="wrap_content"
46.         android:layout_height="wrap_content"
47.         android:text="@string/calcular"
48.         android:onClick="btCalcularOnClick"/>
```

```
49.
50.         <Button
51.             android:id="@+id/btLimpar"
52.             android:layout_width="wrap_content"
53.             android:layout_height="wrap_content"
54.             android:text="@string/limpar"
55.             android:onClick="btLimparOnClick"/>
56.
57.     </LinearLayout>
58.
```

Como pode ser observado no código, todas as literais foram substituídas por suas respectivas referências no arquivo strings.xml. Assim, se o usuário deseja mudar um texto na tela, ele não precisa modificar o arquivo activity_principal.xml e sim, apenas strings.xml.

Literais no código da Activity

O aplicativo para o cálculo do IMC está graficamente pronto, porém, não foi codificada ainda a recuperação das literais a partir da classe PrincipalActivity.java. Essa classe possui uma série de literais em seu conteúdo, como o conteúdo presente na linha 62 (valorização de zeros no componente TextView) e linhas 36 e 42 (apresentação da mensagem de erro).

As literais apresentadas podem ser recuperadas também do arquivo strings.xml. Para isso, basta utilizar o comando:

```
getString( R.string.nome_da_literal)
```

Desta forma, o código dos métodos btLimparOnClick() e btCalcularOnClick() são apresentados conforme a **Listagem 6.5**.

Listagem 6.5. PrincipalActivity.java – Métodos para calcular e limpar usando o conteúdo de strings.xml

```
34.     public void btCalcularOnClick( View v ) {
35.         if (etPeso.getText().toString().equals("")) {
36.             Toast.makeText( this, getString( R.string.erropeso ), Toast.LENGTH_LONG
37.             ).show();
38.             etPeso.requestFocus();
39.             return;
40.         }
41.
42.         if (etAltura.getText().toString().equals("")) {
43.             Toast.makeText(this,getString( R.string.erroaltura),Toast.LENGTH_LONG).show();45.
44.             etAltura.requestFocus();
45.             return;
46.         }
47.
48.
49.         double peso = Double.parseDouble(etPeso.getText().toString());
50.         double altura = Double.parseDouble(etAltura.getText().toString());
51.
52.         double imc = peso / Math.pow(altura, 2);
53.
54.         tvResultado.setText(new DecimalFormat("0.00").format(imc));
55.
56.     }// fim do método btCalcularOnClick
57.
```

```
58.        public void btLimparOnClick( View v ) {
59.            etPeso.setText("");
60.            etAltura.setText("");
61.            tvResultado.setText( getString( R.string.zeros) );
62.        }// fim do método btLimparOnClick
```

Desta forma, as literais utilizadas pelo código Java também são recuperadas no arquivo strings.xml, sendo este o repositório de literais do aplicativo.

> **Dica.** Utilizando a IDE para incluir literais no arquivo strings.xml
>
> Após o desenvolvimento de um aplicativo utilizando literais diretamente nos arquivos .xml e .java, o processo de movimentação dessas literais para o arquivo strings.xml é bastante trabalhoso, uma vez que devemos encontrar onde estamos utilizando as literais, acessar o arquivo strings.xml para adicionar uma entrada correspondente a estas, após, devemos retornar ao arquivo que faz uso da literal (.xml ou .java) e fazer referência a essa entrada. Quando o número de literais é pequeno, o processo é relativamente rápido, agora com muitas literais, o processo se torna bastante demorado. Para minimizar o problema, o Android Studio traz uma opção bastante interessante. Para adicionar uma literal ao arquivo strings.xml, basta encontrar a literal, deixar o cursor sobre ela e clicar na lâmpada que aparece do lado esquerdo, escolhendo a opção *Extract String Resource*, conforme a figura abaixo:
>
> Na janela apresentada, o campo *Resource name* informa o nome da literal:
>
> Por fim, a entrada é inserida no arquivo strings.xml e a referência para a literal na tela já é feita referenciando a entrada, tudo de forma automática.
>
> O processo é o mesmo nos códigos-fontes Java (arquivos .java).

Internacionalizando as aplicações Android

Para internacionalizar o aplicativo desenvolvido até o momento, o primeiro passo é traduzir todas as literais para todos os idiomas desejados. Desta forma, na prática, deve-se ter uma versão do arquivo strings.xml para cada idioma desejado. Este processo é feito criando várias pastas values, diferenciando-as no sufixo (utiliza-se a sigla internacional do idioma, -pt para português, -en para inglês, -es para espanhol e assim por diante). Entretanto, de qualquer maneira, ainda deve permanecer uma pasta values sem sufixo, que será o idioma padrão do aplicativo, assim, se o aplicativo for rodar em um device alemão e esse idioma não foi tratado, o conteúdo apresentado para o usuário será o armazenado na pasta values.

A IDE Android Studio trata as versões do arquivo strings.xml de uma forma muito interessante e para o desenvolvedor, as diferentes pastas de values (values, values-pt, values-en e values-es) ficam omitidas. Assim, para criar uma versão de strings.xml para o idioma inglês, por exemplo, basta que o programador clique com o botão direito na pasta *res* do projeto e selecione a opção *new – Android Resource File...*

Na tela apresentada, deve-se informar o nome do arquivo, strings.xml, o campo *Resource Type* deve estar marcado como *Values* e em *Available Qualifier*, escolhe-se *Language,* clicando no botão >>. Desta forma, será apresentada uma lista com todos os idiomas, assim como sua sigla. Para o exemplo, escolheremos *en:English*, conforme a **Figura 6.5.**

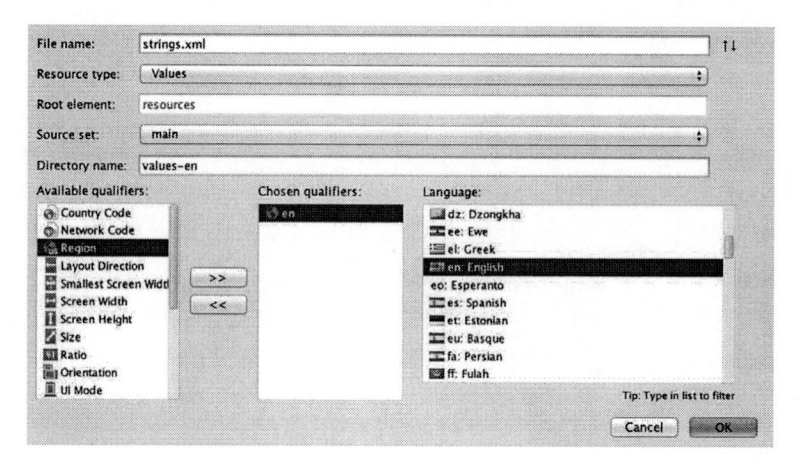

Figura 6.5. Criando um arquivo strings.xml para o idioma inglês.

O conteúdo do arquivo criado é apresentado na **Listagem 6.6**. Observem que o arquivo possui a mestra estrutura do arquivo modificado na **Listagem 6.3**. A única diferença está nas literais, que agora estão em inglês.

Listagem 6.6. strings.xml – Repositório de literais no idioma inglês armazenado na pasta values-en.

```
01.  <?xml version="1.0" encoding="utf-8"?>
02.  <resources>
03.
04.      <string name="app_name">BMI Calculate</string>
05.      <string name="action_settings"> Settings </string>
06.      <string name="altura">Heigth:</string>
07.      <string name="peso">Weigth:</string>
08.      <string name="imc">BMI:</string>
09.      <string name="zeros">0.0</string>
10.      <string name="calcular">Calculate</string>
11.      <string name="limpar">Clear</string>
12.      <string name="erroaltura">Heigth field must be filled</string>
13.      <string name="erropeso">Weigth field must be filled</string>
14.
15.  </resources>
```

Após, para teste, criaremos também um arquivo de literais para o idioma espanhol – es:spanish, com o conteúdo apresentado na **Listagem 6.7**.

Listagem 6.7. strings.xml – Repositório de literais no idioma espanhol armazenado na pasta values-es.

```
01.   <?xml version="1.0" encoding="utf-8"?>
02.   <resources>
03.
04.       <string name="app_name">Calculo do IMC</string>
05.       <string name="action_settings"> Ajustes </string>
06.       <string name="altura">Altura:</string>
07.       <string name="peso">Peso:</string>
08.       <string name="imc">IMC:</string>
09.       <string name="zeros">0.0</string>
10.       <string name="calcular">Calcular</string>
11.       <string name="limpar">Limpiar</string>
12.       <string name="erroaltura">Campo de altura debe ser llenado</string>
13.       <string name="erropeso">Campo de peso debe ser llenado</string>
14.
15.   </resources>
```

Assim, na pasta values do projeto, agora temos três versões do arquivo strings.xml, o primeiro default definido em português, uma versão do arquivo em inglês e outra versão em espanhol, conforme a **Figura 6.6.**

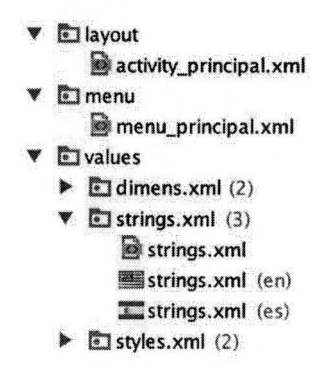

Figura 6.6. Versões do arquivo strings.xml.

Após, executando o aplicativo no emulador, é possível verificar que todas as literais da tela foram traduzidas para o inglês, já que este é o idioma padrão do emulador. Aos que forem executar em devices Android reais, é provável que as literais sejam apresentadas em português.

Para mudarmos o idioma do device/emulador, devemos acessar as configurações do dispositivo Android. Na lista de opções, deve-se escolher *Idioma e entrada*, conforme a **Figura 6.7.**

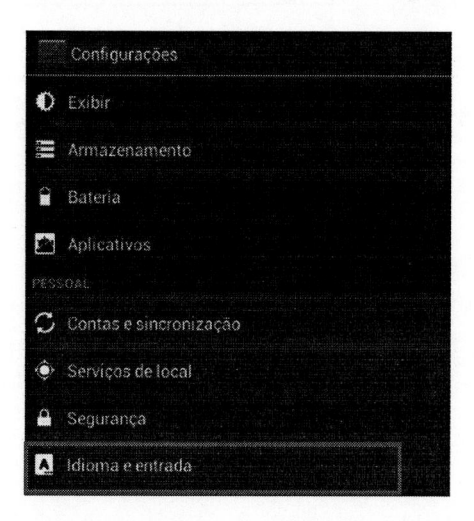

Figura 6.7. Escolhendo o idioma da aplicação.

Na tela apresentada, na opção *Selecionar Localização* (primeira opção da tela), pode-se escolher entre os idiomas disponíveis para o dispositivo Android. Se houver uma pasta values correspondente ao idioma (por exemplo, values-en para inglês, values-pt para português ou values-es para espanhol), o aplicativo será automaticamente traduzido, assim como todas as opções do smartphone.

Se não houver uma pasta values correspondente ao idioma selecionado, automaticamente o conteúdo do arquivo strings.xml da pasta values será carregado, sendo este o idioma default

Na **Figura 6.8**, é possível ver o aplicativo executado no idioma português (figura do lado esquerdo) e no idioma inglês (figura do lado direito).

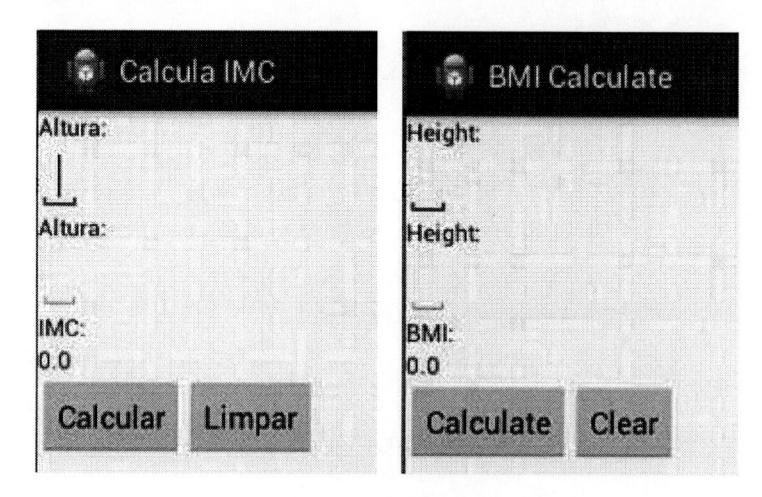

Figura 6.8. À esquerda, o layout da aplicação sendo executado em um dispositivo com o idioma português, à direita, o mesmo aplicativo sendo rodado em um dispositivo configurado com o idioma inglês.

Entretanto, para tratar a internacionalização do presente aplicativo, é necessário também personalizar a fórmula, uma vez que a maioria dos países trabalha com o sistema internacional de medidas (neste, o comprimento é medido em m e peso é medido em g), porém, alguns países, como os Estados Unidos, não utilizam esse padrão, preferindo polegadas para medir o comprimento e pounds para o peso. Assim, a fórmula do IMC para os americanos é um pouco diferente, conforme por apresentado na Figura 6.9:

$$BMI\ (lbs/inches^2) = \frac{(weight\ in\ pounds * 703)}{height\ in\ inches^2}$$

Figura 6.9. Fórmula para IMC com pounds e polegadas

Para personalizar a lógica do botão *Calcular*, pode-se recuperar o idioma do dispositivo durante a execução utilizando o comando:

```
Locale.getDefault().getLanguage()
```

Assim, a lógica do botão *Calcular* fica como apresentada na **Listagem 6.8**.

Listagem 6.8. btCalcularOnClick() – Método que calcula o IMC tratando a internacionalização.

```
01.         private void btCalcularOnClick() {
02.            if ( etPeso.getText().toString().equals( "" ) ) {
03.               Toast.makeText( this, getString( R.string.erropeso ), Toast.LENGTH_LONG ).show();
04.               etPeso.requestFocus();
05.               return;
06.            }
07.
08.            if ( etAltura.getText().toString().equals( "" ) ) {
09.               Toast.makeText( this, getString( R.string.erroaltura ), Toast.LENGTH_LONG ).show();
10.               etAltura.requestFocus();
11.               return;
12.            }
13.
14.            double peso = Double.parseDouble( etPeso.getText().toString() );
15.            double altura = Double.parseDouble( etAltura.getText().toString() );
16.
17.            double imc = 0;
18.
19.            if ( Locale.getDefault().getLanguage().equals( "en" ) ) {
20.               imc = peso / Math.pow( altura, 2 );
21.            } else {
22.               imc = peso * 703 / Math.pow( altura, 2 );
23.            }
24.
25.            tvResult.setText( new DecimalFormat( "0.00" ).format( imc ) );
26.
27.         } //fim do método btCalcularOnClick
```

O código apresentado na **Listagem 6.8** diferencia do tradicional pela recuperação durante a execução do idioma do device Android, assim, na linha 19, é recuperado o idioma e comparado com o java.util.Locale (en para inglês, pt para português, es para espanhol, e assim por diante). A lógica foi tratada de forma personalizada para o idioma inglês; para qualquer outro idioma, é utilizado o sistema internacional de medidas.

Por fim, pode-se também personalizar a máscara dos campos, tais como, vírgula como separador decimal para o aplicativo rodando no Brasil ou ponto para o aplicativo rodando nos Estados Unidos e para isso, a linha 25 da **Listagem 6.8** deve ser substituída pelo código da **Listagem 6.9**.

Listagem 6.9. btCalcularOnClick( ) – Internacionalizando a formação dos números.

```
01.      NumberFormat nf = NumberFormat.getNumberInstance( Locale.getDefault() );
02.      DecimalFormat df = (DecimalFormat) nf;
03.
04.      tvResultado.setText( df.format( imc ) );
```

O processo de internacionalização da formatação dos números utiliza a classe java.text.NumberFormat, mas também pode ser usada por outras classes, como, por exemplo, java.text.SimpleDateFormat, que permite a formatação de datas e horas.

Concluindo...

Neste capítulo, foram apresentados os principais conceitos da internacionalização e do uso de literais nos aplicativos Android. Recurso este que permite a um aplicativo rodar em diferentes idiomas, sem a necessidade de mudar o código-fonte ou recompilar.

Embora seja um processo um pouco lento e chato, o uso de um repositório de literais é justificado, uma vez que facilita as revisões ortográficas e gramaticais dos textos presentes no aplicativo, padroniza a escrita de palavras e expressões, além de facilitar o processo de tradução do aplicativo.

O capítulo foi além e também apresentou a customização do aplicativo em relação a suas funcionalidades, sendo recuperado durante a execução o idioma do celular, o que permitiu tratar diferentes funcionalidades.

Exercícios de fixação do capítulo

Exercício 1 – Internacionalizando uma aplicação
Realize uma pesquisa mais aprofundada sobre I18N (Internacionalization), verificando, além do idioma e das fórmulas matemáticas, o que mais pode ser internacionalizado (formato de navegação do aplicativo, figuras, cores, informações temporais etc.)

Exercício 2 – Tratando a internacionalização para o alemão e o francês
Aprimore o aplicativo desenvolvido ao longo deste capítulo para que também sejam considerados os idiomas alemão e francês.

Exercício 3 – Aplicativo para o cálculo do combustível mais barato
Altere o exercício 1 do Capítulo 4 (a tela segue abaixo) para fazer uso exclusivo das literais, tanto nos dados da tela como nas mensagens informativas.

Capítulo VII - Componentes visuais avançados da plataforma Android

Aprenda a utilizar os componentes visuais RadioGroup, CheckBox, ToggleButton, DatePicker e muito mais

Para quem está chegando de mundos um "pouco" mais limitados em relação à interface gráfica para dispositivos móveis como, por exemplo, o cenário encontrado no desenvolvimento de aplicativos para aparelhos celulares mais antigos, a plataforma Android é um verdadeiro paraíso. Com dezenas de componentes visuais sofisticados, efeitos e muitas características disponíveis para serem personalizadas, a plataforma Android está tornando-se uma referência na quantidade e na qualidade dos componentes visuais existentes.

Vale lembrar que os componentes visuais no Android são definidos a partir de tags no arquivo xml de layout e possuem classes correspondentes que podem ser utilizadas no código Java (Activity).

Para um melhor entendimento, podem-se dividir os componentes visuais em seis grupos:

- **Views básicas:** Componentes básicos, como caixa de textos e botões;
- **Pickers Views:** Componentes especiais que permitem ao usuário selecionar os dados a partir de uma fonte de dados específica;
- **Views de listas:** Componentes que mostram uma lista de informações;
- **Views para imagens:** Componentes utilizados para o tratamento e a apresentação de imagens;
- **Menus:** Formados por opções de menu;
- **Extras:** Componentes especiais com funções muito específicas.

Em uma aplicação móvel, na maioria das vezes são utilizados apenas os componentes Views básicos, sendo que grande parte das necessidades em uma interface visual, como a digitação de textos, caixas de escolhas, botões de opções etc., é suprida por esses componentes.

Já vimos nos capítulos anteriores, em especial, no **Capítulo 3,** alguns componentes visuais básicos da plataforma Android, aqueles que são usados na maioria das aplicações móveis didáticas, como a caixa de texto (EditText), texto estático (TextView) e botões (Button), sendo que esses componentes são usualmente utilizados nas aplicações Android para a entrada, saída e processamento de dados.

Neste capítulo, serão apresentados outros componentes da plataforma Android, como os componentes para a seleção de valores RadioButton e RadioGroup, CheckBox e ToggleButton, componentes Pickers para o tratamento de informações temporais, como DatePicker e TimePicker, o componente ImageButton e também o componente de listas para apresentar e manipular informações, como ListView, Spinner e AutoComplete-TextView.

Desenvolvendo um aplicativo para o teste dos componentes

Para fazer uso dos componentes visuais avançados, deve-se iniciar um novo projeto Android. Para este, será utilizado o nome UsandoComponentesAvancados e o pacote br.com.livro.usandocomponentesavancados. O nome da Activity pode ser PrincipalActivity.java e o código xml activity_principal.xml. As demais configurações ficam a critério do desenvolvedor, como a versão da plataforma Android utilizada no desenvolvimento do aplicativo (para este exemplo, utilizamos a API 15).

Para testar os componentes visuais, será desenvolvido um aplicativo simples, no qual será apresentado na tela o componente visual estudado e um botão que exibirá as características desse componente durante a execução. A **Listagem 7.1** apresenta o arquivo .xml referente à interface gráfica do aplicativo.

Listagem 7.1. activity_principal.xml – Interface gráfica do componente.

```
01.   <LinearLayout xmlns:android="http://schemas.android.com/apk/res/android"
02.       xmlns:tools="http://schemas.android.com/tools"
03.       android:layout_width="match_parent"
04.       android:layout_height="match_parent"
05.       android:orientation="vertical"
06.       tools:context=".PrincipalActivity" >
07.
08.       <!-- declaração do componente visual aqui -->
09.
10.       <Button
11.           android:id="@+id/btTestarComponente"
12.           android:layout_width="wrap_content"
13.           android:layout_height="wrap_content"
14.           android:text="Testar Componente"
15.           android:onClick="btTestarComponenteOnClick" />
16.
17.   </LinearLayout>
```

A interface desenvolvida apresentará sempre dois componentes visuais na tela do device Android, ambos organizados por um gerenciador de layout LinearLayout (linha 01) no formato vertical (linha 05). Para simplificar a demonstração do componente, assim como permitir que o artigo fique mais didático, não serão utilizados os recursos de literais vistos no **Capítulo 6**, sendo todas as literais inseridas diretamente no código xml e Java.

O primeiro componente apresentado será os componentes foco do estudo (RadioButton, RadioGroup, CheckBox etc.) e ele deve ser declarado no lugar do comentário existente na linha 08.

O segundo componente é um Button (linha 10), o qual apresentará, quando pressionado, algumas características físicas do componente declarado na linha 08.

Já o código da **Listagem 7.2** apresenta a Activity java responsável pelo processamento do aplicativo.

Listagem 7.2. PrincipalActivity.java – Código correspondente à interface gráfica principal do aplicativo.

```
01. package br.com.livro.usandocomponentesavancados;
02.
03. import android.app.Activity;
04. import android.os.Bundle;
05. import android.view.View;
06. //importação do componente visual aqui
07.
08. public class PrincipalActivity extends Activity {
09.
10.       //declaração do componente visual aqui
11.
12.       @Override
13.       protected void onCreate(Bundle savedInstanceState) {
14.           super.onCreate(savedInstanceState);
15.           setContentView(R.layout.activity_principal);
17.
18.           //recuperação do componente visual aqui
19.       }
20.
21.       public void btTestarComponenteOnClick( View v ) {
22.           //código para processamento do componente visual aqui
23.       }
24.
25. }
```

O código apresentado será usado ao longo dos exemplos de utilização dos componentes visuais Android. Para cada componente, basta incluir o código referente ao componente e isto acontecerá substituindo a linha 06 (import do componente), linha 10 (declaração do componente), linha 17 (recuperação do componente) e o código do método btTestarComponenteOnClick( ) – linha 21.

Componente RadioGroup e RadioButton

Muitas vezes, nos aplicativos computacionais, queremos forçar o usuário a escolher uma opção ou outra, como acontece, por exemplo, para o campo *Sexo*, onde o usuário deve escolher *Masculino* ou *Feminino*, sendo apenas estas as opções válidas. Também, nesta situação, queremos que o usuário não deixe o campo sem valor. Para esse tipo de situação, os componentes RadioButton e RadioGroup são utilizados.

O componente visual que representa o componente de seleção exclusiva é o RadioButton, assim, para o exemplo do campo *Sexo*, dois componentes RadioButton seriam necessários: um para o campo *Masculino* e outro para o campo *Feminino*.

Entretanto, em algumas situações, precisamos de grupos de RadioButton, pois eles são componentes de seleção exclusivos. Só é possível selecionar um RadioButton na tela, mas imagine a situação na qual temos o campo *Sexo:* e também o campo *Estado Civil:*, e este último com os RadioButtons *Casado*, *Solteiro*, *Divorciado* etc. Se não houver grupos, quando o usuário selecionar o sexo *Masculino*, a opção *Casado* será desligada, pois todos estarão inseridos na tela, sem grupo, conforme exemplificado na **Figura 7.1**.

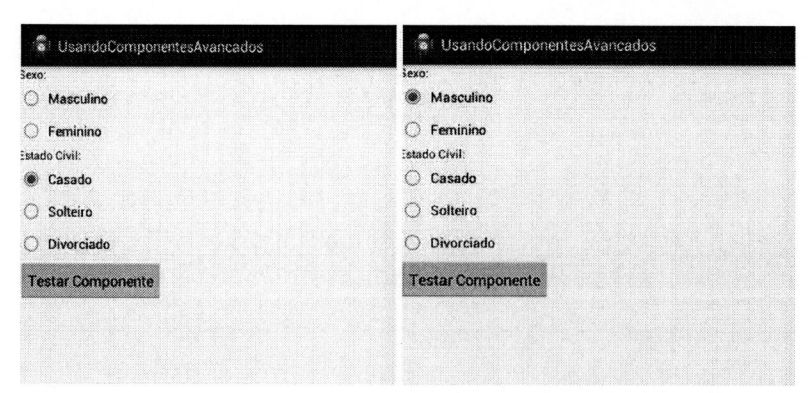

Figura 7.1. Exemplo de não uso dos RadioGroups.

Desta forma, no Android, não é possível utilizar RadioButtons sem que estes estejam inseridos em um RadioGroup. Para o exemplo da **Figura 7.1**, fica clara a necessidade de dois RadioGroups, o primeiro para o grupo *Sexo* e o segundo para o grupo *Estado Civil*, sendo que estes serão declarados na **Listagem 7.3**. O código dessa listagem deve ser adicionado a partir da linha 08 da **Listagem 7.1**.

Listagem 7.3. PrincipalActivity.java – Código correspondente à interface gráfica principal do aplicativo.

```
01.     <TextView
02.         android:layout_width="wrap_content"
03.         android:layout_height="wrap_content"
04.         android:text="Sexo:" />
05.
06.     <RadioGroup
07.         android:id="@+id/rgSexo"
08.         android:layout_width="wrap_content"
09.         android:layout_height="wrap_content"
10.         android:orientation="vertical" >
11.
12.       <RadioButton
13.           android:id="@+id/rbMasculino"
14.           android:layout_width="wrap_content"
15.           android:layout_height="wrap_content"
16.           android:text="Masculino"
17.           android:checked="true" />
18.
19.       <RadioButton
20.           android:id="@+id/rbFeminino"
21.           android:layout_width="wrap_content"
22.           android:layout_height="wrap_content"
23.           android:text="Feminino" />
24.
25.     </RadioGroup>
26.
27.     <TextView
28.         android:layout_width="wrap_content"
29.         android:layout_height="wrap_content"
30.         android:text="Estado Cívil:" />
31.
32.     <RadioGroup
33.         android:id="@+id/rgEstadoCivil"
34.         android:layout_width="wrap_content"
35.         android:layout_height="wrap_content"
36.         android:orientation="vertical" >
37.
38.       <RadioButton
39.           android:id="@+id/rbCasado"
40.           android:layout_width="wrap_content"
```

```
41.            android:layout_height="wrap_content"
42.            android:text="Casado"
43.            android:checked="true" />
44.
45.       <RadioButton
46.            android:id="@+id/rbSolteiro"
47.            android:layout_width="wrap_content"
48.            android:layout_height="wrap_content"
49.            android:text="Solteiro" />
51.
52.       <RadioButton
53.            android:id="@+id/rbDivorciado"
54.            android:layout_width="wrap_content"
55.            android:layout_height="wrap_content"
56.            android:text="Divorciado" />
57.
58.    </RadioGroup>
```

O código da **Listagem 7.3** deve ser inserido no lugar da declaração do TextView presente na **Listagem 7.1** (código entre as linhas 08 e 12). Este declara dois componentes TextView para os rótulos (linhas 01 e 27), assim como dois componentes RadioGroup, o primeiro para o campo *Sexo* (linha 06) e o segundo para o campo *Estado Civil* (linha 32). Ambos os grupos possuem nome (id declarado nas linhas 13 e 33) e a orientação dos itens no formato vertical (linhas 10 e 36).

Na vertical, as opções ficam como apresentadas na **Figura 7.1**, já com a orientação horizontal, ficam como apresentadas na **Figura 7.2**.

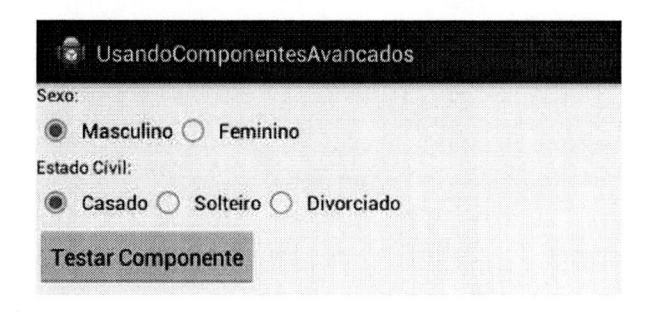

Figura 7.2. Componentes RadioGroup organizados no formato horizontal.

Para realizar o tratamento desses componentes, os testes devem ser realizados dentro da Activity e para isso, os componentes devem ser declarados, recuperados e tratados no método correspondente, conforme apresentado na **Listagem 7.4**.

Listagem 7.4. PrincipalActivity.java – Código para o tratamento do componente RadioGroup/ RadioButton.

```
01.    import android.app.Activity;
02.    import android.os.Bundle;
03.    import android.view.View;
04.    import android.widget.RadioButton;
05.    import android.widget.Toast;
06.
07.    public class PrincipalActivity extends Activity {
08.
09.         private RadioButton rbMasculino;
10.         private RadioButton rbFeminino;
11.         private RadioButton rbSolteiro;
12.         private RadioButton rbCasado;
13.         private RadioButton rbDivorciado;
14.
```

```java
15.         @Override
16.         protected void onCreate(Bundle savedInstanceState) {
17.             super.onCreate(savedInstanceState);
18.             setContentView(R.layout.activity_activity_principal);
19.
20.             rbMasculino = (RadioButton) findViewById( R.id.rbMasculino );
21.             rbFeminino = (RadioButton) findViewById( R.id.rbFeminino );
22.             rbSolteiro = (RadioButton) findViewById( R.id.rbSolteiro );
23.             rbCasado = (RadioButton) findViewById( R.id.rbCasado );
24.             rbDivorciado = (RadioButton) findViewById( R.id.rbDivorciado );
25.
26.
27.         }
28.
29.         public void btTestarComponenteOnClick( View v ) {
30.
31.             String texto = "";
32.
33.             if ( rbMasculino.isChecked() ) {
34.                 texto = "Masculino Selecionado. \n";
35.             } else {
36.                 texto = "Feminino Selecionado. \n";
37.             }
38.
39.             if ( rbSolteiro.isChecked() ) {
40.                 texto += "Solteiro Selecionado.";
41.             } else if ( rbCasado.isChecked() ) {
42.                 texto += "Casado Selecionado.";
43.             } else {
44.                 texto += "Divorciado Selecionado.";
45.             }
46.
47.             Toast.makeText( this, texto, Toast.LENGTH_LONG ).show();
48.         }
49.
50. }
```

O código apresentado faz uso da estrutura apresentada na **Listagem 7.3**, sendo incluída a importação das classes da interface gráfica (linhas 02 a 05), sua declaração (linhas 09 a 13) e sua recuperação (linhas 20 a 24). Por fim, o método btTestarComponenteOnClick( ) (linha 29) tem a função de formatar uma string texto (declarada na linha 31), valorizando-a com base na condicional da linha 33, na qual é verificado se o RadioButton referente ao sexo masculino está selecionado. Em caso positivo, o texto da linha 34 é atribuído à variável; caso contrário, o texto da linha 35.

Como existem apenas dois RadioButtons no RadioGroup *Sexo*, não existe a necessidade de um novo if, bastando utilizar a cláusula else (linha 35). O caractere "\n" usado no final da literal apresentará uma quebra de linha no texto exibido na tela.

Por fim, são verificados os campos presentes no RadioGroup *Estado Civil* (linhas 39 e 41) para, então, concatenar novas literais à variável texto. Então, este é apresentado na tela com o comando Toast.makeText( ) (linha 47).

> **Dica.** Usando um RadioGroup na condicional
>
> Pode-se utilizar o componente RadioGroup na condicional, a fim de identificar quais de seus RadioButtons foram utilizados e para isso, basta instanciar/recuperar o RadioGroup:
>
> Ex. RadioGroup rgSexo = (RadioGroup) findViewById(R.id.rgSexo);

E após, na condicional, fazer o teste como se segue:

if (rgSexo.getCheckedRadioButtonId() == R.id.rbMasculino) {

  // tratamento do RadioButton Masculino

} else {

  // tratamento do RadioButton Feminino

}

Componente CheckBox

O componente CheckBox é similar ao componente RadioButton visto anteriormente, com a diferença de permitir a seleção de qualquer número de CheckBoxs no aplicativo, ao contrário do RadioButton, que permite apenas um por RadioGroup. Por este motivo, o CheckBox não necessita do uso dos componentes de grupo.

Esse componente pode ser utilizado para a seleção, onde existe a opção do usuário selecionar mais de um campo, como, por exemplo, a lista de atividades físicas praticadas, conforme a **Figura 7.3**.

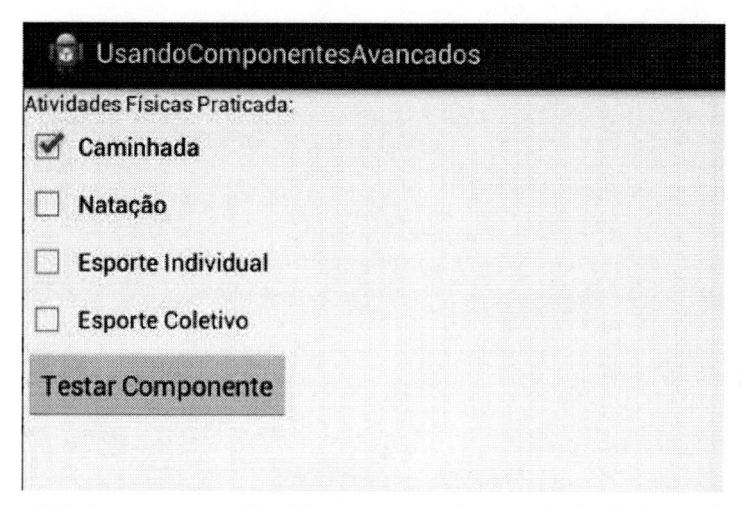

Figura 7.3. Componentes CheckBox apresentados na tela do device Android.

Para desenvolver a interface apresentada na **Figura 7.3**, foram adicionados os componentes CheckBox na interface xml, conforme a **Listagem 7.5**.

Listagem 7.5. activity_principal.xml – Código correspondente à interface gráfica principal com o componente CheckBox.

```
01.     <TextView
02.         android:layout_width="wrap_content"
03.         android:layout_height="wrap_content"
04.         android:text="Atividades Físicas Praticadas:" />
05.
06.     <CheckBox
07.         android:id="@+id/cbCaminhada"
08.         android:layout_width="wrap_content"
09.         android:layout_height="wrap_content"
10.         android:text="Caminhada"
11.         android:checked="true" />
12.
13.     <CheckBox
```

```
14.         android:id="@+id/cbNatacao"
15.         android:layout_width="wrap_content"
16.         android:layout_height="wrap_content"
17.         android:text="Natação" />
18.
19.     <CheckBox
20.         android:id="@+id/cbEsporteIndividual"
21.         android:layout_width="wrap_content"
22.         android:layout_height="wrap_content"
23.         android:text="Esporte Individual" />
24.
25.     <CheckBox
26.         android:id="@+id/cbEsporteColetivo"
27.         android:layout_width="wrap_content"
28.         android:layout_height="wrap_content"
29.         android:text="Esporte Coletivo" />
```

O código apresentado declara quatro componentes CheckBox, sendo que o primeiro deles (linha 06) inicia seu estado como marcado (linha 11). Entretanto, nada impede que os outros componentes estejam marcados também ao mesmo tempo. As demais propriedades são equivalentes às do componente RadioButton.

Para tratar esses componentes, a classe PrincipalActivity deve ser alterada, conforme a **Listagem 7.6**.

Listagem 7.6. PrincipalActivity.java – Código para o tratamento do componente CheckBox.

```
01. import android.app.Activity;
02. import android.os.Bundle;
03. import android.view.View;
04. import android.widget.CheckBox;
05. import android.widget.Toast;
06.
07. public class PrincipalActivity extends Activity {
08.
09.     private CheckBox cbCaminhada;
10.     private CheckBox cbNatacao;
11.     private CheckBox cbEsporteIndividual;
12.     private CheckBox cbEsporteColetivo;
13.
14.     @Override
15.     protected void onCreate(Bundle savedInstanceState) {
16.         super.onCreate(savedInstanceState);
17.         setContentView(R.layout.activity_principal);
18.
19.         cbCaminhada = (CheckBox) findViewById( R.id.cbCaminhada );
20.         cbNatacao = (CheckBox) findViewById( R.id.cbNatacao );
21.         cbEsporteIndividual = (CheckBox) findViewById( R.id.cbEsporteIndividual );
22.         cbEsporteColetivo = (CheckBox) findViewById( R.id.cbEsporteColetivo );
23.     }
24.
25.     public void btTestarComponenteOnClick( View v ) {
26.
27.         String texto = "Pratica: ";
28.
29.         if ( cbCaminhada.isChecked() ) {
30.             texto += "Caminhada. \n";
31.         }
32.
33.         if ( cbNatacao.isChecked() ) {
34.             texto += "Natação. \n";
35.         }
36.
37.         if ( cbEsporteIndividual.isChecked() ) {
38.             texto += "Esporte Individual. \n";
39.         }
40.
41.         if ( cbEsporteColetivo.isChecked() ) {
```

```
42.                texto +=."Esporte Coletivo. \n";
43.           }
44.
45.           Toast.makeText( this, texto, Toast.LENGTH_LONG ).show();
46.      }
47.
48. }
```

O tratamento do componente CheckBox acontece de forma similar ao do componente RadioButton, diferenciando apenas pela característica de seleção múltipla do componente. Assim, não é possível fazer testes com if .. else, pois mesmo se um elemento estiver marcado, nada impedirá de ter outro marcado também. Os testes devem acontecer com ifs isolados, como apresentado entre as linhas 27 e 43.

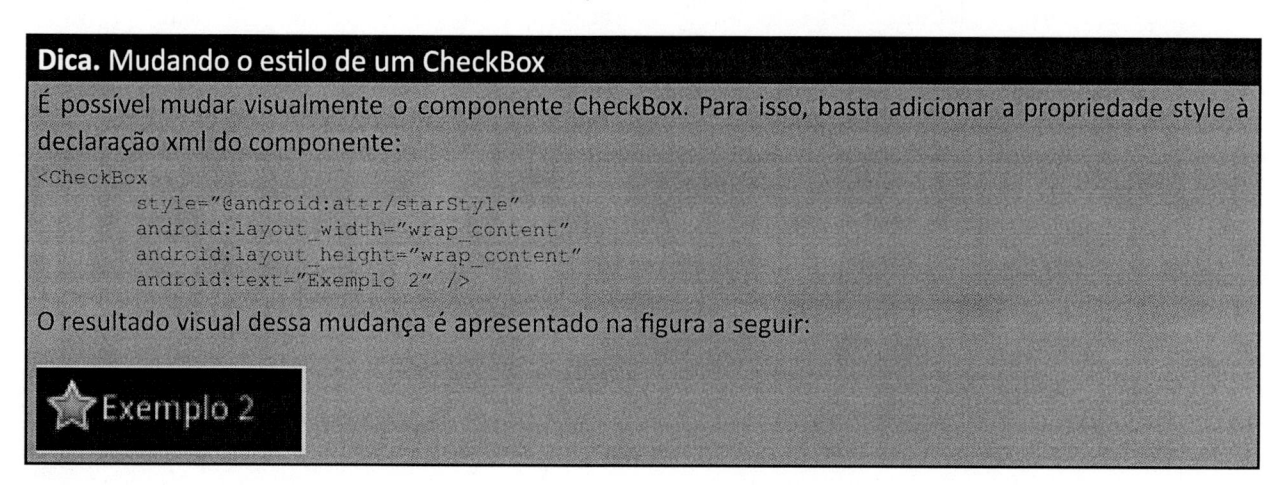

> **Dica.** Mudando o estilo de um CheckBox
>
> É possível mudar visualmente o componente CheckBox. Para isso, basta adicionar a propriedade style à declaração xml do componente:
>
> ```
> <CheckBox
>         style="@android:attr/starStyle"
>         android:layout_width="wrap_content"
>         android:layout_height="wrap_content"
>         android:text="Exemplo 2" />
> ```
>
> O resultado visual dessa mudança é apresentado na figura a seguir:
>
> ☆ Exemplo 2

Componente ToggleButton

Este componente é uma mistura dos componentes CheckBox e Button. É um componente de seleção que o usuário pode marcar ou não (aqui está a semelhança com o CheckBox), entretanto, sua aparência é idêntica a de um botão (semelhança com Button).

Na **Figura 7.4**, temos um exemplo de utilização desse componente na interface de um device Android.

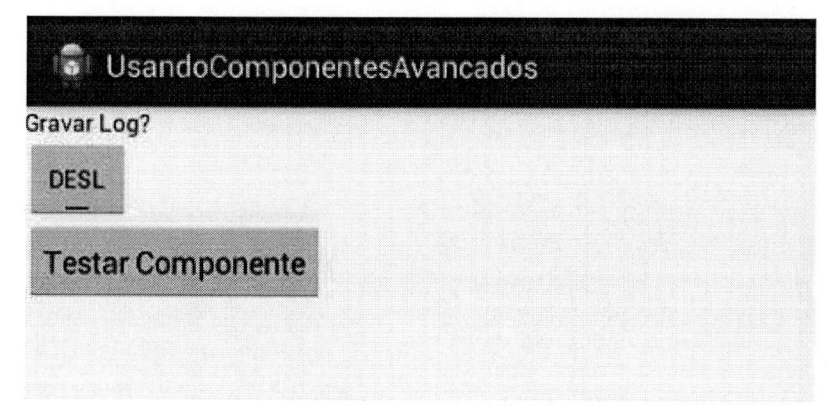

Figura 7.4. Componentes ToggleButton apresentados na tela do device Android.

O componente ToggleButton possui uma representação visual para indicar se o mesmo está ligado ou não. Essa indicação é dada por um retângulo cinza escuro quando desligado ou azul/verde se ligado, dependendo da versão do Android.

Além da cor, também é apresentado um texto para o usuário indicando se o ToggleButton está ligado ou não. O código correspondente à interface da **Figura 7.4** é apresentado na **Listagem 7.7**.

Listagem 7.7. activity_principal.xml – Interface gráfica com o componente CheckBox.

```
01.    <TextView
02.        android:layout_width="wrap_content"
03.        android:layout_height="wrap_content"
04.        android:text="Gravar Log?" />
05.
06.    <ToggleButton
07.        android:id="@+id/tbLog"
08.        android:layout_width="wrap_content"
09.        android:layout_height="wrap_content" />
```

Para processar se o ToggleButton está selecionado ou não, deve-se modificar o PrincipalActivity, conforme a **Listagem 7.8**.

Listagem 7.8. PrincipalActivity.java – Código para o tratamento do componente ToggleButton.

```
01.    import android.app.Activity;
02.    import android.os.Bundle;
03.    import android.view.View;
04.    import android.widget.Toast;
05.    import android.widget.ToggleButton;
06.
07.    public class PrincipalActivity extends Activity {
08.
09.        private ToggleButton tbLog;
10.
11.        @Override
12.        protected void onCreate(Bundle savedInstanceState) {
13.            super.onCreate(savedInstanceState);
14.            setContentView(R.layout.activity_principal);
15.
16.            tbLog = (ToggleButton) findViewById( R.id.tbLog );
17.        }
18.
19.        public void btTestarComponenteOnClick( View v ) {
20.
21.            if ( tbLog.isChecked() ) {
22.                Toast.makeText( this, "Log Habilitado", Toast.LENGTH_LONG ).show();
23.            } else {
24.                Toast.makeText( this, "Log Desabilitado", Toast.LENGTH_LONG ).show();
25.            }
26.
27.        }
28.
29.    }
```

Como observado na listagem, após a declaração e a recuperação do ToggleButton, o tratamento é feito semelhante ao componente CheckBox – linhas 21 a 25.

> **Mudando o texto do componente ToggleButton**
>
> Como mostrado, o ToggleButton apresenta duas formas para o usuário identificar se o mesmo está ligado ou não: por meio de sua cor ou de seu texto. O texto, por default, em um device configurado para o idioma inglês é ON e OFF, porém, este pode ser personalizado com as propriedades xml textOn e textOff, conforme o exemplo a seguir:
>
> ```
> <ToggleButton
>     android:id="@+id/tbLog"
>     android:layout_width="wrap_content"
>     android:layout_height="wrap_content"
>     android:textOn="Ativado"
>     android:textOff="Desativado" />
> ```

O resultado deste ajuste é apresentado nas figuras abaixo:

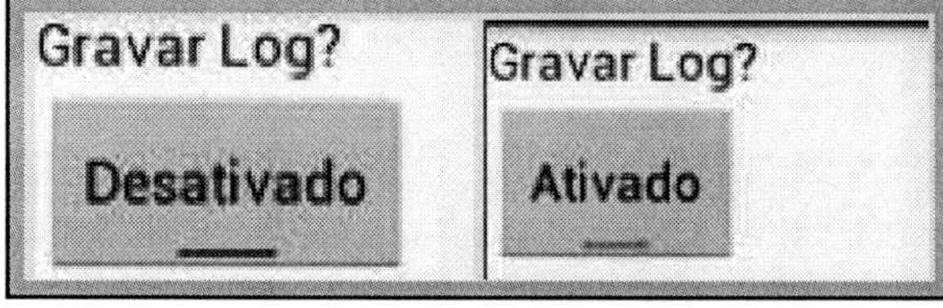

Gravar Log?   Gravar Log?
Desativado   Ativado

Componente DatePicker e TimePicker

Os componentes categorizados como componentes Picker possuem como característica a riqueza visual e a facilidade na entrada de dados. Em ambos os casos, tanto o DatePicker como o TimePicker, é permitida a entrada segura de informações temporais, evitando inconsistências na digitação (uma data ou uma hora inválida) e dependendo da versão do Android, até mesmo um calendário é apresentado para a escolha da data, facilitando, assim, a definição da informação.

A **Figura 7.5** mostra como são apresentados esses componentes na interface gráfica de um device Android.

Figura 7.5. Componentes DatePicker e TimePicker apresentados na tela do device Android com a API 15 (Android 4.0).

Como observado, na API 15, o DatePicker é apresentado com um calendário no lado direito para a seleção de uma data, assim como três componentes para a seleção individual por dia, mês e ano no lado esquerdo.

Já para a seleção da hora com o TimePicker, são utilizados apenas dois campos para a seleção da hora e do minuto. Ao iniciar o aplicativo, por default, é apresentada a data do sistema no DatePicker, assim como a hora no TimePicker.

O código xml referente à interface apresentada na **Figura 7.5** está na **Listagem 7.9**.

Listagem 7.9. activity_principal.xml – Código correspondente à interface gráfica principal com os componentes DatePicker e TimePicker.

```xml
01.     <TextView
02.         android:layout_width="wrap_content"
03.         android:layout_height="wrap_content"
04.         android:text="Seleção de Data:" />
05.
06.     <DatePicker
07.         android:id="@+id/dpData"
08.         android:layout_width="wrap_content"
09.         android:layout_height="wrap_content"
10.         android:startYear="2010" />
11.
12.     <TimePicker
13.         android:id="@+id/tpHora"
14.         android:layout_width="wrap_content"
15.         android:layout_height="wrap_content" />
```

Assim como os códigos xml dos demais componentes apresentados neste capítulo, o código da **Listagem 7.9** deve ser inserido na classe activity_principal.xml (**Listagem 7.1**) e possui a função de apresentar um componente DatePicker (linha 06) cujo ano inicial de seleção será 2010 (linha 10), assim como um componente TimePicker (linha 12).

Para o tratamento dessa interface, é alterado o arquivo PrincipalActivity.java, conforme apresentado na **Listagem 7.10**.

Listagem 7.10. PrincipalActivity.java – Código para o tratamento dos componentes DatePicker e TimePicker.

```java
01. import java.util.Date;
02. import java.text.ParseException;
03. import java.text.SimpleDateFormat;
04.
05. import android.app.Activity;
06. import android.os.Bundle;
07. import android.view.View;
08. import android.widget.DatePicker;
09. import android.widget.TimePicker;
10. import android.widget.Toast;
11.
12. public class PrincipalActivity extends Activity {
13.
14.     private DatePicker dpData;
15.     private TimePicker tpHora;
16.
17.     @Override
18.     protected void onCreate(Bundle savedInstanceState) {
19.         super.onCreate(savedInstanceState);
20.         setContentView(R.layout.activity_principal);
21.
22.         dpData = (DatePicker) findViewById( R.id.dpData );
23.         tpHora = (TimePicker) findViewById( R.id.tpHora );
24.     }
25.
26.     public void btTestarComponenteOnClick( View v ) {
27.
28.         int dia = dpData.getDayOfMonth();
29.         int mes = dpData.getMonth();
30.         int ano = dpData.getYear();
31.
```

```
32.            int hora = tpHora.getCurrentHour();
33.            int minuto = tpHora.getCurrentMinute();
34.
35.            String dadosFormatados = dia + "/" + (mes+1) + "/" + ano +
36.                        " " + hora + ":" + minuto;
37.
38.            Toast.makeText( this, dadosFormatados, Toast.LENGTH_LONG ).show();
39.
40.            SimpleDateFormat formatador = new SimpleDateFormat( "dd/MM/yyyy hh:mm" );
41.
42.            try {
43.                Date dataHoraInformada = formatador.parse( dadosFormatados );
44.            } catch (ParseException e) {
45.                e.printStackTrace();
46.            }
47.        }
48.  }
```

A diferença básica entre este código e os demais é o método btTestarComponenteOnClick( ) (linha 26), o qual recupera individualmente as informações referentes à data e à hora selecionadas na tela (linhas 28 a 33). Feito isso, os estados definidos são concatenados a fim de criar uma string com a data no formato "dd/mm/aaaa hh:mm". Entretanto, o mês recuperado do componente TimePicker considera o mês de janeiro como 0, assim, para apresentar no formato em que estamos acostumados, é necessário incrementar essa informação em 1, conforme apresentado em (mes+1) da linha 35.

Feito isso, essa informação é apresenta na tela com o componente Toast (linha 38), sendo utilizado um componente SimpleDateFormat (linha 40) para converter esses dados da tela em um componente java.util.Date (linha 43), sendo que a informação pode ser usada para cálculos ou até mesmo para a persistência no banco de dados.

Componente ImageButton

O componente ImageButton tem o funcionamento idêntico a um Button tradicional, com praticamente todas as propriedades e a mesma forma de tratar o evento de clique (pode ser usada a propriedade onClick no xml ou o método setOnClickListener( ) na Activity). A única diferença está em sua representação visual, que substitui o tradicional texto dos Buttons por uma imagem, como pode ser observado na **Figura 7.6**.

Figura 7.6. Exemplo de utilização de um componente ImageButton na mesma tela onde foi declarado o componente Toggle.

Para mostrar, foi utilizado o exemplo anterior (com ToggleButton), porém substituindo o Button tradicional por um ImageButton, sendo adicionada como imagem do Button uma figura do Android.

Para utilizar um ImageButton, algumas dicas sobre a utilização de imagens nos Android devem ser seguidas. A primeira delas é dar preferência a imagens do tipo PNG (Portable Network Graphic), por se tratar de um formato de imagem multiplataforma, com suporte para a transparência (como observada na **Figura 7.5**, a figura do Android tem fundo transparente, assim, não fica o tradicional "quadrado branco" em volta da imagem), ser leve e permitir uma boa qualidade das imagens.

Outra dica importante é quanto ao nome da imagem. Como todos os recursos dentro de um projeto Android são mapeados como variáveis (dentro do arquivo R.java), o nome do arquivo com as figuras deve seguir as regras dos nomes de variáveis em Java, não sendo possível utilizar imagens cujo nome inicie com números, possua caractere de espaço, entre outras regras do nome de variáveis.

Por fim, algo que deve ser observado é o tamanho da figura. Para utilizar em um ImageButton, por exemplo, onde esse componente é relativamente pequeno, não é aconselhável ter imagens de alta resolução (ex., 1024x768). Isso fará que o botão também fique grande para acompanhar a resolução da imagem.

Para o teste, a imagem do Android foi baixada da Internet e salva como android.png. Após, clica-se com o botão direito na pasta *drawable*, escolhendo a opção *new – Image Asset*. Na primeira tela, informamos que a imagem será armazenada na pasta *../app/src/main/res/drawable*. Na tela seguinte, em *Image File*, selecionamos o arquivo de imagem desejado e em *Resource Name*, damos um nome à imagem. Então, avançamos e na tela seguinte, concluímos com *Finish*. Automaticamente é criada uma versão da imagem para cada resolução de tela (mdpi, hdpi, xhdpi e xxhdpi).

Na **Figura 7.7**, a imagem do topo apresenta a seleção da pasta para armazenar a imagem, a figura do meio, as configurações de seleção da imagem e nome, e ao final, a estrutura da pasta *drawable* já com a nova imagem.

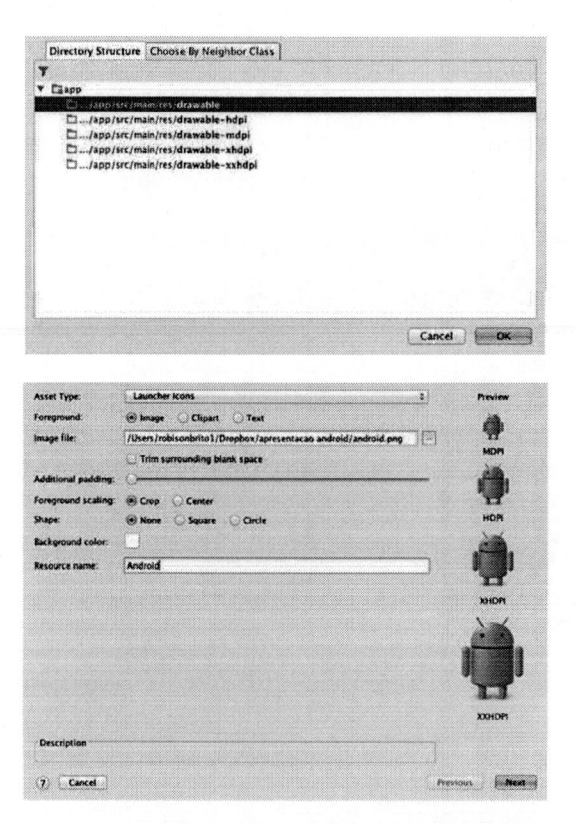

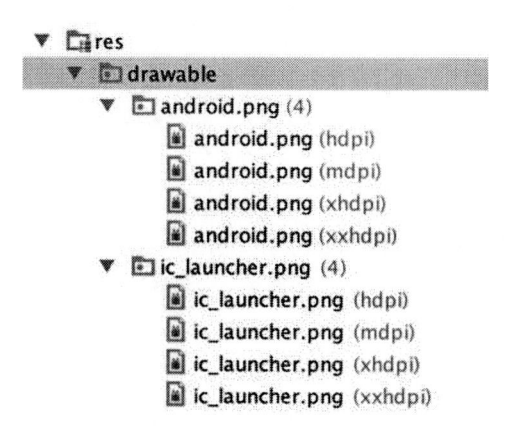

```
                                ▼ res
                                    ▼ drawable
                                        ▼ android.png (4)
                                              android.png (hdpi)
                                              android.png (mdpi)
                                              android.png (xhdpi)
                                              android.png (xxhdpi)
                                        ▼ ic_launcher.png (4)
                                              ic_launcher.png (hdpi)
                                              ic_launcher.png (mdpi)
                                              ic_launcher.png (xhdpi)
                                              ic_launcher.png (xxhdpi)
```

Figura 7.7. Inclusão das imagens do ImageButton no projeto Android Studio.

Por fim, a imagem pode ser referenciada dentro do projeto Android pelo mapeamento de R (R.id. android na Activity ou @drawable/android no xml). O código correspondente à interface gráfica é apresentado na **Listagem 7.11**.

Listagem 7.11. activity_principal.xml – Interface gráfica com o componente ImageButton.

```
01.    <ImageButton
02.        android:id="@+id/btTestarComponente"
03.        android:layout_width="wrap_content"
04.        android:layout_height="wrap_content"
05.        android:src="@drawable/android"
06.        android:contentDescription="Testar Componente"
07.        android:onClick="btTestarComponenteOnClick" />
```

Para testar, este código deve ser incluído no lugar do Button tradicional (linhas 09 a 15 da **Listagem 7.1**). O que difere em suas propriedades é o android:src (linha 05), que deve fazer referência à imagem utilizada no ImageButton. Outra diferença é a propriedade android:contentDescription, a qual possui uma representação textual do botão que pode ser utilizada pelo software de acessibilidade para deficientes visuais, que costuma ler para o usuário os componentes da tela. Como se trata de um componente com imagem, neste caso o texto de android:contentDescription será lido.

Nas outras características, inclusive no modo de tratar o evento, o ImageButton é idêntico ao Button, não havendo sequer a necessidade de alterar o código da Activity.

Componentes de lista

Uma categoria de componentes mais sofisticados da plataforma Android são os componentes de lista. Esses componentes trabalham apresentando um conjunto de dados, muitas vezes formados por strings (mas nada impede de ser imagens ou até mesmo outros componentes visuais), em listas para o usuário.

Esses dados podem ser recuperados de listas estáticas como, por exemplo, as definidas em um arquivo xml, ou de forma dinâmica, como o conteúdo vindo de um banco de dados.

Esses componentes diferem pela forma de apresentação dos dados. Destacam-se nessa categoria o componente ListView, Spinner e AutoCompleteTextView.

Para exemplificar o uso dos componentes, serão desenvolvidos novos exemplos. Dessa forma, as estruturas utilizadas até o momento para o activity_principal.xml e do PrincipalActivity.java podem ser desconsideradas.

Componente ListView

O componente ListView é utilizado para mostrar uma grande quantidade de dados nos formato de lista. Semelhante aos componentes de lista de outras plataformas, é possível com o ListView tratar os eventos de cliques e de seleção, além de poder ser utilizado também exclusivamente para apresentar dados e nesta situação, não é necessário o tratamento de eventos.

Para apresentar algumas das funcionalidades desse componente, criaremos uma lista com todos os países da Copa do Mundo de 2014. Ao clicarmos em um dos nomes, mostraremos a posição da seleção no ranking da FIFA em um componente Toast.

Para o desenvolvimento deste exemplo, podem-se utilizar três metodologias:
- Recuperar os elementos da lista diretamente de um arquivo XML;
- Montar os elementos da lista em um componente ArrayAdapter;
- Excluir o arquivo activity_principal.xml e usar no lugar do extends Activity, extends ListActivity.

Recuperar os elementos da lista diretamente de um arquivo xml

Como primeiro exemplo, será recuperado o nome das seleções a partir de um arquivo xml, que também será criado no exemplo. Assim, primeiramente, iremos alterar o arquivo activity_principal.xml para inserir o componente ListView. Veja seu conteúdo na **Listagem 7.12**.

Listagem 7.12. activity_principal.xml – Interface gráfica com o componente ListView.

```
01.    <ListView xmlns:android="http://schemas.android.com/apk/res/android"
02.        xmlns:tools="http://schemas.android.com/tools"
03.        android:id="@+id/lvSelecoesCopa"
04.        android:layout_width="match_parent"
05.        android:layout_height="match_parent"
06.        android:entries="@array/paises_copa" />
```

Como, em geral, o componente ListView é utilizado como o único componente da tela sem dividi-la com outros componentes visuais, costuma-se colocá-lo como o único componente da tela, sem a necessidade de um gerenciador de layout. Isto pode ser observado na **Listagem 7.12**, onde na linha 01, já aparece a declaração do ListView e ao seu lado e na linha 02, outras informações referentes ao schema do xml. Porém, se houver a necessidade de desenvolver, o ListView poderá ser utilizado em conjunto com outros componentes visuais na mesma tela, sem nenhum problema.

As demais propriedades já são conhecidas pelos exemplos apresentados até então, com exceção da propriedade android:entries (linha 06). Essa propriedade informa um array de strings criado a partir de um arquivo xml que definirá os valores dos elementos do ListView. Ao codificar essa linha no editor de código, um erro é apresentado e só será corrigido após o array selecoescopa ser criado.

Para criar um xml com esse array de strings, clique com o botão direito no projeto, escolhendo a opção *New – XML – Values XML File*. Na primeira tela, é solicitado o nome do arquivo xml, que pode ser elemento_lista, conforme apresentado na **Figura 7.8**.

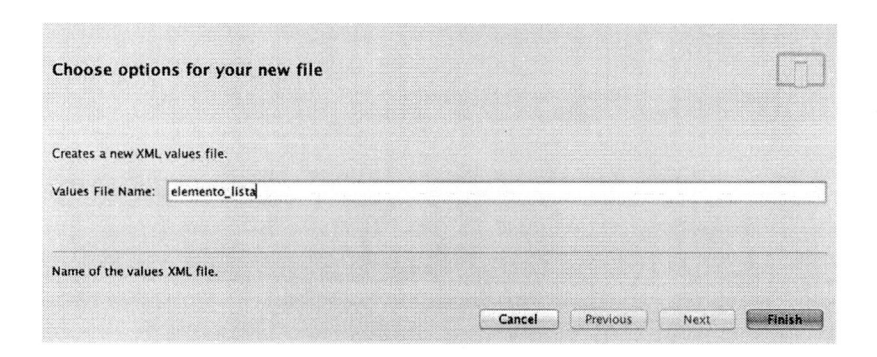

Figura 7.8. Criando um xml de valor.

No arquivo criado dentro da pasta *values* do projeto, deve-se editar o xml, colocando o conteúdo conforme a **Listagem 7.13**.

Listagem 13. elemento_lista.xml – Elementos utilizados para valorizar o componente ListView.

```
01.   <?xml version="1.0" encoding="utf-8"?>
02.   <resources>
03.       <string-array name="paises_copa">
04.           <item >Alemanha</item>
05.           <item >Argentina</item>
06.           <item >Holanda</item>
07.           <item >Colombia</item>
08.           <item >Belgica</item>
09.           <item >Uruguai</item>
10.           <item >Brasil</item>
11.       </string-array>
12.   </resources>
```

No arquivo xml, é possível verificar o nome da estrutura string-array na linha 03, assim como todos os elementos que o compõe, das linhas 04 a 10.

A referência para esse arquivo, que acontece na linha 06 da **Listagem 7.12**, obedece a seguinte regra: todo recurso existente no Android (conteúdo da pasta res) é referenciado via xml pelo caractere arroba (@) e na sequência, é informada a pasta ou o tipo de recurso, neste caso, um array. Por fim, o nome do recurso, neste caso, paises_copa (por isso, android:entries="@array/paises_copa").

Feito isso, basta declarar e recuperar o componente ListView na classe Activity para um futuro uso, conforme apresentado na **Listagem 7.14**.

Listagem 14. PrincipalActivity.java – Código para o tratamento do componente ListView com a recuperação de valores a partir de um arquivo xml.

```
01.   import android.app.Activity;
02.   import android.os.Bundle;
03.   import android.view.View;
04.   import android.widget.AdapterView;
05.   import android.widget.ListView;
06.   import android.widget.Toast;
07.
08.   public class PrincipalActivity extends Activity {
```

```
09.
10.         private ListView lvSelecoesCopa;
11.
12.         @Override
13.         protected void onCreate(Bundle savedInstanceState) {
14.             super.onCreate(savedInstanceState);
15.             setContentView(R.layout.activity_principal);
16.
17.             lvSelecoesCopa = (ListView) findViewById( R.id.lvSelecoesCopa );
18.
19.             lvSelecoesCopa.setOnItemClickListener( new AdapterView.OnItemClickListener() {
20.
21.                 @Override
22.                 public void onItemClick(AdapterView<?> arg0, View arg1, int arg2,
23.                         long arg3) {
24.                     tratarOpcoesItem( arg2 );
25.
26.                 }
27.             } );
28.
29.         }
30.
31.         protected void tratarOpcoesItem( int posicao ) {
32.
33.             int posFifa = posicao + 1;
34.
35.             Toast.makeText( this, "Posição no Ranking: " + posFifa , Toast.LENGTH_LONG ).show();
36.
37.         }
38.
39.     }
```

O código desenvolvido tem a estrutura básica parecida com as Activities apresentadas até o momento, havendo a importação das classes, declaração dos componentes visuais e sua recuperação com o método findViewById( ). Neste exemplo, a diferença está no tratamento de evento da seleção de um elemento na lista.

Para registrar um evento de clique, deve-se atentar que, para a lista, o evento que interessa é o clique em um item da lista: setOnItemClickListener( ), registrado na linha 19. Assim como acontece tradicionalmente para o tratamento de clique do botão, aconselha-se utilizar uma classe interna anônima que, para o tratamento de clique no item, é a classe AdapterView.OnItemClickListener. Essa classe necessita da codificação do método onItemClick (linha 22). Esse método traz uma série de parâmetros, destacando-se o índice do elemento selecionado, que, no exemplo, é apresentado com o nome arg2.

Ao selecionar um elemento na lista, o método tratarOpcoesItem( ) é chamado, linha 24, e codificado na linha 31. A função básica do método é recuperar a posição do elemento selecionado na lista, ou seja, seu índice (lembrando que o primeiro elemento da lista possui índice 0) e, após, incrementar um no índice (linha 33). Essa informação é apresentada para o usuário em um componente Toast (linha 35). O resultado da execução é apresentado na **Figura 7.9**.

Figura 7.9. Tela com os elementos dispostos em um componente ListView.

No exemplo apresentado, o elemento Brasil foi selecionado e por isso, na parte inferior da tela é apresentada sua posição no ranking da FIFA.

Montar os elementos da lista em um componente ArrayAdapter

O segundo exemplo de utilização de um ListView é apresentando seu conteúdo a partir do código Java, e não mais a partir de uma lista xml.

A primeira mudança acontece no activity_principal.xml, onde se deve retirar a propriedade android:entries, deixando o código conforme a **Listagem 7.15**. O arquivo elemento_lista.xml presente na pasta *value* também pode ser excluído.

Listagem 7.15. activity_principal.xml – Interface gráfica com o componente ListView.

```
01.    <ListView xmlns:android="http://schemas.android.com/apk/res/android"
02.        xmlns:tools="http://schemas.android.com/tools"
03.        android:id="@+id/lvSelecoesCopa"
04.        android:layout_width="match_parent"
05.        android:layout_height="match_parent" />
```

A maior diferença acontecerá na classe Activity, já que nesta situação, os elementos da lista serão valorizadas durante a execução, ou seja, diretamente no código Java. Assim, a classe PrincipalActivity.java modificada é apresentada na **Listagem 7.16**.

Listagem 7.16. PrincipalActivity.java – Código para o tratamento do componente ListView com os elementos criados dinamicamente.

```
01.    import android.app.Activity;
02.    import android.os.Bundle;
03.    import android.view.View;
```

```
04.    import android.widget.AdapterView;
05.    import android.widget.ArrayAdapter;
06.    import android.widget.ListView;
07.    import android.widget.Toast;
08.
09.    public class PrincipalActivity extends Activity {
10.
11.         private ListView lvSelecoesCopa;
12.
13.         @Override
14.         protected void onCreate(Bundle savedInstanceState) {
15.              super.onCreate(savedInstanceState);
16.              setContentView(R.layout.activity_principal);
17.
18.              lvSelecoesCopa = (ListView) findViewById( R.id.lvSelecoesCopa );
19.
20.              String itens[] = { "Alemanha", "Argentina", "Holanda", "Colombia",
21.                       "Belgica", "Uruguai", "Brasil" };
22.
23.              ArrayAdapter<String> adapter = new ArrayAdapter<String> ( this,
24.                       android.R.layout.simple_list_item_1, itens );
25.
26.              lvSelecoesCopa.setAdapter( adapter );
27.
28.              lvSelecoesCopa.setOnItemClickListener( new AdapterView.OnItemClickListener() {
29.
30.                   @Override
31.                   public void onItemClick(AdapterView<?> arg0, View arg1, int arg2,
32.                            long arg3) {
33.                        tratarOpcoesItem( arg2 );
34.
35.                   }
36.              } );
37.
38.         }
39.
40.         protected void tratarOpcoesItem( int posicao ) {
41.
42.              int posFifa = posicao + 1;
43.
44.              Toast.makeText( this, "Posição no Ranking: " + posFifa , Toast.LENGTH_LONG ).show();
45.
46.         }
47.
48.    }
```

O código apresentado é muito parecido com a **Listagem 7.14**, diferenciando apenas pelas linhas 18 a 26 que foram incluídas. São essas linhas as responsáveis por criar um array de strings durante a execução e definir o conteúdo do ListView com as informações.

Para isso, na linha 18, é instanciada uma lista de strings com o nome das seleções. Embora neste exemplo a lista possua valores estáticos, na verdade, poderia apresentar qualquer valor, dados que vêm do banco de dados, digitados pelo usuário, entre outros.

A linha 23 instancia um ArrayAdapter. Este é um objeto que representa o conteúdo que será apresentado no ListView. Seu construtor espera, por parâmetro, o contexto do Adapter (neste caso, a própria Activity) e o layout para a apresentação dos elementos da tela (para o exemplo, foi utilizado um layout interno do Android, por isso o R está armazenado no objeto Android: android.R.layout.simple_list_item_1). Já o último parâmetro é o array de strings que define os elementos da lista.

Por fim, é definido o ArrayAdapter para o componente ListView (linha 26). O resultado da execução é o mesmo apresentado na **Figura 7.9**.

> **Dica.** Recuperando os elementos de um xml durante a execução
>
> É possível também, durante a execução, recuperar o conteúdo de um arquivo xml, apresentando-o em um ListView. Basta criar um ArrayAdapter com o código apresentado abaixo, valorizando a propriedade adapter de um ListView:
> ```
> ArrayAdapter<CharSequence> adapter = ArrayAdapter.createFromResource(this,
>     R.array.paises_copa, android.R.layout.simple_list_item_1 );
> 
> lvSelecoesCopa.setAdapter( adapter );
> ```
> Desta forma, não seriam necessárias as linhas 20 a 26 da **Listagem 16**.

Excluir o arquivo activity_principal.xml e usar no lugar do extends Activity, extends ListActivity

Por fim, uma nova forma de usar o ListView, já que comumente este é o único componente apresentado na tela, é utilizando a classe ListActivity. Nesta situação, não é necessário o arquivo activity_principal.xml, podendo ser excluído do projeto.

A diferença acontece na declaração da Activity Java, substituindo extends Activity por extends ListActivity e tirando toda a referência para o ListView, conforme apresentado na **Listagem 7.17**.

Listagem 7.17. PrincipalActivity.java – Código para o tratamento do componente ListView com ListActivity.

```
01.   import android.app.ListActivity;
02.   import android.os.Bundle;
03.   import android.view.View;
04.   import android.widget.ArrayAdapter;
05.   import android.widget.ListView;
06.   import android.widget.Toast;
07.
08.   public class PrincipalActivity extends ListActivity {
09.
10.       @Override
11.       protected void onCreate(Bundle savedInstanceState) {
12.           super.onCreate(savedInstanceState);
13.
14.
15.           String itens[] = { "Alemanha", "Argentina", "Holanda", "Colombia",
16.                   "Belgica", "Uruguai", "Brasil" };
17.
18.           ArrayAdapter<String> adapter = new ArrayAdapter<String> ( this,
19.                   android.R.layout.simple_list_item_1, itens );
20.
21.           this.setListAdapter( adapter );
22.
23.       }
24.
25.       @Override
26.       protected void onListItemClick(ListView l, View v, int posicao, long id) {
27.           int posFifa = posicao + 1;
28.
29.           Toast.makeText( this, "Posição no Ranking: " + posFifa , Toast.LENGTH_LONG ).show();
30.
31.       }
32.   }
```

Ao comparar este código com a **Listagem 7.16**, observa-se que se diminui consideravelmente o número de linhas de código digitadas, assim como a complexidade da classe. Também vale lembrar que para este exemplo, o arquivo activity_principal.xml pode ser excluído.

Além da diferença na herança que acontece na linha 08, outra diferença está na ausência de uma classe ListView, já que a própria classe é uma lista. Assim, toda vez que se precisa referenciar o ListView, basta utilizar a palavra reservada this, como pode ser observado no setListAdapter( ) da linha 21.

Outra diferença é a ausência do comando setContentView( ), já que não existe uma interface xml para a tela.

Por fim, o tratamento de evento do elemento selecionado acontece a partir do método onListItemClick( ), linha 26, herdado da classe-mãe. Após a execução, o resultado visual também permanece como na **Figura 7.9**.

> **Dica.** Usando ListView e uma interface gráfica xml
>
> É possível usar a classe ListActivity e, mesmo assim, utilizar uma interface gráfica xml com a declaração de ListView. Esta técnica é muito utilizada se o programador precisa definir características da lista diretamente no arquivo xml. Neste caso, é obrigatório que o ListView definido na interface gráfica possua o nome android:list, como pode ser observado no código a seguir:
>
> ```
> 01.    <ListView xmlns:android="http://schemas.android.com/apk/res/android"
> 02.        xmlns:tools="http://schemas.android.com/tools"
> 03.        android:id="@+id/android:list"
> 04.        android:layout_width="match_parent"
> 05.        android:layout_height="match_parent"/>
> ```

Componente Spinner

Este componente também possui a função de apresentar um conjunto de dados no formato de lista, semelhante ao visto no exemplo anterior, com o ListView. Entretanto, ao contrário do ListView que costuma ser um componente solitário na tela do dispositivo móvel, o Spinner costuma apresentar suas informações em telas com outros componentes, como EditText e Button.

O diferencial do Spinner é a possibilidade de apresentar uma grande quantidade de dados em uma lista, porém, ele fica resumido a um componente de texto (semelhante ao EditText), mas é apresentada uma lista, assim como o componente ListView, muito parecido com os menus popups de outras plataformas, conforme a **Figura 7.10**.

Figura 7.10. Tela com a apresentação do componente Spinner.

A **Listagem 7.18** apresenta um exemplo de declaração do componente Spinner no arquivo activity_principal.xml.

Listagem 7.18. activity_principal.xml – Interface gráfica com o componente Spinner.

```
01.   <LinearLayout xmlns:android="http://schemas.android.com/apk/res/android"
02.       xmlns:tools="http://schemas.android.com/tools"
03.       android:layout_width="match_parent"
04.       android:layout_height="match_parent"
05.       android:orientation="vertical" >
06.
07.       <Spinner
08.           android:id="@+id/spSelecoesCopa"
09.           android:layout_width="wrap_content"
10.           android:layout_height="wrap_content" />
11.
12.       <Button
13.           android:id="@+id/btTestarComponente"
14.           android:layout_width="wrap_content"
15.           android:layout_height="wrap_content"
16.           android:text="Testar Componente"
17.           android:onClick="btTestarComponenteOnClick" />
18.
19.   </LinearLayout>
```

A classe PrincipalActivity também sofrerá algumas mudanças, conforme observado na **Listagem 7.19**.

Listagem 7.19. activity_principal.xml – Código para o tratamento do componente Spinner.

```
01.   import android.app.Activity;
02.   import android.os.Bundle;
03.   import android.view.View;
04.   import android.widget.AdapterView;
05.   import android.widget.AdapterView.OnItemSelectedListener;
06.   import android.widget.ArrayAdapter;
07.   import android.widget.Spinner;
08.   import android.widget.Toast;
09.
10.   public class PrincipalActivity extends Activity {
11.
12.       private Spinner spSelecoesCopa;
13.
14.       @Override
15.       protected void onCreate(Bundle savedInstanceState) {
16.           super.onCreate(savedInstanceState);
17.           setContentView(R.layout.activity_principal);
18.
19.           spSelecoesCopa = (Spinner) findViewById(R.id.spSelecoesCopa);
20.
21.           String itens[] = { "Alemanha", "Argentina", "Holanda", "Colombia",
22.                   "Belgica", "Uruguai", "Brasil" };
23.
24.           ArrayAdapter<String> adapter = new ArrayAdapter<String>(this,
25.                   android.R.layout.simple_list_item_1, itens);
26.
27.           spSelecoesCopa.setAdapter(adapter);
28.
29.           spSelecoesCopa.setOnItemSelectedListener(new AdapterView.OnItemSelectedListener() {
30.
31.               public void onItemSelected(AdapterView<?> arg0, View arg1,
32.                       int arg2, long arg3) {
33.                   tratarOpcoesItem(arg2);
34.               }
35.
36.               public void onNothingSelected(AdapterView<?> arg0) {
```

```
37.                  }
38.              });
39.
40.          }
41.
42.          protected void tratarOpcoesItem(int posicao) {
43.
44.              int posFifa = posicao + 1;
45.
46.              Toast.makeText(this, "Posição no Ranking: " + posFifa,
47.                      Toast.LENGTH_LONG).show();
48.
49.          }
50.
51.          public void btTestarComponenteOnClick( View v ) {
52.              String texto = spSelecoesCopa.getSelectedItem().toString();
53.
54.              Toast.makeText(this, "Seleção Selecionada: " + texto,
55.                      Toast.LENGTH_LONG).show();
56.          }
57.
58.  }
```

O uso do componente Spinner, de modo geral, se assemelha ao componente ListView, até mesmo porque seu conteúdo deve ser valorizado com o uso de um componente Adapter, neste exemplo, o ArrayAdapter (linhas 21 a 27).

Outra diferença acontece na linha 29, onde é tratado o evento sobre o componente Spinner. Quando o usuário realizar uma nova seleção, será apresentada, em um Toast, a posição no ranking da FIFA dessa seleção. Entretanto, no ListView, utilizávamos a classe AdapterView.OnItemClickListener, já no Spinner, é necessário utilizar a classe AdapterView.onItemSelectedListener, pois trata da seleção ou não de um elemento.

Esse evento possui dois métodos, onItemSelected( ), linha 31, que trata a seleção de um item no Spinner, e o onNothingSelected( ), linha 36, que trata a situação de nenhum elemento selecionado. O código para apresentar a posição no ranking só é tratado no onItemSelected( ), na linha 33, chamando o método para tratar as opções, já apresentado no exemplo do componente ListView.

Após o usuário selecionar o elemento no Spinner, este pode clicar no botão *Testar Componente*, o qual chamará o método btTestarComponenteOnClick( ), linha 51, que recupera o elemento selecionado, convertendo-o em string (linha 52) e apresenta-o em um componente Toast (linha 54).

> **Dica.** Propriedade android:entries
> Assim como a classe ListView, a classe Spinner também permite a recuperação de elementos a partir dos dados existentes em um arquivo xml, utilizando a propriedade android:entries em sua declaração dentro do activity_principal.xml, assim como o componente ListView.

Componente AutoCompleteTextView

AutoCompleteTextView também é uma variação do componente de lista. Embora tenha a terminação TextView, esse componente é mais semelhante ao EditText do que ao TextView, uma vez que o usuário pode digitar texto dentro dele. A diferença é que à medida que o usuário vai digitando no componente, vão sendo apresentadas sugestões pré-cadastradas para completar automaticamente o texto, facilitando a entrada de dados e evitando erros de digitação. A **Figura 7.11** apresenta um exemplo de utilização desse componente.

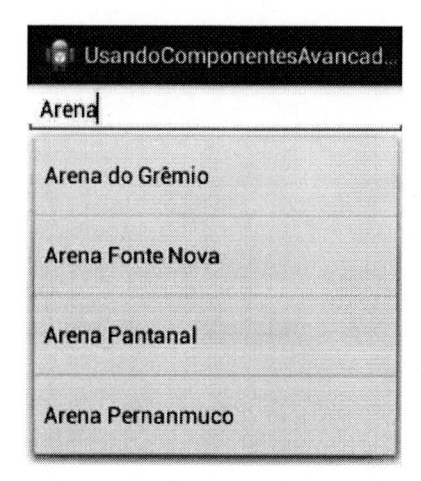

Figura 7.11. Tela com a apresentação do componente AutoCompleteTextView.

Na **Listagem 7.20**, temos o código do arquivo activity_principal.xml com a utilização do componente AutoCompleteTextView.

Listagem 7.20. activity_principal.xml – Interface gráfica utilizando o componente AutoCompleteTextView.

```
01. <?xml version="1.0" encoding="utf-8"?>
02. <LinearLayout xmlns:android="http://schemas.android.com/apk/res/android"
03.     android:orientation="vertical"
04.     android:layout_width="match_parent"
05.     android:layout_height="match_parent"
06.     >
07.
08.     <AutoCompleteTextView android:id="@+id/txtEstadios"
09.         android:layout_width="match_parent"
10.         android:layout_height="wrap_content"
11.     />
12.
13. </LinearLayout>
```

Após definir a tela inicial, é necessário configurar o componente AutoCompleteTextView. Para isso, é necessário alterar a classe PrincipalActivity, conforme a **Listagem 7.21**.

Listagem 7.21. PrincipalActivity.java – Utilizando o componente AutoCompleteTextView.

```
01.
02.
03. import android.app.Activity;
04. import android.os.Bundle;
05. import android.widget.ArrayAdapter;
06. import android.widget.AutoCompleteTextView;
07.
08. public class PrincipalActivity extends Activity {
09.
10.     String[] estadios = { "Mineirão", "Nacional", "Arena Fonte Nova",
11.         "Arena Pantanal", "Arena Pernambuco", "Arena da Baixada", "Beira-Rio",
12.         "Castelão", "Arena Amazônia", "Estádio das Dunas", "Maracanã", "Fonte Nova",
13.         "Arena São Paulo" };
14.
15.     /** Called when the activity is first created. */
16.     @Override
17.     public void onCreate(Bundle savedInstanceState) {
18.         super.onCreate(savedInstanceState);
19.         setContentView(R.layout.activity_principal);
```

```
20.
21.         ArrayAdapter<String> adapter = new ArrayAdapter<String>(this,
22.             android.R.layout.simple_dropdown_item_1line, estadios);
23.
24.         AutoCompleteTextView textView = (AutoCompleteTextView)
25.             findViewById(R.id.txtEstadios);
26.         textView.setThreshold(3);
27.         textView.setAdapter(adapter);
28.     }
29. }
```

O código apresentado não foge muito dos demais códigos de lista apresentados até então. Foi realizada a declaração de um array de strings utilizado como os elementos da lista (linha 10), assim como a instanciação de um ArrayAdapter para apresentar esses dados. O ArrayAdapter utilizado no exemplo possui uma interface visual baseada em android.R.layout.simple_dropdown_item_1line (linha 22). Na sequência, é recuperado o componente AutoCompleteTextView (linha 24) e informado quantos caracteres precisam ser digitados para a apresentação da sugestão de letra (linha 26). Por fim, o Adapter é associado ao componente (linha 27).

Componente ProgressBar

A barra de progresso é um componente muito comum em qualquer interface de usuário. Ela pode ser utilizada para acompanhar quantos bytes foram transmitidos na rede, como está o andamento da execução de uma tarefa e, principalmente, para dar um retorno para o usuário nos comandos mais lentos, evitando que ele pense que o programa travou. Para o exemplo, foi utilizada a interface visual apresentada no arquivo xml da **Listagem 7.22**.

Listagem 7.22. activity_principal.xml – Uso do componente ProgressBar.

```
01. <?xml version="1.0" encoding="utf-8"?>
02. <LinearLayout xmlns:android="http://schemas.android.com/apk/res/android"
03.     android:orientation="vertical"
04.     android:layout_width="match_parent"
05.     android:layout_height="match_parent"
06.     >
07.
08.     <ProgressBar android:id="@+id/progressbar"
09.         android:layout_width="wrap_content"
10.         android:layout_height="wrap_content" />
11.
12.     <Button android:id="@+id/btnEnviar"
13.         android:layout_width="match_parent"
14.         android:layout_height="wrap_content"
15.         android:text="Enviar" />
16. </LinearLayout>
```

Nessa interface, como pode ser observado, foi utilizada uma barra de progresso com o nome progressbar (linha 08), possuindo uma largura e altura padrão (linhas 09 e 10). Também é utilizado um botão btnEnviar (linha 12), ocupando toda a largura da tela e altura padrão (linhas 13 e 14), além do texto Enviar (linha 15). Executando o aplicativo, será apresentada a tela da **Figura 7.12**.

Figura 7.12. Utilização do componente ProgressBar na plataforma Android.

No código apresentado, a barra de progresso (que mais parece um círculo de progresso) ficará na tela infinitamente porque esse é o comportamento padrão do componente. Para definir um término, iremos adicionar o código da **Listagem 7.23** ao método onCreate( ) da classe PrincipalActivity.

Listagem 7.23. PrincipalActivity.java – Definindo a condição de término do ProgressBar.

```
01.   import android.app.Activity;
02.   import android.os.Bundle;
03.   import android.widget.ProgressBar;
04.
05.   public class PrincipalActivity extends Activity {
06.
07.       private ProgressBar progressBar;
08.       private int progressStatus = 0;
09.
10.       @Override
11.       protected void onCreate(Bundle savedInstanceState) {
12.           super.onCreate(savedInstanceState);
13.           setContentView(R.layout.activity_principal);
14.
15.           progressBar = (ProgressBar) findViewById(R.id.progressbar);
16.
17.           new Thread(new Runnable() {
18.               public void run() {
19.                   while (progressStatus < 10) {
20.                       progressStatus++;
21.                       try {
22.                           Thread.sleep(1000);
23.                       } catch (InterruptedException e) {
24.                           e.printStackTrace();
25.                       }
26.                   }
27.
28.                   progressBar.setVisibility(ProgressBar.GONE);
29.               }
30.           }).start();
31.
32.       }
33.
34.   }
```

A **Listagem 7.23** declara um objeto do tipo ProgressBar (linha 07) e uma variável de controle (linha 07). No método onCreate( ), o progressBar da tela é recuperado (linha 15) e na sequência (linha 17), é iniciada uma thread responsável por 10 pausas no processamento (linha 19), de 1 segundo cada (linha 22). Após ser apresentada por 10 segundos, é utilizado o código da linha 28, que está em destaque para finalizar o ProgressBar.

A surpresa está na execução. Após 10 segundos do clique do botão, é apresentada a mensagem de erro, conforme a **Figura 7.13**.

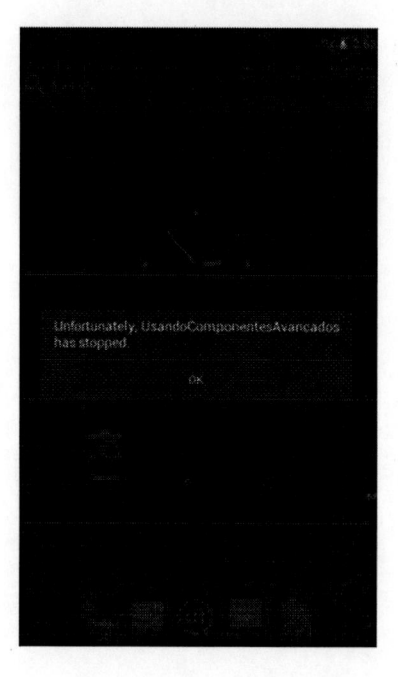

Figura 7.13. Erro ao tentar finalizar um ProgressBar sem a chamada nativa do sistema operacional.

O erro aconteceu porque, ao iniciar o aplicativo, uma linha de execução mestre é iniciada, também conhecida como Main Thread, UI Thread ou Thread de Interface. Qualquer componente View criado passa a existir dentro deste contexto. Ao criar uma Worker Thread (linha 17), estamos trabalhando com outra thread que, consequentemente, não tem acesso a UI Thread nem às mudanças nos componentes da interface. Quando tentamos mudar as propriedades visuais do aplicativo, como na linha 28, recebemos um erro.

Existem diversas possibilidades para resolver este problema e uma delas seria criar uma instância da classe Handler. Outra opção é utilizar o método runOnUiThread da classe Activity. Ou ainda, utilizar um destes dois métodos que toda classe-filha de View tem: post(Runnable) e postDelayed(Runnable, log). No exemplo criado neste capítulo, optou-se pelo método post.

Para corrigir o problema, troque a linha de código 28 pelo trecho de código mostrado na **Listagem 7.24**.

Listagem 7.24. Utilizando a Worker Thread.

```
01. progressBar.post(new Runnable() {
02.
03.    @Override
04.    public void run() {
05.        progressBar.setVisibility(ProgressBar.GONE);
06.    }
07. });
```

Como parâmetro do método post, deve-se passar uma instância de Runnable. No exemplo da **Listagem 7.24**, usou-se uma classe interna anônima. Ao fazer isso, é necessário sobrescrever o método run( ). E dentro deste último, passa-se a ter acesso a UI Thread e pode-se alterar livremente os componentes da interface gráfica.

Depois da correção, você pode reiniciar a aplicação que se comportará como o esperado. Porém, note que o componente ainda apresenta um estilo de gif animado, mesmo não sendo mais infinito.

Sendo assim, é importante dizer que é possível mudar o estilo de visualização do componente a partir do arquivo activity_principal.xml. Para isso, altere a declaração do ProgressBar, conforme apresentado na **Listagem 7.25**.

Listagem 7.25. activity_principal.xml – Modificando a aparência do ProgressBar.

```
01. <ProgressBar android:id="@+id/progressbar"
02.     android:layout_width="match_parent"
03.     android:layout_height="wrap_content"
04.     style="?android:attr/progressBarStyleHorizontal"
05.     android:max="100" />
```

Foram realizadas três alterações na declaração do componente: a primeira define o estilo de visualização do componente para progressBarStyleHorizontal (linha 04), a segunda, seu valor máximo (linha 05), indicado com o literal 100 e na linha 02, a largura do componente foi alterada para ocupar todo o espaço disponível horizontalmente.

Pode-se deixar o programa mais interessante substituindo os códigos correspondentes às linhas 17 a 30 da **Listagem 7.23** pelo código da **Listagem 7.26**.

Listagem 7.26. Classe PrincipalActivity – Código para realizar a iteração do ProgressBar.

```
01. while (progressStatus < 100) {
02.    progressStatus++;
03.    progressBar.post(new Runnable() {
04.
05.        @Override
06.        public void run() {
07.            progressBar.setProgress(progressStatus);
08.        }
09.    });
10.    try {
11.        Thread.sleep(100);
12.    } catch (InterruptedException e) {
13.        e.printStackTrace();
14.    }
15. }
16.
17. progressBar.post(new Runnable() {
18.
19.    @Override
20.    public void run() {
21.        progressBar.setVisibility(ProgressBar.GONE);
22.    }
23. });
```

Perceba que, no código, foi implementado no while o comando setProgress( ) na instância de ProgressBar, linha 7, que atualiza o valor do componente de progresso. Note o fato também de estar sendo utilizada uma Worker Thread, justamente para termos acesso a UI Thread e não recebermos o erro detalhado há pouco. Executando novamente o programa, tem-se o resultado observado na **Figura 7.14**.

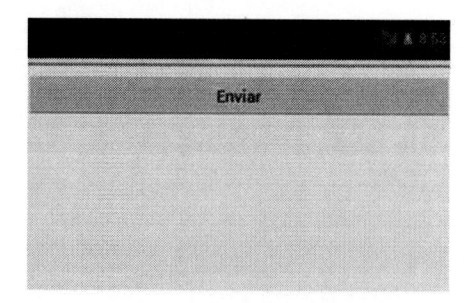

Figura 7.14. ProgressBar no formato horizontal.

Concluindo...

Este capítulo apresentou alguns dos componentes visuais mais utilizados da plataforma Android. Como pode ser observado, uma das grandes vantagens dessa plataforma sobre as demais para o desenvolvimento móvel é a grande variedade de componentes visuais e a riqueza de detalhes. É possível, sem muito esforço, criar interfaces atraentes, intuitivas, personalizando muitas características dos componentes.

Outra característica muito forte da plataforma Android é a interação do usuário com os componentes visuais. Como foi observado ao longo do capítulo, é possível tratar os mais diversos tipos de eventos dos componentes, aumentando com isso os recursos de interatividade entre o aplicativo e o usuário.

Exercícios de fixação do capítulo

Exercício 1 – Aplicativo para o Cálculo da Taxa Metabólica Basal

Desenvolva um aplicativo para o Cálculo da Taxa Metabólica Basal, sendo essa taxa a quantidade de calorias estimada que uma pessoa gasta durante o dia. Para o cálculo, é necessário conhecer a altura, peso, idade, sexo da pessoa, além do seu nível de atividade física. Codifique o aplicativo em uma única tela, conforme segue (como existe um número grande de componentes visuais, é necessário utilizar uma barra de rolagem – ScrollView).

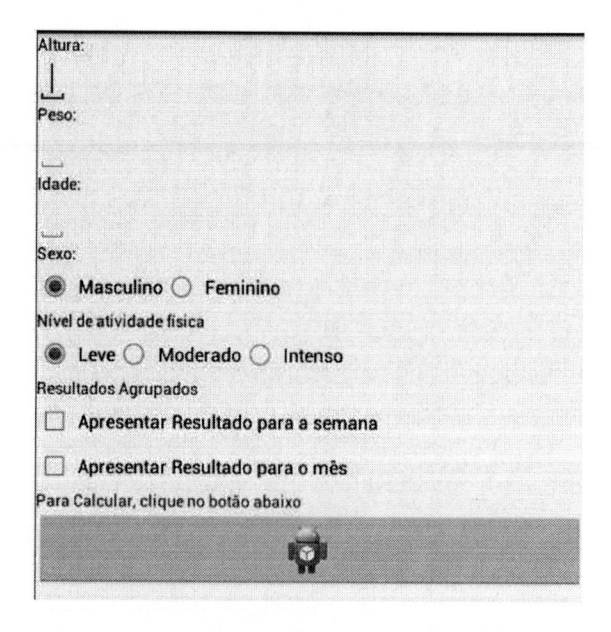

O campo checkbox "Apresentar resultado para a semana" deve pegar o valor da taxa metabólica basal calculado, multiplicando-o por sete (sete dias em uma semana). Já o checkbox "Apresentar resultado em Joule" deve recuperar o valor calculado, em Kcal, convertendo-o em Joule, observando a regra de que 1 Kcal equivale a 4.180 Joules. Apresente o resultado em um componente Toast.

As regras para a fórmula seguem abaixo:

Nível de Atividade Física

Sexo	Leve	Moderada	Intensa
Feminino	1,56	1,64	1,82
Masculino	1,55	1,78	2,10

Leve: atividade física com duração de 30 minutos, praticada de 1 a 2 vezes por semana.

Moderada: atividade física com duração acima de 30 minutos, praticada de 2 a 4 vezes por semana.

Intensa: atividade física com duração acima de 1 hora, praticada 5 vezes por semana ou mais.

Veja abaixo como calcular:

P = peso; A = altura; I = idade; AF = nível de atividade física.

Mulheres: 655 + (9.6 x P) + (1.8 x A) - (4.7 x I) = Total x AF = número de kcal

Homens: 66,5 + (14 x P) + (5 x A) - (6.7 x I) = Total x AF = número de kcal

Exercício 2 – Adicionando um ProgressBar

Ao clicar no ImageButton para o cálculo da Taxa Metabólica Basal, apresente um ProgressBar (este pode ser adicionado após o ImageButton) simulando uma barra de progresso referente ao processamento do cálculo, que deve levar 10 segundos e só após esse tempo, o resultado deve ser apresentado para o usuário.

Exercício 3 – Sistema simulado para vistoria

Desenvolva um sistema simulado para permitir a um fiscal realizar a vistoria de um veículo. Esse sistema deve ser formado por um AutoCompleteTextView com uma lista das principais cidades (podem-se utilizar 10 cidades na lista), um Spinner com a lista de Estados, um campo para o preenchimento da data e da hora, um botão para enviar os dados e um ProgressBar para simular o envio. Ao clicar no botão, o ProgressBar deve ser apresentado por cinco segundos e na sequência, um resumo dos dados informados (nome da cidade, Estado, assim como a data e a hora informadas) deve ser apresentado para o usuário em um componente AlertDialog.

Capítulo VIII - Tratando eventos sofisticados na plataforma Android

> Aprenda técnicas de interatividade e aplique-as nas aplicações Android

A variedade de eventos existentes na plataforma Android é muito grande, sendo muito além dos eventos de clique e clique longo vistos até o momento. Este capítulo apresentará outros modelos de eventos com a interface visual do usuário, enriquecendo ainda mais a interação com a aplicação.

Para os testes dos eventos propostos neste capítulo, iremos criar um novo projeto Android chamado UsandoEventosAvancados. Este terá um arquivo de interface gráfica (activity_principal.xml) e uma classe Activity (PrincipalActivity.java).

Ao longo deste capítulo, serão apresentados alguns dos principais eventos da plataforma Android, sendo eles:

- evento de toque
- foco
- tecla pressionada
- menus de contextos
- menus de aplicação
- ActionBars
- eventos de itens.

Eventos de toque

O evento de toque acontece quando o usuário toca em algum componente visual do aplicativo, seja com uma caneta stylus seja com os próprios dedos. É importante não confundir com o evento de clique, que também pode ser acionado com um toque em algum ponto da tela, como, por exemplo, em um componente visual de botão. O evento de toque diferencia do evento de clique pelo fato de podermos saber em qual região do componente o contato aconteceu, ao contrário do evento de clique. Com essa informação, podemos criar controles direcionais para jogos, por exemplo.

Na maioria das vezes, esse evento de toque é utilizado para capturar a posição na qual o evento de toque aconteceu na janela do aplicativo e nessa situação, o listener deve ser atribuído ao componente ViewGroup que corresponde à tela toda, como, por exemplo, um LinearLayout. Entretanto, é importante lembrar, nesta situação, de nomear o componente LinearLayout no arquivo xml, adicionando a ele a propriedade android:id.

Na **Listagem 8.1**, é apresentada a definição da interface visual do aplicativo utilizado para este exemplo. Esse aplicativo ficará sem componentes visuais, formado inicialmente por um único componente LinearLayout, conforme o código que segue.

Listagem 8.1. activity_principal.xml – Interface gráfica para testes do evento de toque.

```
01.   <LinearLayout xmlns:android="http://schemas.android.com/apk/res/android"
02.       xmlns:tools="http://schemas.android.com/tools"
03.       android:id="@+id/tela"
04.       android:layout_width="match_parent"
05.       android:layout_height="match_parent"
06.       android:orientation="vertical"
07.       tools:context=".PrincipalActivity" >
08.
09.   </LinearLayout>
```

O código apresentado não possui componentes, apenas um LinearLayout que inicia na linha 01 e finaliza na linha 09, sendo definido na orientação vertical (linha 06). Na sequência, serão adicionados novos componentes visuais entre as linhas 08 e 10.

Para apresentar a posição do toque na tela, será utilizado um conceito bastante comum na programação: a criação de componentes visuais dinamicamente via linha de código. A **Listagem 8.2** apresenta o código Java correspondente ao tratamento dessa tela, o qual identifica o tipo de evento e o local do toque, cria dinamicamente um componente TextView e apresenta essas informações na tela.

Listagem 8.2. PrincipalActivity.java – Activity para testes do evento de toque.

```
01.   import android.app.Activity;
02.   import android.os.Bundle;
03.   import android.view.MotionEvent;
04.   import android.view.View;
05.   import android.widget.LinearLayout;
06.   import android.widget.TextView;
07.
08.   public class PrincipalActivity extends Activity {
09.
10.       private LinearLayout tela;
11.
12.       @Override
13.       protected void onCreate(Bundle savedInstanceState) {
14.           super.onCreate(savedInstanceState);
15.           setContentView(R.layout.activity_principal);
```

```
16.
17.            tela = (LinearLayout) findViewById( R.id.tela );
18.
19.            tela.setOnTouchListener( new View.OnTouchListener() {
20.
21.                    @Override
22.                    public boolean onTouch(View v, MotionEvent motion) {
23.
24.                            TextView texto = new TextView( getApplicationContext() );
25.                            String msg = "";
26.
27.                            if ( motion.getAction() == MotionEvent.ACTION_DOWN ) {
28.                                    msg = "pressionou na tela. ";
29.
30.                            } else if ( motion.getAction() == MotionEvent.ACTION_MOVE ) {
31.                                    msg = "moveu na tela. ";
32.
33.                            } else if ( motion.getAction() == MotionEvent.ACTION_UP ) {
34.                                    msg = "soltou na tela. ";
35.
36.                            }
37.
38.                            msg += "x: " + motion.getRawX() + " y: " + motion.getRawY();
39.
40.                            texto.setText( msg );
41.
42.                            tela.addView( texto );
43.
44.                            return true;
45.                    }
46.            } );
47.    }
48. }
```

A classe apresentada declara (linha 10) e recupera (linha 17) o componente LinearLayout, sendo implementada no método onTouch( ) (linha 22), que implementa a classe interna anônima filha de View.OnTouchListener (linha 19).

Esse evento trata o método onTouch( ), linha 22, chamado toda vez que há um toque na tela. Para identificar o tipo de toque, deve-se utilizar o método getAction( ), o qual pode retornar um MotionEvent.ACTION_DOWN (a tela foi tocada), MotionEvent.ACTION_UP (a tela perdeu o toque) ou MotionEvent.ACTION_MOVE (o toque foi movimentado na tela). É possível, inclusive, tratar o multitouch nas telas do device Android.

Assim, o exemplo proposto instancia um componente TextView durante a execução (linha 24), assim como cria uma string (linha 25) que valorizará o texto desse TextView no final do processamento.

É identificado o tipo de toque (condicionais das linhas 27, 30 e 33), sendo valorizado um texto correspondente na string definida na linha 25.

Na sequência, é recuperada a posição do evento (nos eixos x e y – linha 38), para também fazer parte da string definida na linha 25. Por fim, essa string valorizará o conteúdo do componente TextView (linha 40) e esse componente é adicionado à tela (linha 42).

Por último, o método onTouch( ) retorna true (linha 44), indicando que os eventos subsequentes de onTouch( ) também serão tratados.

> **Dica.** Retorno do método onTouch( )
> O método onTouch( ) possui um retorno booleano, como pode ser observado na linha 22 da **Listagem 8.2**. Esse retorno define se os eventos subsequentes ao atual também serão tratados ou não. Sabemos que ao clicar e arrastar na tela, três tipos de eventos ocorreram em onTouch( ): evento de toque (MotionEvent.ACTION_DOWN), um ou mais eventos de movimentação (MotionEvent.ACTION_MOVE) e um movimento de soltura (MotionEvent.ACTION_UP). Assim, ao receber um evento do tipo MotionEvent.ACTION_DOWN, se o retorno do método for false, os eventos subsequentes serão ignorados, retornando true, e esses eventos serão tratados também.

O resultado visual da execução desse aplicativo, clicando, arrastando e soltando na tela, é apresentado na **Figura 8.1**.

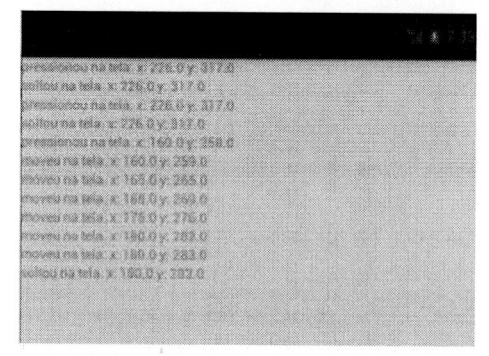

Figura 8.1. Exemplo de utilização de evento de toque na tela do aplicativo.

Evento de foco

O evento de mudança de foco é executado toda vez que um componente ganha ou perde o foco, semelhante ao que acontece em um programa desktop quando se pressiona a tecla TAB em um componente visual. Para exemplificar o uso do evento de toque, foram adicionados dois componentes EditText na interface gráfica do aplicativo anterior, conforme apresentado na **Listagem 8.3**.

Listagem 8.3. activity_principal.xml – Interface gráfica para testar o evento de foco.

```xml
01.  <LinearLayout xmlns:android="http://schemas.android.com/apk/res/android"
02.      xmlns:tools="http://schemas.android.com/tools"
03.      android:id="@+id/tela"
04.      android:layout_width="match_parent"
05.      android:layout_height="match_parent"
06.      android:orientation="vertical"
07.      tools:context=".PrincipalActivity" >
08.
09.      <EditText
10.          android:id="@+id/etDados1"
11.          android:layout_width="match_parent"
12.          android:layout_height="wrap_content"/>
13.
14.      <EditText
15.          android:id="@+id/etDados2"
16.          android:layout_width="match_parent"
17.          android:layout_height="wrap_content"/>
18.
19.  </LinearLayout>
```

A interface apresentada apenas declara na tela dois componentes EditText (linhas 09 e 14), com os nomes etDados1 e etDados2, respectivamente.

Para o tratamento do evento de foco, foi necessário adicionar tais tratamentos a ActivityPrincipal, como apresentado na **Listagem 8.4**.

Listagem 8.4. PrincipalActivity.java – Activity para o teste de evento de foco.

```
01.    import android.app.Activity;
02.    import android.os.Bundle;
03.    import android.view.View;
04.    import android.widget.EditText;
05.    import android.widget.Toast;
06.
07.    public class PrincipalActivity extends Activity {
08.
09.        private EditText etDados1;
10.        private EditText etDados2;
11.
12.        @Override
13.        protected void onCreate(Bundle savedInstanceState) {
14.            super.onCreate(savedInstanceState);
15.            setContentView(R.layout.activity_principal);
16.
17.            etDados1 = (EditText) findViewById( R.id.etDados1 );
18.            etDados2 = (EditText) findViewById( R.id.etDados2 );
19.
20.            etDados1.setOnFocusChangeListener( new View.OnFocusChangeListener() {
21.                @Override
22.                public void onFocusChange(View arg0, boolean hasFocus ) {
23.                    etDados1OnFocus( hasFocus );
24.                }
25.            } );
26.
27.            etDados2.setOnFocusChangeListener( new View.OnFocusChangeListener() {
28.                @Override
29.                public void onFocusChange(View arg0, boolean hasFocus ) {
30.                    etDados2OnFocus( hasFocus );
31.                }
32.            } );
33.
34.        }
35.
36.        protected void etDados1OnFocus( boolean hasFocus ) {
37.            if ( hasFocus ) {
38.                Toast.makeText( getApplicationContext(), "Dados 1 ganhou foco.",
39.                        Toast.LENGTH_LONG ).show();
40.            } else {
41.                Toast.makeText( getApplicationContext(), "Dados 1 perdeu foco.",
42.                        Toast.LENGTH_LONG ).show();
43.            }
44.
45.        }
46.
47.        protected void etDados2OnFocus( boolean hasFocus ) {
48.            if ( hasFocus ) {
49.                Toast.makeText( getApplicationContext(), "Dados 2 ganhou foco.",
50.                        Toast.LENGTH_LONG ).show();
51.            } else {
52.                Toast.makeText( getApplicationContext(), "Dados 2 perdeu foco.",
53.                        Toast.LENGTH_LONG ).show();
54.            }
55.        }
56.    }
```

O código apresentado pela Activity apenas declara os componentes visuais de EditText (linhas 09 e 10), assim como os recupera (linhas 17 e 18). Após isso, é realizado o comando setOnFocusChangeListener para cada um dos componentes visuais, o qual espera por parâmetro uma instância da classe View.OnFocusChangeListener( ) – linhas 20 e 27. Estes implementam o método onFocusChange( ), que executa, respectivamente, o método etDados1OnFocus(linha 36) e etData2OnFocus (linha 47).

O tratamento desses métodos é equivalente: a variável booleana hasFocus é testada para verificar se o componente ganhou ou perdeu o foco para a apresentação da mensagem informativa na tela via componente Toast.

O resultado desse aplicativo é apresentado na **Figura 8.2**.

Figura 8.2. Exemplo de utilização de evento de foco.

É possível observar que toda vez que acontece a mudança de foco, são apresentadas duas mensagens para o usuário: uma informando que o primeiro componente perdeu o foco e outra informando que o segundo componente ganhou o foco.

Entretanto, por padrão, a ordem de mudança de foco obedece às normas do gerenciador de layout e, neste exemplo, como está sendo utilizado o LinearLayout, o foco navega do primeiro componente para o último, na ordem vertical. Porém, pode-se mudar esse comportamento padrão, devendo, para isso, mudar o arquivo acitivity_principal.xml, adicionando as propriedades de foco dos componentes, conforme a **Listagem 8.5**.

Listagem 8.5. activity_principal.xml - Alterando a mudança de foco.

```
01. <?xml version="1.0" encoding="utf-8"?>
02. <LinearLayout ... >
03. <EditText android:id="@+id/etDados1"
04.   ...
05.   android:nextFocusDown="@+id/etDados2" />
06. <EditText android:id="@+id/etDados2"
07.   ...
08.   android:nextFocusDown="@+id/etDados1" />
09. </LinearLayout>
```

Na listagem anterior, foram adicionados em alguns componentes o atributo android:nextFocusDown, o qual faz referência ao próximo componente da tela a receber o foco. Como a tela possui apenas dois componentes visuais, não tem muita variação, mas se adicionássemos um novo botão ao final da tela, por exemplo, seria possível que o primeiro EditText, ao perder o foco, chamasse o botão, e o botão, ao perder o foco, chamasse o primeiro EditText.

Além disso, existem três outras opções:
- nextFocusUp: Altera o comportamento do foco, quando este é direcionado para a View que está acima dele;
- nextFocusLeft: Altera o comportamento do foco, quando este é direcionado para a View que está à sua esquerda;
- nextFocusRight: Altera o comportamento do foco, quando este é direcionado para a View que está à sua direita.

Eventos de tecla

O evento de tecla serve para capturar qualquer tecla pressionada em um componente quando este está com o foco. Esse evento pode ser útil para validar entradas de textos muito específicas, como um CPF, CNPJ, entre outras.

Para testar o evento, será utilizada a mesma interface da **Listagem 8.3**, sendo capturadas as teclas pressionadas no edDados1. O código correspondente ao código Java é apresentado na **Listagem 8.6**.

Listagem 8.6. PrincipalActivity.java – Activity para testar o evento de tecla.

```
01.    import android.app.Activity;
02.    import android.os.Bundle;
03.    import android.view.KeyEvent;
04.    import android.view.View;
05.    import android.widget.EditText;
06.
07.    public class PrincipalActivity extends Activity {
08.
09.        private EditText etDados1;
10.        private EditText etDados2;
11.
12.        @Override
13.        protected void onCreate(Bundle savedInstanceState) {
14.            super.onCreate(savedInstanceState);
15.            setContentView(R.layout.activity_principal);
16.
17.            etDados1 = (EditText) findViewById( R.id.etDados1 );
18.            etDados2 = (EditText) findViewById( R.id.etDados2 );
19.
20.            etDados1.setOnKeyListener( new View.OnKeyListener() {
21.
22.                @Override
23.                public boolean onKey(View v, int keyCode, KeyEvent event ) {
24.
25.                    if ( keyCode >= KeyEvent.KEYCODE_A && keyCode <= KeyEvent.KEYCODE_Z ) {
26.                        return false;
27.                    } else {
28.                        return true;
29.                    }
30.                }
31.
32.            } );
33.        }
34.    }
```

Diferentemente dos outros eventos tratados até o momento, o evento de tecla recebe por parâmetro, pelo método onKey( ) – linha 23, três parâmetros. O primeiro retorna uma instância da View que chamou o evento, o segundo representa o código da tecla pressionada e, por fim, uma instância de KeyEvent, que nos fornece um conjunto de informações referentes ao evento realizado.

Como exemplo de uso, o programador pode comparar o keyCode com uma das diversas constantes do KeyEvent, que fornece um inteiro para qualquer tecla do smartphone. Neste exemplo, é verificado se a tecla pressionada está entre os caracteres A e Z. Em caso positivo, o método retorna false, o que significa que o caractere deve ser processado; caso contrário, retorna true, o que significa que o caractere deve ser desprezado, assim, na lógica apresentada só serão aceitas letras.

Alguns dos vários métodos interessantes de KeyEvent são:

- getUnicodeChar: Retorna o código Unicode que a tecla deve produzir;
- getRepeatedCount: Retorna o número de repetições do evento;
- isAltPressed: Responde se a tecla Alt estava pressionada no momento do evento;
- isModifierKey: Retorna true se a tecla é modificadora;
- isShiftPressed: Retorna true se a tecla Shift estava pressionada,

Dica. Utilizando a propriedade digits( )
O componente EditText possui uma propriedade android:digits, que pode ser usada na declaração do componente no xml. Essa propriedade permite definir os caracteres que serão aceitos pelo componente. Isto simplificaria o processo para aceitar apenas letras, por exemplo, não havendo a necessidade de tratar um evento de tecla. Desta forma, uma alternativa ao código apresentado na **Listagem 8.3** é o uso da propriedade digits na declaração do componente EditText no arquivo de layout.

Adicionando um menu de contexto

O menu de contexto é um componente visual da plataforma Android, comumente apresentado no momento em que um clique longo acontece em um componente visual. Esse menu pode ter várias opções, que são programadas pelo desenvolvedor.

Para o exemplo, será adicionado o mesmo menu de contexto aos dois componentes EditText da aplicação referente à interface visual da **Listagem 8.3**, sendo que com um clique longo nos componentes, o menu de contexto será apresentado.

Os menus de contexto são componentes associados a um componente visual específico da tela, entretanto, um mesmo menu de contexto pode ser compartilhado por diferentes componentes visuais.

O primeiro passo para criar um menu de contexto é definir um arquivo xml que possuirá as opções do menu, neste exemplo, as opções *Ajuda* e *Histórico*. Esse arquivo deve ser armazenado dentro da pasta res, na pasta menu, e assim será criado um arquivo chamado context_menu.xml. Para isso, clique com o botão direito na pasta menu e escolha as opções *New – Android resource file...* Na tela apresentada, no campo *File Name*, deve ser informado o nome do arquivo xml que, para o exemplo, será context_menu.xml.

A estrutura de diretórios do projeto posteriormente à criação do arquivo xml é apresentada na **Figura 8.3**.

Figura 8.3. Estrutura de diretórios da aplicação.

O conteúdo do arquivo context_menu.xml é apresentado na **Listagem 8.7**.

Listagem 8.7. context_menu.xml – Arquivo xml da interface gráfica do aplicativo.

```
01.  <?xml version="1.0" encoding="utf-8"?>
02.  <menu xmlns:android="http://schemas.android.com/apk/res/android">
03.     <item android:id="@+id/ajuda"
04.            android:title="Ajuda" />
05.     <item android:id="@+id/historico"
06.            android:title="Histórico" />
07.  </menu>
```

Na linha 02 do arquivo XML, é definido um menu que possui dois itens: Ajuda (linha 03) e Histórico (linha 05). Ambos os itens possuem como atributos um id, utilizado para a referência a partir do código-fonte, e title, que representa o texto apresentado.

Além destes, existem ainda mais atributos, como o android:icon, no qual se pode especificar um ícone para cada um dos itens do menu. Esse atributo não foi utilizado neste exemplo.

O próximo passo é registrar cada uma das Views (EditText etDados1 e etDados2) no menu de contexto. Para isso, utilizaremos o método registerForContextMenu( ), assim, modificamos o código da **Listagem 8.6** adicionando o código presente à **Listagem 8.8**. O código em negrito deve ser incluído ao final do método onCreate( ) do PrincipalActivity.java.

Listagem 8.8. PrincipalActivity.java – inclusão do menu de contexto.

```
01.     ...
02.     EditText etDados1 = (EditText) findViewById(R.id.etDados1);
03.     EditText etDados2 = (EditText) findViewById(R.id.etDados2);
04.
05.     registerForContextMenu(etDados1);
06.     registerForContextMenu(etDados2);
07.   }
08. }//fim do método onCreate
```

Nas linhas 5 e 6, registra-se cada uma das caixas de texto ao menu de contexto. Uma vez atribuído o menu de contexto aos componentes EditText, o próximo passo é sobrescrever o método onCreateContextMenu( ). Este será executado quando o usuário fizer um clique longo nos campos nome e região. Veja a **Listagem 8.9**, que deve ser incluída na classe PrincipalActivity.

Listagem 8.9. PrincipalActivity.java – Método para tratar o menu de contexto.

```
01. public void onCreateContextMenu(ContextMenu menu, View v,
02.   ContextMenuInfo menuInfo) {
03.   super.onCreateContextMenu(menu, v, menuInfo);
04.   MenuInflater inflater = getMenuInflater();
05.   inflater.inflate(R.menu.context_menu, menu);
06. }
```

Para o código, é necessário importar as seguintes classes:
- android.view.ContextMenu
- android.view.MenuInflater

O grande segredo dessa listagem está na linha 4, onde MenuInflater recebe um XML (aquele criado na **Listagem 8.7**) e transforma-o em um objeto Menu. A classe Menu também poderia ser criada via código Java, mas prevalecendo a ideia de separação de conteúdos, colocou-se o menu no XML e "infla-se" com MenuInflater por meio do método inflate( ).

Depois de executar novamente o aplicativo e ver a tela inicial, clique com o mouse em algum dos campos de textos e mantenha-o pressionado por alguns segundos. Será apresentado o menu de contexto, conforme a **Figura 8.4**.

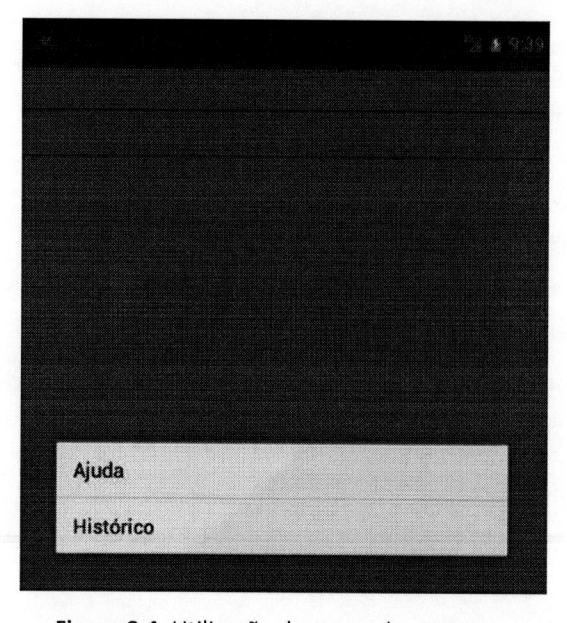

Figura 8.4. Utilização do menu de contexto.

Porém, ao clicar em uma das opções do menu, nenhuma ação é executada. Para tanto, é preciso sobrescrever o método onContextItemSelected( ), este apresentado na **Listagem 8.10**.

Listagem 8.10. PrincipalActivity.java – Tratando o menu de contexto.

```
01. public boolean onContextItemSelected(MenuItem item) {
02.
03.       switch (item.getItemId()) {
04.           case R.id.ajuda:
05.               Toast.makeText(this, "Ajuda", Toast.LENGTH_LONG).show();
06.               return true;
07.           case R.id.historico:
```

```
08.                    Toast.makeText(this, "Histórico", Toast.LENGTH_LONG).show();
09.                    return true;
10.            default:
11.                    return super.onContextItemSelected(item);
12.        }
13. }
```

Para o código da **Listagem 8.10**, deve-se importar a classe android.view.MenuItem.

Na linha 3, recupera-se o identificador único do item de menu que foi acionado. Caso o identificador seja r.id.ajuda, mostra-se uma mensagem com o texto *Ajuda*, o qual permanecerá na tela por um segundo. Caso seja o item do r.id.historico, será mostrada uma mensagem com o texto *Histórico*. Caso nenhum dos dois itens tenha sido responsável pelo acionamento desse método, o processamento será redirecionado para a classe--mãe (super), que finalizará o processo.

Para testar o aplicativo, execute-o novamente, repita os mesmos passos citados anteriormente e clique em uma opção do menu. O resultado será semelhante ao apresentado na **Figura 8.5**.

Figura 8.5. Menu de contexto selecionado.

Utilizando menus

Outro modelo de interação com as aplicações Android é a partir de menus. Um menu é algo semelhante ao menu de contexto visto anteriormente, pois basicamente a diferença está na chamada e onde o menu está associado. O menu de contexto pode ser associado a qualquer componente visual, assim, em uma tela, podem existir *n* menus de contexto, um para cada componente visual, e a chamada do menu de contexto acontece dando um clique longo no componente que o possui.

Já os menus tradicionais diferem pela quantidade por tela e pelo modo de chamada. É possível adicionar apenas um menu por tela, podendo este possuir muitos itens, e sua chamada é feita através do botão de menu existente nos devices Android, conforme apresentado na **Figura 8.6**.

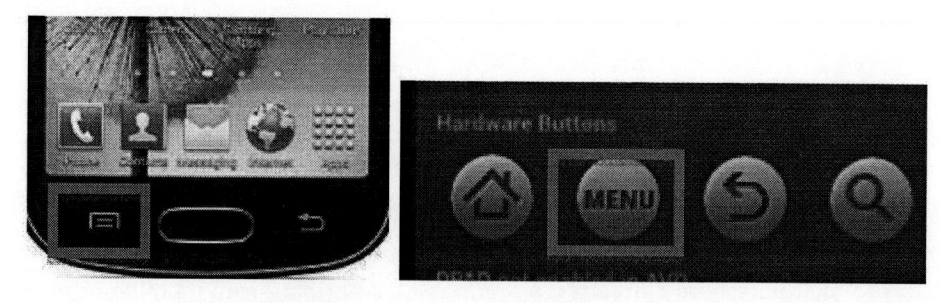

Figura 8.6. Botão para a apresentação do menu, à esquerda em um device real, à direita no emulador.

Para criar um menu na plataforma Android, assim como no menu de contexto, o primeiro passo é criar um arquivo xml contendo as opções de menu. Esse arquivo costuma ficar na pasta menu, dentro de res, e costuma ter o nome da tela do aplicativo que irá apresentá-lo.

Porém, no Android Studio, ao entrar na pasta menu, você observará que já possui um arquivo com o nome da interface gráfica principal do aplicativo, neste exemplo, menu_principal.xml. Isso acontece porque o Android Studio já traz automaticamente um menu quando se cria uma Activity, contendo o texto Setting.

Assim, iremos editar o arquivo menu_principal.xml da pasta menu, adicionando uma nova opção, chamada de Clear, que limpará o conteúdo existente nos EditTexts da tela.

Após a mudança, o arquivo menu_principal.xml da pasta menu deve ficar como o código apresentado na **Listagem 8.11**.

Listagem 8.11. menu_principal.xml – Menus da tela principal do aplicativo.

```
01. <menu xmlns:android="http://schemas.android.com/apk/res/android"
02.     xmlns:app="http://schemas.android.com/apk/res-auto"
03.     xmlns:tools="http://schemas.android.com/tools" tools:context=".PrincipalActivity">
04.     <item android:id="@+id/action_settings" android:title="@string/action_settings"
05.         android:orderInCategory="100" app:showAsAction="never" />
06.     <item android:id="@+id/action_clear" android:title="@string/clear"
07.         android:orderInCategory="100" app:showAsAction="never" />
08. </menu>
```

Como observado, esse menu traz dois itens que serão apresentados para o usuário na tela principal, o menu Setting (linha 04) e o menu Clear (linha 06). Ambos os menus possuem uma identificação (android:id), assim como uma prioridade para a descrição (title). A descrição do primeiro item de menu direciona para uma entrada adicionada automaticamente pelo Android Studio no arquivo de literais strings.xml.

Da mesma forma, para manter o padrão no código, a literal Clear também foi adicionada ao arquivo strings.xml, possuindo a entrada "@string/clear". Para ter mais informações sobre o uso de literais no Android, sugere-se a leitura do **Capítulo 6**.

Após criar os itens do menu, o passo seguinte é adicioná-los à tela da Activity. Para isso, deve-se adicionar ao código desenvolvido até o momento (referente à **Listagem 8.6**) o método onCreateOptionMenu( ) no ActivityPrincipal.java, conforme apresentado na **Listagem 8.12**.

Listagem 8.12. PrincipalActivity.java – Apresentando os menus na tela.

```
01.     public boolean onCreateOptionsMenu(Menu menu) {
02.         getMenuInflater().inflate(R.menu.menu_principal, menu);
03.         return true;
04.     }
```

Para apresentar um menu criado a partir de um arquivo xml, basta sobrescrever na Activity o método onCreateOptionMenu (linha 01), o qual realiza um inflate( ) do arquivo xml correspondente ao menu, adicionando-o ao parâmetro menu do método (linha 02) e retornando true.

Já o próximo passo é tratar o evento de clique nos menus. Para isso, utilize o método onOptionsItemSelected( ) conforme apresentado na **Listagem 8.13**.

Listagem 8.13. PrincipalActivity.java – Tratando os menus na tela.

```
01.     public boolean onOptionsItemSelected( MenuItem item) {
02.         if ( item.getItemId() == R.id.action_settings ) {
03.             Toast.makeText( getApplicationContext(),
04.                     "Opção não disponível.", Toast.LENGTH_LONG ).show();
05.         } else if ( item.getItemId() == R.id.action_clear ) {
06.             etDados1.setText( "" );
07.             etDados2.setText( "" );
08.         }
09.
10.         return true;
11.     }
```

Este código é responsável por verificar a origem do evento (linhas 02 e 05), apresentando uma mensagem informativa, caso o setting tenha sido escolhido, ou limpando os campos da tela, caso seja escolhido limpar. O resultado da execução é apresentado na **Figura 8.7**.

Figura 8.7. Apresentação do menu no aplicativo desenvolvido.

> **Dica.** Código para o tratamento de menus gerados automaticamente pelo Android Studio
> Como você já deve ter percebido ao longo dos capítulos, ao criar qualquer projeto Android na IDE Android Studio, os métodos referentes ao tratamento de menus, assim como o menu setting da janela principal, já são criados automaticamente. Isso acontece para aumentar a produtividade no desenvolvimento, já que o recurso de menus é utilizado na maioria das aplicações. O que a maioria dos programadores faz quando não se deseja o menu na tela é apagar esse método, assim como o arquivo menu_principal.xml.

Utilizando uma ActionBar

A utilização de menus é uma técnica muito interessante no desenvolvimento de aplicações móveis, pois são elementos de ação como, por exemplo, o componente Button. Porém, como os menus ficam ocultos, estes não ocupam espaço na tela, o que é uma estratégia interessante, em especial quando se trabalha com telas limitadas.

Entretanto, o componente menu possui uma desvantagem: ele não apresenta nenhum identificador visual na tela indicando que esta possui um menu e, muitas vezes, o usuário deixa de fazer alguma operação sem saber que existe um menu escondido para a tela na qual ele está trabalhando.

Mas isso começou a mudar quando alguns desenvolvedores resolveram explorar mais a fundo a barra de título que, a princípio, estava sem nenhuma utilidade e, assim, milhares de aplicativos começaram a surgir tentando dar alguma funcionalidade a ela. Depois de algum tempo, chegaram a um resultado, a então conhecida ActionBar, que ficou tão popular que a Google incluiu na API do Honeycomb (Android 3.0), conforme apresentado na **Tabela 8.1**.

Tabela 8.1. Versões do Android

Versão	Data de lançamento	Nome da versão
1.1	Fevereiro de 2009	-
1.5	Abril de 2009	Cupcake
1.6	Setembro de 2009	Donut
2.0 - 2.1	Outubro de 2009	Eclair
2.2	Maio de 2010	Froyo
2.3	Dezembro de 2010	Gingerbread
3.0 - 3.2	Fevereiro de 2011	Honeycomb
4.0	Outubro de 2011	Ice Cream Sandwich
4.1 - 4.3	Julho de 2012	Jelly Bean
4.4	Dezembro de 2013	KitKat
5.0	Outubro de 2014	Lollipop
6.0	Setembro de 2015	Marshmallow

O componente é um widget para as atividades que substituem a barra de títulos tradicional do topo da tela. Por padrão, inclui-se o logo da aplicação à esquerda, seguido pelo título da atividade e quaisquer outros itens disponíveis do menu de opções no lado direito. Ela oferece muitas características úteis, incluindo a habilidade de:

- Mostrar itens do menu de opções diretamente na ActionBar, como itens de ação, Action Itens, provendo acesso instantâneo às ações do usuário;
- Os itens de menu que não aparecem como itens de ação são colocados em um menu flutuante, que é revelado por uma lista drop-down;
- Provê uma tabulação para navegar entre os fragmentos;
- Provê uma lista drop-down para a navegação;
- Provê Action Views no local dos itens de ação.

É incluída, por padrão, em todas as Activities cujo alvo é o Android 3.0 (API 11) ou superior, ou seja, a partir dela, qualquer desenvolvedor poderia usufruir desse recurso no desenvolvimento de um aplicativo. Até então, antes de ser liberada para a utilização no Android 3.0, somente era possível seu uso por meio de bibliotecas externas, que na maioria das vezes eram grandes e complexas de se trabalhar, pois era necessária a importação dessa biblioteca para o ambiente de desenvolvimento e configurá-lo de acordo para que fosse possível a utilização das classes e componentes no projeto a ser desenvolvido. Um exemplo de biblioteca externa para a utilização do ActionBar é a SherlockActionBar.

O componente ActionBar é uma das mudanças mais importantes na versão de Honeycomb, funcionando como uma barra de títulos, de menu e de navegação, que acabou sendo adotada pela grande maioria dos aplicativos.

Para o uso da ActionBar nas versões do Android posteriores a 3.0, o processo é simples e muito próximo da criação de um menu, inclusive os passos adotados na seção anterior, sobre menus, também serão adotados aqui, com apenas algumas mudanças.

As ActionBars são baseadas em menus e por este motivo, o primeiro passo é criar um arquivo xml com os itens desse menu, como foi feito na **Listagem 8.11**. A diferença está na mudança da propriedade android:showAsAction, que define se o menu será visível na ActionBar, conforme apresentado na **Listagem 8.14**.

Listagem 8.14. menu_principal.xml – ActionBar da tela principal do aplicativo.

```
01.    <menu xmlns:android="http://schemas.android.com/apk/res/android"
02.        xmlns:app="http://schemas.android.com/apk/res-auto"
03.        xmlns:tools="http://schemas.android.com/tools" tools:context=".PrincipalActivity">
04.        <item android:id="@+id/action_settings" android:title="@string/action_settings"
05.            android:orderInCategory="100" app:showAsAction="always" />
06.        <item android:id="@+id/action_clear" android:title="@string/clear"
07.            android:orderInCategory="100" app:showAsAction="always" />
08.    </menu>
```

O código apresentado fica no mesmo arquivo de menus, pois são excludentes: o usuário utiliza um menu ou utiliza a ActionBar. Assim, na pasta menu, no arquivo menu_principal.xml, foram alterados os dois itens de menu criados no exemplo anterior, adicionando a eles a propriedade app:showAsAction que pode ter quatro valores:

- never: O item de menu nunca é apresentado na ActionBar;
- ifRoom: O item de menu só será apresentado diretamente para o usuário se houver espaço na tela; caso contrário, ficará no menu suspenso ao lado;
- always: O item de menu sempre será apresentado na ActionBar;
- withText: Caso o item de menu tenha um ícone (propriedade android:icon), fica esteticamente mais

bonito a apresentação apenas do ícone. Se o usuário deseja que o texto (propriedade title) seja apresentado de qualquer maneira, utiliza-se esse atributo.

Também é possível integrar mais de uma opção usando o caractere |, como android:showAsAction="always|withText".

A próxima mudança está no tema da aplicação, outro recurso incluído a partir do Android 3.0. As ActionBar estão presentes no tema Holo, assim, é necessário acessar o arquivo AndroidManifest.xml, alterando android:theme, conforme a **Listagem 8.15**.

Listagem 8.15. activity_principal.xml – ActionBar da tela principal do aplicativo.

```
01.    <application
02.        android:allowBackup="true"
03.        android:icon="@drawable/ic_launcher"
04.        android:label="@string/app_name"
05.        android:theme="@android:style/Theme.Holo.Ligth" >
```

Se o usuário já está utilizando o tema Holo, mas não deseja a ActionBar que vem por padrão, basta substituir o tema por:

```
01.    android:theme="@android:style/Theme.Holo.NoActionBar"
```

Por fim, os demais tratamentos para a ActionBar são feitos da mesma maneira como os menus. Deve-se codificar na Activity o método onCreateOptionMenu( ), **Listagem 8.12**, e o tratamento de seleção deste acontece no método onOptionsItemSelected( ), **Listagem 8.13**, exatamente como nos menus.

Assim, após a execução do aplicativo, temos como resultado as opções de menu na barra de título, como ActionBar, conforme a **Figura 8.8**.

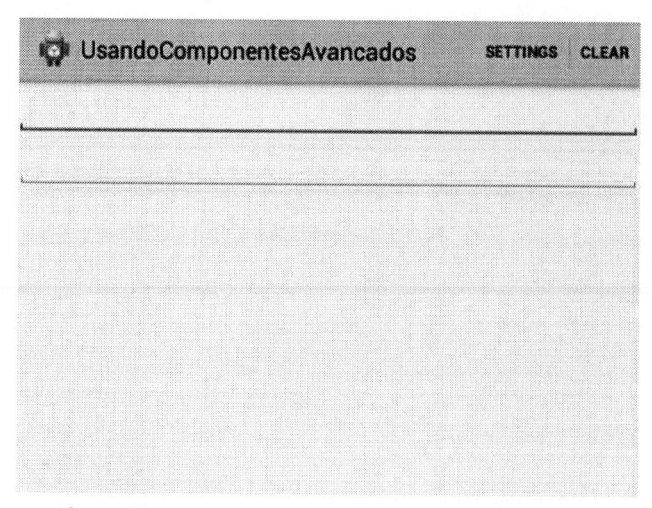

Figura 8.8. Apresentação da ActionBar no aplicativo.

Evento de item selecionado

Existem algumas Views que têm tratamento de eventos únicos ou, no máximo, compartilham o mesmo comportamento com outros componentes semelhantes. Este é o caso de ListView e Spinner, por exemplo.

Iremos alterar o aplicativo desenvolvido até o momento, substituindo o segundo campo de texto (EditText etDados2) por uma caixa de seleção com o nome de algumas cidades, onde o usuário pode escolher, por exemplo, qual o melhor lugar para passar o final de semana.

Assim, o arquivo activity_principal.xml da pasta layout sofre alteração, conforme apresentado na **Listagem 8.16**.

Listagem 8.16. activity_principal.xml – Inclusão de um campo Spinner.

```
01. <LinearLayout xmlns:android="http://schemas.android.com/apk/res/android"
02.     xmlns:tools="http://schemas.android.com/tools"
03.     android:id="@+id/tela"
04.     android:layout_width="match_parent"
05.     android:layout_height="match_parent"
06.     android:orientation="vertical"
08.     tools:context=".PrincipalActivity">
09.
10.     <EditText
11.         android:id="@+id/etDados1"
12.         android:layout_width="match_parent"
13.         android:layout_height="wrap_content" />
14.
15.     <Spinner
16.         android:id="@+id/spCidade"
17.         android:layout_width="match_parent"
18.         android:layout_height="wrap_content" />
19.
20. </LinearLayout>
```

Nessa listagem, o componente EditText edDados2 foi substituído por um componente Spinner (linhas 15 a 18), com o nome spCidade.

Na sequência, devemos alterar a classe principal, que herda funcionalidades de Activity, conforme apresentado na **Listagem 8.17**.

Listagem 8.17. PrincipalActivity.java - Tratamento do componente Spinner na classe principal.

```
01.  import android.app.Activity;
02.  import android.os.Bundle;
03.  import android.widget.ArrayAdapter;
04.  import android.widget.EditText;
05.  import android.widget.Spinner;
06.
07.  public class PrincipalActivity extends Activity {
08.
09.      private EditText etDados1;
10.      private Spinner spCidade;
11.
12.      private String[] cidades = new String[] { "Pato Branco", "Francisco Beltrão",
13.              "Marmeleiro", "Coronel Vivida", "Vitorino", "Mariópolis", "Mangueirinha" };
14.
15.      @Override
16.      public void onCreate(Bundle savedInstanceState) {
17.          super.onCreate(savedInstanceState);
18.          setContentView(R.layout.activity_principal);
19.
20.          etDados1 = (EditText) findViewById( R.id.etDados1 );
21.          spCidade = (Spinner) findViewById(R.id.spCidade);
22.          ArrayAdapter<String> adapter = new ArrayAdapter<String>(this,
23.                  android.R.layout.simple_spinner_item, cidades);
24.
25.          spCidade.setAdapter(adapter);
26.      }
27.  }
```

Para o código da **Listagem 8.17**, as classes abaixo devem ser importadas:

- android.widget.Spinner.
- android.widget.ArrayAdapter.

Na linha 21, recuperamos o objeto Spinner, sendo na sequência (linha 13) definido seu adaptador. O adaptador é uma classe específica que faz a ligação entre os dados que se quer mostrar em um componente de lista e a interface propriamente dita. No caso do Spinner, podemos utilizar o ArrayAdapter. Na linha 25, acontece a ligação com o componente visual. A **Figura 8.9** apresenta o resultado dessa mudança.

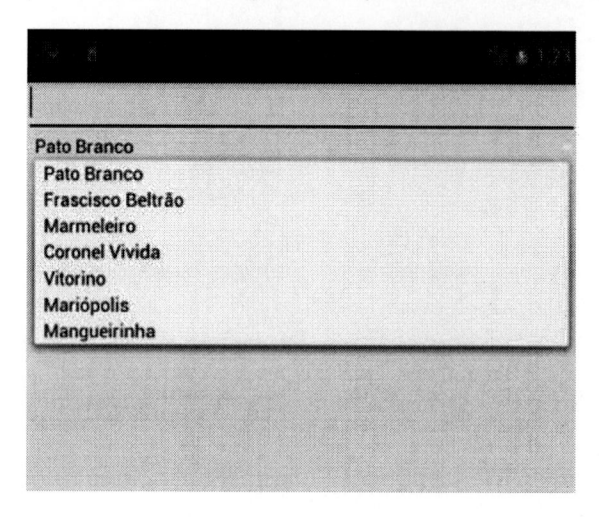

Figura 8.9. Interface do aplicativo, já com o componente Spinner.

O próximo passo é tratar um evento específico dos componentes do tipo seleção, como o Spinner e o ListView. Esse evento é o item selecionado e seu código é apresentado na **Listagem 8.18**, que deve ser incluído ao final de onCreate( ) da classe PrincipalActivity (entre as linhas 25 e 26 da **Listagem 8.17**).

Listagem 8.18. PrincipalActivity.java – Listener de seleção do item.

```
01.   spCidade.setOnItemSelectedListener( new  AdapterView.OnItemSelectedListener() {
02.      public void onItemSelected(AdapterView<?> arg0, View arg1,
03.        int arg2, long arg3) {}
04.
05.      public void onNothingSelected(AdapterView<?> arg0) {}
06.
07.   });
```

Para este código, as seguintes classes devem ser importadas:
- android.widget.AdapterView.OnItemSelectedListener
- android.widget.AdapterView

Neste caso, é necessário codificar dois métodos:
- onItemSelected: Este método é chamado quando um item é selecionado, recebendo como parâmetro a instância do adaptador do componente, a View que causou o evento, um inteiro com o índice da listagem que foi selecionado e um long, que representa o id do item selecionado;

- onNothingSelected: Chamado quando nenhum item da lista é selecionado. Este método é útil quando o usuário deve selecionar um valor, assim, é possível obrigá-lo a fazer isso. Esse método também pode ser chamado quando o adaptador torna-se vazio.

Para enriquecer o estudo de caso, será adicionado um tratamento especial para o componente Spinner: quando o usuário selecionar qualquer cidade, será apresentada uma imagem com a região selecionada.

Para isso, deve-se adicionar ImageView imediatamente após o componente Spinner na tela do aplicativo, conforme a **Listagem 8.19**.

Listagem 8.19. Inclusão do campo ImageView na interface do aplicativo.

```
01. <LinearLayout xmlns:android="http://schemas.android.com/apk/res/android"
02.     xmlns:tools="http://schemas.android.com/tools"
03.     android:id="@+id/tela"
04.     android:layout_width="match_parent"
05.     android:layout_height="match_parent"
06.     android:orientation="vertical"
07.     tools:context=".PrincipalActivity">
08.
09.     <EditText
10.         android:id="@+id/etDados1"
11.         android:layout_width="match_parent"
12.         android:layout_height="wrap_content" />
13.
14.     <Spinner
15.         android:id="@+id/spCidade"
16.         android:layout_width="match_parent"
17.         android:layout_height="wrap_content" />
18.
19.     <ImageView
20.         android:id="@+id/imgCidade"
21.         android:layout_width="wrap_content"
22.         android:layout_gravity="center_horizontal"
23.         android:layout_height="wrap_content" />
24.
25. </LinearLayout>
```

Agora, deve-se colocar algumas imagens de cidades na pasta da aplicação. As imagens possuem o tamanho médio de 400x400 e foram copiadas para uma subpasta drawable, dentro da pasta res do projeto. Para o exemplo, podem-se baixar imagens da Internet, mas apenas observe o nome da imagem, que deve obedecer às regras de nome de variáveis (não deve iniciar com números, não deve possuir caracteres especiais, espaços no nome etc.). As imagens podem inicialmente serem salvas em qualquer pasta do computador, como, por exemplo, na pasta de downloads.

Após, para adicionar cada uma das imagens ao projeto, devemos clicar com o botão direito na pasta *drawable*, escolhendo a opção *new – Image Asset*. A primeira tela informa que a imagem será armazenada na pasta ../app/src/main/res/drawable. Na tela seguinte, em *Image File*, selecionamos o arquivo de imagem desejado e em *Resource Name*, damos um nome para a imagem (para o exemplo, utilize coronelvivida, franciscobeltrao, mangueirinha, mariopolis, marmeleiro, patobranco e vitorino). Por fim, avançamos e na tela seguinte, concluímos com *Finish*. Automaticamente, é criada uma versão da imagem para cada resolução de tela (mdpi, hdpi, xhdpi e xxhdpi).

A estrutura da aplicação, após a inclusão das imagens, é apresentada na **Figura 8.10**.

Figura 8.10. Estrutura de diretórios do aplicativo após a inclusão das imagens.

Essas imagens foram armazenadas na pasta drawable e convertidas em quatro resoluções diferentes (mdpi, hdpi, xhdpi e xxhdpi). Outra característica do Android Studio é que ele converte a imagem no formato png, caso originalmente esta não esteja nesse formato.

O próximo passo no desenvolvimento do aplicativo é recuperar o objeto ImageView e tratar o evento setOnItemSelectedListener( ), conforme a **Listagem 8.20**.

Listagem 8.20. PrincipalActivity.java – Recuperando ImageView e tratando o evento do Spinner.

```
01.   import android.app.Activity;
02.   import android.os.Bundle;
03.   import android.view.View;
04.   import android.widget.AdapterView;
05.   import android.widget.ArrayAdapter;
06.   import android.widget.EditText;
07.   import android.widget.ImageView;
08.   import android.widget.Spinner;
09.   import android.widget.Toast;
10.
11.   public class PrincipalActivity extends Activity {
12.
13.        private EditText etDados1;
14.        private Spinner spCidade;
15.        private ImageView imCidade;
16.
17.        private String[] cidades = new String[] { "Pato Branco", "Francisco Beltrão",
18.                   "Marmeleiro", "Coronel Vivida", "Vitorino", "Mariópolis", "Mangueirinha" };
19.
20.        int imagemID[] = { R.drawable.patobranco, R.drawable.franciscobeltrao,
21.                   R.drawable.marmeleiro, R.drawable.coronelvivida, R.drawable.vitorino,
22.                   R.drawable.mariopolis, R.drawable.mangueirinha };
23.
```

```
24.        @Override
25.        public void onCreate(Bundle savedInstanceState) {
26.            super.onCreate(savedInstanceState);
27.            setContentView(R.layout.activity_principal);
28.
29.            etDados1 = (EditText) findViewById( R.id.etDados1 );
30.            spCidade = (Spinner) findViewById(R.id.spCidade );
31.            imCidade = (ImageView) findViewById( R.id.imgCidade );
32.
33.            ArrayAdapter<String> adapter = new ArrayAdapter<String>(this,
34.                    android.R.layout.simple_spinner_item, cidades);
35.
36.            spCidade.setAdapter(adapter);
37.
38.            spCidade.setOnItemSelectedListener( new   AdapterView.OnItemSelectedListener() {
39.
40.                public void onItemSelected(AdapterView<?> a, View v,
41.                    int index, long id ) {
42.
43.                        imCidade.setImageResource( imagemID[ index ] );
44.
45.                }
46.
47.                public void onNothingSelected(AdapterView<?> arg0) {
48.                    Toast.makeText( getApplicationContext(), "Selecione uma cidade",
49.                            Toast.LENGTH_LONG ).show();
50.                }
51.
52.            });
53.        }
54.    }
```

Para o código, deve ser importada a classe android.widget.ImageView. O método setOnItemSelectedListener( ) deve implementar uma instância de Adapter.OnItemSelectedListener, conforme apresentado na linha 04. Ele possui dois métodos que podem ser tratados: onItemSelected( ) e onNothingSelected( ).

Além do código já apresentado, foi declarado o componente ImageView (linha 15) e recuperado via findViewById (linha 31). Também foi declarado um array de id das imagens (linha 20) para a valorização da imagem durante a execução, conforme a seleção do Spinner.

Na linha 38, o método onItemSelected( ) é tratado e no evento onItemSelected( ) (linha 40), é atribuída uma imagem durante a execução a ImageView, com base no índice do elemento selecionado no Spinner (linha 43). Caso nenhum elemento tenha sido selecionado (linha 47), uma mensagem informativa será apresentada (linha 48). A **Figura 8.11** apresenta o aplicativo em execução.

Figura 8.11. O aplicativo em execução utilizando o evento de seleção.

Também é possível trabalhar com os eventos para identificar em que momento foram adicionados ou retirados os elementos de uma lista. Para tanto, existe um listener que escuta esse tipo de eventos, procedimento este apresentado na **Listagem 8.21**.

Listagem 8.21. Código para o tratamento dos itens incluídos ou excluídos da lista.

```
01.  spCidade.setOnHierarchyChangeListener(new ViewGroup.OnHierarchyChangeListener(){
02.      public void onChildViewAdded(View parent, View child) {}
03.      public void onChildViewRemoved(View parent, View child) {}
04.  });
```

Perceba que existem dois métodos distintos, um chamado quando acontece a inclusão de novos elementos (linha 02) e outro para a exclusão (linha 03).

Concluindo...

Este capítulo apresentou a utilização de eventos na plataforma Android, fugindo do tradicional tratamento de evento de clique de botão, sendo este o mais utilizado na plataforma.

Eventos simples, como receber e perder o foco, pressionamento de tecla em um determinado componente visual e evento de toque na tela foram tratados, assim como algumas de suas variações e aplicabilidades.

Na sequência, avançou-se um pouco na complexidade e foi apresentada a utilização de menus simples, assim como menus de contexto, sendo desenvolvido, inclusive, exemplos com a utilização de novas ActionBar.

Por fim, foram apresentados os eventos de seleção de itens na lista, com um estudo de caso envolvendo imagens e componentes de seleção. Desta forma, o leitor aumenta ainda mais as possibilidades de interação entre o usuário e o aplicativo desenvolvido para os dispositivos móveis.

Exercícios de fixação do capítulo

Exercício 1 – Cadastro de veículo

Desenvolva a tela de um aplicativo para simular o cadastro de veículo, conforme o layout que se segue. Deixe o aplicativo o mais restrito possível na entrada de dados, aceitando, por exemplo, apenas sete caracteres alfanuméricos no campo placa (EditText). Os campos *Marca* e *Modelos* devem ser componentes Spinner. Sugere-se a apresentação de quatro marcas (Fiat, Ford, GM e VW). No modelo, sugerem-se oito itens: Uno, Strada, Ka, Fiesta, Astra, Vectra, Gol e Golf.

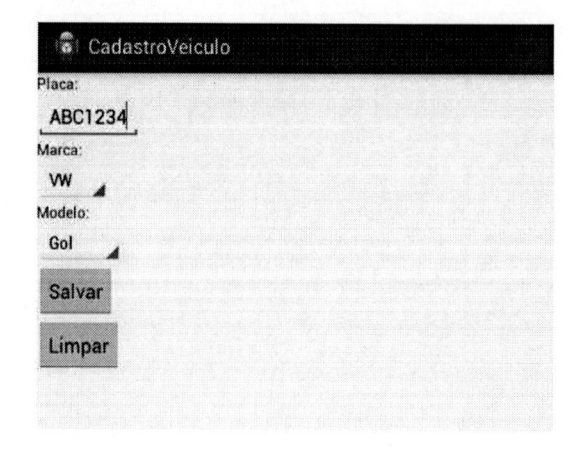

Exercício 2 – Restrição de entrada no campo *Placa*

Desenvolva uma lógica no evento de tecla pressionada para restringir o preenchimento do campo *Placa*. Devem ser permitidos apenas caracteres de texto nos três primeiros caracteres e apenas numéricos nos quatro últimos caracteres.

Exercício 3 – Personalizando os dados do componente Spinner

Utilize o conteúdo selecionado no primeiro componente Spinner (campo *Marca*) para o preenchimento do segundo componente Spinner (campo *Modelo*). Desta forma, ao selecionar em marca Fiat, por exemplo, apresente somente os modelos dessa marca (Uno e Strada), ao selecionar Ford, apresente apenas Ka e Fiesta, e assim por diante.

Exercício 4 – Utilizando menus

Retire os componentes botões da tela (*Salvar* e *Limpar*), adicionando no seu lugar um menu, no qual devem ser apresentadas estas duas opções. Faça o tratamento de evento de clique nos itens de menu: *Salvar* deve apresentar uma mensagem informativa com o texto "Sucesso", *Limpar* deve limpar os campos da tela.

Exercício 5 – Utilizando uma ActionBar

Transforme o menu em uma ActionBar, apresentando as opções *Salvar* e *Limpar* na barra de título do aplicativo.

Capítulo IX - Entendendo o ciclo de vida de uma aplicação Android

> Aprenda a utilizar o ciclo de vida de uma aplicação
> Android e tire o máximo de proveito da plataforma

Todo programador para dispositivos móveis sabe que a programação deles difere em muitos aspectos do desenvolvimento para computadores, por exemplo. De todos os aspectos, uma das maiores diferença é o tratamento do ciclo de vida das aplicações móveis.

Ao contrário de uma aplicação desktop, por exemplo, onde inúmeras aplicações podem ser executadas ao mesmo tempo, compartilhando recursos como tela, memória, processador, dispositivos de entrada e saída, entre muitos outros, em uma aplicação móvel, os recursos são bem mais limitados e o simples fato de haver compartilhamento de um determinado recurso pode comprometer a performance do dispositivo. Um exemplo é o uso simultâneo da tela.

Enquanto na programação desktop é muito comum que duas ou mais aplicações sejam executadas ao mesmo tempo, compartilhando a tela do computador (o usuário pode alternar entre uma tela e outra utilizando as teclas de atalho Alt+Tab no sistema operacional Windows ou Linux, por exemplo), nas aplicações móveis, esse tipo de situação dificilmente é permitido. No próprio sistema operacional Android, considerado um dos melhores sistemas operacionais para dispositivos móveis, até por ser desenvolvido com base no Linux, tal recurso não é comum.

Muitas vezes, o usuário de um aplicativo Android acredita que existe alternância de contexto (Alt+Tab) no Android, já que, às vezes, estamos jogando e recebemos uma ligação, e logo após a ligação podemos voltar ao jogo e continuar. Entretanto, quando a aplicação da ligação é executada, automaticamente, o jogo entra em estado de parada, ou seja, o jogo sai de execução até o término da ligação, quando a tela do jogo é formatada para voltar ao ponto que estava antes da ligação. Aparentemente, as duas aplicações (ligação e jogo) estavam sendo executadas em paralelo, quando, na verdade, apenas uma aplicação estava sendo executada, já a outra estava em estado de parada.

Neste capítulo, apresentaremos detalhes do ciclo de vida de uma aplicação Android, bem como dicas para tirar proveito dela, melhorando ainda mais a aplicação desenvolvida.

Funcionamento da Activity Stack

Toda aplicação Android pode ser formada por uma ou mais Activities. Essas Activities são, na verdade, pequenas "atividades" executadas uma de cada vez.

A maneira mais fácil de entender as Activities é imaginar que cada tela é uma Activity. Esta prática não é uma regra, mas é adotada pela maioria dos programadores, assim, se o programa tiver uma tela, ela possuirá uma Activity, se tiver duas telas, duas Activities, se tiver *n* telas, *n* Activities, e assim por diante.

Entretanto, além das Activities codificadas pelos programadores e que fazem parte de um programa específico, existem outras Activities e estas fazem parte do pacote do sistema operacional Android.

Para controlar todas as Activities, já que na maioria das vezes apenas uma Activity pode ser executada de cada vez, existe a Activity Stack ou pilha de Activities. À medida que vão sendo executadas, as Activities passam a fazer parte dessa pilha, assim, a base da pilha, pode-se dizer, é o sistema operacional Android.

A seguir, um exemplo para mostrar o funcionamento da Activity Stack. Se você inicia sua aplicação, a qual possui o menu principal (ex., MenuPrincipalActivity.java), ela é inserida no topo da pilha. Imagine que o menu principal tenha uma tela de cadastro de clientes e se iniciarmos essa tela (ex., CadastroClienteActivity.java), a Activity correspondente a ela será adicionada ao topo da pilha, totalizando duas Activities em execução. Imagine ainda que no cadastro de clientes, o usuário opte por acessar a tela para escolher a cidade do cliente (ex., PesquisarCidadeActivity.java), esta, por sua vez, pode abrir uma nova tela com as cidades agrupadas por Estado (ex., CidadesPorEstadoActivity.java). Enfim, são várias Activities .java em execução e o que as controla é a Activity Stack, como apresentado na **Figura 9.1**.

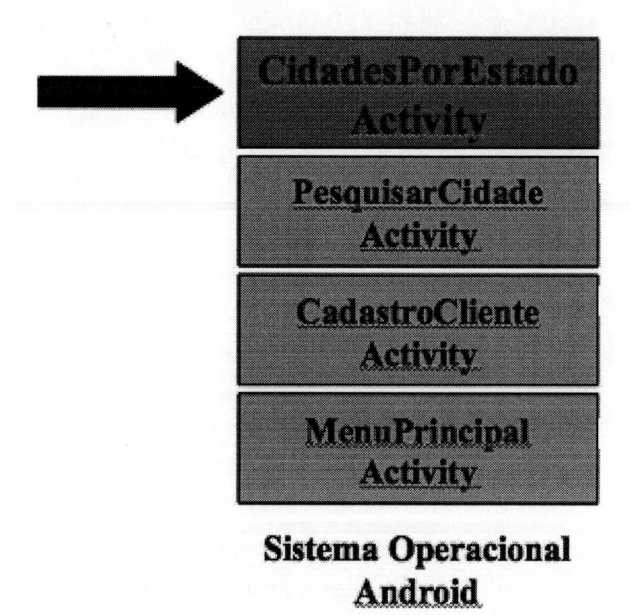

Figura 9.1. Pilha de Activities em execução.

Assim, todas as Activities anteriores ainda não foram finalizadas, somente estão em estado de parada, já que novas Activities foram executadas. Apenas a CidadesPorEstadoActivity está em execução e controlando a tela do device, por isso ela se encontra em destaque no topo da pilha.

Ao finalizar CidadesPorEstadoActivity, automaticamente o controle da tela volta para PesquisarCidadeActivity. Ao ser finalizada, o controle retorna para CadastroClienteActivitiy, e assim por diante, até que não exista mais Activities na pilha, sendo então apresentada a tela principal do Android.

Dada essa característica para a troca de telas, é necessário um controle especial ao iniciar uma nova tela, sendo que, para isto, o ciclo de vida da Activity deve ser considerado, como apresentado na sequência.

Ciclo de vida de uma aplicação Android

De forma resumida, uma aplicação móvel pode estar em quatro estados distintos: em execução, em pausa, parada ou destruída.

No Android, quando uma aplicação está em execução, ela costuma tomar conta da tela do device, já em pausa, o aplicativo costuma ter apenas parte de sua tela visível para o usuário, em estado de parada, ela não está mais visível para o usuário e o estado de destruída é chamado para retirar o aplicativo da memória. Para tratar esses quatro estados, sete métodos devem ser codificados: onCreate( ), onStart( ), onResume( ), onPause( ), onStop( ), onRestart( ) e onDestroy( ), conforme apresentado na **Figura 9.2**.

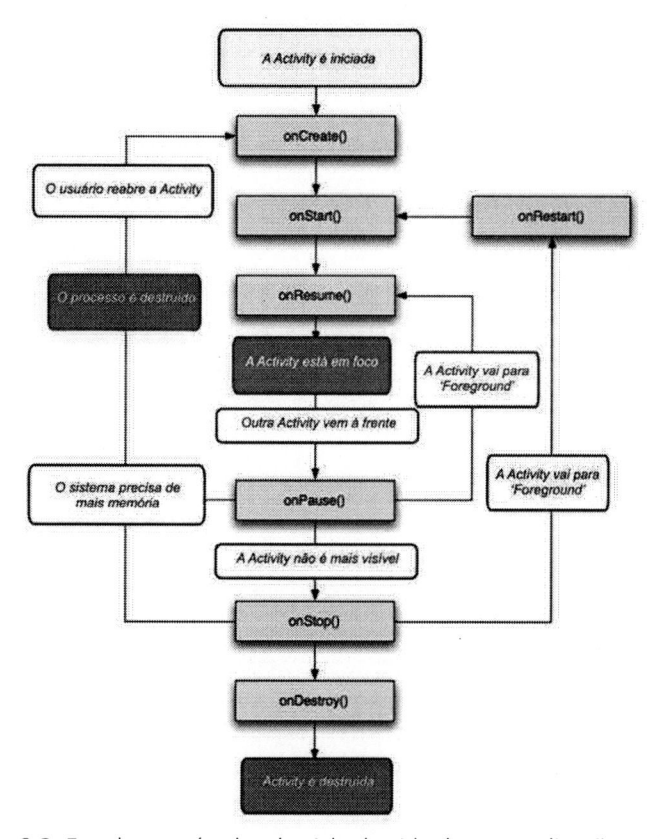

Figura 9.2. Estados e métodos do ciclo de vida de uma aplicação Android.

Dos sete métodos citados, o único obrigatório para a codificação é onCreate( ). Esse método é executado quando a Activity é chamada e sua principal função costuma ser apresentar a tela associada à Activity

Após a execução do método onCreate( ), outros dois métodos são executados: onStart( ) e onResume( ). Basicamente, eles diferem pela situação em que são executados de novo, sendo o primeiro quando o device volta do estado de pausa, o segundo quando volta do estado de parada.

A diferença entre o estado de pausa e parada é que o primeiro costuma acontecer quando a tela está parcialmente visível, na verdade, quando uma Activity está sendo executada e uma nova tela parcial aparece, como a tela do despertador do dispositivo ou uma tela de Dialog. A Activity que estava na tela entra em estado de pausa, enquanto a segunda tela parcial é apresentada.

Já o estado de parada costuma acontecer quando a Activity sai da tela do dispositivo, dando lugar a outra aplicação ou Activity (por exemplo, a aplicação de ligação, calculadora, calendário etc.). Neste caso, a Activity é parada, já que seu conteúdo na tela foi substituído pelo conteúdo de outra aplicação.

Para o estado de pausa, os métodos onPause( ) e onResume( ) são executados.

Já para o estado de parada, os métodos onPause( ) e onStop( ) são executados, e após estes, uma nova aplicação ou Activity assume o topo da pilha de Activities. Ao retornar para a Activity que está parada, os métodos onRestart( ), onStart( ) e onResume( ) são executados, para só então a Activity assumir o topo da pilha.

Por fim, o método onDestroy( ) é chamado quando a Activity é encerrada e esse método é antecedido pelos métodos onPause( ) e onStop( ). Assim, cabe ao usuário decidir quais métodos serão mais bem aproveitados em situações como salvar o estado atual da aplicação, alocar ou liberar recursos, como uma câmera digital, salvar informações em arquivos de log e muito mais.

Estudo de caso para testar o ciclo de vida de uma aplicação Android

Para testar todos os métodos do ciclo de vida de uma aplicação Android, criaremos uma aplicação chamada TestaCicloDeVida. Nossa aplicação terá uma única tela com um TextView ao centro, já que nosso objetivo não é trabalhar com os componentes visuais da plataforma e sim, entender o ciclo de vida da aplicação.

Essa interface gráfica terá o nome de activity_principal.xml, já a classe da Activity terá o nome de PrincipalActivity.java, conforme a imagem apresentada na **Figura 9.3**.

Figura 9.3. Estrutura do projeto para testar o ciclo de vida de uma aplicação.

O código referente à interface gráfica da aplicação pode ser o apresentado na **Listagem 9.1**, que é o código gerado automaticamente pelo Android Studio na criação de um novo projeto Android.

Listagem 9.1. activity_principal.xml – Código da interface gráfica da aplicação.

```
01.    <RelativeLayout xmlns:android="http://schemas.android.com/apk/res/android"
02.        xmlns:tools="http://schemas.android.com/tools"
03.        android:layout_width="match_parent"
04.        android:layout_height="match_parent"
05.        android:paddingLeft="@dimen/activity_horizontal_margin"
06.        android:paddingRight="@dimen/activity_horizontal_margin"
07.        android:paddingTop="@dimen/activity_vertical_margin"
08.        android:paddingBottom="@dimen/activity_vertical_margin"
09.        tools:context=".PrincipalActivity">
10.
11.        <TextView
12.            android:text="@string/hello_world"
13.            android:layout_width="wrap_content"
14.            android:layout_height="wrap_content" />
15.
16.    </RelativeLayout>
```

O código mostrado define como o gerenciador de layout, um RelativeLayout (linha 01), apresenta no seu interior um TextView (linha 11).

Já o código referente à Activity principal é apresentado na **Listagem 9.2**.

Listagem 9.2. PrincipalActivity.java – Código da Activity principal do aplicativo.

```
01.    package br.com.livro.testaciclodevida;
02.
03.    import android.app.Activity;
04.    import android.os.Bundle;
05.
06.    public class PrincipalActivity extends Activity {
07.
08.        @Override
09.        protected void onCreate(Bundle savedInstanceState) {
10.            super.onCreate(savedInstanceState);
11.            setContentView(R.layout.activity_principal);
12.
13.            System.out.println( "Método onCreate() executado." );
14.        }
15.
16.        @Override
17.        protected void onDestroy() {
18.            // TODO Auto-generated method stub
19.            super.onDestroy();
20.
21.            System.out.println( "Método onDestroy() executado." );
22.        }
23.
24.
25.
26.        @Override
27.        protected void onPause() {
28.            // TODO Auto-generated method stub
29.            super.onPause();
30.
31.            System.out.println( "Método onPause() executado." );
32.        }
33.
34.
35.
36.        @Override
37.        protected void onRestart() {
38.            // TODO Auto-generated method stub
39.            super.onRestart();
40.
```

```
41.            System.out.println( "Método onRestart() executado." );
42.        }
43.
44.
45.
46.        @Override
47.        protected void onResume() {
48.            // TODO Auto-generated method stub
49.            super.onResume();
50.
51.            System.out.println( "Método onResume() executado." );
52.        }
53.
54.
55.
56.        @Override
57.        protected void onStart() {
58.            // TODO Auto-generated method stub
59.            super.onStart();
60.
61.            System.out.println( "Método onStart() executado." );
62.        }
63.
64.
65.
66.        @Override
67.        protected void onStop() {
68.            // TODO Auto-generated method stub
69.            super.onStop();
70.
71.            System.out.println( "Método onStop() executado." );
72.        }
73.
74.
75.  }
```

Como o objetivo não é tratar a interação entre o usuário e o aplicativo, repare que não foram declarados componentes visuais no programa. Basicamente, só foram codificados os sete métodos referentes ao ciclo de vida de uma aplicação Android, sendo eles:

- onCreate()
- onDestroy()
- onPause()
- onRestart()
- onResume()
- onStart()
- onStop()

Para facilitar a codificação desses métodos, podemos clicar com o botão direito no código-fonte, escolhendo a opção *Generate – Override Method*, conforme apresentado na **Figura 9.4**.

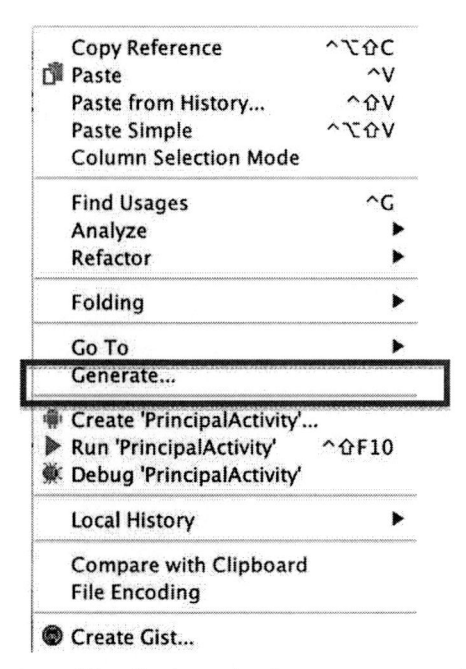

Figura 9.4. Opção para a autocodificação dos métodos presentes na classe-mãe (classe Activity).

Na janela apresentada (**Figura 9.5**), é possível escolher os seis métodos faltantes e que não são obrigatórios. Após a seleção, basta clicar no botão *OK*.

Figura 9.5. Lista de métodos disponíveis para a autocodificação.

Desta forma, automaticamente todos os métodos do ciclo de vida de uma Activity serão codificados, sendo que eles já possuem a chamada para o método correspondente à classe-mãe (linhas 19, 29, 39, 49, 59 e 69 da **Listagem 9.2**). A única codificação necessária para os testes é a apresentação das literais que informam se o método foi executado por meio do comando System.out.println( ) (linhas 13, 21, 31, 41, 51, 61 e 71 da **Listagem 9.2**).

Executando o aplicativo, as mensagens geradas com o comando System.out.println( ) são visíveis na janela do LogCat da IDE Android Studio, por exemplo. Para apresentar a tela, basta acessar o menu *View – Tool Windows – Android,* conforme a **Figura 9.6**.

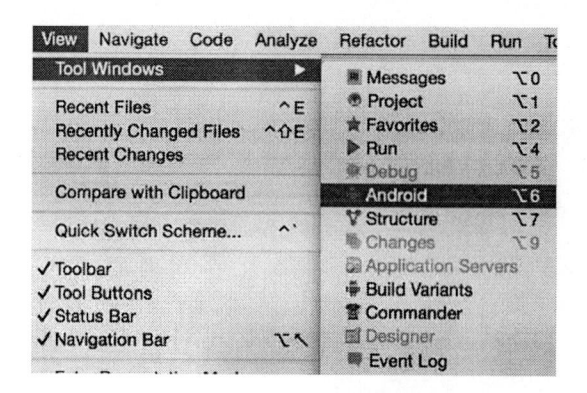

Figura 9.6. Apresentando a tela do LogCat.

O janela LogCat, que é mostrada na parte inferior da IDE apresenta todas as mensagens geradas pelo aplicativo. Essas mensagens são divididas em categorias, como Error, Information, Warning etc. Neste exemplo, as mensagens foram para o LogCat a partir do comando System.out.println, assim, são mensagens de Information (I) e possuem a tag System.out, como pode ser observado na **Figura 9.7**.

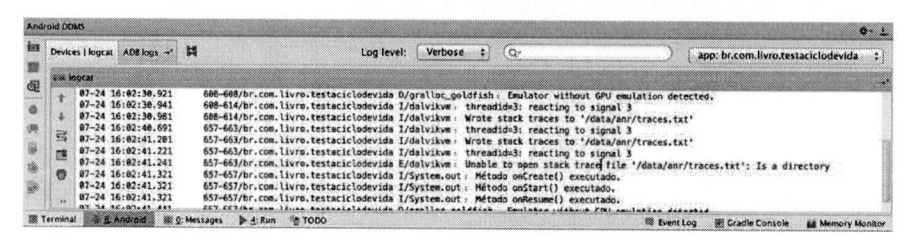

Figura 9.7. Mensagens apresentadas no LogCat.

Após a execução do programa proposto, as mensagens "Método onCreate( ) executado.", "Método onStart( ) executado." e "Método onResume( ) executado." foram apresentadas no LogCat.

> **Dica.** Uso do comando System.out.println( )
>
> Nas primeiras versões do ambiente de desenvolvimento Android, não era possível a utilização do comando System.out.println( ), um bom e velho conhecido dos programadores Java e que possui a função de apresentar informações rápidas na console (em especial, literais que informam sobre o funcionamento do programa, facilitando, assim, a depuração). Em seu lugar, era utilizada a classe Log do pacote java.util. O conteúdo impresso com a classe Log é apresentado na tela do LogCat e é dividido em:
>
> - Log.d( ) – Informações referentes a Debug;
>
> - Log.i( ) – Apresenta dados de informação;
>
> - Log.w( ) – Informações referentes a warning;
>
> - Log.e( ) – Informações referentes a erro;
>
> - Log.v( ) – Informações gerais.

Para utilizar tais comandos, basta fazer import java.util.Log e digitar o comando como se segue, passando como um primeiro parâmetro a tag que identificará a mensagem e o segundo parâmetro a mensagem que se deseja apresentar. A tag auxilia na hora de filtrar as mensagens, já que muitas são as mensagens apresentadas no LogCat.

```
Log.d("ExemploLog", "Testando o Log.d()" );
Log.i("ExemploLog", "Testando o Log.i()" );
Log.w("ExemploLog", "Testando o Log.w()" );
Log.e("ExemploLog", "Testando o Log.e()" );
Log.v("ExemploLog", "Testando o Log.v()" );
```

O resultado dos comandos é apresentado na tela do LogCat, como mostrado na Figura abaixo. Na execução, é possível verificar que cada mensagem possui uma cor que a identifica, bem com a hora que foi gerada, a aplicação que a gerou, a tag e o texto informado.

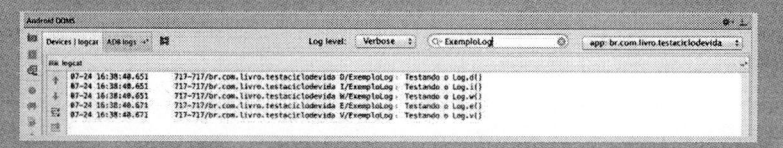

Resumidamente, as mensagens de erro e warning são apresentadas em cores diferentes. Na parte superior da tela do LogCat é possível filtrar as mensagens a partir de sua tag (neste exemplo, a tag utilizada foi ExemploLog, assim como pela aplicação (app:br.com.livro.testaciclodevida) e também pelo Log level, que seria o tipo de mensagem.

Bom, vamos ao primeiro teste do ciclo de vida, testando os métodos onPause( ) e onResume( ) e para isto, acesse o menu do aparelho celular (tecla home do teclado) e entre na opção despertador do device, agende-o para despertar um ou dois minutos a mais que o horário atual. Após isso, confirme o despertador e abra novamente sua aplicação, aguardando a chegada do tempo. Quando isto acontecer, uma tela com os dados do despertador (um Dialog) tomará parcialmente a tela do dispositivo e ele ficará em estado de pausa, como mostra a **Figura 9.8**.

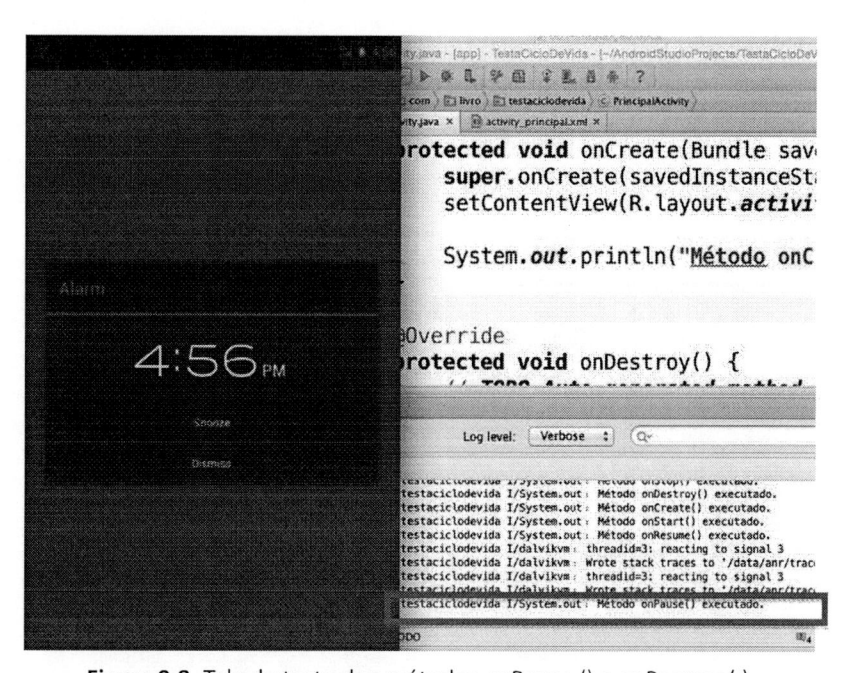

Figura 9.8. Tela de teste dos métodos onPause () e onResume( ).

A tela da aplicação com o despertador ao centro é vista na **Figura 9.8**, contendo em segundo plano parte do LogCat com o texto "Método onPause( ) executado". Ao sair da tela do despertador, automaticamente o método onResume( ) é executado e uma nova linha no LogCat com o texto "Método onResume( ) executado" é apresentada.

Para testar os métodos onStop( ), onRestart( ) e onStart( ), apresentaremos uma tela que permite simular as características externas do emulador, como realizar ligações, envio de mensagens SMS, entre outras funcionalidades. Para isto, acesse o menu *Tools – Android – Android Device Monitor*. Na tela apresentada à esquerda, devemos selecionar o nome do AVD utilizado para simular o aplicativo e, ao lado direito, escolher a aba *Emulator Control*, conforme apresentado na **Figura 9.9**.

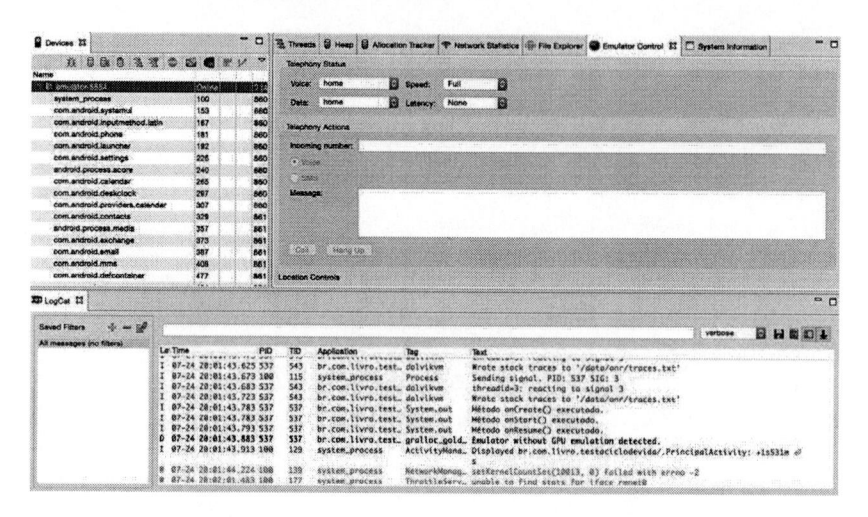

Figura 9.9. Tela de recursos do Emulator Control.

Desta forma, podemos simular o que acontece com a Activity em execução quando o device recebe uma ligação, por exemplo. Para este teste, basta estar com a Activity executando no device, na janela Emulator Control preencher os campos *Incoming Number* com o que seria o número do telefone que está fazendo a ligação, seguido do clique no botão *Call*. O emulador receberá a ligação, conforme apresentado na **Figura 9.10**, e o aplicativo ficará em estado de parada.

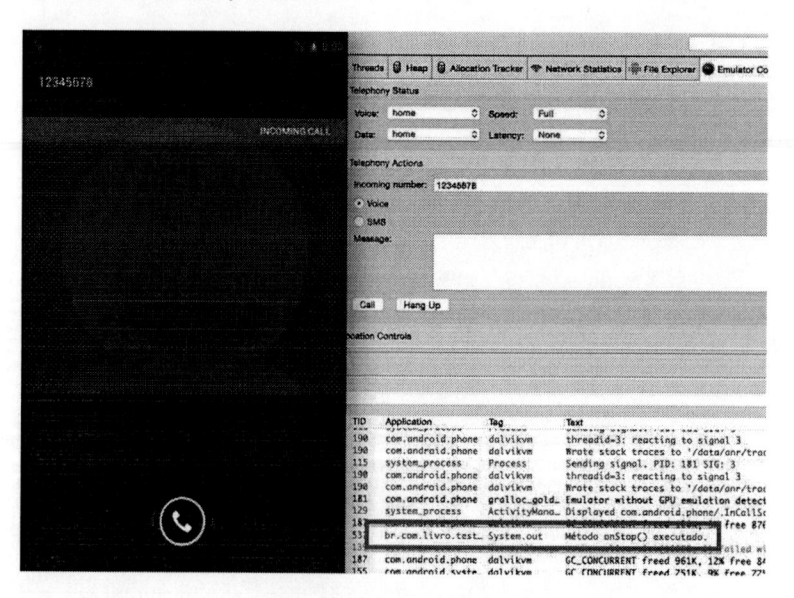

Figura 9.10. Device recebendo uma ligação para testes do método onStop( ).

A figura apresenta a tela do emulador enquanto o device espera uma ligação. Também é possível observar na tela do LogCat, presente em segundo plano, que a aplicação saiu do estado de executando para o estado de parada, passando pelos métodos onPause( ) e onStop( ). Ao finalizar ou recusar a ligação, volta-se novamente para o aplicativo atual, executando os métodos onRestart( ) e onStart( ), chamados após o retorno do estado de parada, e também o método onResume( ).

> **Dica.** Utilizando o Emulator Control
>
> Este recurso muito interessante presente na maioria das IDEs de desenvolvimento Android permite simular recursos externos das aplicações, como o recebimento de mensagens, ligações, simular localizações com o GPS, entre muitos outros. Entretanto, só é possível utilizar tal recurso nos AVD, ou seja, no emulador. Nos dispositivos reais, esses recursos ficam desabilitados por questão de segurança.

Outra maneira interessante de testar o ciclo de vida de uma aplicação Android é clicando no botão *Home* do device real, representado pela **Figura 9.11**, ou no emulador, pressionando a tecla *Home* do teclado.

Figura 9.11. Botões de hardware presentes na maioria dos devices Android. Em destaque, o botão *Home*.

Com a aplicação em execução, ao clicar na tecla *Home*, a Activity executa os métodos onPause( ) e onStop( ), ficando assim em estado de parada. Já a tela do device apresenta a tela principal do dispositivo. Nela, o usuário pode realizar outras funcionalidades, como acessar a calculadora, agenda ou mesmo o despertador do aparelho. Ao retornar ao aplicativo, ele não executa o método onCreate( ) novamente, pois vem do estado de parada, executando apenas os métodos onRestart( ), onStart( ) e onResume( ), conforme a **Figura 9.12**.

Figura 9.12. Execução dos métodos referentes ao ciclo de vida de uma aplicação reiniciada.

Quando executada, uma Activity chama os métodos onCreate( ), onStart( ) e onResume( ). Quando pressionado o botão *Home*, os métodos onPause( ) e onStop( ) são executados e ao clicar no ícone da aplicação novamente, a aplicação é reiniciada, executando os métodos onRestart( ), onStart( ) e onResume( ), presentes na **Figura 9.13**.

Então, para finalizar uma Activity, basta clicar no botão *Voltar* do device (tecla Esc), ou ainda, via código-fonte, executar o método finish( ). Nesta situação, a Activity é destruída, passando pelos métodos onPause( ), onStop( ) e onDestroy( ), retornando assim para a Activity anterior na pilha de Activities.

Entretanto, é importante saber que o sistema operacional Android tem a autonomia de encerrar qualquer aplicativo em estado stop (parado), caso este precise de recursos. Desta forma, não existe nenhuma garantia de que uma aplicação parada, em especial, por muito tempo, será reiniciada a partir dos métodos onRestart( ), onStart( ) e onResume( ).

Exemplos práticos de utilização do ciclo de vida de uma aplicação Android

No estudo de caso apresentado anteriormente, foram apresentados exemplos didáticos da utilização do ciclo de vida. A real necessidade da utilização desse recurso se dá ao usar os recursos mais avançados da plataforma, como, por exemplo, a câmera do device, comunicação Bluetooth, entre outros.

Como tais recursos ainda não foram abordados por este livro e são considerados avançados, torna-se muito complexa a apresentação prática do uso do ciclo de vida, assim, para exemplificar, na sequência serão apresentados exemplos superficiais da real necessidade do uso desse recurso.

Testando os recursos no método onCreate( ) da aplicação Android

O método onCreate( ) é o único método do ciclo de vida que necessita obrigatoriamente de codificação e por este motivo, é o método mais conhecido dos programadores Android.

No exemplo da **Listagem 9.3**, temos um exemplo clássico de utilização do método onCreate( ) em um aplicativo Android.

Listagem 9.3. PrincipalActivity.java – Exemplo de utilização do método onCreate.

```
01. public class PrincipalActivity extends Activity {
02.
03.     private Button btLancamento;
04.     private Button btSair;
05.
06.     @Override
07.     protected void onCreate(Bundle savedInstanceState) {
08.         super.onCreate(savedInstanceState);
09.         setContentView(R.layout.activity_principal);
10.
11.         btLancamento = (Button) findViewById( R.id.btLancamento );
12.         btSair = (Button) findViewById( R.id.btSair );
13.
14.         btLancamento.setOnClickListener( new View.OnClickListener() {
15.             @Override
16.             public void onClick(View arg0) {
17.                 btLancamentoOnClick();
18.             }
19.         } );
20.
21.         if (Build.VERSION.SDK_INT >= Build.VERSION_CODES.HONEYCOMB) {
22.
```

```
23.                ActionBar actionBar = getActionBar();
24.                actionBar.setHomeButtonEnabled(false);
25.            }
26.
27.            android.os.Debug.stopMethodTracing();
28.        }
29.    }
```

Como pode ser observado, o método onCreate( ) executa o método onCreate( ) da classe-mãe (linha 08) e na sequência, é apresentada a tela desenvolvida em um arquivo xml para o usuário (linha 09). Outras funcionalidades poderiam ser executadas nesse método, como o mapeamento dos componentes visuais (findViewById( ) – linha 11 e 12), codificação dos eventos (linhas 14 a 19), verificação de dados do sistema (linhas 21 a 25), e mais.

No exemplo apresentado, a linha 21 é a que interessa e é executada comumente no método onCreate( ), já que este verifica se a versão do Android do device que está rodando a aplicação é a Honeycomb (Android 3.0) ou superior. Para isto, é utilizado o comando Build.VERSION_CODES_HONEYCOMB. Em caso positivo, significa que o dispositivo dá suporte ao recurso da ActionBar e assim, ele é instanciado (linhas 23 e 24).

O código da linha 27 é apresentado na próxima seção.

Testando recursos no método onDestroy( ) da aplicação Android

Para finalizar uma Activity, basta pressionar o botão *Voltar* da interface Android ou a tecla de atalho Esc do emulador. Esse botão possui a função de destruir a Activity apresentada, bem como tirá-la do topo da Activity Stack. Outra maneira de finalizar uma Activity é executar o método finish( ) por meio do código Java.

Quando uma Activity é finalizada, o último método executado no ciclo de vida Android é o método onDestroy( ). Dificilmente ele é utilizado, já que, na maioria das vezes, a lógica para a finalização do programa está nos métodos onPause( ) e onStop( ). Porém, em algumas situações, como a execução do método finish( ) dentro do método onCreate( ) faz com que onPause( ) e onStop( ) não sejam executados, neste caso, o código para finalizar os últimos recursos do aplicativo deve ser executado no método onDestroy( ).

Um exemplo de código que pode ser utilizado em onDestroy( ) é apresentado na **Listagem 9.4**.

Listagem 9.4. Exemplo de codificação no método onDestroy( ).

```
01.    @Override
02.    public void onDestroy() {
03.        super.onDestroy();
04.
05.        android.os.Debug.stopMethodTracing();
06.    }
```

Suponha que se deseja recuperar dados sobre a performance da Activity. Nada melhor do que coletar esses dados desde o início da Activity até o final. Para isto, o método onCreate( ) (apresentado na **Listagem 9.3**) poderia ser utilizado para executar o método Debug.startMethodTracing( ), o qual tem a função de iniciar um rastreamento do uso de recursos da Activity.

Para encerrar esse rastreamento, no método onDestroy( ), deve-se executar o comando Debug.stopMethodTracing( ) (linha 05 da **Listagem 9.4**). Ele finaliza o rastreamento e gera um arquivo chamado dmtrace.trace no cartão de memória do device. Esse arquivo pode ser analisado utilizando a ferramenta TraceView. Esta se encontra na pasta tools, no diretório onde o Android SDK foi instalado.

Pausando e retornando a Activity Android

Durante a execução de uma Activity, em algumas situações, ela pode ser "parcialmente visível" para o usuário, como, por exemplo, quando essa Activity chama um Dialog ou quando uma tela automática é apresentada, como a do despertador. Nesta situação, o método onPause( ) é chamado automaticamente.

Assim, quando a Activity chama o método onPause( ), isto significa que o aplicativo ficará por alguns momentos sem execução, em pausa, mas o usuário poderá retornar à Activity e continuar utilizando-a.

Verifique que, na **Figura 9.2**, o método onPause( ) é o primeiro método chamado após uma aplicação sair do estado de execução. Comumente, esse método é utilizado para parar a execução de vídeos ou animações, para evitar o consumo desnecessário do processador ou liberar recursos que serão utilizados pela outra tela que foi executada, por exemplo.

Uma dica importante é, sempre que possível, não utilizar comandos que prejudiquem a performance da Activity no método onPause como, por exemplo, persistir dados em um banco de dados ou no cartão de memória. Tais recursos costumam ocupar certo tempo de processamento, e pode dar a sensação de que o dispositivo travou na troca entre as diferentes telas.

A **Listagem 9.5** apresenta um exemplo comum de utilização do método onPause( ).

Listagem 9.5. Exemplo de codificação no método onPause( ).

```
01.    @Override
02.    public void onPause() {
03.        super.onPause();
04.
05.        if (mCamera != null) {
06.            mCamera.release()
07.            mCamera = null;
08.        }
09.    }
```

No código apresentado, o aplicativo em questão faz uso da câmera do celular, porém, ao entrar em pausa, ele irá liberar esse recurso para o próximo aplicativo poder utilizar, assim, a linha 03 do código executa o método onPause( ) da classe-mãe, seguido de um condicional, onde verificamos se o objeto mCamera foi instanciado. Se sim, ele deve ser liberado, executando na linha 06 o método release( ) do objeto câmera e valorizando o objeto com null (linha 07).

Quando o usuário libera novamente a tela do aplicativo como, por exemplo, fechando o Dialog aberto, o mesmo executa o método onResume( ), lembrando que esse método é executado em duas situações:

- Quando a Activity é executada, sendo chamado onResume( ) logo após o método onCreate( );
- Quando o aplicativo retorna de um estado de pausa.

Por este motivo, é interessante não utilizar códigos que devem ser executados apenas quando retornam de uma pausa nesse método, ou ainda, que devem ser executados apenas na primeira vez em que o programa é chamado.

A seguir, temos o exemplo de utilização do método onResume( ) na **Listagem 9.6**.

Listagem 9.6. Exemplo de codificação no método onResume( ).

```
01.     @Override
02.     public void onResume() {
03.         super.onResume();
04.
05.         if (mCamera == null) {
06.             inicializarCamera();
07.         }
08.     }
```

Como primeiro comando do método onResume( ), o método com mesmo nome da classe-mãe é executado (linha 03). Em seguida, é verificado se o recurso que representa a câmera do celular foi instanciado e se o objeto for null, ele executará um método local, codificado na própria classe que tem a função de recuperar a câmera do celular.

Parando e reiniciando a Activity Android

Uma Activity ativa possui dois estados em que ela não está rodando: quando está em estado de pausa ou em estado de parada.

O primeiro estado foi detalhado na seção anterior, agora iremos apresentar com mais detalhes o estado de parada. Uma Activity fica em estado de parada quando não está mais presente na tela do device como, por exemplo, quando este chama uma nova Activity, quando retorna para a tela principal da aplicação ou, ainda, quando chega uma ligação. Nestas situações, a Activity chama o método onStop( ) (ele é executado logo após o método onPause( )).

Para um melhor gerenciamento da memória do device, o sistema operacional Android possui a permissão de finalizar aplicações Android que estão em estado de parada, isso quando, por exemplo, o device ficou com pouca memória para a execução de programas. Embora seja difícil de acontecer, esta situação é possível e, assim, não existe garantia de que uma Activity parada retorne normalmente com os mesmos dados na tela após a próxima execução. Por este motivo, é aconselhável a persistência dos dados digitados na tela, isso, claro, se houver interesse do programador. Um exemplo de utilização do método onStop( ) é apresentado na **Listagem 9.7**.

Listagem 9.7. Exemplo de codificação no método onStop( ).

```
01.     @Override
02.     protected void onStop() {
03.         super.onStop();
04.
05.         ContentValues values = new ContentValues();
06.         values.put(NotePad.Notes.COLUMN_NAME_NOTE, tfNota.getText().toString());
07.         values.put(NotePad.Notes.COLUMN_NAME_TITLE, tfTitulo.getText().toString());
08.
09.         getContentResolver().update(
10.                 mUri,
11.                 values,
12.                 null,
13.                 null
14.                 );
15.     }
```

O código apresentado executa o método onStop( ) da classe-mãe (linha 03) e na sequência, recupera os campos digitados na tela para a valorização de um ContentValues, o objeto que armazena dados (linhas 05 a 07) em um arquivo no device Android. Por fim, o método getContentResolver( ) executa o update (linha 09), que insere tais informações. Essas informações serão persistidas e poderão ser utilizadas posteriormente, caso a aplicação tenha sido retirada da memória pelo sistema operacional Android.

Ao contrário do método onPause( ), onde se deve evitar a utilização de comandos que prejudiquem a performance da aplicação, no método onStop( ), esses comandos podem ser utilizados sem problemas.

Após retornar de um estado de parada, uma Activity Android executa dois métodos associados a ela no ciclo de vida de uma Activity Android:

- Método onRestart( ): Este método só é executado quando uma aplicação retorna do estado de parada, assim, os códigos específicos do retorno podem ser tratados aqui
- Método onStart( ): Este método pode ser chamado no retorno de um estado de parada, assim como na primeira execução de um aplicativo (após o método onCreate( ) – ver **Figura 9.2**).

A **Listagem 9.8** apresenta um exemplo de uso do método onRestart( ) (chamado apenas após retornar do estado de parada) e do método onStart( ) (chamado sempre quando a aplicação é iniciada e também quando retorna do estado de parada).

Listagem 9.8. Exemplo de codificação no método onStart( ).

```
01.   @Override
02.   protected void onStart() {
03.       super.onStart();
04.
05.       LocationManager locationManager =
06.               (LocationManager) getSystemService(Context.LOCATION_SERVICE);
07.       boolean gpsEnabled = locationManager.isProviderEnabled(LocationManager.GPS_PROVIDER);
08.
09.       if (!gpsEnabled) {
10.           habilitarGPS();
11.       }
12.   }
```

A primeira parte do código apresenta a codificação do método onStart( ), como é chamado quando a Activity inicia pela primeira vez e também quando retorna do estado de parada. É interessante, nesse método, iniciar os recursos, como a comunicação Bluetooth ou GPS.

No exemplo, o método onStart( ) da classe-mãe é executado (linha 03), assim como são recuperadas as instâncias de LocationManager para trabalhar com o GPS (linha 05). Depois, é verificado se o GPS já está habilitado com o método isProviderEnabled( ). O resultado desse método é testado na linha 09 e caso não esteja habilitado, é executado um método interno da classe chamado habilitarGPS( ). Isso garante que o recurso sempre estará habilitado quando a aplicação for executada.

Concluindo...

Foi apresentado neste capítulo o funcionamento de um aplicativo Android, suas Activities, focando no uso consciente da Activity Stack (pilha de Activities), assim como os métodos para gerenciar o ciclo de vida da Activity.

Uma das características do texto foi apresentar dicas para aumentar a produtividade no desenvolvimento, como a codificação automática dos métodos referentes ao ciclo de vida de uma aplicação, recursos para auxiliar a depuração do código, como o LogCat, técnicas para integrar a aplicação com os recursos nativos do emulador ou device, como o Emulator Control, ou mesmo a configuração do despertador no emulador, tudo isso para apresentar de forma didática um dos recursos mais interessantes das aplicações móveis – seu ciclo de vida.

Exercícios de fixação do capítulo

Exercício 1 – Interface do aplicativo para controle do tempo de uso

Desenvolva a interface do aplicativo que segue. Ele deve contar apenas com dois componentes TextView na tela: o primeiro onde será apresentado o tempo durante o qual o aplicativo ficou parado (entre as chamadas de onStop( ) e onStart( )) e o segundo, o tempo durante o qual ficou pausado (entre as chamadas de onPause( ) e onResume( )).

Exercício 2 – Calculando o tempo durante o qual o aplicativo ficou "parado" ou "pausado"

Desenvolva a lógica para apresentar para o usuário o tempo durante o qual o aplicativo ficou parado e pausado. Sugere-se o uso do comando System.currentTimeMillis( ), que recupera a hora atual do device, em milissegundos. Pode-se calcular a diferença, por exemplo, da hora recuperada no momento da execução dos métodos onStop( ) e onStart( ) para saber o tempo durante o qual o aplicativo ficou parado. O mesmo pode ocorrer com a situação do aplicativo "pausado".

Exercício 3 – Calculando o tempo durante o qual o aplicativo ficou em uso

Adicione à tela um botão chamado *Tempo de Uso*. Ao ser pressionado, verifique por quanto tempo o aplicativo está em uso. Para isso, pode-se recuperar a hora do device na execução do método onCreate( ) e calcular a diferença da hora recuperada no clique do botão.

Exercício 4 – Calculando o tempo REAL durante o qual o aplicativo ficou em uso

Trate, no clique do botão *Tempo de Uso*, o tempo real de uso do aplicativo. Para isso, deve-se descontar do tempo de uso quando o aplicativo ficou em estado de parada e pausado.

Capítulo X - Alternando entre telas e desmistificando a classe Intent

Este capítulo detalha as técnicas para trabalhar com múltiplas telas no Android, apresentando também de forma simples a classe Intent

O desenvolvimento de software para dispositivos móveis diverge em vários aspectos do tradicional desenvolvimento de aplicações para desktop e Web. Como se trata de uma plataforma móvel, os dispositivos costumam ser pequenos e, muitas vezes, com recursos de interface com o usuário limitados, como telas e teclados pequenos.

Neste contexto, ao projetar um aplicativo para dispositivos móveis, algumas questões devem ser levadas em consideração, como a disposição das informações na tela para o usuário.

Enquanto nas plataformas desktop e Web o tamanho da tela não era problema, o que permite a apresentação de inúmeros componentes visuais para o usuário em uma única tela, nos dispositivos móveis esta disposição deve ser planejada, já que as telas com muitos componentes visuais refletem-se na utilização de barras de rolagem, o que dificulta consideravelmente o uso da aplicação.

Desta forma, uma técnica interessante é apresentar telas com poucos componentes visuais, sendo eles agrupados por conteúdo. Preferencialmente, os recursos mais utilizados devem ser apresentados de forma mais simples, possuindo atalho nas telas iniciais, por exemplo; já os recursos menos utilizados, como a tela de configurações, podem estar "mais escondidos" dentro de menus ou submenus.

Estudo de caso

Para exemplificarmos o uso de múltiplas telas, iremos desenvolver neste capítulo o protótipo de um programa para um lançamento de venda, o qual será formado inicialmente por duas telas: menu principal e tela de lançamento. Na tela principal, o usuário poderá optar por abrir a tela de lançamento ou sair do aplicativo. Já na tela de lançamento, o usuário informará os dados da venda de um produto, como o código do produto, quantidade e valor de venda. Ao final, funcionalidades como uma tela para pesquisa de produto e tela de confirmação serão apresentadas.

Para testar as funcionalidades, criaremos um projeto Android, com o nome Cadastro. A Activity será chamada de MenuPrincipalActivity.java, já o arquivo xml da interface gráfica, chamado de activity_menu_principal.xml. A estrutura do projeto criado é apresentada na **Figura 10.1**.

Figura 10.1. Estrutura do projeto desenvolvido.

O passo seguinte consiste na criação da interface gráfica do activity_menu_principal.xml e para isso, basta editar o arquivo no modo xml, modificando o código conforme a **Listagem 10.1**.

Listagem 10.1. activity_menu_principal.xml – Interface gráfica do menu principal do aplicativo.

```
01. <LinearLayout xmlns:android="http://schemas.android.com/apk/res/android"
02.     xmlns:tools="http://schemas.android.com/tools"
03.     android:layout_width="match_parent"
04.     android:layout_height="match_parent"
05.     android:orientation="vertical"
06.     tools:context=".MenuPrincipalActivity" >
07.
08.     <Button
09.         android:id="@+id/btLancamento"
10.         android:layout_width="wrap_content"
11.         android:layout_height="wrap_content"
12.         android:text="Lancamento" />
13.
14.     <Button
15.         android:id="@+id/btSair"
16.         android:layout_width="wrap_content"
17.         android:layout_height="wrap_content"
18.         android:text="Sair" />
19.
20. </LinearLayout>
```

A interface apresentada na **Listagem 10.1** consiste em um formulário com LinearLayout (linha 01) e dois botões (linhas 08 e 14), um abaixo do outro, com os textos *Lançamento* e *Sair* (linhas 12 e 18).

Para o tratamento dos botões, é necessária a codificação da classe Activity, responsável pela interface visual. O código da classe Activity é apresentado na **Listagem 10.2**.

Listagem 10.2. MenuPrincipalActivity.java – Código Java para o tratamento do menu principal.

```
01. package br.com.livro.cadastro;
02.
03. import android.os.Bundle;
04. import android.app.Activity;
05. import android.view.Menu;
06. import android.view.View;
07. import android.widget.Button;
08.
09. public class MenuPrincipalActivity extends Activity {
10.
11.    private Button btLancamento;
12.    private Button btSair;
13.
14.    @Override
15.    protected void onCreate(Bundle savedInstanceState) {
16.        super.onCreate(savedInstanceState);
17.        setContentView(R.layout.activity_menu_principal);
18.
19.        btLancamento = (Button) findViewById( R.id.btLancamento );
20.        btSair = (Button) findViewById( R.id.btSair );
21.
22.        btLancamento.setOnClickListener( new View.OnClickListener() {
23.            @Override
24.            public void onClick(View arg0) {
25.                btLancamentoOnClick();
26.            }
27.        } );
28.
29.        btSair.setOnClickListener( new View.OnClickListener() {
30.            @Override
31.            public void onClick(View arg0) {
32.                btSairOnClick();
33.            }
34.        } );
35.    }
36.
37.    public void btLancamentoOnClick() {
38.
39.    }
40.
41.    public void btSairOnClick() {
42.        finish();
43.    }
44. }
```

O código da **Listagem 10.2** apresenta a estrutura de uma aplicação para o tratamento dos menus. Nela, os botões são declarados nas linhas 11 e 12, e no método onCreate( ), os botões são recuperados a partir dos componentes declarados no arquivo xml (linhas 19 e 20). A sequência do método onCreate( ) é referente ao tratamento do evento de clique dos dois botões (linhas 22 a 34).

Já o método btSairOnClick( ), linha 41, executa a opção de fechar o aplicativo e por isso, o método finish (linha 42) é executado dentro dele. O método btLancamentoOnClick( ), linha 37, é executado quando o usuário pressiona esse botão na interface gráfica, já o método btLancamentoOnClick( ) será codificado na sequência.

> **Dica. Fechando aplicativos Android**
> A criação de um botão com a função de sair do aplicativo na interface gráfica não é uma prática muito comum nas aplicações Android, uma vez que, por padrão, para fechar um aplicativo Android, é necessário pressionar o botão *Voltar* do próprio device que fica na tela principal do aplicativo Android ou pressionar a tecla de atalho Esc na tela do emulador. A figura abaixo mostra a representação gráfica do botão *Voltar*.

Classes Acitivities

Activities são classes do Android que possuem a função de realizar alguma atividade ou tarefa dentro da aplicação. Na maioria das vezes (porém, não sempre), as Activities são associadas à tela, ou seja, os dados informados em uma determinada tela são processados pela Activity correspondente a essa tela, assim, se tivermos duas telas na aplicação Android, teremos duas Activities na aplicação, se tivermos cinco telas, teremos cinco Activities, se tivermos 10 telas, 10 Activities, e assim por diante.

Porém, a afirmação anterior não é uma regra, pois podemos ter tarefas "ocultas", ou seja, tarefas sem telas e nestes casos específicos, uma Activity não estará associada a uma tela.

Na nossa aplicação, até o momento temos uma situação na qual cada tela é tratada por uma Activity, assim, temos uma única interface gráfica (activity_menu_principal.xml) e uma Activity para o tratamento dessa interface (MenuPrincipalActivity.java).

Observando o código do MenuPrincipalActivity.java (**Listagem 10.2**), podemos verificar que toda Activity herda funcionalidades de Activity ou alguma de suas subclasses (ListActivity, MapActivity etc.), linha 09. Para ser iniciada, uma Activity precisa executar o método onCreate( ), linha 15, sendo este o primeiro dos métodos do ciclo de vida de uma Activity, apresentado com detalhes no **Capítulo 9**. Os primeiros comandos desse método consistem em chamar onCreate( ) da classe Activity (linha 16) e apresentar para o usuário a tela correspondente à interface xml criada (linha 17).

O restante do código da Activity trata os componentes visuais declarando os componentes da tela (linhas 11 a 13), recuperando os componentes (linhas 19 a 20), tratando os eventos dos componentes visuais (linhas 22 a 33) e declarando os métodos específicos (linhas 37 a 43).

Criando uma segunda tela para a aplicação

Para a apresentação da tela de lançamento, o primeiro passo é criar uma Activity que tratará a tela. Basicamente, uma Activity é uma classe Android associada a uma tela.

> **Dica. Utilizando apenas arquivo xml para as telas**
> Alguns programadores, com menos experiência na plataforma, não costumam criar Activities para cada tela, sendo assim, todo o processamento do aplicativo fica em uma única Activity, o que não é bom, já que a classe tende a ficar muito grande, possuindo a declaração de todos os componentes visuais do programa. Para chamar as outras telas, elas são criadas como um arquivo xml (um arquivo xml para cada tela) e a chamada é feita pelo comando setContentView(R.layout.nome_da_nova_tela).
>
> Embora essa técnica seja utilizada, ela não é recomendada.

Para criar uma Activity que processará a tela de lançamento, na IDE Android Studio, deve-se clicar com o botão direito no projeto, escolhendo a opção *New – Activity – Blank Activity,* conforme a **Figura 10.2**.

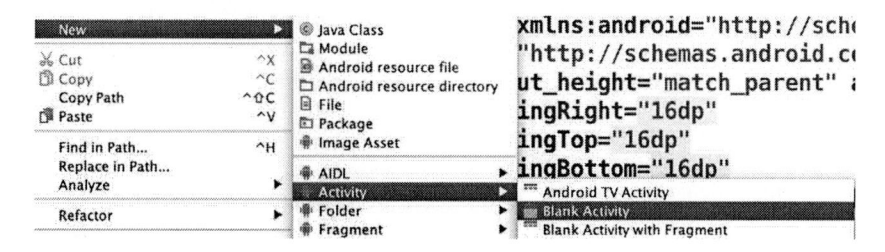

Figura 10.2. Criando uma Activity para o tratamento da tela.

Na tela seguinte, deve-se informar o nome da classe Java (Activity), assim como da tela (layout). Outras informações também podem ser informadas, como o texto do título e o nome do arquivo de menu. Para o exemplo, utilizamos LancamentoActivity (Activity Name) e activity_lancamento (Layout Name), conforme a **Figura 10.3**. Para concluir, clicamos no botão *Finish*.

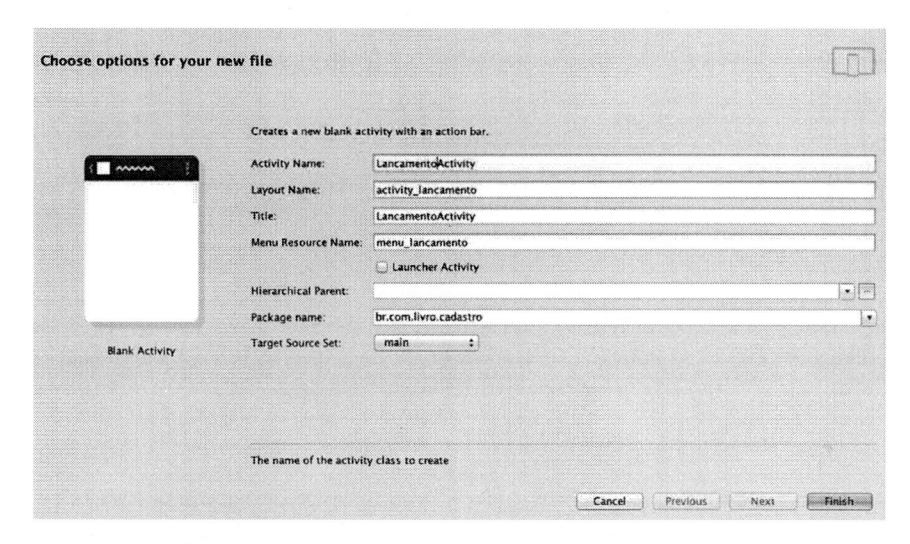

Figura 10.3. Informando o nome da Activity e da tela.

Dica. Criando uma Activity para o tratamento de telas em outras IDEs

O wizard de criação de Activities facilita consideravelmente a criação de novas telas na plataforma Android. Este processo, se feito manualmente, consiste em:

- criar um arquivo xml na pasta layout que corresponderá à nova tela do aplicativo;

- criar uma classe Java, filha de Activity, para tratar a lógica de negócio da tela;

- adicionar uma entrada no arquivo manifest.xml informando que a nova classe Java será uma Activity, conforme a figura que se segue.

```
<activity
    android:name=".LancamentoActivity"
    android:label="LancamentoActivity" >
</activity>
```

Após criar uma tela e uma Activity para tratá-la, iremos formatar o arquivo xml para apresentar uma tela de lançamento do produto, lembrando que este exemplo é didático, assim, não haverá persistência no banco de dados nem o envio das informações pela rede, simplesmente o usuário informará o código do produto, a quantidade e o valor, e ao confirmar, será apresentada uma nova tela com esses dados. Também foi introduzida na interface gráfica um botão *Listar Produtos*, onde uma lista com todos os produtos será apresentada.

Assim, o código de activity_lancamento.xml é apresentado com detalhes na **Listagem 10.3**.

Listagem 10.3. activity_lancamento.xml – Interface gráfica da tela de lançamento.

```xml
01.   <LinearLayout xmlns:android="http://schemas.android.com/apk/res/android"
02.       xmlns:tools="http://schemas.android.com/tools"
03.       android:layout_width="match_parent"
04.       android:layout_height="match_parent"
05.       android:orientation="vertical"
06.       tools:context=".LancamentoActivity" >
07.
08.       <TextView
09.           android:layout_width="wrap_content"
10.           android:layout_height="wrap_content"
11.           android:text="Cod:" />
12.
13.       <EditText
14.           android:id="@+id/etCod"
15.           android:layout_width="match_parent"
16.           android:layout_height="wrap_content"
17.           android:inputType="number" />
18.
19.       <TextView
20.           android:layout_width="wrap_content"
21.           android:layout_height="wrap_content"
22.           android:text="Qtd:" />
23.
24.       <EditText
25.           android:id="@+id/etQtd"
26.           android:layout_width="match_parent"
27.           android:layout_height="wrap_content"
28.           android:inputType="numberDecimal" />
29.
30.       <TextView
31.           android:layout_width="wrap_content"
32.           android:layout_height="wrap_content"
33.           android:text="Valor:" />
34.
35.       <EditText
36.           android:id="@+id/etValor"
37.           android:layout_width="match_parent"
38.           android:layout_height="wrap_content"
39.           android:inputType="numberDecimal" />
40.
41.       <Button
42.           android:id="@+id/btConfirmar"
43.           android:layout_width="wrap_content"
44.           android:layout_height="wrap_content"
45.           android:text="Confirmar" />
46.
47.
48.       <Button
49.           android:id="@+id/btListarProdutos"
50.           android:layout_width="wrap_content"
51.           android:layout_height="wrap_content"
52.           android:text="Listar Produtos" />
53.
54.   </LinearLayout>
```

A interface gráfica de lançamento possui uma tela no layout LinearLayout (linha 01) na orientação vertical (linha 05), sendo apresentados pares de componentes: Label e EditText. O primeiro para rotular o campo, o segundo para a digitação de dados. São os campos Código (linhas 08 a 17), Quantidade (linhas 19 a 28) e Valor (linhas 30 a 39), além dos botões *Confirmar* (linha 41 a 45) e *Listar Produtos* (linhas 48 a 52).

Para o tratamento dessa interface gráfica, é necessária a codificação de LancamentoActivity.java, apresentado na **Listagem 10.4**.

Listagem 10.4. LancamentoActivity.java – Classe Java responsável pelo tratamento da tela de lançamento.

```
01.    package br.com.livro.cadastro;
02.
03.    import android.app.Activity;
04.    import android.os.Bundle;
05.    import android.view.View;
06.    import android.widget.Button;
07.    import android.widget.EditText;
08.
09.    public class LancamentoActivity extends Activity {
10.
11.         private EditText etCodigo;
12.         private EditText etQtd;
13.         private EditText etValor;
14.         private Button btConfirmar;
15.         private Button btListarProdutos;
16.
17.
18.         @Override
19.         protected void onCreate(Bundle savedInstanceState) {
20.             super.onCreate(savedInstanceState);
21.             setContentView(R.layout.activity_lancamento);
22.
23.             etCodigo = (EditText) findViewById( R.id.etCod );
24.             etQtd = (EditText) findViewById( R.id.etQtd );
25.             etValor = (EditText) findViewById( R.id.etValor );
26.             btConfirmar = (Button) findViewById( R.id.btConfirmar );
27.             btListarProdutos = (Button) findViewById( R.id.btListarProdutos );
28.
29.             btConfirmar.setOnClickListener( new View.OnClickListener() {
30.                 @Override
31.                 public void onClick(View arg0) {
32.                     btConfirmarOnClick();
33.                 }
34.             } );
35.
36.             btListarProdutos.setOnClickListener( new View.OnClickListener() {
37.                 @Override
38.                 public void onClick(View arg0) {
39.                     btListarProdutoOnClick();
40.                 }
41.             } );
42.         }
43.
44.         public void btConfirmarOnClick() {
45.
46.         }
47.
48.         public void btListarProdutoOnClick() {
49.
50.         }
51.
52.    }
```

O código da **Listagem 10.4** possui a mesma estrutura de código da **Listagem 10.2**, já que ambos trabalham com o tratamento de uma interface gráfica. Assim, na linha 09, é declarada a classe, a qual herda as funcionalidades de Activity (o que torna essa classe uma Activity também) e nas linhas 11 a 15, são declarados os componentes visuais da tela.

A linha 19 trata o método onCreate( ), executado quando essa Activity for chamada; esse método chama onCreate( ) da classe-mãe (linha 20) e na linha 21, é apresentada para o usuário a interface criada no arquivo activity_lancamento.xml.

As linhas que seguem recuperam os componentes visuais da interface gráfica (linhas 23 a 27), trata os eventos (linhas 29 a 41) e declara os métodos específicos (linhas 44 a 50).

Agora, podemos voltar ao código de MenuPrincipalActivity.java e implementar a lógica através da classe Intent para a chamada dessa nova tela.

Classe Intent

A tradução literal de Intent é intenção e essa palavra traduz bem a função da classe. Por meio da classe Intent, um aplicativo Android consegue "intencionar" os comandos, não que esses comandos sejam necessariamente executados, mas se o device permitir, a intenção se transformará em ação.

É possível, via classe Intent, iniciar o Bluetooth do aparelho (caso ele esteja desligado), ligar o GPS ou, ainda, abrir o browser, acessar uma página e até mesmo abrir o programa de envio de SMS, já preenchendo o destinatário e a mensagem. Essas são algumas das muitas funcionalidades da classe Intent e dessas, sem dúvida uma das mais utilizadas é a execução de novas Activities. Como normalmente as Activities são associadas a telas, a execução de uma Activity reflete a troca da tela do aplicativo.

Chamando uma nova tela

Iremos acessar a classe MenuPrincipalActivity.java e no método btLancamentoOnClick( ), linhas 37 a 39 da **Listagem 10.2**, incluímos a lógica descrita na **Listagem 10.5**.

Listagem 10.5. Método btLancamentoOnClick( ) – Chamada de uma nova tela.

```
01.   public void btLancamentoOnClick() {
02.       Intent i = new Intent( this, LancamentoActivity.class );
03.       startActivity( i );
04.   }
```

Para registrar a intenção de executar uma nova Activity, devemos instanciar um objeto do tipo Intent (linha 02), classe do pacote android.content, passando por parâmetro a Activity que executará a ação (neste caso, a Activity atual, representada pela palavra-chave this) e também a Activity que será executada (LancamentoActivity.class). Por fim, executamos o comando startActivity (linha 03), passando a intenção que será executada. Após, ao executar o aplicativo, a tela de lançamento será apresentada, conforme a **Figura 10.4**.

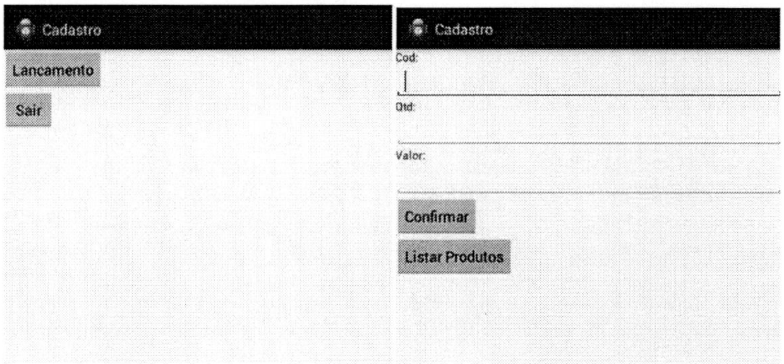

Figura 10.4. Menu principal do aplicativo (esquerda) e tela de lançamento (direita) apresentada após o clique do botão *Lançamento*.

Uma vez apresentada a tela de Lançamento, o usuário pode optar por retornar para a tela anterior e para isso, basta clicar no botão *Voltar* do emulador. Esse botão, na verdade, fecha a Activity atual (LancamentoActivity.java), retornando para a Activity anterior (MenuPrincipalActivity.java). Assim, na plataforma Android, não é necessário criar botões *Voltar* em todas as telas, já que o botão *Voltar* do device já faz essa função.

Chamando uma Activity ao passar um parâmetro

No exemplo anterior, foi apresentado o procedimento para iniciar novas Activities associadas a telas, porém, em algumas situações, é necessário passar dados entre uma Activity e outra, como, por exemplo, fazer com que a Activity chamadora envie dados para a Activity chamada, fazendo com que esses dados sejam apresentados na tela.

Para exemplificar esta situação, criaremos uma nova Activity chamada ConfirmarActivity.java, que apresentará uma tela activity_confirmar.xml com os dados digitados na tela de Lançamento.

O procedimento para criar uma nova Activity foi apresentado com detalhes na seção **Criando uma segunda tela para a aplicação**. Desta forma, abaixo serão apresentados apenas os códigos da tela activity_confirmar.xml e ConfirmarActivity.java, iniciando pelo primeiro na **Listagem 10.6**.

Listagem 10.6. activity_confirmar.xml – Código da tela Confirmar do aplicativo.

```
01.    <LinearLayout xmlns:android="http://schemas.android.com/apk/res/android"
02.        xmlns:tools="http://schemas.android.com/tools"
03.        android:layout_width="match_parent"
04.        android:layout_height="match_parent"
05.        android:orientation="vertical"
06.        tools:context=".ConfirmarActivity" >
07.
08.        <TextView
09.            android:layout_width="wrap_content"
10.            android:layout_height="wrap_content"
11.            android:text="Código do Produto:" />
12.
13.        <TextView
14.            android:id="@+id/tvCod"
15.            android:layout_width="wrap_content"
16.            android:layout_height="wrap_content"
17.            android:text=""
18.            android:textAppearance="?android:attr/textAppearanceLarge" />
19.
20.        <TextView
21.            android:layout_width="wrap_content"
22.            android:layout_height="wrap_content"
```

```
23.            android:text="Quantidade:" />
24.
25.        <TextView
26.            android:id="@+id/tvQtd"
27.            android:layout_width="wrap_content"
28.            android:layout_height="wrap_content"
29.            android:text=""
30.            android:textAppearance="?android:attr/textAppearanceLarge" />
31.
32.        <TextView
33.            android:layout_width="wrap_content"
34.            android:layout_height="wrap_content"
35.            android:text="Valor:" />
36.
37.        <TextView
38.            android:id="@+id/tvValor"
39.            android:layout_width="wrap_content"
40.            android:layout_height="wrap_content"
41.            android:text=""
42.            android:textAppearance="?android:attr/textAppearanceLarge" />
43.
44.        <Button
45.            android:id="@+id/btConfirmarFinal"
46.            android:layout_width="wrap_content"
47.            android:layout_height="wrap_content"
48.            android:text="Confirmar" />
49.
50. </LinearLayout>
```

A interface gráfica desenvolvida consiste em pares de componentes, sendo o primeiro para apresentar o campo e o segundo será alimentado com dados vindos da tela de lançamento. Assim, os pares seriam para os campos de código (linhas 08 a 18), quantidade (linhas 20 a 30), valor (linhas 32 a 42), além de um botão de confirmação final (linhas 44 a 48), o qual apresentará provisoriamente a mensagem "Operação indisponível no momento."

Na **Listagem 10.7**, temos o código da classe ConfirmarActivity.

Listagem 10.7. ConfirmarActivity.java – Código da tela de confirmação do aplicativo.

```
01. package br.com.livro.cadastro;
02.
03. import android.app.Activity;
04. import android.app.AlertDialog;
05. import android.os.Bundle;
06. import android.view.View;
07. import android.widget.Button;
08. import android.widget.TextView;
09.
10. public class ConfirmarActivity extends Activity {
11.
12.     private TextView tvCod;
13.     private TextView tvQtd;
14.     private TextView tvValor;
15.     private Button btConfirmar;
16.
17.     @Override
18.     protected void onCreate(Bundle savedInstanceState) {
19.         super.onCreate(savedInstanceState);
20.         setContentView(R.layout.activity_confirmar);
21.
22.         tvCod = (TextView) findViewById( R.id.tvCod );
23.         tvQtd = (TextView) findViewById( R.id.tvQtd );
24.         tvValor = (TextView) findViewById( R.id.tvValor );
25.         btConfirmar = (Button) findViewById( R.id.btConfirmarFinal );
26.
```

```
27.            btConfirmar.setOnClickListener( new View.OnClickListener() {
28.            @Override
29.                public void onClick(View arg0) {
30.                    btConfirmarOnClick();
31.                }
32.            } );
33.
34.        }//fim do método onCreate
35.
36.        public void btConfirmarOnClick() {
37.            AlertDialog.Builder alert = new AlertDialog.Builder( this );
38.            alert.setTitle( "Atenção" );
39.            alert.setMessage( "Operação indisponível no momento" );
40.        alert.setNeutralButton( "OK", null );
41.            alert.show();
42.        }
43.    }//fim da classe ConfirmarActivity
```

O código desenvolvido, de forma geral, se assemelha às demais Activities apresentadas neste capítulo. São declarados os componentes visuais (linhas 12 a 16), eles são recuperados (linhas 22 a 25), sendo também tratado o botão *Confirmar* (linhas 28 a 32), sendo que este possui a função de apresentar uma mensagem de alerta para o usuário (método btConfirmarOnClick). Esse método instancia um objeto do tipo AlertDialog. Builder (linha 37), valorizando o título do alerta (linha 38) e seu texto (linha 39), o botão e sua operação (por padrão, a operação null fecha o dialog), por fim, o alerta é apresentado para o usuário (linha 41).

Para chamar essa Activity, devemos codificar o botão *Confirmar* de LancamentoActivity (linha 44 da **Listagem 10.4**), conforme detalhado na **Listagem 10.8**.

Listagem 10.8. método btConfirmarOnClick – Método que chama a nova tela passando parâmetros.

```
01.        public void btConfirmarOnClick() {
02.            int cod = Integer.parseInt( etCodigo.getText().toString() );
03.            double qtd = Double.parseDouble( etQtd.getText().toString() );
04.            double valor = Double.parseDouble( etValor.getText().toString() );
05.
06.            Intent intent = new Intent( this, ConfirmarActivity.class );
07.            intent.putExtra( "codigo", cod );
08.            intent.putExtra( "quantidade", qtd );
09.            intent.putExtra( "valor", valor );
10.
11.            startActivity( intent );
12.        }
```

O código da **Listagem 10.8** inicia recuperando os campos dos componentes de entrada de dados EditText (linhas 02 a 04), esse conteúdo é convertido nos tipos primitivos inteiro e double e são utilizados na passagem para a segunda tela.

Na linha 06, é instanciado um Intent, passando por parâmetro o nome da Activity que chama, assim como a Activity chamada (como aconteceu na **Listagem 10.5**).

A diferença está na sequência, onde na instância do Intent, são adicionadas as informações que serão passadas para a próxima tela. Há várias maneiras de passar tais informações, mas a forma mais simples é apenas usar o método putExtra, o qual espera o nome da informação (esta será utilizada para a recuperação na outra Activity) e o valor a ser passado. Automaticamente, com o valor da variável, o Android já sabe que se trata de um tipo int e dois doubles nesse nosso exemplo.

Por fim, a nova Activity é iniciada, com o comando executado na linha 11 do código.

Se analisarmos o código da **Listagem 10.7**, o qual trata a classe ConfirmarActivity, chamada por LancamentoActivity, verificamos que o código apenas apresenta para o usuário uma tela "em branco", ou seja, nela, os dados não são preenchidos com o conteúdo enviado por LancamentoActivity, assim, temos que recuperar os dados passados pelo Intent e adicioná-los à tela.

Para isso, vamos para a linha 33, antes do fechamento do método onCreate( ), chamar o método receberDados( ), conforme apresentado na **Listagem 10.9**.

Listagem 10.9. Chamada do método receberDados.

```
30.                         btConfirmarOnClick();
31.                     }
32.                 } );
33.             receberDados();
34.         }//fim do método onCreate
35.
36.         public void btConfirmarOnClick() {
```

Esse método pode ser tratado ao final da classe ConfirmarActivity e seu código é apresentado na **Listagem 10.10**.

Listagem 10.10. método receberDados – Método que recebe os dados de LancamentoActivity.

```
01.     public void receberDados() {
02.         Intent intent = getIntent();
03.
04.         int cod = intent.getIntExtra( "codigo", 0 );
05.         double qtd = intent.getDoubleExtra( "quantidade", 0 );
06.         double valor = intent.getDoubleExtra( "valor", 0 );
07.
08.         tvCod.setText( String.valueOf( cod ) );
09.         tvQtd.setText( String.valueOf( qtd ) );
10.         tvValor.setText( String.valueOf( valor ) );
11.     }
12.
13. }//fim da classe ConfirmarActivity
```

O código apresentado recupera o Intent da aplicação (linha 02), o qual contém as informações recebidas da Activity que o chamou, e nas linhas seguintes (linhas 04 a 06), os dados passados são recuperados. Basicamente, o primeiro parâmetro dos métodos getters é o nome dos parâmetros (eles devem obrigatoriamente coincidir com os passados na **Listagem 10.8**); caso o parâmetro não seja encontrado (nome errado, por exemplo), este será valorizado automaticamente com o segundo parâmetro passado no método getter. Por padrão, aconselha-se valorizar com zeros, caso sejam numéricos.

Após, o valor recuperado é convertido em string com o comando String.valueOf( ) e este valoriza os componentes TextView da tela de confirmação.

O resultado visual é visto na **Figura 10.5**.

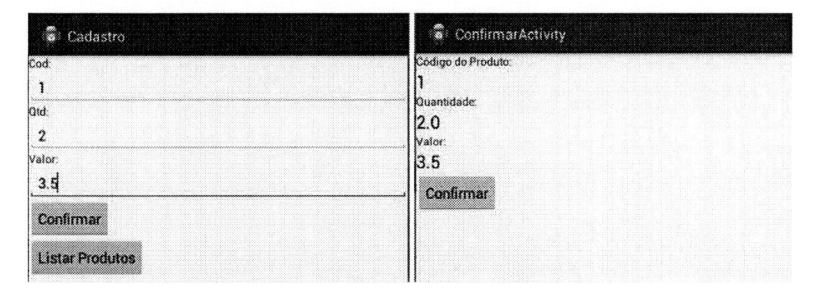

Figura 10.5. Tela de lançamento preenchida (esquerda) e tela de confirmação (direita) apresentada após o clique do botão *Confirmar*.

Na tela de confirmação, clicando no botão *Confirmar*, é apresentado o AlertDialog codificado entre as linhas 37 e 41 da **Listagem 10.7**, conforme apresentado na **Figura 10.6**.

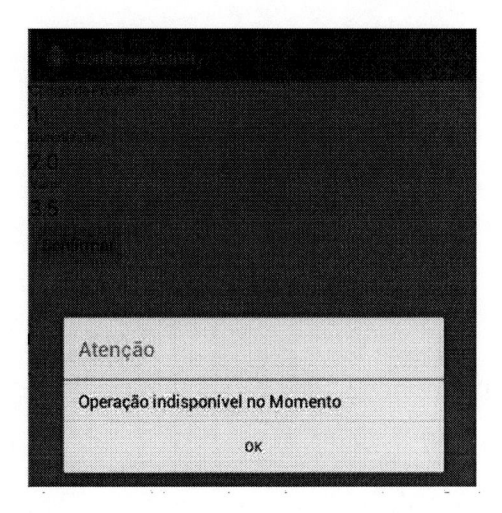

Figura 10.6. AlertDialog referente ao botão *Confirmar*.

Recuperando os parâmetros de outra Activity

Até o momento, vimos duas situações específicas de uso da classe Intent: a primeira, onde chamamos uma Activity de forma simples somente para apresentar uma nova tela, e outra, onde chamamos uma Activity passando algumas informações, estas apresentadas na nova tela.

Agora, iremos trabalhar com a recuperação de dados de uma Activity chamada. Imagine no exemplo desenvolvido que o usuário não conheça todos os códigos dos produtos e nessa situação, o usuário teria que ter acesso a uma tela de busca ou listagem de produtos (para este exemplo, foi criado o botão *Listar Produto*, visível no lado direito da **Figura 10.4**).

Apresentando na tela a listagem com os produtos desejados, o usuário pode clicar no nome do produto e, automaticamente, já retornamos à tela anterior, com o código do produto valorizado no respectivo campo.

Para codificar essa funcionalidade, criaremos uma nova Activity, chamada ListarProdutoActivity.

Como se trata de uma lista, será utilizada uma Activity ligeiramente diferente, especializada para a lista, chamada ListActivity. Ao utilizar esse tipo de Activity, não é necessária a criação de um arquivo xml para a interface gráfica, assim, o arquivo activity_listar_produto.xml pode ser excluído.

Para excluir um arquivo de interface, basta clicar com o botão direito nele, escolhendo a opção *Excluir*, conforme apresentado na **Figura 10.7**.

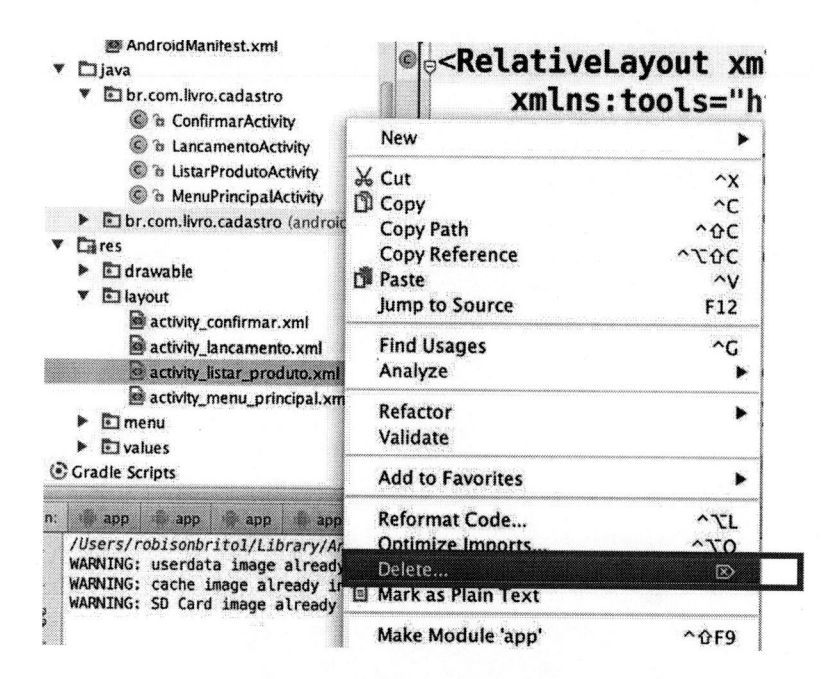

Figura 10.7. Excluindo um arquivo de layout criado automaticamente.

Após, devemos modificar o arquivo ListarProdutoActivity para ele herdar a funcionalidade de ListActivity, bem como apresentar uma lista estática de produtos na tela. O código de ListarProdutoActivity é apresentado na **Listagem 10.11**.

Listagem 10.11. Classe ListarProdutoActivity.java – Lista de produtos para a escolha e a recuperação do código.

```
01.   package br.com.livro.cadastro;
02.
03.   import android.app.ListActivity;
04.   import android.os.Bundle;
05.   import android.view.View;
06.   import android.widget.ArrayAdapter;
07.   import android.widget.ListView;
08.
09.   public class ListarProdutoActivity extends ListActivity {
10.
11.       @Override
12.       protected void onCreate(Bundle savedInstanceState) {
13.           super.onCreate(savedInstanceState);
14.           //setContentView(R.layout.activity_listar_produto);
15.
16.           String produtos[] = { "Coca-Cola", "Guarana", "Pepsi", "Fanta",
17.                       "Aquarius", "H2OH", "Água Mineral"
18.           };
19.
20.           ArrayAdapter<String> adapter = new ArrayAdapter<String>(this,
21.                       android.R.layout.simple_list_item_1, produtos );
22.
23.           setListAdapter( adapter );
24.       }
25.
26.       @Override
27.       protected void onListItemClick(ListView l, View v, int position, long id) {
28.
29.       }
30.
31.   }//fim da classe ListarProdutoActivity
```

A classe apresentada é uma Activity modificada, como pode ser observado na linha 09, uma vez que essa classe herda as funcionalidades de ListActivity, e não mais de Activity. Outra diferença está no método onCreate( ), linha 09. Não sendo mais necessário fazer o setContentView (linha 14), essa linha foi comentada, pois, internamente, ListActivity já possui uma interface gráfica baseada no componente ListView e desta forma, o comando setContentView( ) não é mais necessário.

O passo seguinte é declarar um array de strings (linhas 16 a 18) com o conteúdo que será apresentado na lista. Para o exemplo, foi utilizado o nome de bebidas.

Após, um ArrayAdapter foi instanciado. Essa classe cria uma lista a partir do conteúdo de um array, assim, as características visuais e o conteúdo da lista são passados por parâmetro no construtor da classe (linhas 20 e 21).

Por fim, esse adapter é passado por parâmetro como o Adapter de ListActivity, linha 23. Nessa classe, também foi codificado o método responsável por tratar o clique em um elemento da lista (método onListItemClick, linha 27). Esse método será codificado posteriormente e terá a função de retornar à Activity chamadora com o código do produto selecionado na tela.

O passo seguinte é fazer a chamada para a Activity, bem como codificar o método que receberá os dados enviados como retorno. Para isso, na classe LancamentoActivity, codificamos os métodos btListarProdutoOnClick( ) e sobrescrevemos o método onActivityResult( ), conforme apresentado na **Listagem 10.12**.

Listagem 10.12. Método btListarProdutoOnClick – Código para chamar a tela Listar Produto.

```
01.        public void btListarProdutoOnClick() {
02.            Intent intent = new Intent( this, ListarProdutoActivity.class );
03.            startActivityForResult( intent, 1 );
04.        }
05.
06.
07.    @Override
08.    protected void onActivityResult(int requestCode, int resultCode, Intent data) {
09.
10.    }
```

O método btListarProdutoOnClick( ) é relativamente simples, tem unicamente a função de criar um Intent (linha 01), passando a Activity chamadora e a Activity que será chamada por parâmetro. Na sequência, esse Activity é iniciada pelo método startActivityForResult (linha 03).

A diferença do startActivity( ) visto até então para o startActivityForResult( ) é que este último executa uma Activity, mas espera uma resposta de retorno.

Como uma Activity pode chamar várias outras Activities usando startActivityForResult( ), é interessante termos um identificador único para a chamada, sendo este o segundo parâmetro de startActivityForResult( ) (no exemplo, foi utilizado o inteiro 1). Todas as respostas de startActivityForResult( ) são recebidas pelo método onActivityResult( ), linha 08. Desta forma, para sabermos se a Activity retornou os dados, podemos pedir o campo int requestCode (primeiro parâmetro de onActivityResult( )), pois será o mesmo valor passado em startActivityForResult( ), ou seja, neste exemplo, será o inteiro 1.

O resultado visual da chamada para a tela Listar Produto até o momento é apresentado na **Figura 10.8**.

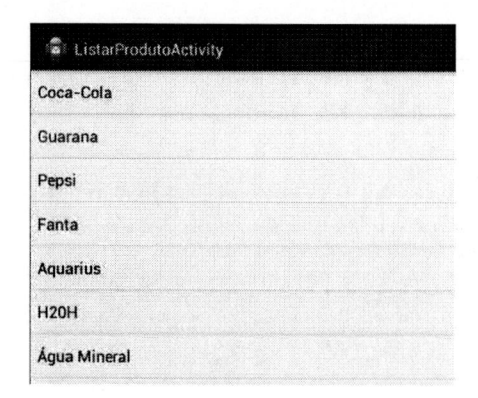

Figura 10.8. Tela de listagem do produto.

Nessa tela, o usuário tem a possibilidade de interagir clicando no nome do item da lista, porém, por hora, nada acontece, já que o método onListItemClick( ) (linha 27 da Listagem 11) ainda não foi codificado.

Para o exemplo desenvolvido, se o usuário clicar em um dos itens da lista, ele deverá retornar para a tela Lançamento, formatando o campo Código do produto com o código do item selecionado. Para um exemplo didático, o código do produto será sequencial e crescente, começando com 1 para Coca-Cola e terminando com 7 para Água Mineral.

Assim, o código do método onListItemClick( ) é apresentado com detalhes na **Listagem 10.13**.

Listagem 10.13. Método onListItemClick() – Recuperando o código do elemento da lista, retornando-o para a Activity que chamou .

```
01.         @Override
02.         protected void onListItemClick(ListView l, View v, int position, long id) {
03.             int codProd = position + 1;
04.
05.             Intent intent = getIntent();
06.             intent.putExtra( "codProd", codProd );
07.             //aqui poderia ser retornado outros campos, caso necessário
08.
09.             setResult( 1, intent );
10.             finish();
11.         }
```

A lógica para recuperar o código do produto neste exemplo é só pegar o índice do elemento selecionado (campo position) e somar a este um (linha 03), já que o primeiro elemento da lista possui position 0 e o último, position n -1.

Na linha seguinte (linha 05), é recuperado o Intent da aplicação com o método getIntent( ) e a este, são adicionados os valores que devem ser retornados para o aplicativo anterior. Neste exemplo, apenas o conteúdo da variável codProd será retornado (linha 06), porém, poderiam ser retornadas múltiplas informações.

Por fim, esse Intent é adicionado como retorno pelo método setResult( ), linha 09. Esse método espera um identificador inteiro, sendo este valorizado na variável resultCode (linha 08 da **Listagem 10.12**). Por padrão, costuma-se utilizar o mesmo identificador de startActivityForResult( ).

Ao final do processamento, o método finish( ) é executado e ele possui a função de fechar a Activity atual (ListarProdutoActivity), consequentemente, tirando a tela do dispositivo e retornando para a tela anterior, que tratará o retorno pelo método onActivityResult( ).

Na classe LancamentoActivity, o método onActivityResult( ) deve ser codificado, conforme a **Listagem 10.14**.

Listagem 10.14. Método onActivityResult( ) – Recebendo informação da Activity chamada, apresentando-a na tela.

```
01.    @Override
02.    protected void onActivityResult(int requestCode, int resultCode, Intent data) {
03.
04.        if ( data != null ) {
05.            if ( requestCode == 1 ) {
06.                int codProd = data.getIntExtra( "codProd", 0 );
07.                etCodigo.setText( String.valueOf( codProd ) );
08.            }
09.        }
10.    }
```

O método onActivityResult( ) deve, inicialmente verificar, o conteúdo do Intent recebido no método (linha 04), uma vez que se este for nulo, significará que o usuário retornou utilizando o botão *Voltar* do device, não sendo utilizado, neste caso, o método setResult( ), assim, o objeto Intent está nulo e não traz informações para serem processadas.

Sendo diferente de nulo, é verificado se o código de requisição (linha 05) é igual ao utilizado para chamar a Activity com o método startActivityForResult; sendo iguais, a informação pode ser processada.

Desta forma, é recuperado o campo codProd (linha 06), enviado pela Activity. Caso a informação não seja encontrada, a mesma é valorizada com o valor do segundo parâmetro (neste exemplo, zeros).

Por fim, o codProd recuperado é convertido em string e apresentado no componente etCodigo, conforme a linha 08.

Assim, ao executar o aplicativo, ele se comportará conforme a sequência de imagens da **Figura 10.9**.

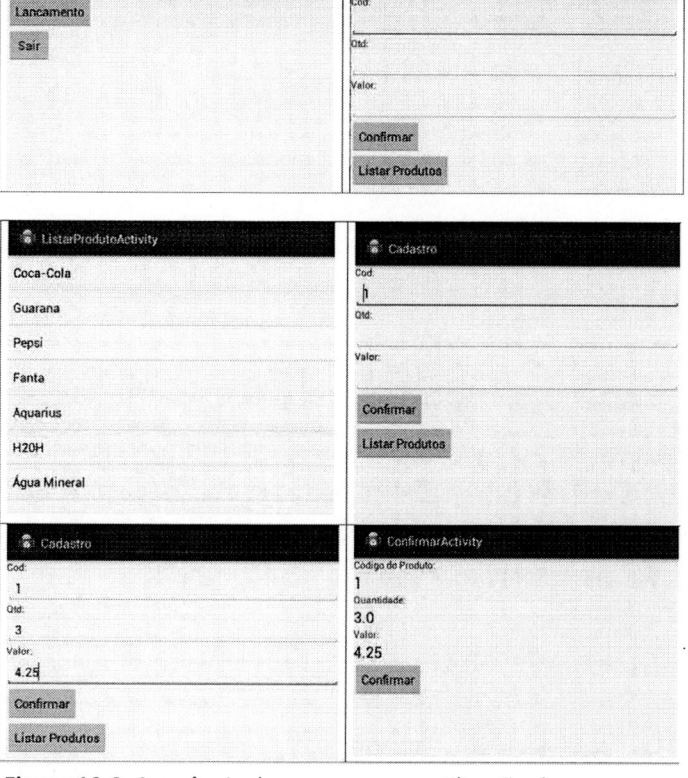

Figura 10.9. Sequência de passos para a utilização do programa.

Após concluído, o programa é apresentado conforme a **Figura 10.9**, onde inicialmente é apresentado a tela de menu com a opção *Lançamento*. Acessando essa opção, uma nova tela é apresentada para informar os campos necessários. Se o usuário não conhecer o código do produto, poderá clicar no botão *Listar*, que traz um List com todas as informações. O usuário, então, poderá selecionar o produto pelo nome e ao retornar, o campo código do produto será apresentado no EditText da tela. Assim, o usuário preencherá os demais campos e ao clicar no botão *Confirmar*, uma última tela de confirmação, com os dados digitados, será apresentada.

Utilizando a classe Intent para chamar as telas "nativas" e usar os recursos do Android

A classe Intent possui inúmeras funções no Android, podendo ser utilizada para abrir novas janelas (associadas a Activities), passando parâmetros, não passando parâmetros ou ainda recebendo parâmetros de outras Activities. Porém, outro recurso muito interessante da classe Intent é a chamada de telas e os recursos nativos do device, como, por exemplo, chamar a tela responsável por fazer ligações, envio de mensagens ou até mesmo ligar/desligar recursos como Bluetooth e GPS. Na sequência, alguns códigos interessantes utilizando a classe Intent.

Neste capítulo, alguns desses recursos serão apresentados e o primeiro deles, um dos mais interessantes, é o código para fazer com que uma aplicação Android realize uma ligação. Aparentemente, a utilização de tal recurso parece algo muito complexo, mas, na verdade, resume-se a algumas poucas linhas de código, conforme apresentado na **Listagem 10.15**.

Listagem 10.15. Método realizarLigacao( ) – Chamando a tela de ligações de um device Android.

```
01.    public void realizarLigacao() {
02.        EditText campoTelefone = (EditText) findViewById(R.id.edTelefone);
03.
04.        String telefone = campoTelefone.getText().toString();
05.
06.        Uri uri = Uri.parse("tel:"+telefone);
07.
08.        Intent intent = new Intent(Intent.ACTION_DIAL,uri);
09.
10.        startActivity(intent);
11.    }
```

Este método apresentado possui a função de recuperar o número para o qual se deseja ligar da tela a partir de um campo EditText (linha 02) e na sequência, o texto digitado no campo é armazenado em uma string (linha 04) para, então, instanciar um objeto do tipo Uri, o qual deve conter o número iniciando com "tel:".

Após, o objeto Intent, já conhecido por nós, é instanciado (linha 08), porém, recebe por parâmetro o valor Intent.Action_DIAL, o que identifica a tela de ligação, assim como o uri com o número de telefone.

Ao final, o Intent é executado por meio do comando startActivity. O resultado desse código é a apresentação da tela de ligação discando para o número informado, conforme a **Figura 10.10**.

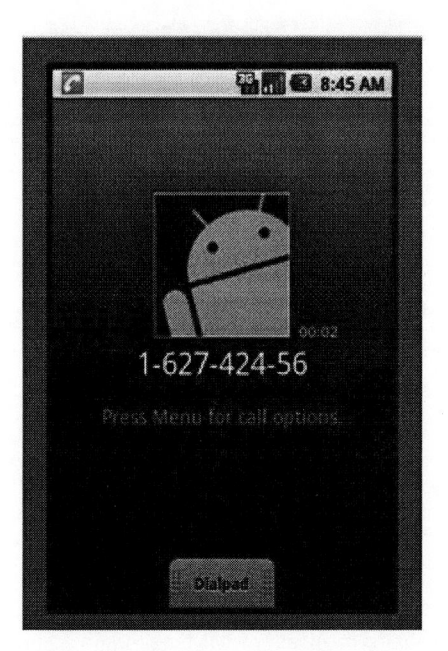

Figura 10.10. Realizando uma ligação com um programa Android.

Outro exemplo é abrir a tela de envio de mensagens com os campos já formatados. Para exemplificar, iremos formatar os campos para o envio de uma mensagem multimídia (MMS). O código utilizado para essa funcionalidade é apresentado com detalhes na **Listagem 10.16**.

Listagem 10.16. Método enviarMMS( ) – Apresentando a tela de envio de MMS com os campos preenchidos.

```
01.   public void enviarMMS() {
02.         Intent intent = new Intent(Intent.ACTION_SEND);
03.
04.         String caminhoCartao = Environment.getExternalStorageDirectory().toString();
05.         String path = "file://" + caminhoCartao + "/foto.jpg";
06.
07.         intent.putExtra("sms_body", "Click the above image");
08.         intent.putExtra( Intent.EXTRA_STREAM, Uri.parse(path) );
09.         intent.setType("image/jpg");
10.
11.         startActivity(intent);
12.   }
```

O código apresentado também faz uso da classe Intent, sendo instanciada e passada por parâmetro a ação de enviar a mensagem (Intent.ACTION_SEND), linha 02. Como para enviar um MMS é necessário um recurso multimídia, optamos por uma imagem, devendo estar armazenada na raiz do cartão de memória do device. Assim, o passo seguinte é recuperar o caminho do cartão de memória (linha 04) e formatar o caminho completo da imagem (linha 05).

Após, é só passar os parâmetros predefinidos para o Intent, como sms_body (texto da mensagem), Intent. EXTRA_STREAM (caminho que contém o recurso multimídia) e tipo do recurso ("image/jpg"), formatados respectivamente nas linhas 07, 08 e 09. Por fim, inicia-se a Activity com o método startActivity( ), linha 11.

O resultado da execução desse código é apresentado na **Figura 10.11**.

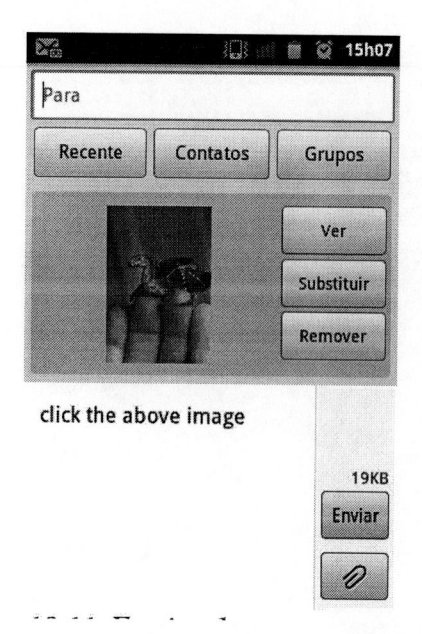

Figura 10.11. Enviando mensagens MMS com um programa Android.

Por fim, o código da **Listagem 10.17** apresenta uma forma de, via aplicativo Android, iniciar o Bluetooth em um device.

Listagem 10.17. Iniciando o Bluetooth em um device Android.

```
01.    Intent enableIntent = new Intent(
02.         BluetoothAdapter.ACTION_REQUEST_ENABLE);
03.    startActivityForResult(enableIntent, 2);
```

O código acima instancia um Intent com a função de solicitar o ato de "Ligar" o Bluetooth do device (linha 01). Após, essa intenção é executada na linha 03.

Concluindo...

Este capítulo apresentou o trabalho com múltiplas telas nas aplicações Android, apresentando conceitos importantes como a associação de telas a Activities, chamada de Activities com e sem parâmetros, e recuperação de dados após a execução de uma Activity.

Ao final do capítulo, também foram apresentadas técnicas para chamar as telas e os recursos nativos dos devices Android, como envio de mensagens, ligações e habilitação de recursos de hardware, como o Bluetooth. Lembrando apenas que nem sempre esses comandos funcionarão, pois não é possível ligar o Bluetooth de um device que não possui esse recurso ou, então, realizar ligações a partir de um tablet que não possui chip GSM.

Exercícios de fixação do capítulo

O objetivo da atividade é desenvolver um aplicativo que auxilie os usuários de motores a combustão de dois tempos, os quais precisam misturar com o combustível (gasolina), o óleo para a lubrificação do motor. A proporção da quantidade de gasolina por litro de óleo varia com o tipo do motor, podendo ser de 40:1 (quarenta litros de gasolina por um de óleo), 20:1 (vinte litros de gasolina por um de óleo) e assim por diante.

Desta forma, o aplicativo proposto solicitará ao usuário a quantidade de gasolina que ele possui, bem como a proporção de óleo, e apresentará, ao final, a quantidade de óleo necessário para a quantidade de combustível informada.

O aplicativo também dispõe de uma tela de pesquisa, onde existem algumas das principais proporções pré-cadastradas.

Exercício 1 – Interface do aplicativo

Desenvolva a interface gráfica do aplicativo, conforme apresentado na figura que se segue. Essa tela será formada por um campo EditText para a digitação da quantidade de gasolina disponível, um campo EditText para a digitação da proporção (no formato 99:9, conforme presente no hint do componente), um botão para consultar a tabela de proporções e o botão *Calcular Quantidade de Óleo*.

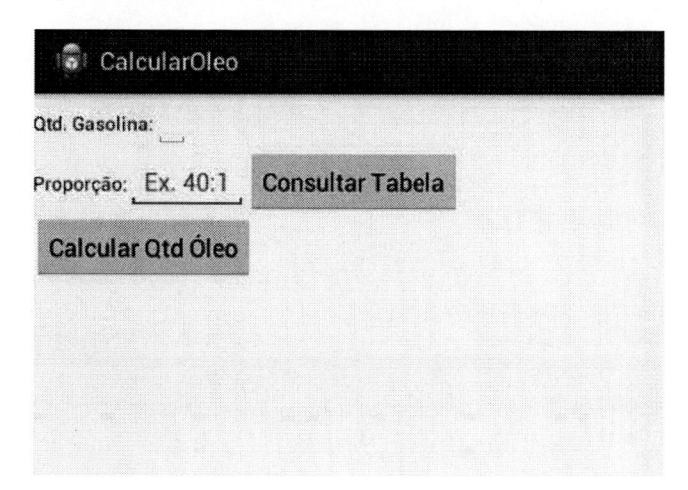

Atente para o tamanho dos campos e as restrições da entrada de dados. O campo proporção deve aceitar valores numéricos (de 0 a 9) e também dois pontos (:). Não é necessário validar os campos.

Exercício 2 – Calcule a quantidade de óleo

Codifique a lógica para calcular a Qtd de Óleo de dois tempos, com base na quantidade de combustível e na proporção. A proporção pode ser dividida em duas partes: parte 1 (à esquerda dos dois pontos) e parte 2 (à direita dos dois pontos). A fórmula para o cálculo é: qtdGasolina/((Parte 1/Parte2))

Com a string da proporção digitada no editText(ex. 40:1), pode-se utilizar o comando split( ) da classe String para dividir um texto em dois, usando um caractere de divisão (ex., dois pontos), ficando a lógica da seguinte forma:

String proporcao = "40:1"

String partes[] = proporção.split(":");

Desta forma, partes[0] receberá a string "40" e partes[1] receberá "1".

O resultado do cálculo deve ser apresentado em um AlertDialog, conforme a figura que se segue:

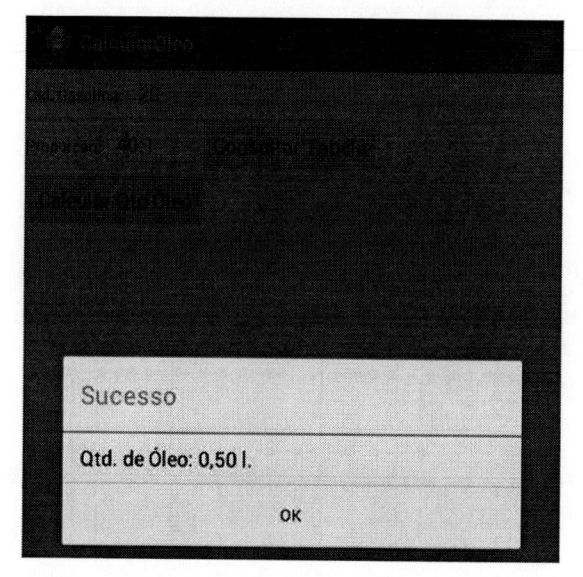

O resultado do cálculo deve ser formatado com duas casas decimais.

Exercício 3 – Lista

Ao clicar no botão *Consultar Tabela*, apresente a lista com algumas proporções pré-cadastradas (estes itens serão cadastrados em um arquivo .xml). O layout da segunda tela é apresentado na figura que se segue:

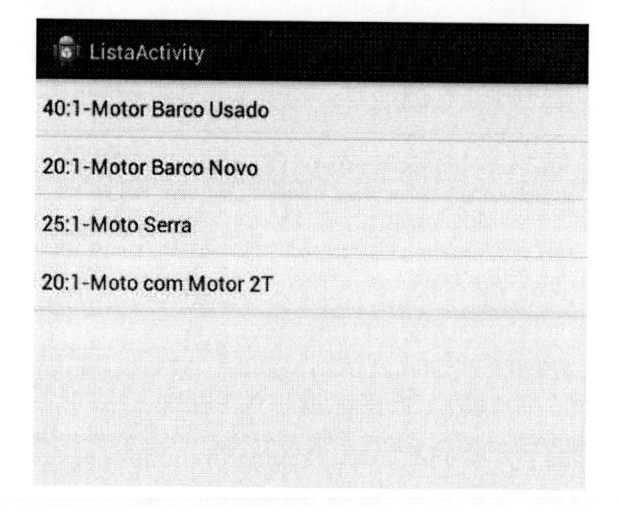

Exercício 4 – Lista

Ao ser selecionado um elemento na lista, a proporção (Ex. 40:1) deve preencher o campo *Proporção* da tela principal, conforme apresentado nas figuras que se seguem:

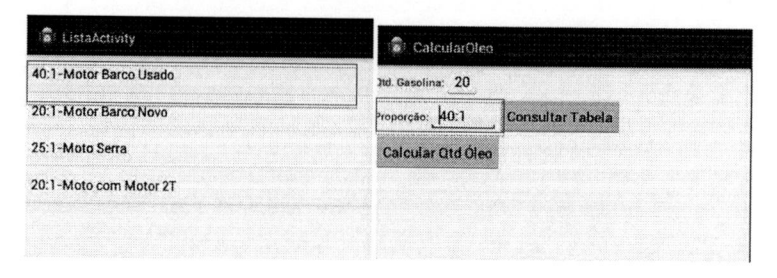

Para obter o texto de uma linha selecionada no ListView, utiliza-se o comando:

String itemSelecionado = (String) lvProporcao.getItemAtPosition(pos);

Para recuperar apenas uma parte do texto, pode-se utilizar o comando substring da classe String e para saber qual o índice de um determinado caractere (ex., hífen), utiliza-se o comando indexOf, conforme s seguir.

itemSelecionado.substring(0, itemSelecionado.indexOf("-"))

Capítulo XI - Utilizando o SQLite nas aplicações Android

> Aprenda neste capítulo a persistir dados utilizando o banco de dados SQLite

O uso dos smartphones cresceu muito nos últimos anos e isso acarretou um grande esforço das fabricantes em melhorias no hardware e para as gigantes de software, um reposicionamento quanto aos sistemas operacionais para esses tipos de dispositivos. Isso também gerou uma bola de neve que trouxe grandes e constantes inovações no setor, refletindo cada vez mais em usuários e desenvolvedores mais satisfeitos com as novas tecnologias, que os permitem ficar mais tempo conectados.

Também teve outra consequência direta: os usuários passaram a armazenar seus dados não só nos computadores desktop, mas também em seus smartphones. Logo, esses dispositivos passaram a receber uma quantidade maior e crescente de dados, principalmente dados de áudio e vídeo.

Logicamente, as plataformas móveis perceberam que teriam que fornecer métodos de persistência de dados mais sofisticados que o tradicional armazenamento baseado em arquivos. Hoje, todas as principais plataformas oferecem mais de uma maneira de salvar e recuperar as informações produzidas por nossos aplicativos.

Com a plataforma Android não poderia ser diferente. Ela fornece diferentes métodos de persistência. Alguns deles são por meio dos armazenamentos interno (na memória do smartphone) e externo (cartão de memória). Ambos podem ser muito úteis para o armazenamento de imagens, por exemplo. No caso do armazenamento em cartão, deve-se atentar para não utilizá-los no armazenamento de informações essenciais para o correto funcionamento do aplicativo, pois a mídia pode ser removida a qualquer momento e o aplicativo deixará de ser executado.

Além disso, a plataforma também fornece classes chamadas *SharedPreferences*, sendo uma forma de persistir pares de chave/valor para todos os tipos primitivos Java e mais o tipo *String*. Algo semelhante à utilização de Properties na programação Java tradicional. Seu uso e funcionamento são muito simples, podendo ser muito úteis para persistências simples, como a pontuação de um jogo, por exemplo.

Porém, a classe *SharedPreferences* não é indicada para grande quantidade de dados ou um conjunto de informações com grande complexidade. Nesse momento, entram em ação os bancos de dados relacionais, utilizados há alguns anos em outros ambientes, como na Web e desktop, por exemplo. No Android, o banco de dados mais utilizado é o SQLite.

SQLite

O SQLite é um banco de dados simples e poderoso, formatado para ser executado na plataforma móvel. É um repositório de dados que simula um banco de dados relacional e, na prática, os dados são armazenados de forma binária, entretanto, isto funciona de forma transparente para o usuário. É a principal forma de persistência nos aplicativos Android.

O SQLite é formado por um conjunto de bibliotecas escritas em C, podendo ser integrado em programas escritos em diferentes linguagens com o intuito de possibilitar a manipulação de dados com as instruções SQL. A diferença para os outros bancos é que tudo isso pode ser feito sem que seja preciso acessar um SGBD (Sistema de Gerenciamento de Banco de Dados), ou seja, todas as instruções podem ser executadas diretamente via código-fonte, como a criação do banco e tabelas, sendo por este motivo adotado como o banco de dados nativo da plataforma Android.

Na prática, o SQLite é um miniSGBD, capaz de criar um arquivo, ler e escrever diretamente. Uma característica interessante da plataforma Android é que o SQLite já está disponível na plataforma Android, não necessitando de instalação, configuração ou administração, suporta o commit e rollback, além de ser um banco de dados gratuito.

E mais, o Android oferece suporte completo ao banco através de uma API com um rico conjunto de classes e métodos que abstraem as complexidades dos códigos SQL. Assim, não precisamos montar a cláusula SQL inteira para atualizar uma linha na tabela ou, ainda, fazer uma pesquisa nela. O Android nos fornece um método no qual, passando alguns parâmetros, obtemos um apontador para os dados retornados, podendo navegar pelo resultado como se estivéssemos escolhendo uma folha em um arquivo.

Assim, para exemplificar o uso do SQLite, um aplicativo de cadastro de notas relativamente simples será desenvolvido.

O projeto

Para apresentar o SQLite, será desenvolvido um projeto com o nome UsandoSQLite. Como classe principal do projeto, foi criado o PrincipalActivity.java, com a interface activity_principal.xml. Também foi criada uma Activity para apresentar as informações do banco em uma lista, chamada de ListaActivity.java, com tela activity_lista.xml, conforme a estrutura que segue na **Figura 11.1**.

Figura 11.1. Tela principal do aplicativo.

A tela principal do aplicativo (activity_principal.xml) será formada por três campos: código, nome da disciplina e nota;, além de cinco botões: incluir, alterar, excluir, pesquisar e listar.

O campo chave primária do nosso aplicativo é o campo _id, que representa o campo código, obrigatório para as operações de alterar, excluir e pesquisar. Já para a operação de incluir, esse campo não é necessário, já que será AUTOINCREMENT na tabela, ou seja, será incrementado a cada execução. Por fim, como a opção de listar apresenta todos os dados dentro do banco, para essa operação o campo código não precisa ser preenchido.

O aplicativo, embora simples, procura apresentar as funcionalidades simples do banco de dados SQL, sendo executado a partir de métodos específicos para a inclusão, alteração, e assim por diante. Existe uma maneira mais elaborada de usar o SQLite a partir da classe SQLiteOpenHelper, mas que será vista na segunda metade deste capítulo.

A **Listagem 11.1** apresenta o código da tela principal do aplicativo.

Listagem 11.1. activity_principal.xml – Interface gráfica do tela principal do aplicativo.

```
01.   <LinearLayout xmlns:android="http://schemas.android.com/apk/res/android"
02.       xmlns:tools="http://schemas.android.com/tools"
03.       android:layout_width="match_parent"
04.       android:layout_height="match_parent"
05.       android:orientation="vertical"
06.       tools:context=".PrincipalActivity" >
07.
08.       <TextView
09.           android:layout_width="wrap_content"
10.           android:layout_height="wrap_content"
11.           android:text="Cód.:" />
12.
13.       <EditText
14.           android:id="@+id/etCod"
15.           android:layout_width="match_parent"
16.           android:layout_height="wrap_content"
17.           android:inputType="number"/>
18.
19.       <TextView
20.           android:layout_width="wrap_content"
21.           android:layout_height="wrap_content"
22.           android:text="Nome Disciplina:" />
23.
24.       <EditText
25.           android:id="@+id/etNomeDisciplina"
26.           android:layout_width="match_parent"
```

```xml
27.            android:layout_height="wrap_content"
28.            android:inputType="textCapWords"/>
29.
30.        <TextView
31.            android:layout_width="wrap_content"
32.            android:layout_height="wrap_content"
33.            android:text="Nota:" />
34.
35.        <EditText
36.            android:id="@+id/etNota"
37.            android:layout_width="match_parent"
38.            android:layout_height="wrap_content"
39.            android:inputType="numberDecimal"/>
40.
41.        <LinearLayout
42.            android:layout_width="wrap_content"
43.            android:layout_height="wrap_content"
44.            android:orientation="horizontal">
45.
46.            <Button
47.                android:id="@+id/btIncluir"
48.                android:layout_width="wrap_content"
49.                android:layout_height="wrap_content"
50.                android:text="Incluir"
51.                android:onClick="btIncluirOnClick"/>
52.
53.            <Button
54.                android:id="@+id/btAlterar"
55.                android:layout_width="wrap_content"
56.                android:layout_height="wrap_content"
57.                android:text="Alterar"
58.                android:onClick="btAlterarOnClick"/>
59.
60.            <Button
61.                android:id="@+id/btExcluir"
62.                android:layout_width="wrap_content"
63.                android:layout_height="wrap_content"
64.                android:text="Excluir"
65.                android:onClick="btExcluirOnClick"/>
66.
67.            <Button
68.                android:id="@+id/btPesquisar"
69.                android:layout_width="wrap_content"
70.                android:layout_height="wrap_content"
71.                android:text="Pesquisar"
72.                android:onClick="btPesquisarOnClick"/>
73.
74.            <Button
75.                android:id="@+id/btListar"
76.                android:layout_width="wrap_content"
77.                android:layout_height="wrap_content"
78.                android:text="Listar"
79.                android:onClick="btListarOnClick"/>
80.
81.        </LinearLayout>
82.
83.    </LinearLayout>
```

A interface desenvolvida é baseada em um gerenciador LinearLayout (linha 01), que disponibiliza os componentes orientados na vertical (linha 05). Cada campo para a digitação de dados é composto por um TextView, componente de rótulo, e um EditText, componente para a digitação dos dados, sendo declarados para os campos Código (linhas 08 e 13), Nome da Disciplina (linhas 19 e 24) e Nota (linhas 30 e 35). Por fim, os componentes de botões são organizados um ao lado do outro, com um layout LinearLayout (linha 41) na orientação horizontal (linha 44), sendo declarados os botões para Incluir (linha 46), Alterar (linha 53), Excluir (linha 60), Pesquisar (linha 67) e Listar (linha 74).

Após a execução, a interface gráfica principal do aplicativo fica conforme a **Figura 11.2**.

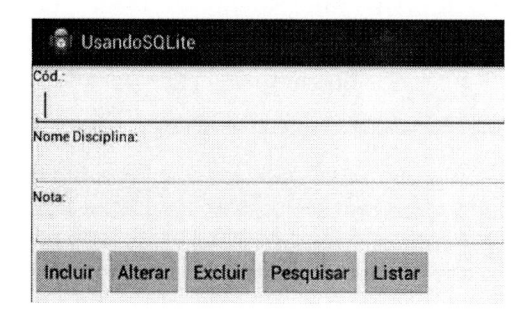

Figura 11.2. Tela para o cadastro/edição de registros.

O passo seguinte é codificar a Activity da classe principal para tratar os componentes visuais e, principalmente, o evento de clique nos botões, conforme apresentado na **Listagem 11.2**.

Listagem 11.2. PrincipalActivity.java – Classe principal do aplicativo de cadastro.

```
01.     package br.com.livro.usandosqlite;
02.
03.     import android.app.Activity;
04.     import android.os.Bundle;
05.     import android.view.View;
06.     import android.widget.EditText;
07.
08.     public class PrincipalActivity extends Activity {
09.
10.         private EditText etCod;
11.         private EditText etNomeDisciplina;
12.         private EditText etNota;
13.
14.         @Override
15.         protected void onCreate(Bundle savedInstanceState) {
16.             super.onCreate(savedInstanceState);
17.             setContentView(R.layout.activity_principal);
18.
19.             etCod = (EditText) findViewById( R.id.etCod );
20.             etNomeDisciplina = (EditText) findViewById( R.id.etNomeDisciplina );
21.             etNota = (EditText) findViewById( R.id.etNota );
22.         }
23.
24.         public void btIncluirOnClick( View v ) {
25.
26.         }
27.
28.         public void btAlterarOnClick( View v ) {
29.
30.         }
31.
32.         public void btExcluirOnClick( View v ) {
33.
34.         }
35.
36.         public void btPesquisarOnClick( View v ) {
37.
38.         }
39.
40.         public void btListarOnClick( View v ) {
41.
42.         }
43.
44.     }
```

O aplicativo apresentado declara os três componentes EditText no escopo da classe (linhas 10 a 12), assim como recupera-os na interface gráfica usando o comando findViewByName (linhas 19 a 21). Por fim, os métodos para os tratamentos dos botões são codificados, uma vez que são referenciados via interface gráfica pela propriedade android:onClick. São os métodos dos botões Incluir (linha 24), Alterar (linha 28), Excluir (linha 32), Pesquisar (linha 36) e Listar (linha 40).

Já a interface gráfica activity_listar.xml é composta exclusivamente de um componente ListView, o qual apresentará os elementos do banco de dados dispostos em uma lista, conforme apresentado na **Listagem 11.3**.

Listagem 11.3. activity_listar.xml – Interface gráfica da tela de listar.

```
01.  <ListView xmlns:android="http://schemas.android.com/apk/res/android"
02.      xmlns:tools="http://schemas.android.com/tools"
03.      android:id="@+id/listar"
04.      android:layout_width="match_parent"
05.      android:layout_height="match_parent"
06.      tools:context=".ListarActivity" >
07.
08.  </ListView>
```

Já o código da Activity que trata essa classe somente recupera o ListView para a formatação de seu conteúdo, conforme a **Listagem 11.4**.

Listagem 11.4. ListarActivity.java – Código referente à tela para listar.

```
01.  package br.com.livro.usandosqlite;
02.
03.  import android.app.Activity;
04.  import android.content.Context;
05.  import android.database.Cursor;
06.  import android.database.sqlite.SQLiteDatabase;
07.  import android.os.Bundle;
08.  import android.widget.ListView;
09.  import android.widget.SimpleCursorAdapter;
10.
11.  public class ListarActivity extends Activity {
12.
13.      private ListView lvRegistros;
14.
15.      @Override
16.      protected void onCreate(Bundle savedInstanceState) {
17.          super.onCreate(savedInstanceState);
18.          setContentView(R.layout.activity_listar);
19.
20.          lvRegistros = (ListView) findViewById( R.id.listar );
21.
22.      }
23.  }
```

Basicamente, esta é a estrutura do aplicativo proposto, com suas interfaces gráficas, componentes visuais e modelo de tratamento de evento com usuário. O passo seguinte é codificar as funcionalidades para criar o banco de dados.

Usando o SQLite no Android

Para fazer uso do SQLite no Android, o primeiro passo é a instanciação de um objeto do tipo SQLiteDatabase. É o objeto que fará a comunicação com o banco de dados, permitindo a execução de comandos, como a criação de tabelas, manipulação e consulta de registros. Este código é apresentado na **Listagem 11.5**.

Listagem 11.5. PrincipalActivity.java – Utilização do SQLite no aplicativo proposto.

```
01.   package br.com.livro.usandosqlite;
02.
03.   import android.app.Activity;
04.   import android.content.Context;
05.   import android.database.sqlite.SQLiteDatabase;
06.   import android.os.Bundle;
07.   import android.view.View;
08.   import android.widget.EditText;
09.
10.   public class PrincipalActivity extends Activity {
11.
12.       private EditText etCod;
13.       private EditText etNomeDisciplina;
14.       private EditText etNota;
15.
16.       private SQLiteDatabase banco;
17.
18.       @Override
19.       protected void onCreate(Bundle savedInstanceState) {
20.           super.onCreate(savedInstanceState);
21.           setContentView(R.layout.activity_principal);
22.
23.           etCod = (EditText) findViewById( R.id.etCod );
24.           etNomeDisciplina = (EditText) findViewById( R.id.etNomeDisciplina );
25.           etNota = (EditText) findViewById( R.id.etNota );
26.
27.           banco = this.openOrCreateDatabase( "banco", Context.MODE_PRIVATE, null );
28.
29.           banco.execSQL( "CREATE TABLE IF NOT EXISTS notas( _id INTEGER PRIMARY KEY AUTOINCREMENT," +
30.               "nome_disciplina TEXT NOT NULL, nota DECIMAL NOT NULL )" );
31.       }
32.
33.       public void btIncluirOnClick( View v ) {
34.
35.       }
36.
37.       public void btAlterarOnClick( View v ) {
38.
39.       }
40.
41.       public void btExcluirOnClick( View v ) {
42.
43.       }
44.
45.       public void btPesquisarOnClick( View v ) {
46.
47.       }
48.
49.       public void btListarOnClick( View v ) {
50.
51.       }
52.
53.   }
```

O código apresentado faz uso dos comandos do banco de dados, os quais estão em negrito. Basicamente um objeto do tipo SQLiteDatabase é declarado no escopo da classe (linha 16), permitindo a execução de qualquer comando no banco.

Após, esse objeto é instanciado a partir do comando openOrCreateDatabase( ), sendo que na primeira execução do aplicativo, como o banco de dados ainda não foi criado. ele irá verificar no device e criar o banco na sequência. Se o banco já foi criado, ele será recuperado para a execução dos comandos.

```
19.            etCod = (EditText) findViewById( R.id.etCod );
20.            etNomeDisciplina = (EditText) findViewById( R.id.etNomeDisciplina );
21.            etNota = (EditText) findViewById( R.id.etNota );
22.        }
23.
24.        public void btIncluirOnClick( View v ) {
25.
26.        }
27.
28.        public void btAlterarOnClick( View v ) {
29.
30.        }
31.
32.        public void btExcluirOnClick( View v ) {
33.
34.        }
35.
36.        public void btPesquisarOnClick( View v ) {
37.
38.        }
39.
40.        public void btListarOnClick( View v ) {
41.
42.        }
43.
44.    }
```

O aplicativo apresentado declara os três componentes EditText no escopo da classe (linhas 10 a 12), assim como recupera-os na interface gráfica usando o comando findViewByName (linhas 19 a 21). Por fim, os métodos para os tratamentos dos botões são codificados, uma vez que são referenciados via interface gráfica pela propriedade android:onClick. São os métodos dos botões Incluir (linha 24), Alterar (linha 28), Excluir (linha 32), Pesquisar (linha 36) e Listar (linha 40).

Já a interface gráfica activity_listar.xml é composta exclusivamente de um componente ListView, o qual apresentará os elementos do banco de dados dispostos em uma lista, conforme apresentado na **Listagem 11.3**.

Listagem 11.3. activity_listar.xml – Interface gráfica da tela de listar.

```
01.    <ListView xmlns:android="http://schemas.android.com/apk/res/android"
02.        xmlns:tools="http://schemas.android.com/tools"
03.        android:id="@+id/listar"
04.        android:layout_width="match_parent"
```

Chama atenção que o método openOrCreateDatabase( ) possui três parâmetros, sendo eles: nome do banco que será criado/recuperado, modo de acesso (quem terá acesso ao banco criado), classe de Factory que fará a manipulação do banco, para o exemplo, foi utilizado nome "banco", assim como o modo de acesso privado, portanto, somente a aplicação que criou o banco é que pode acessá-lo. Para o exemplo apresentado, o parâmetro Factory não foi utilizado, sendo passado nulo para ele.

Após a criação/recuperação do banco, o próximo passo é a criação das tabelas. Isto é feito via sintaxe SQL, como observado nas linhas 29 e 30. Uma variação interessante para o SQL utilizado nas aplicações tradicionais é o comando IF NOT EXISTS, que criará a tabela, caso seja o primeiro acesso e ela não existir. Se não for o primeiro acesso, então, o comando CREATE TABLE será ignorado, já que a tabela também já existe.

A sintaxe para a criação do banco de dados não foge muito do SQL tradicional, aceitando comandos, tais como, PRIMARY KEY, para definir um ou mais campos como a chave primária, AUTOINCREMENT para informar que um determinado campo seja incrementado automaticamente, permite alguns tipos de dados como inteiro, texto, numérico, decimal e blob para o armazenamento de dados binários, como imagens.

Após, é possível usar o comando SQL para executar qualquer sintaxe SQL conhecida, tanto de manipulação como de consulta de dados, mas somente é preciso observar que o comando não possui retorno, assim, não deve ser executado para um comando como SELECT.

Dica. Modo de utilização do SQLite

Não é comum na plataforma Android a manipulação do banco de dados a partir das ferramentas de gerenciamento de banco de dados, ferramentas como o MySQL-Front, PGAdmin e IBExpert. A maneira mais comum de manipular os dados é via linha de código.

Desta forma, a criação do banco e da tabela costuma ser feita no método construtor da tela que usa pela primeira vez a base de dados, entretanto, após a criação do banco, ele é armazenado na pasta data/data do device, dentro do pacote do projeto, como pode ser visto na figura abaixo. Essa figura é um print da tela *File Explorer*, disponível via menu *Tools – Android – Android Device Monitor*, onde existe uma aba *File Explorer*.

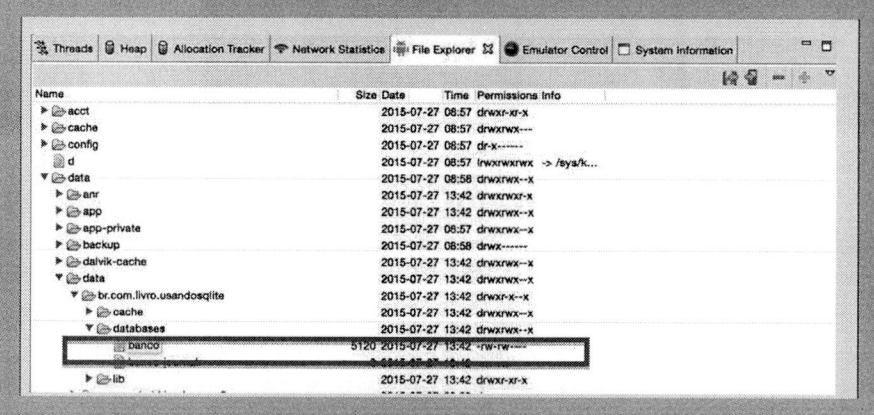

Se o usuário fizer questão, poderá recuperar o arquivo do banco, apresentado em destaque na figura anterior, e utilizar alguns programas desktop para manipular o banco SQLite, como, por exemplo, o SQLite Data Browser, uma ferramenta gratuita e multiplataforma cuja tela é apresentada abaixo.

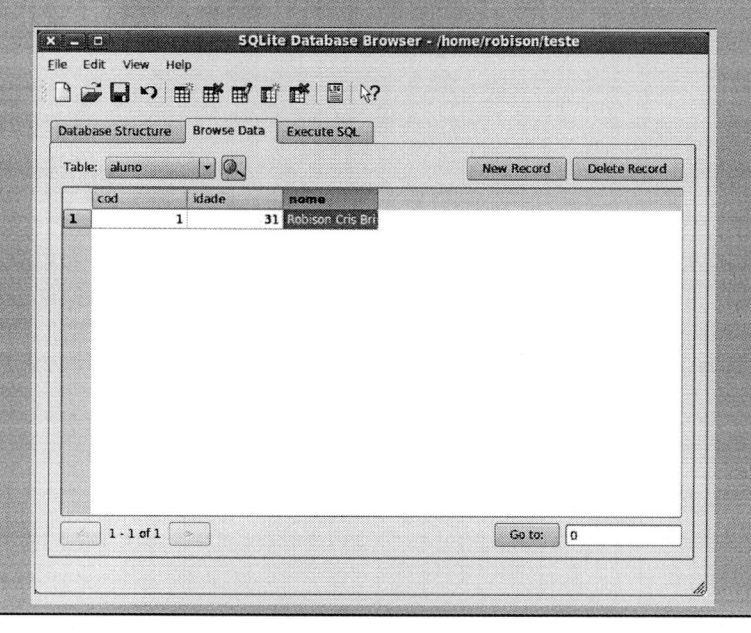

O passo seguinte é fazer os comandos de manipulação do banco na interface gráfica principal. A **Listagem 11.6** apresenta o código referente aos comandos para incluir, alterar e excluir registro.

Listagem 11.6. PrincipalActivity.java – Comandos para a manipulação do banco de dados.

```
01.     public void btIncluirOnClick( View v ) {
02.         ContentValues registro = new ContentValues();
03.         registro.put( "nome_disciplina", etNomeDisciplina.getText().toString() );
04.         registro.put( "nota", Double.parseDouble( etNota.getText().toString() ) );
05.
06.         banco.insert( "notas", null, registro );
07.
08.         Toast.makeText( getApplicationContext(), "Sucesso!!", Toast.LENGTH_LONG ).show();
09.     }
10.
11.     public void btAlterarOnClick( View v ) {
12.         int id = Integer.parseInt( etCod.getText().toString() );
13.
14.         ContentValues registro = new ContentValues();
15.         registro.put( "nome_disciplina", etNomeDisciplina.getText().toString() );
16.         registro.put( "nota", Double.parseDouble( etNota.getText().toString() ) );
17.
18.         banco.update( "notas", registro, "_id = " + id, null );
19.
20.         Toast.makeText( getApplicationContext(), "Sucesso!!", Toast.LENGTH_LONG ).show();
21.     }
22.
23.     public void btExcluirOnClick( View v ) {
24.        int id = Integer.parseInt( etCod.getText().toString() );
25.
26.         banco.delete( "notas",  "_id = " + id, null );
27.
28.         Toast.makeText( getApplicationContext(), "Sucesso!!", Toast.LENGTH_LONG ).show();
29.     }
```

O código da **Listagem 11.6** se resume a apresentar os métodos responsáveis pela inclusão, exclusão e alteração de registros. Para o código, é necessário importar as classes android.content.Context e android.widget.Toast.

O método btIncluirOnClick( ), linha 01, é executado quando o usuário clica no botão *Incluir* da tela. Para o exemplo, não foram utilizadas consistências (verificar se o campo recebeu valores válidos etc.), pois o objetivo principal do capítulo é a apresentação dos comandos de manipulação do banco de dados.

Para a inclusão, o usuário precisa informar apenas os campos Nome da Disciplina e Nota, já que o campo _id foi definido como autoincrement na criação da tabela (linha 29 da **Listagem 11.5**). Desta forma, para a inclusão, foi instanciado um objeto do tipo ContentValues (linha 02), o qual recebe informações no formato ("chave", "valor"), sendo a chave o nome do campo na tabela e o valor o conteúdo referente ao registro que será inserido.

Assim, foram adicionados os dados referentes ao campo nome_disciplina (linha 03) e nota (linha 03), observando seus respectivos tipos (nome_disciplina é um campo do tipo string e o nota do tipo double, por isso a necessidade de conversão).

Na sequência, o método insert do objeto banco é invocado, passando por parâmetro o nome da tabela na qual os dados serão inseridos e ContentValue com os dados (linha 06). Por fim, uma mensagem de sucesso é apresentada via Toast (linha 08).

> **Dica.** Utilizando a sintaxe SQL
>
> Aos programadores adeptos da linguagem SQL, é possível utilizá-la na inclusão e para isso, basta utilizar o método execSQL( ) no objeto do tipo SQLiteDatabase. Para a inclusão, a sintaxe seria a seguinte:
>
> ```
> banco.execSQL( "INSERT INTO notas (nome_disciplina, nota) VALUS ( '" + etNomeDisciplina.getText().
> toString() + "', " + " + etNota.getText().toString() + ")" );
> ```
>
> Da mesma forma, esse comando também pode ser usado na alteração e na exclusão de registros.

Para a alteração do registro, o método btAlterarOnClick( ), linha 11, é executado. Para alterar, é necessário que o usuário informe o código do registro (chave utilizada para a alteração), assim como a nova informação para os campos *Nome da Disciplina* e valor da *Nota*.

Na **Listagem 11.6**, a linha 12 é responsável pela recuperação do campo id código informado na tela, armazenando-o temporariamente na variável id. É a chave da alteração. Na sequência, um ContentValues (linha 14) é instanciado, o qual receberá os campos que serão alterados na tabela (campos nome_disciplina, linha 15, e nota, linha 16). Por fim, o comando update do SQLiteDatabase é executado (linha 18), recebendo por parâmetro o nome da tabela, ContentValues com as informações para a alteração, uma string com a condição da alteração (conteúdo que iria na cláusula WHERE, caso fosse executado o comando UPDATE do SQL) e os parâmetros da condição da alteração.

No exemplo de alterar, foi utilizado um parâmetro de alteração estático, formado por "_id = " + id, assim, o último parâmetro não foi utilizado. Outra forma de executar esse mesmo comando é:

```
banco.update( "notas", registro, "_id = ?", new String[] { String.valueOf( id ) } );
```

Sendo assim, os parâmetros são representados pelo ponto de interrogação (?) e substituídos pelo conteúdo do array de strings do último parâmetro. No exemplo acima, apenas um ponto de interrogação foi utilizado e por este motivo, apenas um elemento foi adicionado ao array de strings referente ao último parâmetro do método.

Ao final do update, uma mensagem informativa é apresentada via Toast (linha 20).

Para a exclusão do registro é executado o método btExcluirOnClick( ), linha 23. Para essa função, a única informação necessária é o campo código, uma vez que é a chave da exclusão. Assim, o método delete do SQLiteDatabase é executado (linha 24), de modo muito semelhante ao método update, entretanto, não espera um ContentValues.

Após a exclusão, uma mensagem informativa também é apresentada via Toast (linha 26).

A próxima funcionalidade apresentada no sistema é a opção de pesquisa, onde será apresentada para o usuário uma janela interna (dialog), solicitando o código do registro a ser pesquisado. Ao confirmar, os dados recuperados no banco serão apresentados nos campos da tela. O código dessa funcionalidade é apresentado na **Listagem 11.7**.

Listagem 11.7. PrincipalActivity.java – Comando para a pesquisa do registro no banco de dados.

```
01.     public void btPesquisarOnClick( View v ) {
02.         final EditText etCodPesquisa = new EditText( getApplicationContext() );
03.
04.         AlertDialog.Builder telaPesquisa = new AlertDialog.Builder( this );
05.         telaPesquisa.setTitle( "Pesquisa" );
06.         telaPesquisa.setMessage( "Informe o código para pesquisa" );
```

```
07.            telaPesquisa.setView( etCodPesquisa );
08.            telaPesquisa.setNegativeButton( "Cancelar", null );
09.            telaPesquisa.setPositiveButton( "Pesquisar", new DialogInterface.OnClickListener() {
10.
11.                @Override
12.                public void onClick(DialogInterface arg0, int arg1) {
13.                    realizarPesquisa( Integer.parseInt( etCodPesquisa.getText().toString() ) );
14.
15.                }
16.            } );
17.            telaPesquisa.show();
18.        }
19.
20.        protected void realizarPesquisa( int id ) {
21.
22.            Cursor registros = banco.query( "notas", null, "_id = " + id, null, null, null, null );
23.
24.            if ( registros.moveToNext() ) {
25.                String nomeDisciplina = registros.getString( registros.getColumnIndex( "nome_disciplina") );
26.                double nota = registros.getDouble( registros.getColumnIndex( "nota" ) );
27.
28.                etCod.setText( String.valueOf( id ) );
29.                etNomeDisciplina.setText( nomeDisciplina );
30.                etNota.setText( String.valueOf( nota ) );
31.
32.                Toast.makeText( getApplicationContext(), "Sucesso!!", Toast.LENGTH_LONG ).show();
33.            } else {
34.                Toast.makeText( getApplicationContext(), "Registro não encontrado!!", Toast.LENGTH_LONG ).show();
35.            }
36.        }
```

Para este código, as classes android.app.AlertDialog, android.content.DialogInterface e android.database.Cursor precisam ser importadas

O método btPesquisarOnClick( ) primeiramente instancia o componente EditText responsável pela captura do código utilizado como a chave da pesquisa (linha 02). As demais linhas do método são responsáveis pela criação e apresentação da tela interna, AlertDialog, sendo esta instanciada (linha 04), definido seu título (linha 05), seu texto (linha 06), o componente para a digitação do código (linha 07), a definição do botão de cancelamento (linha 08), assim como o botão de pesquisa (linha 09 e seguintes).

O botão *Cancelar* (linha 08) recebe como parâmetro o nome e sua ação. Como o cancelar tem a função de fechar o dialog, sua ação recebe null.

Já o botão *Pesquisar* tem a função de realizar a pesquisa e por isso, o primeiro parâmetro é o texto que o usuário visualizará ("Pesquisar") e o segundo parâmetro receberá uma classe interna anônima de DialogInterface.onClickListener, cuja função é tratar o evento de clique nessa opção do dialog. Este é capturado e tratado no método onClick (linha 12).

Assim, após informar o código da pesquisa, ao clicar no botão *Pesquisar*, o método realizarPesquisa é executado (linha 13), recebendo por parâmetro o conteúdo digitado no EditText etCodPesquisa, convertido em inteiro. Por fim, o AlertDialog é apresentado com o método show (linha 17).

O método realizarPesquisa( ) é declarado na linha 20. Ao contrário dos comandos vistos até o momento, a pesquisa costuma retornar um ou mais registros do banco e por este motivo, o resultado deve ser armazenado em um objeto Cursor (linha 22). Para a pesquisa, o método query do SQLiteDatabase é executado, recebendo por parâmetro o nome da tabela ("nota"), um array de strings com o nome dos campos que serão selecionados (ou null, caso deseja-se selecionar todos os campos), a condição da pesquisa ("_id="+id), os parâmetros da pesquisa (neste exemplo null, já que no parâmetro anterior não foram usados caracteres de ?) e cláusulas groupby, having e order by. Como este exemplo não usa nenhuma dessas opções, foi passado null a elas.

> **Dica.** Utilizando a sintaxe SQL
>
> Assim como os comandos de manipulação de dados (insert, update e delete), os comandos de pesquisa também podem ser executados a partir da sintaxe SQL e um exemplo é apresentado no código abaixo:
>
> Cursor registros = banco.rawQuery("SELECT * FROM notas WHERE _id = " + id , null);
>
> O primeiro parâmetro do método rawQuery é a sintaxe SQL do comando SQL e o segundo parâmetro é um array de strings com o conteúdo que substituirá os parâmetros ? presentes no comando SQL.

Após a pesquisa, o resultado deve ser tratado e o próximo passo é posicionar no primeiro registro retornado usando o método moveToNext( ) do cursor (linha 24). Se não retornar registros (código não encontrado), será executado o else do condicional (linha 33), apresentando uma mensagem informativa na tela (linha 34).

Havendo registro para a consulta realizada, o método moveToNext( ) posiciona-se no primeiro resultado recuperado (como neste exemplo o campo _id é a chave primária, será recuperado apenas um registro), assim, este deve ser tratado.

A linha 25 recupera o conteúdo referente ao campo "nome_disciplina" com o método getString( ) e este espera por parâmetro o código da coluna, que pode ser obtida pelo outro método getColumnIndex( ). Também é recuperado o campo nota (linha 26), do tipo double.

Na sequência, todos os campos (a chave da pesquisa e os campos recuperados da tabela) são apresentados na interface gráfica (linhas 28 a 30), assim como apresentada uma mensagem de sucesso (linha 32).

O último passo no desenvolvimento da nossa aplicação é tratar a listagem dos dados, que apresentará uma nova tela com todos os registros existentes. Desta forma, a lógica codificada na classe PrincipalActivity.java para listar resume-se à chamada de uma nova tela, conforme apresentado na **Listagem 11.8**.

Listagem 11.8. PrincipalActivity.java – Chamada da tela de listagem.

```
01.        public void btListarOnClick( View v ) {
02.            startActivity( new Intent( getApplicationContext(), ListarActivity.class ) );
03.        }
```

Ao clicar no botão *Listar* da tela, o método btListarOnClick( ) é executado (linha 01), o qual inicia uma nova tela pelo comando startActivity (linha 02), que recebe uma instância anônima de Intent (classe do pacote android.content), recebendo o contexto da aplicação e o nome da classe apresentada.

Assim, é o momento de concluir a codificação da classe ListarActivity.java, devendo esta acessar o SQLite, recuperar todos os registros e adicioná-los ao componente ListView. O processo pode parecer complexo, mas existe um Adapter que facilita muito – SimpleCursorAdapter. A codificação completa da classe ListarActivity é apresentada com detalhes na **Listagem 11.9**.

Listagem 11.9. ListarActivity.java – Classe responsável pela listagem dos registros.

```
01.    package br.com.livro.usandosqlite;
02.
03.    import android.app.Activity;
```

```
04.    import android.content.Context;
05.    import android.database.Cursor;
06.    import android.database.sqlite.SQLiteDatabase;
07.    import android.os.Bundle;
08.    import android.widget.ListView;
09.    import android.widget.SimpleCursorAdapter;
10.
11.    public class ListarActivity extends Activity {
12.
13.          private ListView lvRegistros;
14.
15.          private SQLiteDatabase bd;
16.
17.          @Override
18.          protected void onCreate(Bundle savedInstanceState) {
19.              super.onCreate(savedInstanceState);
20.              setContentView(R.layout.activity_listar);
21.
22.              lvRegistros = (ListView) findViewById( R.id.listar );
23.
24.              bd = this.openOrCreateDatabase( "banco", Context.MODE_PRIVATE, null );
25.
26.              montarListaRegistro();
27.          }
28.
29.          private void montarListaRegistro() {
30.
31.              Cursor registros =
32.                      bd.query( "notas", null, null, null, null, null, null );
33.
34.              String nomeCamposTabela[] = new String[] { "nome_disciplina", "nota" };
35.              int nomeCamposTela[] = new int[] { android.R.id.text1, android.R.id.text2 };
36.
37.              SimpleCursorAdapter adapter = new SimpleCursorAdapter( getApplicationContext(),
38.                      android.R.layout.two_line_list_item,
39.                      registros,
40.                      nomeCamposTabela,
41.                      nomeCamposTela );
42.
43.              lvRegistros.setAdapter( adapter );
44.
45.          }
46.    }
```

Este código utiliza a estrutura da classe já apresentada na **Listagem 11.4**, diferenciando apenas pelo acesso ao banco SQLite e também pela apresentação dos dados na tela. Assim, é declarado um objeto do tipo SQLiteDatabase (linha 15), sendo instanciado ao final do método onCreate( ) pelo comando openOrCreateDatabase (linha 24). Após, o método montarListaRegistro( ) é executado (linha 26), sendo responsável pela apresentação dos dados no ListView.

O método montarListaRegistro inicia recuperando todos os registros do banco de dados por meio do método query (linha 32). Observe que esse método recupera todos os campos do banco de dados, em especial, o campo _id, obrigatório para a utilização do SimpleCursorAdapter (esse campo deve ter inclusive esta nomenclatura - **_id**, caso contrário, SimpleCursorAdapter não funcionará);

Para a utilização do ListView, um modelo de informações de lista foi utilizado. É um modelo que apresenta dois campos em cada linha do ListView, assim, os campos nome_disciplina e nota serão apresentados. Reforçando novamente, mesmo sem ser apresentado na tela, o campo _id deve ser selecionado, pois é utilizado internamente pelo SimpleCursorAdapter para a apresentação dos dados na tela.

Esse modelo de apresentação com dois campos na tela está presente em um layout do próprio Android, referenciado por android.R.layout.two_line_list_item. Seus campos são referenciados pelos nomes android.R.id.text1 e android.R.id.text1, sendo que o primeiro receberá o nome da disciplina e o segundo a nota.

Assim, precisamos declarar dois arrays: o primeiro é um array de strings (linha 34), o qual armazena o nome das colunas da tabela que serão apresentadas no ListView, e o segundo array é do tipo inteiro (linha 35) e deve armazenar o id dos campos da lista onde serão apresentados os dados.

Assim, podemos instanciar nosso objeto SimpleCursorAdapter (linha 37), que deve receber o contexto da aplicação (linha 37), nome do modelo que receberá os dados do banco (linha 38), cursor com todos os registros apresentados (linha 39), nome das colunas da tabela que serão apresentadas (linha 40) e nome dos campos na tela que recebem as informações (linha 41). Por fim, esse adapter pode ser passado para o ListView com o comando setAdapter (linha 43).

Assim, o aplicativo pode ser executado novamente para a apresentação dos dados no ListView, conforme apresentado na **Figura 11.3**.

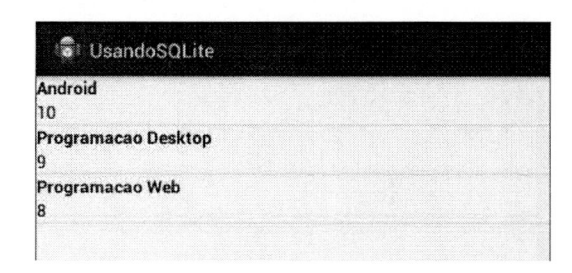

Figura 11.3. Tela para a listagem dos registros.

Dica. Apresentando um elemento por linha

Se o objetivo é apresentar apenas um elemento por linha, como, por exemplo, o campo nome_disciplina, a instanciação do SimpleCursorAdapter pode ser alterada, conforme o exemplo abaixo:

```
Cursor registros = bd.query( "notas", null, null, null, null, null, null );

String nomeCamposTabela[] = new String[] { "nome_disciplina" };
int nomeCamposTela[] = new int[] { android.R.id.text1 };

SimpleCursorAdapter adapter = new SimpleCursorAdapter( this,
        android.R.layout.simple_list_item_1,
        registros,
        nomeCamposTabela,
        nomeCamposTela );

lvRegistros.setAdapter( adapter );
```

O aplicativo apresentado faz uso do SQLite no formato clássico, não se preocupando com a estrutura do aplicativo ou a divisão deste em camadas, como o conhecido MVC (Model View Controller), que consiste em separar a camada que processa a interface gráfica da camada do banco de dados.

Para uma melhor organização do código, muitos programadores Android utilizam um modelo baseado na classe SQLiteOpenHelper, sendo a partir desta criada uma subclasse que possui as funcionalidades do banco de dados.

Usando a SQLiteOpenHelper

O objetivo principal de utilizar a classe SQLiteOpenHelper é criar uma classe específica para a manipulação do banco de dados, sendo que essa classe terá, por exemplo, a instância do SQLiteDatabase, pois é a única classe que faz a manipulação do banco de dados, como a inclusão, exclusão, alteração, entre outros comandos.

Assim, esta seção utilizará o programa desenvolvido até então, transformando-o para o uso da classe SQLiteOpenHelper. Os usuários avançados costumam utilizar com frequência esta metodologia, já os usuários leigos preferem a abordagem clássica, que é mais parecida com o uso do JDBC tradicional da programação Java Desktop e Web, por exemplo.

O primeiro passo para o uso da SQLiteOpenHelder é a criação de uma classe de entidade, contendo uma imagem da tabela utilizada. Assim, deve-se clicar com o botão direito no projeto, escolhendo a opção *New – Java Class*. Essa classe deve ser armazenada na pasta app/src/main do projeto. É aconselhável criar um pacote para armazenar as classes de entidades, assim, ao informar o nome da classe, deve-se colocar o caminho completo do armazenamento, sendo br.com.livro.usandosqlite.entidade.Notas. O código da classe de entidade Notas é apresentado na **Listagem 11.10**.

Listagem 11.10. Notas.java – Classe de entidade que representa a tabela notas.

```
01.     package br.com.livro.usandosqlite.entidade;
02.
03.     public class Notas {
04.
05.         private int _id;
06.         private String nomeDisciplina;
07.         private double nota;
08.
09.         public Notas() {
10.         }
11.
12.         public Notas(int _id, String nomeDisciplina, double nota) {
13.             this._id = _id;
14.             this.nomeDisciplina = nomeDisciplina;
15.             this.nota = nota;
16.         }
17.
18.         public Notas(String nomeDisciplina, double nota) {
19.             this.nomeDisciplina = nomeDisciplina;
20.             this.nota = nota;
21.         }
22.
23.         public int get_id() {
24.             return _id;
25.         }
26.
27.         public void set_id(int _id) {
28.             this._id = _id;
29.         }
30.
31.         public String getNomeDisciplina() {
32.             return nomeDisciplina;
33.         }
34.
35.         public void setNomeDisciplina(String nomeDisciplina) {
36.             this.nomeDisciplina = nomeDisciplina;
37.         }
38.
39.         public double getNota() {
40.             return nota;
```

```
41.        }
42.
43.        public void setNota(double nota) {
44.            this.nota = nota;
45.        }
46.
47.    }
```

Observe que a primeira linha do código declara o nome do pacote e para essa classe, foi utilizada uma subdivisão entidade.

Na sequência, é declarado o nome da classe Notas (linha 03), assim como os atributos que correspondem aos campos da tabela: id, nomeDisciplina e nota (linhas 05 a 07).

A linha 09 declara um método construtor sem parâmetro, a linha 12 um método construtor recebendo todos os campos da tabela e a linha 18 um método construtor recebendo apenas os campos nomeDisciplina e nota, sem a chave primária id.

Os métodos seguintes se resumem a getters e setters para recuperar e adicionar valores nas variáveis de classe que são privadas e representam os campos da tabela.

> **Dica. Classes de entidade**
> Ao utilizar a classe SQLiteOpenHelper, aconselha-se a codificação de uma classe de entidade para cada tabela do banco de dados. Neste exemplo, apenas uma classe foi codificada, pois existe apenas uma tabela no banco. Se existissem duas tabelas, duas classes de entidades deveriam ser codificadas, cada uma representando uma tabela. As classes de entidades farão a troca de informações entre a classe Activity e a classe-filha de SQLiteOpenHelper.

O próximo passo no desenvolvimento com a SQLiteOpenHelper é criar uma classe para a manipulação do banco de dados, que costuma ficar em outro pacote. Para o exemplo, foi utilizado bd. A classe criada foi chamada de DatabaseHandler e é uma classe-filha de SQLiteOpenHelper, como pode ser visto na **Listagem 11.11**.

Listagem 11.11. DatabaseHandler.java – Classe para a manutenção do banco de dados.

```
01.    package br.com.livro.usandosqlite.bd;
02.
03.    import android.content.Context;
04.    import android.database.sqlite.SQLiteDatabase;
05.    import android.database.sqlite.SQLiteOpenHelper;
06.
07.    public class DatabaseHandler extends SQLiteOpenHelper {
08.
09.        private static final int DATABASE_VERSION = 1;
10.        private static final String DATABASE_NAME = "banco";
11.
12.        public DatabaseHandler(Context context) {
13.            super(context, DATABASE_NAME, null, DATABASE_VERSION);
14.        }
15.
16.        @Override
17.        public void onCreate(SQLiteDatabase banco) {
18.            banco.execSQL( "CREATE TABLE notas1( _id INTEGER PRIMARY KEY AUTOINCREMENT, " +
19.                    "nome_disciplina TEXT NOT NULL, nota DECIMAL NOT NULL )" );
20.        }
21.
22.        @Override
23.        public void onUpgrade(SQLiteDatabase banco, int oldVersion, int newVersion) {
24.            banco.execSQL( "DROP TABLE IF EXISTS notas1" );
```

```
25.            onCreate( banco );
26.        }
27.
28.  }
```

Na linha 01, é declarado o pacote da classe, cuja terminação é bd. Na sequência, são importadas as classes utilizadas no programa e na linha 07, acontece a declaração da classe responsável por manipular o banco de dados DatabaseHandler, sendo esta filha de SQLiteOpenHelper.

Para a criação da classe de manipulação do banco, algumas informações são importantes, como a declaração de uma constante de classe contendo a versão do banco de dados (linha 09) e também uma constante com o nome do banco (linha 10). É comum que os programadores deixem outras informações como sendo constantes, como o nome da tabela e o nome dos campos, o que facilitaria uma manutenção posterior. Para ser didático, neste exemplo, só os dados referentes ao banco (nome e versão) foram definidos como constantes.

Na sequência (linha 12), é declarado o método construtor da classe, o qual chama o construtor da classe-mãe (linha 13), informando por parâmetro o contexto que veio por parâmetro, nome do banco de dados, nome do Factory (neste caso, null) e versão do banco.

O campo versão é muito importante, pois se houver necessidade de mudar a tabela, não será preciso apagar o banco e criar de novo, é só informar uma nova versão que o banco e a tabela serão criados novamente, o que facilita muito a manutenção do aplicativo.

Outro método importante é o método onCreate( ), linha 17, responsável pela criação das tabelas do banco de dados (executar o comando Create Table), e o método onUpgrade( ), linha 23, chamado quando se altera a versão do banco de dados, cujo objetivo é apagar as tabelas do banco (linha 24) e executar o método onCreate( ), linha 25.

A estrutura apresentada é a estrutura mínima de uma subclasse de SQLiteOpenHelper. A seguir, devem ser codificados os métodos para a manutenção do banco de dados (incluir, excluir, alterar, pesquisar e listar). A classe DatabaseHandler completa é apresentada completa na **Listagem 11.12**.

Listagem 11.12. DatabaseHandler.java – Classe para a manutenção do banco de dados.

```
01.  package br.com.livro.usandosqlite.bd;
02.
03.  import android.content.ContentValues;
04.  import android.content.Context;
05.  import android.database.Cursor;
06.  import android.database.sqlite.SQLiteDatabase;
07.  import android.database.sqlite.SQLiteOpenHelper;
08.  import br.com.livro.usandosqlite.entidade.Notas;
09.
10.  public class DatabaseHandler extends SQLiteOpenHelper {
11.
12.      private static final int DATABASE_VERSION = 2;
13.      private static final String DATABASE_NAME = "banco";
14.
15.      public DatabaseHandler(Context context) {
16.          super(context, DATABASE_NAME, null, DATABASE_VERSION);
17.      }
18.
19.      @Override
20.      public void onCreate(SQLiteDatabase banco) {
21.          banco.execSQL( "CREATE TABLE notas1( _id INTEGER PRIMARY KEY AUTOINCREMENT, " +
22.                  "nome_disciplina TEXT NOT NULL, nota DECIMAL NOT NULL )" );
23.      }
24.
```

```
25.         @Override
26.         public void onUpgrade(SQLiteDatabase banco, int oldVersion, int newVersion) {
27.             banco.execSQL( "DROP TABLE IF EXISTS notas1" );
28.             onCreate( banco );
29.         }
30.
31.         public void incluirRegistro( Notas notas ) {
32.             SQLiteDatabase banco = this.getWritableDatabase();
33.
34.             ContentValues registro = new ContentValues();
35.             registro.put( "nome_disciplina", notas.getNomeDisciplina() );
36.             registro.put( "nota", notas.getNota() );
37.
38.             banco.insert( "notas1", null, registro );
39.             banco.close();
40.
41.         }
42.
43.         public void alterarRegistro( Notas notas ) {
44.
45.             SQLiteDatabase banco = this.getWritableDatabase();
46.
47.             ContentValues registro = new ContentValues();
48.             registro.put( "nome_disciplina", notas.getNomeDisciplina() );
49.             registro.put( "nota", notas.getNota() );
50.
51.             banco.update( "notas1", registro, "_id = " + notas.get_id(), null );
52.             banco.close();
53.
54.         }
55.
56.         public void excluirRegistro( int id ) {
57.
58.             SQLiteDatabase banco = this.getWritableDatabase();
59.
60.             banco.delete( "notas1", "_id = ?", new String[] { String.valueOf( id ) } );
61.             banco.close();
62.         }
63.
64.         public Notas pesquisarRegistro( int id ) {
65.
66.             SQLiteDatabase banco = this.getWritableDatabase();
67.
68.   Cursor registros = banco.query( "notas1", null, "_id = " + id, null, null, null, null );
69.
70.             if ( registros.moveToNext() ) {
71.                 String nomeDisciplina = registros.getString( registros.getColumnIndex( "nome_disciplina") );
72.                 double nota = registros.getDouble( registros.getColumnIndex( "nota" ) );
73.
74.                 Notas notas = new Notas();
75.
76.                 notas.set_id( id );
77.                 notas.setNomeDisciplina( nomeDisciplina );
78.                 notas.setNota( nota );
79.
80.                 return notas;
81.             } else {
82.                 return null;
83.             }
84.
85.         }
86.
87.         public Cursor listarRegistros() {
88.
89.             SQLiteDatabase banco = this.getWritableDatabase();
90.
91.             Cursor cursor = banco.query( "notas1", null, null, null, null, null, null );
```

```
92.
93.            return cursor;
94.        }
95. }
```

Esta é a classe completa para a manutenção do banco de dados, em especial, da tabela Notas. O código até a linha 29 já foi detalhado anteriormente, agora serão apresentados os métodos para a manipulação dos dados.

> **Dica.** Nome do banco e da tabela
>
> O programador deve tomar um cuidado extra com o nome das tabelas e do banco de dados. No exemplo deste capítulo, no banco de dados já existe a tabela nota criada para o exemplo anterior (sem SQLiteOpenHelper), desta forma, o nome da tabela para o exemplo teve que ser alterada. IMPORTANTE: Este procedimento só foi necessário porque o projeto é o mesmo. Assim, para o exemplo anterior, o nome da tabela era nota e para este exemplo, a tabela, se chamará nota1.
>
> Outra opção é apagar a versão do banco de dados associada a essa aplicação. Isto pode ser feito acessando a janela do File Explorer (*Tools – Android – Android Device Monitor*, aba *File Explorer*), acessando as pastas data – data, a pasta com o pacote do projeto (neste exemplo, foi utilizado br.com.livro.usandosqlite) e apagando o conteúdo da pasta databases, selecionando, para isso, os arquivos e clicando no botão em destaque da figura a seguir:
>
> Se você estiver utilizando um aparelho real para executar o aplicativo, a janela File Explorer não terá permissão para acessar os arquivos de um device Android. Neste caso, deve-se executar a nova versão do aplicativo mudando o nome do banco, por exemplo, de banco para banco2 ou, então, executar o comando SQL para apagar a tabela existente (DROP TABLE).

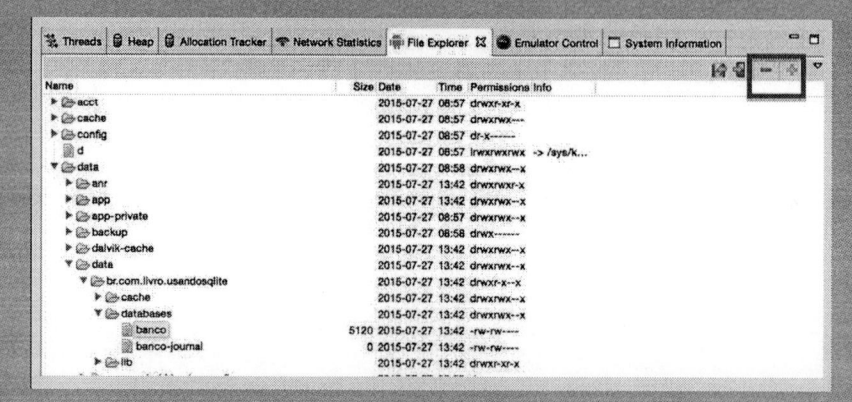

Na linha 31, é declarado o método incluir, o qual recebe uma instância de Notas com as informações formatadas com os dados da tela (id, nomeDisciplina e nota). O primeiro comando executado no método é this.getWritableDatabase( ), linha 32, o qual retornará uma instância do banco de dados (SQLiteDatabase) para a execução dos comandos. Após, um ContentValues é instanciado (linha 34), e nele, colocamos os campos que serão incluídos na tabela (linhas 35 e 36), lembrando que o campo id não é inserido, pois é AUTOINCREMENT na tabela. Por fim, o registro é incluído (linha 38) e o banco fechado (linha 39).

A estrutura do método alterarRegistro( ), linha 43, é muito semelhante à do método incluirRegistro( ), diferenciando apenas no comando update (linha 51).

O método para excluirRegistro( ), linha 56, também é semelhante aos métodos apresentados até o momento, porém recebe por parâmetro apenas a chave de exclusão – o campo id.

Já o método pesquisar registro recebe por parâmetro a chave de pesquisa, campo id, recupera a instância do banco, linha 66, e executa a pesquisa (linha 68). Se algum registro for recuperado (condicional da linha 70), os campos serão recuperados na tabela (linhas 71 e 72), valorizando um objeto notas instanciado nas linhas 74 a 78. Ao final, esse objeto é retornado ao chamador do método (linha 80) ou é retornado nulo, caso o registro não seja encontrado (linha 82).

Por fim, o método listarRegistros( ), linha 87, tem a única função de criar um objeto cursor (linha 91) com todos os registros, retornando-o para o chamador.

Desta forma, as classes Activities já podem utilizar as classes desenvolvidas até o momento. O código do PrincipalActivity.java, já formatado para o uso de DatabaseHandler, é apresentado na **Listagem 11.13**.

Listagem 11.13. ActivityPrincipal.java – Activity principal do aplicativo.

```
01.   package br.com.livro.usandosqlite;
02.
03.   import android.app.Activity;
04.   import android.app.AlertDialog;
05.   import android.content.ContentValues;
06.   import android.content.DialogInterface;
07.   import android.content.Intent;
08.   import android.database.Cursor;
09.   import android.os.Bundle;
10.   import android.view.View;
11.   import android.widget.EditText;
12.   import android.widget.Toast;
13.   import br.com.livro.usandosqlite.bd.DatabaseHandler;
14.   import br.com.livro.usandosqlite.entidades.Notas;
15.
16.   public class PrincipalActivity extends Activity {
17.
18.         private EditText etCod;
19.         private EditText etNomeDisciplina;
20.         private EditText etNota;
21.
22.         private DatabaseHandler banco;
23.
24.         @Override
25.         protected void onCreate(Bundle savedInstanceState) {
26.              super.onCreate(savedInstanceState);
27.              setContentView(R.layout.activity_principal);
28.
29.              etCod = (EditText) findViewById( R.id.etCod );
30.              etNomeDisciplina = (EditText) findViewById( R.id.etNomeDisciplina );
31.              etNota = (EditText) findViewById( R.id.etNota );
32.
33.              banco = new DatabaseHandler(this);
34.
35.         }
36.
37.         public void btIncluirOnClick( View v ) {
38.              Notas notas = new Notas();
39.
40.              notas.setNomeDisciplina( etNomeDisciplina.getText().toString() );
41.              notas.setNota( Double.parseDouble( etNota.getText().toString() ) );
42.
43.              banco.incluirRegistro( notas );
44.
45.              Toast.makeText( getApplicationContext(), "Sucesso!!", Toast.LENGTH_LONG ).show();
46.         }
47.
48.         public void btAlterarOnClick( View v ) {
49.              int id = Integer.parseInt( etCod.getText().toString() );
50.
51.              Notas notas = new Notas();
```

```java
52.
53.                notas.set_id( Integer.parseInt( etCod.getText().toString() ) );
54.                notas.setNomeDisciplina( etNomeDisciplina.getText().toString() );
55.                notas.setNota( Double.parseDouble( etNota.getText().toString() ) );
56.
57.                banco.alterarRegistro( notas );
58.
59.                Toast.makeText( getApplicationContext(), "Sucesso!!", Toast.LENGTH_LONG ).show();
60.        }
61.
62.        public void btExcluirOnClick( View v ) {
63.                banco.excluirRegistro( Integer.parseInt( etCod.getText().toString() ) );
64.
65.                Toast.makeText( getApplicationContext(), "Sucesso!!", Toast.LENGTH_LONG ).show();
66.        }
67.
68.        public void btPesquisarOnClick( View v ) {
69.                final EditText etCodPesquisa = new EditText( getApplicationContext() );
70.
71.                AlertDialog.Builder telaPesquisa = new AlertDialog.Builder( this );
72.                telaPesquisa.setTitle( "Pesquisa" );
73.                telaPesquisa.setMessage( "Informe o código para pesquisa" );
74.                telaPesquisa.setView( etCodPesquisa );
75.                telaPesquisa.setNegativeButton( "Cancelar", null );
76.                telaPesquisa.setPositiveButton( "Pesquisar", new DialogInterface.OnClickListener() {
77.
78.                        @Override
79.                        public void onClick(DialogInterface arg0, int arg1) {
80.                                realizarPesquisa( Integer.parseInt( etCodPesquisa.getText().toString() ) );
81.
82.                        }
83.                } );
84.                telaPesquisa.show();
85.        }
86.
87.        protected void realizarPesquisa( int id ) {
88.
89.                Notas notas = banco.pesquisarRegistro( Integer.parseInt( etCod.getText().toString() ) );
90.
91.                if ( notas != null ) {
92.
93.                        etCod.setText( String.valueOf( notas.get_id() ) );
94.                        etNomeDisciplina.setText( notas.getNomeDisciplina() );
95.                        etNota.setText( String.valueOf( notas.getNota() ) );
96.
97.                        Toast.makeText( getApplicationContext(), "Sucesso!!", Toast.LENGTH_LONG ).show();
98.                } else {
99.                        Toast.makeText( getApplicationContext(), "Registro não encontrado!!", Toast.LENGTH_LONG ).show();
100.               }
101.       }
102.
103.       public void btListarOnClick( View v ) {
104.               startActivity( new Intent( getApplicationContext(), ListarActivity.class ) );
105.       }
106.
107. }
```

As principais diferenças do código estão marcadas em negrito. Na linha 22, agora é declarado um objeto do tipo DatabaseHandler chamado banco, e não mais o SQLiteDatabase, como no exemplo anterior. Esse objeto é instanciado na linha 33.

O método para incluir o registro passou a instanciar a entidade Notas (linha 38), preenchendo-a com os campos nomeDisciplina (linha 40) e nota (linha 41) para, então, passar esse objeto por parâmetro ao método incluirRegistro( ) do objeto banco (linha 43). Ao final, uma mensagem informativa é apresentada.

O método alterar recupera o campo id da tela (linha 49), instanciando um objeto de Notas (linha 51), preenchendo-o (linhas 53 a 55) para passar por parâmetro para o método alterarRegistro(v) do objeto banco (linha 57) Após, uma mensagem informativa é apresentada (linha 59).

O método excluir simplesmente executa o excluirRegistro( ) do objeto banco (linha 63), passando por parâmetro o id recuperado da tela. Após a exclusão, uma mensagem informativa é apresentada (linha 65).

O método alterar permanece igual, sendo alterado apenas realizarPesquisa( ), linha 87, que executa o método pesquisarRegistro( ) passando por parâmetro o id informado em AlertDialog, linha 89. O resultado desse comando é um objeto Notas, que se for diferente de null (linha 91), formata as informações que vieram do objeto para a tela (linhas 93 a 95) e apresenta uma mensagem informativa (linha 97). Caso o retorno do método seja null, nenhum registro foi encontrado e uma mensagem informativa é apresentada (linha 99).

A lógica referente ao listar os registros é apresentada na **Listagem 11.14**.

Listagem 11.14. ListarActivity.java – Activity para a apresentação dos registros.

```
01.    package br.com.livro.usandosqlite;
02.
03.    import android.app.Activity;
04.    import android.database.Cursor;
05.    import android.os.Bundle;
06.    import android.widget.*;
07.    import br.com.livro.usandosqlite.bd.DatabaseHandler;
08.
09.    public class ListarActivity extends Activity {
10.
11.        private ListView lvRegistros;
12.
13.        private DatabaseHandler banco;
14.
15.        @Override
16.        protected void onCreate(Bundle savedInstanceState) {
17.            super.onCreate(savedInstanceState);
18.            setContentView(R.layout.activity_listar);
19.
20.            lvRegistros = (ListView) findViewById( R.id.listar );
21.
22.            banco = new DatabaseHandler( this );
23.
24.            montarListaRegistro();
25.        }
26.
27.        private void montarListaRegistro() {
28.
29.            Cursor registros =
30.                    banco.listarRegistros();
31.
32.            String nomeCamposTabela[] = new String[] { "nome_disciplina" };
33.            int nomeCamposTela[] = new int[] { android.R.id.text1 };
34.
35.            SimpleCursorAdapter adapter = new SimpleCursorAdapter( this,
36.                    android.R.layout.simple_list_item_1,
37.                    registros,
38.                    nomeCamposTabela,
39.                    nomeCamposTela );
40.
```

```
41.            lvRegistros.setAdapter( adapter );
42.
43.      }
44. }
```

Esta classe sofreu poucas alterações se comparada à versão anterior. Apenas foi alterada a declaração do objeto que faz a manipulação do banco para DatabaseHandler (linha 13), assim como sua instanciação (linha 22). Por fim, o método listarRegistros( ) é chamado (linha 30) e seu retorno é utilizado normalmente para a formatação dos dados da lista em SimpleCursorAdapter.

Com essas mudanças, alterou-se um pouco a estrutura do projeto, que passou a contar com mais classes, como pode ser observado na estrutura do projeto na **Figura 11.4**.

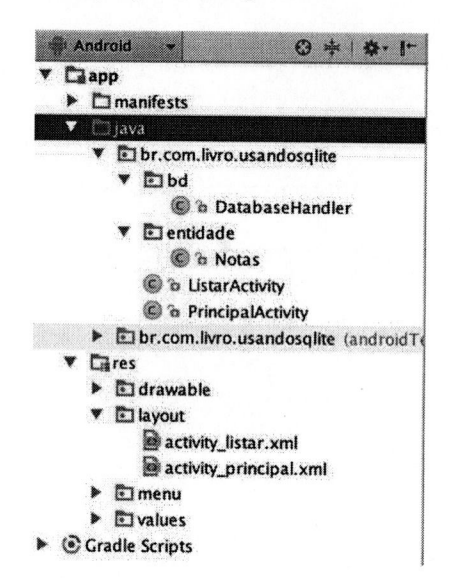

Figura 11.4. Estrutura de classes do projeto.

Concluindo...

A persistência dos dados nas aplicações para os dispositivos móveis é extremamente importante. Pode ser um aplicativo simples, com uma pequena tela de configuração, um jogo, onde o score e o nome dos jogadores devem ser armazenados, ou mesmo aplicações complexas com muitas tabelas e informações. Em todas essas situações, o banco de dados SQLite pode contribuir com o armazenamento e o bom funcionamento do aplicativo.

Em algumas situações, com um armazenamento simples, o programador acaba optando pela utilização clássica do SQLite, como apresentado na primeira parte deste capítulo. Já nos aplicativos com manipulação completa do banco, como um CRUD, a segunda abordagem apresentada no capítulo costuma ser utilizada.

Em situações nas quais existem várias tabelas, é comum criar uma DatabaseHandler para cada tabela e as informações comuns entre as classes acabam sendo agrupadas em uma classe-mãe.

Exercícios de fixação do capítulo

O objetivo da atividade é desenvolver uma aplicação para o registro de abastecimento de um veículo utilizando um sistema móvel (plataforma Android). Esta aplicação fará uso de recursos como o cadastro do tipo de combustível (gasolina, etanol, diesel ou gás). Para o lançamento do abastecimento, pode ser utilizada uma tela para a recuperação dos códigos dos combustíveis.

Exercício 1 – Interface gráfica do menu principal

Desenvolva uma tela inicial para o aplicativo e essa tela inicial deve apresentar três opções: Cadastrar Combustível, Lançar Abastecimento e Média Litros Abastecimento.

Exercício 2 – Cadastro do combustível

Desenvolva uma tela para o cadastro do combustível, devendo possuir dois campos: Campo código (inteiro) e campo descrição (texto). Essa tela deve permitir a inclusão de registros na tabela combustível. Deve ser realizada a consistência dos dados. Após a inclusão, apresente uma mensagem informativa.

Exercício 3 – Interface gráfica do lançamento de combustível

Desenvolva a interface gráfica para o lançamento do abastecimento, conforme o layout abaixo.

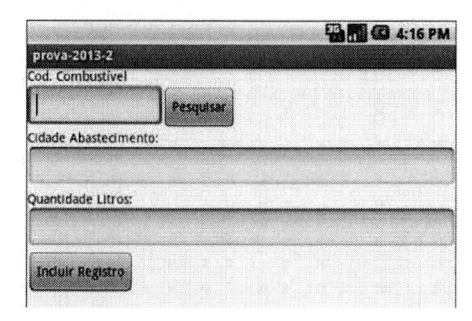

Atente para o tamanho dos campos (o campo código do combustível, EditText, possui 150 dp de largura). Codifique a funcionalidade de inclusão de registro na tabela abastecimento.

Exercício 4 – Lista e troca de dados entre as telas

Crie uma nova tela responsável pela pesquisa do código do combustível. Essa tela deve ser chamada ao clicar no botão *Lançar Abastecimento*. Seu layout é apresentado na figura que se segue. Ao selecionar um combustível, retorne seu código, valorizando o campo Cod. Combustível na tela principal.

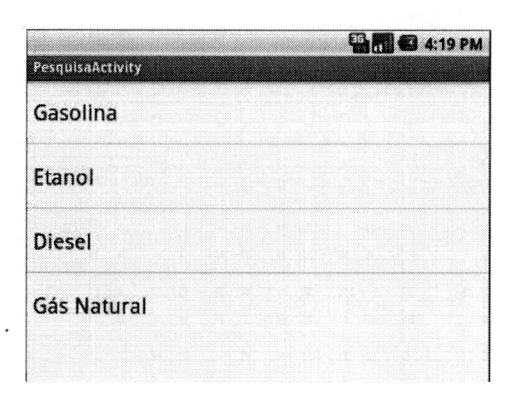

Exercício 5 – Cálculo da média dos abastecimentos

Codifique o botão *Média Litros Abastecimento*, o qual deve apresentar em um AlertDialog a quantidade média de litros utilizados em cada abastecimento. Para isso, utilize uma média aritmética simples.

Capítulo XII - Utilizando WebService no acesso a dados remotos nas aplicações Android

Veja como conectar seu aplicativo Android com o mundo utilizando WebServices.

Uma das principais funções dos smartphones e tablets hoje é a conectividade com a grande rede mundial de computador – a Internet. Uma das formas dessa conectividade acontecer é via rede da operadora, que permite o acesso aos dados de qualquer lugar acessível.

A conectividade com a Internet via dispositivos móveis é possível já que a velocidade das redes de comunicações está cada vez mais rápida, permitindo ficar conectado por meio de conexões rápidas por várias horas seguidas. Outro atrativo é o custo desses serviços de conectividade via operadora, que estão cada vez mais baratos.

Para quem deseja manter-se conectado, mas sem custos, uma alternativa são as conexões locais, via rede sem fio, Wi-Fi, ou por conexões Bluetooth e desta forma, pode-se navegar na Internet sem passar pela rede da operadora e, consequentemente, sem custos.

> **Dica.** Conectividade em dispositivos móveis
>
> A maioria dos smartphones e tablets permite utilizar o acesso à Internet sem passar pela rede da operadora. Para isso, é necessário que o device esteja conectado a uma rede Wi-Fi para que, no momento da comunicação, o acesso à rede seja feito por uma rede sem fio. Entretanto, a limitação está na área de abrangência desses Access Points, que costumam limitar-se a escritórios e empresas. Já com o sistema em campo, nas ruas de uma cidade, por exemplo, dificilmente pode-se escapar do envio e da recepção de dados a partir da rede das operadoras.

Segundo um estudo realizado pela Acision, 1/3 dos acessos às redes sociais, tais como Twitter e Facebook, é realizado a partir dos dispositivos portáteis. Também aumentou consideravelmente o número de pessoas que utilizam os dispositivos portáteis para o acesso à conta de e-mails, feeds de notícias, sites de compras, entre muitos outros recursos on-line.

A evolução dos dispositivos móveis é tão grande que hoje é possível acessar uma página na Internet a partir de um smartphone da mesma maneira como acessamos e visualizamos na tela do nosso computador. Também já é possível termos acesso a serviços de rede que até então só estavam disponíveis em computadores desktop, tais como, o acesso a servidores telnet, contas de ftp, terminais remotos, acesso a Webservices, entre outros.

Neste capítulo, será apresentada a conexão de um aplicativo Android com um WebService disponível na rede sobre as condições climáticas de várias cidades do mundo. Esse WebService poderia ser desenvolvido pelo próprio usuário com funcionalidades específicas, como manipular um banco de dados.

Conectividade utilizando um WebService

WebService é uma tecnologia de acesso a dados que permite a troca de informações estruturada a partir de mensagens XML e SOAP. Essa tecnologia permite que diferentes empresas, mesmo utilizando tecnologias e plataformas distintas, conectem-se de maneira padrão e executem procedimentos remotos com a utilização do protocolo padrão da internet – HTTP. Tudo isso com muita facilidade de utilização, já que muitas vezes o cliente não precisa entender o funcionamento interno dos WebServices.

O uso do WebService é muito interessante, pois é possível acessar rotinas de validação de cartão de crédito, endereçamento postal (CEP), calcular valores de fretes dos sites de comércio eletrônico, news de empresas, previsão do tempo, cotação do dólar etc. Esta é a tecnologia ideal para disponibilizar os dados que costumam mudar com o tempo.

Devido à popularização dessa abordagem, uma gama gigantesca de serviços já está pronta em algum lugar, você só precisa ir lá e acessar, de maneira rápida e fácil, aliviando o processamento na máquina cliente, já que toda a lógica do negócio fica no servidor que hospeda os serviços.

Alguns sites destacam-se por agrupar vários WebServices em um só lugar. Um exemplo é o http://www.webservicex.net, o qual é apresentado na **Figura 12.1**.

Figura 12.1. Página principal do portal webservicex.net.

Nesse site, podem-se encontrar alguns WebServices interessantes, como para o acesso às informações climáticas de uma cidade, previsão do tempo e informações referentes à bolsa de valores.

O WebService que será utilizado neste capítulo informa o clima de uma cidade, dando o nome da cidade e o país dela. Esse WebService encontra-se na categoria Utilities do site www.webservicex.net, com o nome GlobalWeather – Figura 12.2.

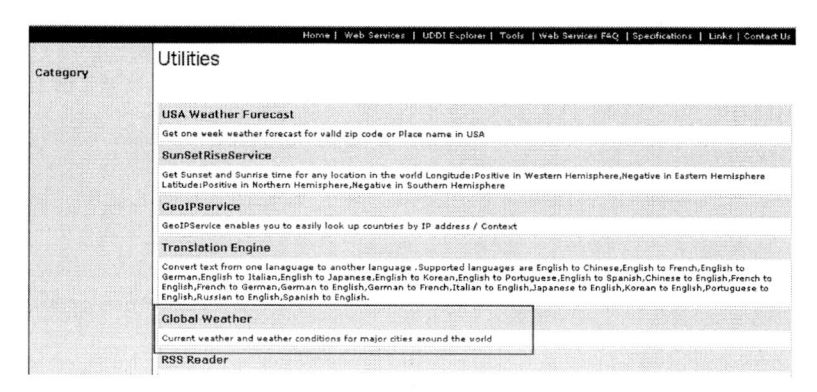

Figura 12.2. Serviço para a recuperação de informações climáticas de uma cidade.

Na sequência, ao clicar no WebService, é possível visualizar algumas informações a respeito dele, como, por exemplo, o wsdl que representa o WebService e seus métodos – **Figura 12.3**.

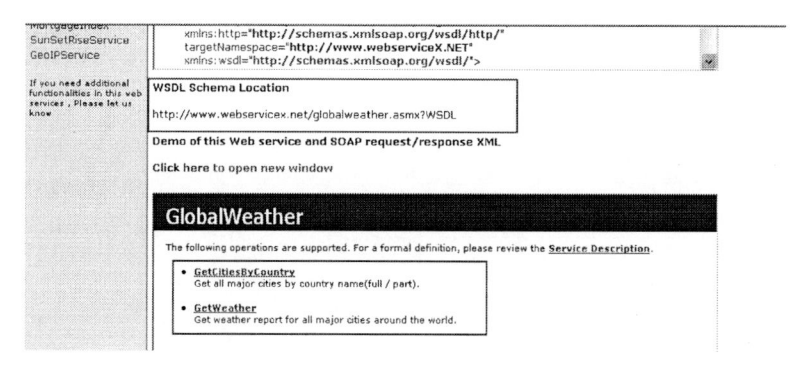

Figura 12.3. Serviço para a recuperação de informações climáticas de uma cidade.

Esse WebService será utilizado ao longo do capítulo, logo, é necessário tomar nota do caminho WSLD do serviço, uma vez que será utilizado para fazer referência ao WebService a partir do aplicativo Android. Ainda referente ao Webservice, este possui dois métodos, sendo o GetCitiesByCountry, o qual espera por parâmetro o nome de um país e retorna todas as cidades cadastras para ele, e o GetWeather, o qual espera por parâmetro um nome da cidade (devendo estar cadastrada no servidor) e um país, retornando as condições climáticas dela.

> **Dica.** O que é WSDL
>
> WSDL significa Web Service Descriptor Language, que nada mais é do que um documento XML que descreve o WebService de uma maneira estruturada. Ele contém todas as informações essenciais para que um cliente WebService, neste caso, o device Android, possa entender a aplicação servidor que ele representa. Entre suas características, estão o nome dos métodos acessíveis no WebService, onde o serviço está disponibilizado (URL), documentação para utilizá-lo, nome e tipo dos parâmetros dos métodos, bem como os dados de retorno.

Desenvolvendo a interface do aplicativo Android

Para testar o uso do WebService, o primeiro passo é desenvolver um projeto Android, com o nome UsandoWebService. O arquivo da interface gráfica terá o nome activity_principal.xml e a classe Java para seu tratamento PrincipalActivity.java. Após criado, o projeto ficou com a estrutura conforme apresentado na **Figura 12.4**.

Figura 12.4. Estrutura do projeto desenvolvido.

Após a criação do projeto, é necessário desenvolver a interface gráfica do aplicativo, sendo o código apresentado na Listagem 12.1.

Listagem 12.1. activity_principal.xml – Interface gráfica do aplicativo HelloWorld.

```
01.  <LinearLayout xmlns:android="http://schemas.android.com/apk/res/android"
02.      xmlns:tools="http://schemas.android.com/tools"
03.      android:layout_width="match_parent"
04.      android:layout_height="match_parent"
05.      tools:context=".PrincipalActivity"
06.      android:orientation="vertical">
07.
08.      <TextView
09.          android:layout_width="wrap_content"
10.          android:layout_height="wrap_content"
11.          android:text="Cidade:" />
12.
13.      <EditText
```

```
14.         android:id="@+id/etCidade"
15.         android:layout_width="wrap_content"
16.         android:layout_height="wrap_content"
17.         android:text="" />
18.
19.     <TextView
20.         android:layout_width="wrap_content"
21.         android:layout_height="wrap_content"
22.         android:text="País:" />
23.
24.     <EditText
25.         android:id="@+id/etPais"
26.         android:layout_width="wrap_content"
27.         android:layout_height="wrap_content"
28.         android:text="" />
29.
30.     <TextView
31.         android:id="@+id/tvResultado"
32.         android:layout_width="wrap_content"
33.         android:layout_height="wrap_content"
34.         android:text="Resultado:" />
35.
36.     <Button
37.         android:id="@+id/btPesquisar"
38.         android:layout_width="wrap_content"
39.         android:layout_height="wrap_content"
40.         android:text="Pesquisar"
41.         android:onClick="btPesquisarOnClick"/>
42.
43. </LinearLayout>
```

Essa interface contêm dois campos EditText (linhas 13 e 24) para a digitação do nome da cidade e do país, um TextView (linha 30) para o resultado e um Button (linha 36) para realizar a pesquisa.

Como se trata de uma aplicação com acesso à rede, é importante adicionar a permissão de acesso à Internet; caso contrário, o aplicativo não poderá ser executado. Essa permissão é dada no arquivo AndroidManifest.xml. Nesse arquivo, deve ser adicionada a entrada:

```
<uses-permission android:name="android.permission.INTERNET"/>
```

O local exato é apresentado na **Figura 12.5**.

Figura 12.5. Arquivo manifest.xml, com a entrada uses-permission.

O próximo passo é modificar a classe PrincipalActivity.java para tratar os componentes visuais e o evento de botão, conforme apresentado na **Listagem 12.2**.

Listagem 12.2. PrincipalActivity.java – Código Java para o tratamento da interface gráfica.

```java
01.     package br.com.livro.usandowebservice;
02.
03.     import android.app.Activity;
04.     import android.content.Context;
05.     import android.os.Bundle;
06.     import android.view.View;
07.     import android.widget.EditText;
08.     import android.widget.TextView;
09.
10.     public class PrincipalActivity extends Activity {
11.
12.         private EditText etCidade;
13.         private EditText etPais;
14.         private TextView tvResultado;
15.
16.         @Override
17.         protected void onCreate(Bundle savedInstanceState) {
18.             super.onCreate(savedInstanceState);
19.             setContentView(R.layout.activity_principal);
20.
21.             etCidade = (EditText) findViewById( R.id.etCidade );
22.             etPais = (EditText) findViewById( R.id.etPais );
23.             tvResultado = (TextView) findViewById( R.id.tvResultado );
24.
25.         }
26.
27.         public void btPesquisarOnClick( View v ) {
28.
29.         }
30.
31.     }
```

O código apresentado se resume a importar as classes utilizadas pelo programa (linhas 03 a 08), declarar os componentes visuais (linhas 12 a 14), assim como tratar o evento de clique do botão Pesquisar (linhas 27 a 29).

Desta forma, o aplicativo está pronto para receber as funcionalidades para o acesso ao WebService disponibilizado pelo www.webservicex.net.

Preparando o aplicativo para o acesso ao WebService

O tráfego de informações entre o aplicativo Android e o servidor onde está hospedado o WebService acontece no formato XML, sendo utilizado o padrão de comunicação SOAP para "envelopar" os pacotes na comunicação. Porém, até o fechamento deste capítulo, não existia um suporte nativo do Android para a comunicação via SOAP, o que faz necessária a utilização de uma API de terceiros, chamada KSOAP.

Para o download do KSOAP, deve-se acessar a página do projeto em http://code.google.com/p/ksoap2-android/, conforme a **Figura 12.6**. Clique na categoria download, baixando o arquivo ksoap2-android-assembly-3.4.0-jar-with-dependencies.jar (esta era a última versão da biblioteca até o fechamento do capítulo).

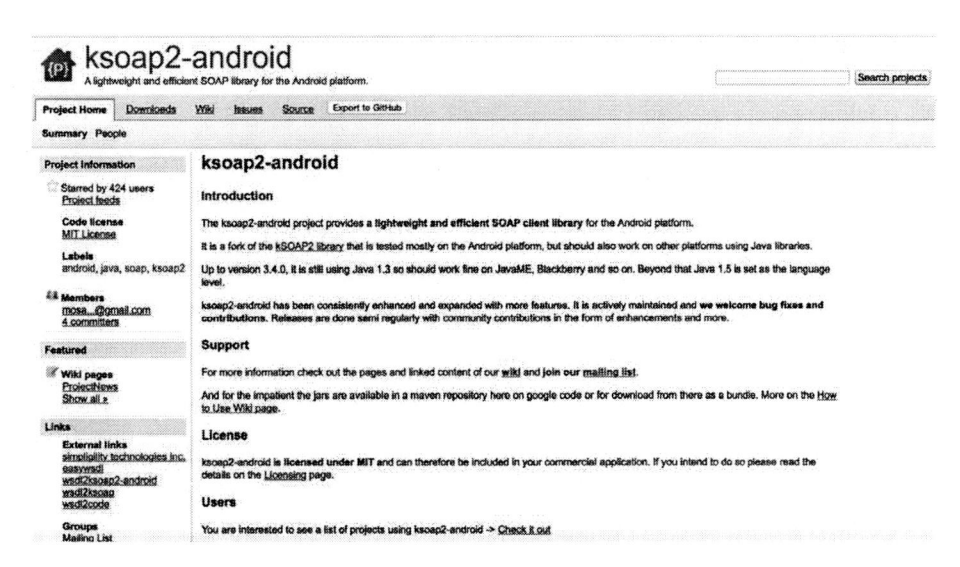

Figura 12.6. Site do projeto ksoap2.

Após baixar o arquivo, deve-se copiar o .jar para dentro da pasta lib do projeto, utilizando o gerenciador de arquivo do sistema operacional (ex., Windows Explorer). A pasta onde os projetos costumam ser salvas possui o nome AndroidStudioProjects. Dentro desta, abrimos a pasta do projeto (UsandoWebServices), após app e colamos o arquivo dentro da pasta libs. Isto garante que a biblioteca seja copiada junto com o projeto, quando este é copiado de uma máquina para outra.

Após, é necessário adicionar a biblioteca dentro do projeto desenvolvido. Na IDE do Android Studio, clique com o botão direito no projeto e escolha a opção *Open Module Settings*. Na aba *Dependencies*, clique no botão de mais (+) e escolha *File Dependency*, que permitirá escolher o arquivo ksoap2-android-assembly-3.4.0--jar-with-dependencies.jar da pasta libs, **Figura 12.7**. Esta biblioteca possui arquivos importantes utilizados para a comunicação com um WebService, tais como, SoapObject, SoapEnvelope, SoapSerializationEnvelope e HttpTransportSE.

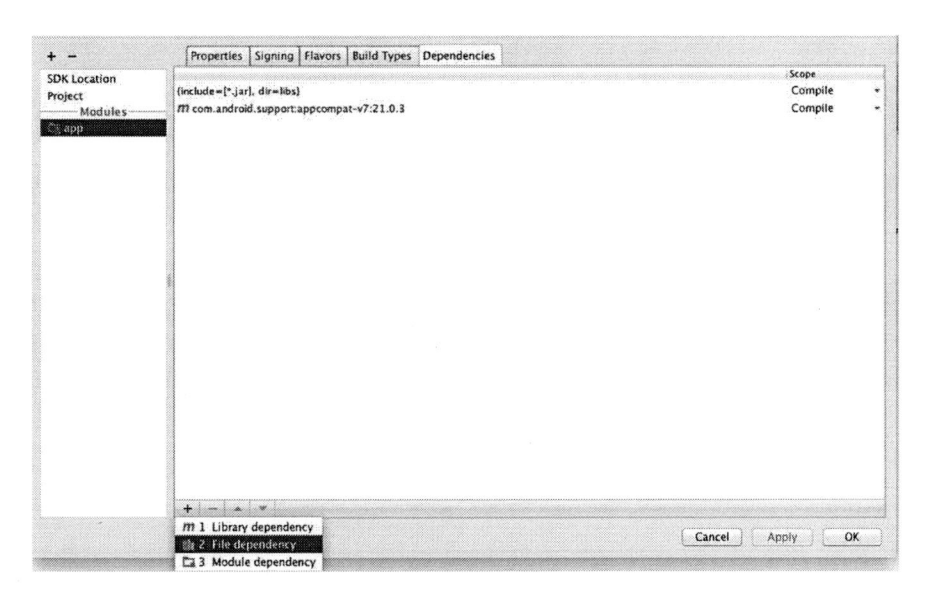

Figura 12.7. Adicionando a biblioteca ao projeto Android.

Acessando um WebService a partir do Android

Agora é hora de colocar o código para a comunicação com o WebService. Toda comunicação que envolve a rede deve ser realizada utilizando uma Thread separada a fim de evitar o travamento na interface do aplicativo, uma vez que a comunicação com a rede é intermitente. A maneira tradicional de fazer isso é criar outra classe (pode ser uma classe interna de PrincipalActivity.java, a qual herda as funcionalidades da Thread e implementa o método run( )). Outra maneira de tratar a multithread é implementando a interface Runnable, porém, a primeira foi adotada neste artigo.

O código completo do aplicativo, já tratando a comunicação com a rede utilizando multithread, é apresentado na **Listagem 12.3**.

Listagem 12.3. PrincipalActivity.java – Activity completa acessando o WebService.

```
01.    package br.com.livro.usandowebservices;
02.
03.    import org.ksoap2.SoapEnvelope;
04.    import org.ksoap2.serialization.SoapObject;
05.    import org.ksoap2.serialization.SoapSerializationEnvelope;
06.    import org.ksoap2.transport.HttpTransportSE;
07.
08.    import android.app.Activity;
09.    import android.os.Bundle;
10.    import android.view.View;
11.    import android.widget.EditText;
12.    import android.widget.TextView;
13.
14.    public class PrincipalActivity extends Activity {
15.
16.        private EditText etCidade;
17.        private EditText etPais;
18.        private TextView tvResultado;
19.
20.        @Override
21.        protected void onCreate(Bundle savedInstanceState) {
22.            super.onCreate(savedInstanceState);
23.            setContentView(R.layout.activity_principal);
24.
25.            etCidade = (EditText) findViewById( R.id.etCidade );
26.            etPais = (EditText) findViewById( R.id.etPais );
27.            tvResultado = (TextView) findViewById( R.id.tvResultado );
28.        }
29.
30.        public void btPesquisarOnClick( View v ) {
31.            ConexaoThread myTask = new ConexaoThread();
32.            myTask.start();
33.        }
34.
35.
36.        class ConexaoThread extends Thread {
37.
38.            private static final String URL = "http://www.webserviceX.NET";
39.            private static final String METHOD = "GetWeather";
40.            private static final String SOAP_ACTION = "http://www.webserviceX.NET/GetWeather";
41.            private static final String WSDL = "http://www.webservicex.net/globalweather.asmx?WSDL";
42.
43.            public void run() {
44.                try {
45.                    SoapObject request = new SoapObject( URL, METHOD );
46.                    request.addProperty( "CityName", etCidade.getText().toString() );
47.                    request.addProperty( "CountryName", etPais.getText().toString() );
48.                    SoapSerializationEnvelope envelope = new SoapSerializationEnvelope(
```

```
49.                             SoapEnvelope.VER11 );
50.             envelope.bodyOut = request;
51.             envelope.dotNet = true;
52.             HttpTransportSE ht = new HttpTransportSE( WSDL );
53.             ht.call( SOAP_ACTION, envelope );
54.             final String resposta = envelope.getResponse().toString();
55.
56.             PrincipalActivity.this.runOnUiThread( new Thread() {
57.
58.                 public void run() {
59.                     tvResultado.setText( resposta );
60.                 }
61.
62.             } );
63.
64.         } catch ( final Exception e) {
65.             PrincipalActivity.this.runOnUiThread( new Thread() {
66.
67.                 public void run() {
68.                     tvResultado.setText( "Erro: " + e.getMessage() );
69.                 }
70.             } );
71.         }
72.     }
73.   }
74. }
```

No código apresentado, as primeiras linhas são responsáveis por importar as classes utilizadas no aplicativo, em especial, as classes responsáveis pela comunicação com o WebService (linhas 03 a 06).

Outra diferença desta listagem em relação à **Listagem 12.2** está na chamada da Thread que fará a comunicação com o WebService, que acontece no método btPesquisarOnClick( ), linha 34. Neste, é instanciado um objeto do tipo ConexaoThread (linha 35), que é uma subclasse de Thread, codificada a partir da linha 36. Após a instanciação, a Thread é executada com o método start( ), linha 32.

Já a classe que herda as funcionalidades de Thread foi codificada na linha 36, sendo inicialmente declaradas quatro constantes importantes para o acesso ao WebService, que são:

- URL: Possui o caminho onde o WebService está hospedado;
- METHOD: Tem o nome do método que será invocado pelo WebService;
- SOAP_ACTION: Contém o caminho completo do método do WebService que será invocado;
- WSDL: O caminho do arquivo com o descritivo de todas as funções do WebService.

Uma vez declaradas as constantes, o método run( ) da Thread será responsável pelo acesso das informações na rede. Na linha 45, é declarado um objeto do tipo SoapObject, o qual contém informações que serão passadas para o método do WebService, como os parâmetros para o nome da cidade (linha 45) e país (linha 46).

Após, essas informações serão encapsuladas em um objeto do tipo SoapSerializationEnvelope (linha 48), sendo atribuídos alguns valores, como o corpo da mensagem que será enviado ao WebService (linha 50) e se o WebService foi desenvolvido na tecnologia .net (linha 51).

Por fim, o objeto responsável pela comunicação é instanciado (linha 52), sendo a partir deste executado o método call( ), linha 53, o qual invocará o WebService. A resposta pode ser obtida pelo método getResponse( ), linha 54, sendo armazenado em uma variável String.

A plataforma Android tem uma característica: somente a Thread que criou os componentes visuais da tela pode modificá-los. Neste caso, quem criou os componentes visuais foi a classe PrincipalActivity.java, porém, devemos modificar seu conteúdo na classe ConexaoThread. Isto é possível executando o método runOnUi-

Thread( ) do this da classe que criou os componentes (linha 56). Assim, esse método recebe uma Thread por parâmetro que, no seu método run( ), linha 58, altera o conteúdo do componente TextView do resultado (linha 59). O resultado visual dessa execução é apresentado na **Figura 12.8**.

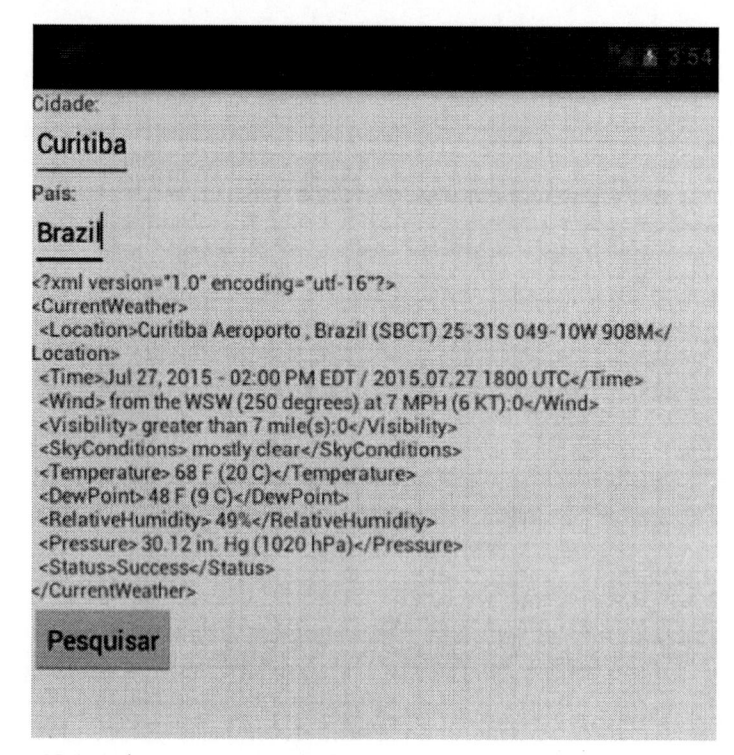

Figura 12.8. Aplicativo apresentando os dados retornados de um WebService.

Utilizando a classe AsyncTask

Como apresentado anteriormente, toda a comunicação com a rede deve ser executada a partir de uma nova Thread, evitando, com isso, que a interface gráfica do aplicativo fique travada com a demora na resposta dos servidores.

Como apresentado no exemplo da **Listagem 12.3**, é possível a utilização de classes que implementam multithreads, como a classe Thread ou a interface Runnable, ou ainda outras classes como Timer e TimerTask. Entretanto, sem dúvida, a melhor opção para esse tipo de comunicação é a classe AsyncTask.

Essa classe facilita a codificação de rotinas para acessar a rede e, em especial, permite a modificação dos componentes da interface gráfica sem o uso de comandos como runOnUiThread. Assim, a **Listagem 12.4** apresenta o código de acesso a um WebService utilizando AsyncTask.

Listagem 4. PrincipalActivity.java – Activity completa acessando o WebService com AsyncTask.

```
01.   package br.com.livro.usandowebservice;
02.
03.   import org.ksoap2.SoapEnvelope;
04.   import org.ksoap2.serialization.SoapObject;
05.   import org.ksoap2.serialization.SoapSerializationEnvelope;
06.   import org.ksoap2.transport.HttpTransportSE;
07.
08.   import android.app.Activity;
09.   import android.content.Context;
10.   import android.os.AsyncTask;
```

```java
11.     import android.os.Bundle;
12.     import android.view.View;
13.     import android.widget.EditText;
14.     import android.widget.TextView;
15.
16.     public class PrincipalActivity extends Activity {
17.
18.         private EditText etCidade;
19.         private EditText etPais;
20.         private TextView tvResultado;
21.
22.         @Override
23.         protected void onCreate(Bundle savedInstanceState) {
24.             super.onCreate(savedInstanceState);
25.             setContentView(R.layout.activity_principal);
26.
27.             etCidade = (EditText) findViewById( R.id.etCidade );
28.             etPais = (EditText) findViewById( R.id.etPais );
29.             tvResultado = (TextView) findViewById( R.id.tvResultado );
30.         }
31.
32.         public void btPesquisarOnClick( View v ) {
33.             ConexaoThread myTask = new ConexaoThread( this );
34.             myTask.execute( etCidade.getText().toString(), etPais.getText().toString() );
35.         }
36.
37.
38.         class ConexaoThread extends AsyncTask<String, Integer, String> {
39.
40.             private static final String URL = "http://www.webserviceX.NET";
41.             private static final String METHOD = "GetWeather";
42.             private static final String SOAP_ACTION = "http://www.webserviceX.NET/GetWeather";
43.             private static final String WSDL = "http://www.webservicex.net/globalweather.asmx?WSDL";
44.
45.             private Context c;
46.
47.             public ConexaoThread( Context c ) {
48.                 this.c = c;
49.             }
50.
51.             @Override
52.             protected void onPreExecute() {
53.             }
54.
55.             @Override
56.             protected String doInBackground(String... params) {
57.                 try {
58.                     SoapObject request = new SoapObject( URL, METHOD );
59.                     request.addProperty( "CityName", params[0] );
60.                     request.addProperty( "CountryName", params[1] );
61.                     SoapSerializationEnvelope envelope = new SoapSerializationEnvelope(
62.                             SoapEnvelope.VER11 );
63.                     envelope.bodyOut = request;
64.                     envelope.dotNet = true;
65.                     HttpTransportSE ht = new HttpTransportSE( WSDL );
66.                     ht.call( SOAP_ACTION, envelope );
67.                     final String resposta = envelope.getResponse().toString();
68.                     return resposta;
69.
70.                 } catch (Exception e) {
71.                     return e.getMessage();
72.                 }
73.             }
74.
75.             @Override
76.             protected void onProgressUpdate(Integer... values) {
77.             }
```

```
78.
79.             @Override
80.             protected void onPostExecute(String result) {
81.                 tvResultado.setText( "Temperatura: " +  result );
82.             }
83.         }
84.  }
```

A diferença no aplicativo começa na execução do método btPesquisarOnClick( ), linha 38, sendo declarado um objeto do tipo ConexaoThread, que agora é uma subclasse de AsyncTask (linha 38). Agora, precisamos passar por parâmetro uma instância da classe principal – this. Após, o AsyncTask é executado com o método execute( ), linha 34, o qual recebe por parâmetro as informações da classe principal utilizada dentro da nova Thread. Para este exemplo são, passados os campos cidade e país.

Na declaração da classe ConexaoThread (linha 38), é informado o tipo dos parâmetros de entrada (String), do parâmetro de incremento (Integer) e do parâmetro de saída (String). Os parâmetros de entrada, para o exemplo, são os campos cidade e Estados, passados na linha 34 e que são do tipo String. O parâmetro de saída é resultado da execução da Thread e neste exemplo, é uma string que será apresentada no componente TextView. O parâmetro de incremento é usado caso exista um componente de barra de progresso para mostrar o andamento da execução, portanto, o campo deve ser inteiro.

Da mesma forma, as constantes com as informações referentes ao WebService são declaradas (linhas 40 a 43) e é declarado um objeto Context com o contexto da aplicação (linha 45), sendo este valorizado no método construtor do ConexaoThread (linha 47).

Ao codificar uma subclasse de AsyncTask, quatro métodos possuem codificação obrigatória, são eles:

- onPreExecute( ): Este método é executado logo no início do processamento e nele podem ser criados os componentes da barra de progresso, atribuídos valores iniciais, inicializadas variáveis, entre outras operações iniciais da conexão;

- doInBackGround( ): Este método contém a lógica da comunicação. É nele que a rede deve ser acessada. Ele recebe os parâmetros passados na linha 34, faz o processamento e devolve o resultado da comunicação, neste exemplo, a string com a resposta enviada pelo WebService;

- onPostExecute( ): Este método é responsável pela finalização da execução, apresentando o resultado do método doInBackGround( ) para o usuário. No nosso exemplo, o método doInBackGround retornará uma string, que é o parâmetro do método e deve formatar o campo de resultado na tela.

- onProgressUpdate( ): Neste método, deve ser colocada a lógica para atualizar uma barra de progresso, por exemplo.

Uma visão geral desses quatro métodos, assim como eles se comunicam, é apresentada na Figura 12.9.

```
class ConexaoThread extends AsyncTask<String, Integer, String> {

    Context c;

    public ConexaoThread( Context c ) {
        this.c = c;
    }

    @Override
    protected String doInBackground(String... params) {
        return "";
    }

    @Override
    protected void onPreExecute() {
    }

    @Override
    protected void onPostExecute(final String result) {
    }

    @Override
    protected void onProgressUpdate(Integer... values) {
    }
}
```

Tipo de parâmetro de entrada → String
Parâmetro de incremento → Integer
Parâmetro de Retorno → String

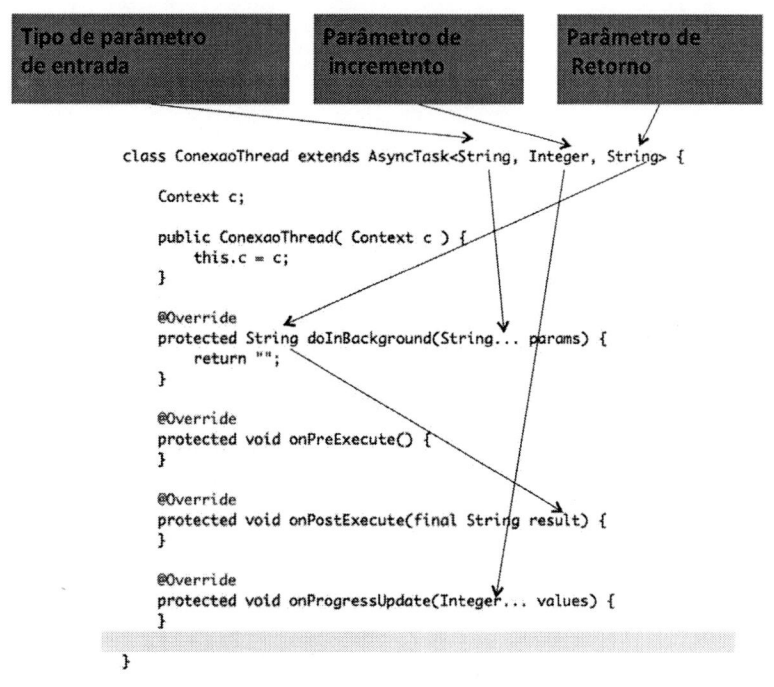

Figura 12.9. Visão geral dos parâmetros do AsyncTask.

Para o nosso exemplo, os métodos onPreExecute( ), linha 52, e onProgressUpdate( ), linha 76, não foram codificados. Já o método doInBackground( ), linha 56, possui a lógica para comunicação com o WebService. O resultado deste processamento é retornado para o método em caso de sucesso (linha 68) ou erro (linha 71). Após o processamento, o método onPostExecute( ) é chamado, linha 80, apresentando o resultado do processamento no componente tvResultado.

Desta forma, o acesso à rede fica mais enxuto e elegante, existindo métodos com funções específicas e não sendo necessária a execução de comandos do tipo runOnUiThread.

Adicionando um ProgressBar ao programa

Nos aplicativos que fazem uso da rede da operadora, uma boa prática de programação é apresentar, sempre que possível, um componente visual contendo as informações sobre o andamento do acesso à rede.

Isto é importante, pois a maioria dos usuários de devices Android com plano de dados paga por byte trafegado, assim, quanto maior o fluxo de dados, maior o custo de acesso, logo, se um programa iniciar um acesso à rede e não apresentar a evolução da conexão, após alguns segundos, o usuário começará a se questionar se a comunicação não travou e, muitas vezes, irá interromper o fluxo de dados.

Para minimizar este problema, uma boa técnica é o uso do componente ProgressBar, em especial, apresentando-o ao usuário com o componente ProgressDialog.

A **Listagem 12.5** apresenta o código do programa de acesso ao WebService utilizando um componente ProgressDialog.

Listagem 12.5. PrincipalActivity.java – Activity completa acessando o WebService com AsyncTask e ProgressDialog.

```
01.     package br.com.livro.usandowebservice;
02.
03.     import org.ksoap2.SoapEnvelope;
04.     import org.ksoap2.serialization.SoapObject;
05.     import org.ksoap2.serialization.SoapSerializationEnvelope;
06.     import org.ksoap2.transport.HttpTransportSE;
07.
08.     import android.app.Activity;
09.     import android.app.ProgressDialog;
10.     import android.content.Context;
11.     import android.os.AsyncTask;
12.     import android.os.Bundle;
13.     import android.view.View;
14.     import android.widget.EditText;
15.     import android.widget.TextView;
16.
17.     public class PrincipalActivity extends Activity {
18.
19.         private EditText etCidade;
20.         private EditText etPais;
21.         private TextView tvResultado;
22.         private ProgressDialog progresso;
23.
24.         @Override
25.         protected void onCreate(Bundle savedInstanceState) {
26.             super.onCreate(savedInstanceState);
27.             setContentView(R.layout.activity_principal);
28.
29.             etCidade = (EditText) findViewById( R.id.etCidade );
30.             etPais = (EditText) findViewById( R.id.etPais );
31.             tvResultado = (TextView) findViewById( R.id.tvResultado );
32.
33.         }
34.
35.         public void btPesquisarOnClick( View v ) {
36.
37.             ConexaoThread myTask = new ConexaoThread( this );
38.             myTask.execute( etCidade.getText().toString(), etPais.getText().toString() );
39.         }
40.
41.         class ConexaoThread extends AsyncTask<String, Integer, String> {
42.
43.             private static final String URL = "http://www.webserviceX.NET";
44.             private static final String METHOD = "GetWeather";
45.             private static final String SOAP_ACTION = "http://www.webserviceX.NET/GetWeather";
46.             private static final String WSDL = "http://www.webservicex.net/globalweather.asmx?WSDL";
47.
48.             private Context c;
49.
50.             public ConexaoThread( Context c ) {
51.                 this.c = c;
52.             }
53.
54.             @Override
55.             protected void onPreExecute() {
56.                 progresso = new ProgressDialog( c );
57.                 progresso.setMessage( "Acessando WebService" );
58.                 progresso.setProgressStyle( ProgressDialog.STYLE_HORIZONTAL );
59.                 progresso.setMax( 10 );
60.                 progresso.setCancelable( false );
61.                 progresso.show();
62.             }
63.
```

```
64.            @Override
65.            protected String doInBackground(String... params) {
66.                try {
67.                    SoapObject request = new SoapObject( URL, METHOD );
68.                    this.publishProgress( 1 );
69.                    request.addProperty( "CityName", params[0] );
70.                    this.publishProgress( 2 );
71.                    request.addProperty( "CountryName", params[1] );
72.                    this.publishProgress( 3 );
73.                    SoapSerializationEnvelope envelope = new SoapSerializationEnvelope(
74.                            SoapEnvelope.VER11 );
75.                    this.publishProgress( 4 );
76.                    envelope.bodyOut = request;
77.                    this.publishProgress( 5 );
78.                    envelope.dotNet = true;
79.                    this.publishProgress( 6 );
80.                    HttpTransportSE ht = new HttpTransportSE( WSDL );
81.                    this.publishProgress( 7 );
82.                    ht.call( SOAP_ACTION, envelope );
83.                    this.publishProgress( 8 );
84.                    final String resposta = envelope.getResponse().toString();
85.                    this.publishProgress( 9 );
86.                    return resposta;
87.
88.                } catch (Exception e) {
89.                    return e.getMessage();
90.                }
91.
92.            }
93.
94.            @Override
95.            protected void onProgressUpdate(Integer... values) {
96.                progresso.setProgress( values[0] );
97.            }
98.
99.            @Override
100.           protected void onPostExecute(String result) {
101.
102.               String temperatura = result.substring( result.indexOf( "<Temperature>") + 13,
103.                       result.indexOf( "</Temperature>") );
104.
105.               tvResultado.setText( "Temperatura: " + temperatura );
106.               progresso.dismiss();
107.           }
108.
109.       }
110.
111.
112.   }
```

A diferença entre este aplicativo e o aplicativo anterior inicia na linha 22, quando um objeto do tipo ProgressDialog é declarado.

Dentro da classe ConexaoThread, no método onPreExecute( ), linha 55, o ProgressDialog é instanciado (linha 56), assim como é definida a mensagem mostrada para o usuário (linha 57), sua apresentação como uma barra horizontal (linha 58), seu valor máximo (linha 59) e a informação de que ele não poderá ser cancelado pelo usuário (linha 60), sendo apresentado na interface (linha 60).

Já o método onProgressUpdate( ), linha 95, é responsável pela atualização do andamento do ProgressDialog, sendo nele definido o comando para a atualização (linha 96).

O valor inteiro que o método onProgressUpdate recebe é passado por meio do método publishProgress( ) e costuma ser executado no método doInBackground( ), linha 65.

Como pode ser observado, após cada comando, um valor sequencial e crescente é passado por parâmetro no método publishProgress (linhas 68, 70, 72, 75, 77, 79, 81, 83 e 85). Isso fará com que o ProgressBar seja atualizado durante o acesso ao WebService.

Ao final do processamento, no método onPostExecute( ), é apresentada para o usuário apenas a informação referente ao campo Temperatura (linhas 102 e 103), sendo na sequência retirado da tela o objeto da classe ProgressDialog (linha 106).

O resultado da utilização do ProgressDialog é apresentado na **Figura 12.10**.

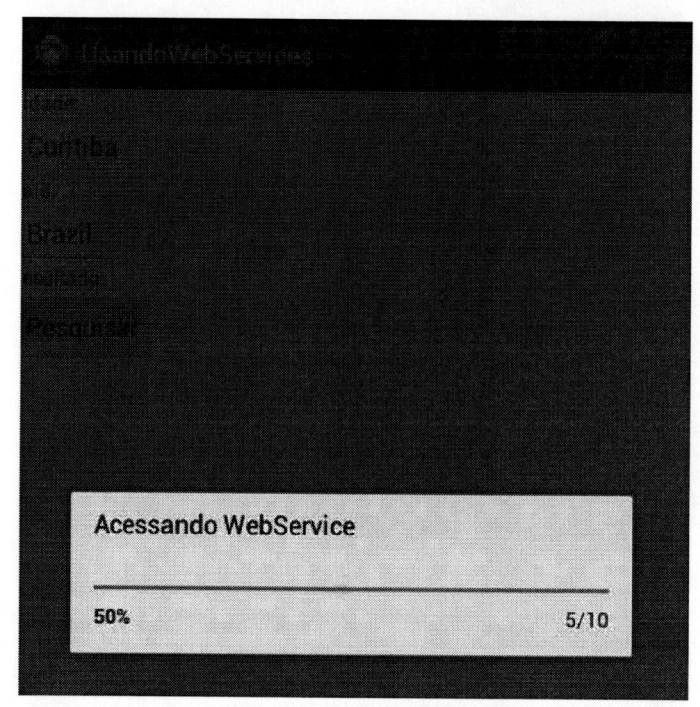

Figura 12.10. Utilizando um ProgressDialog para o acesso à rede.

Concluindo...

Este capítulo apresentou a utilização de vários conceitos importantes na integração de dados entre um aplicativo cliente móvel e um servidor remoto utilizando a tecnologia WebService. Inicialmente, foram apresentados os conceitos do WebService, bem como o portal www.webservicex.net, que dispõe de inúmeros serviços Web que podem ser acessados via aplicação Web, desktop ou mobile.

Na sequência, foi apresentado o desenvolvimento de um aplicativo para consumir um WebService sobre condições climáticas. De início, esse aplicativo fazia uso de multithread usando o modelo tradicional – classe Thread. Após, foi aprimorado para o uso da classe AsyncTask e, por fim, utilizado no aplicativo o componente visual da barra de progresso (ProgressDialog) para apresentar o andamento da conexão.

Embora alguns usuários e empresas critiquem o uso do WebService a partir de dispositivos móveis, dada a grande quantidade de dados "extras" trafegados na rede pelo uso de mensagens XML e SOAP, este ainda é o meio mais comum de acessar os dados, em especial, os dados não estáticos, como a cotação do dólar e informações sobre a bolsa de valores.

Ainda podemos destacar que está cada vez mais barato o acesso à Internet, existindo inclusive planos nos quais o acesso aos dados é ilimitado, o que incentiva ainda mais o uso do WebService pelos devices Android.

Exercício de fixação do capítulo

Exercício único – Acesso ao WebService

Desenvolva um aplicativo para acessar algum outro WebService da rede, seja para a recuperação do endereço a partir de um CEP, para localizar onde se encontra uma encomenda envida pelo correio, seja até outros WebServices presentes no portal www.webservicex.net. A interface gráfica, bem como as funcionalidades, depende do WebService escolhido para o acesso.

Capítulo XIII - Utilizando recursos do GPS e mapas nas aplicações Android

> Este capítulo apresenta um passo a passo de como utilizar as tecnologias do GPS e mapa nas aplicações Android

O GPS, ou Global Position System (Sistema de Posicionamento Global), é um elaborado sistema de satélites e outros dispositivos que tem como função básica prestar informações precisas sobre o posicionamento individual no globo terrestre. Ele foi criado pelos EUA para fins militares.

Desde 1960, a Força Aérea e a Marinha americanas têm trabalhado no desenvolvimento de um sofisticado sistema de navegação por satélite. A Marinha patrocinou dois programas, o Transit e o Timation. Ambos operavam no modo 2D, pois usavam a latitude e a longitude. No mesmo período, a Força Aérea estudou o uso 3D, através da latitude, longitude e altitude, com o programa 612B.

Em 1973, surgiu o programa NAVSTAR GPS por meio da fusão dos programas Timation e 621B. Em dezembro desse mesmo ano, foi autorizado o início da primeira fase do programa, que durou até 1979. Foram feitos estudos sobre a performance e real viabilidade do sistema. Em seguida, teve início a segunda fase, com desenvolvimento e teste dos equipamentos GPS, que durou até 1985.

Na terceira fase, foram produzidos os aparelhos GPS e finalizada a rede de 24 satélites. O sistema passou a proporcionar uma cobertura completa, conhecida como FOC (Full Operational Capability) graças à operação simultânea dos satélites.

O GPS surgiu com objetivos de guerra e navegação de alta precisão, para o transporte militar e mísseis. Seu uso foi testado na Guerra do Golfo, facilitando a locomoção das tropas no deserto. Os mísseis passaram a atingir seus alvos com erros mínimos.

Em 1980, o então presidente Ronald Reagan autorizou o uso civil do sistema. Na época, o Departamento de Defesa americano implantou um erro artificial no sistema chamado "Disponibilidade Seletiva, para resguardar a segurança interna do país. A Disponibilidade Seletiva foi cancelada por um decreto do presidente Clinton em maio de 2000, pois o contínuo desenvolvimento tecnológico permitiu ao Departamento de Defesa obstruir a precisão do sistema, onde e quando os interesses americanos exigissem. Com o decreto, o erro médio de 100 metros na localização do receptor ficou 10 vezes menor.

O NAVSTAR GPS está baseado no conceito de medida de distâncias entre uma fonte transmissora e uma fonte receptora de radiossinais. Três distâncias medidas e o conhecimento da posição absoluta das três fontes transmissoras (fixos) permitem determinar a posição absoluta da fonte receptora a partir do processo de triangulação – veja a **Figura 13.1**. As distâncias são computadas a partir do tempo de propagação das ondas eletromagnéticas no meio e a velocidade de propagação da onda no meio.

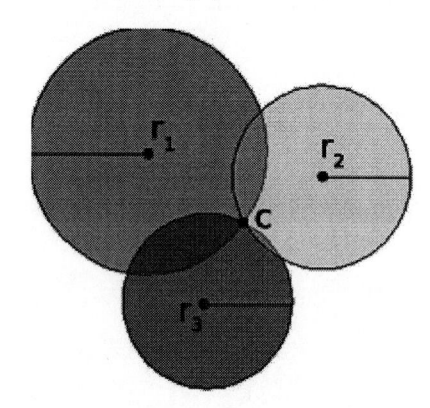

Figura 13.1. GPS – Funcionamento da trilateração.

Na figura apresentada, temos três transmissores, r1, r2 e r3, os quais representam os satélites. Conhecendo o raio deles (que representam a distância calculada entre o satélite e o transmissor), é possível o cálculo do ponto único c, que é a interseção dos três círculos.

Hoje, muitos veículos utilizam o sistema de posicionamento para uso civil, entre eles, os automóveis. Esses receptores são produzidos por diversos fabricantes, podendo ser desde portáteis, pouco maiores que um maço de cigarros e custando pouco mais de 200 reais, até os mais sofisticados. Além de receber e decodificar os sinais dos satélites, os receptores são verdadeiros computadores que permitem várias opções de referências, sistemas de medidas, sistemas de coordenadas, armazenagem de dados, troca de dados com outro receptor ou com um computador etc.

Uma possibilidade hoje é o uso dos smartphones ou tablets para o desenvolvimento de aplicativos utilizando o GPS, já que esses dispositivos estão cada vez mais baratos e praticamente todos já saem de fábrica com um receptor GPS, o que permite o desenvolvimento dos mais diversos tipos de aplicativos.

Entretanto, no desenvolvimento de aplicativos utilizando o GPS, um desafio é a apresentação dos dados gerados por este. Como a longitude e a latitude são informações numéricas, e nós, usuários, estamos acostumados a ver um determinado ponto em um mapa para a localização, foi necessário o desenvolvimento de ferramentas para a apresentação dos mapas.

Neste ponto, a Google está muito à frente de outras empresas e já há muitos anos disponibiliza um serviço chamado Google Maps, que permite aos usuários e desenvolvedores consultar locais no mapa, trabalhando com diferentes visões (modo mapa, satélite etc.) e diferentes opções de zoom, além da possibilidade de colocar marcadores e personalizar.

Este capítulo apresentará conceitos sobre o GPS e mapas, assim como sua utilização nas aplicações Android.

Entendendo os Geocódigos

Para entender o funcionamento do mapeamento e da geolocalização, é fundamental entender os principais conceitos para a determinação de uma posição especifica.

A posição sobre a Terra é referenciada em relação ao Equador e ao meridiano de Greenwich, e pode ser definida por latitude e longitude, o que caracterizaria, em um plano cartesiano, uma imagem com duas dimensões (eixos x e y). Entretanto, na prática, temos um novo geocódigo, a altitude, que é medida em relação ao nível do mar e com isso, pode-se criar representações em 3D. Assim, para saber qualquer posição sobre a Terra, basta saber a latitude, a longitude e a altitude.

Apesar de haver três valores de localização, muitas vezes utilizam-se apenas a longitude e latitude, em especial quando se usa mapas 2D.

A latitude é a distância em relação à linha do Equador. Essa distância é medida em graus, podendo variar entre 0º e 90º para norte ou sul, como pode ser visto na **Figura 13.2**.

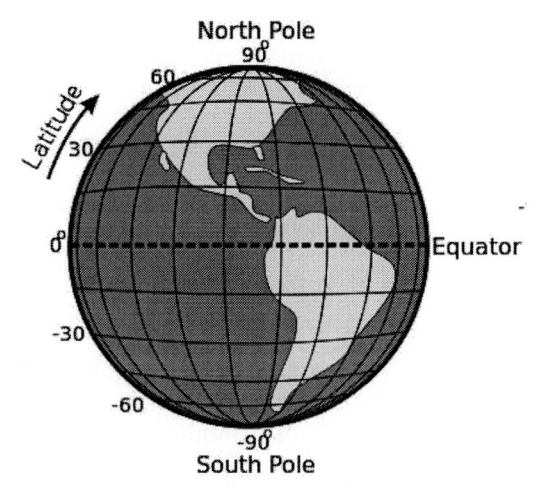

Figura 13.2. Latitude.

A longitude é à distância em relação ao meridiano de Greenwich. Essa distância também é medida em graus, podendo variar entre 0º e 180º para leste ou oeste, como pode ser visto na **Figura 13.3**.

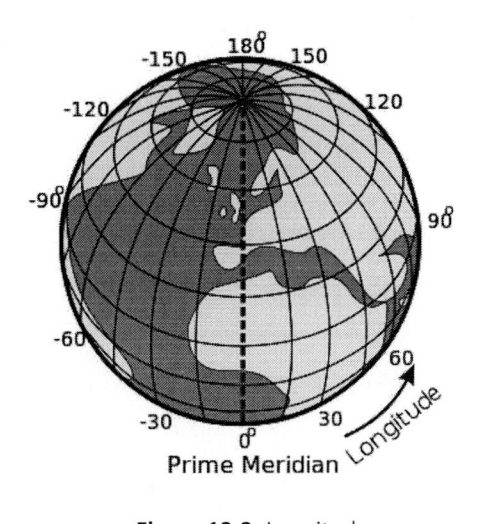

Figura 13.3. Longitude.

Já a altitude é uma dimensão medida em metros e corresponde à distância do ponto em relação ao nível do mar, conforme apresentado na **Figura 13.4**.

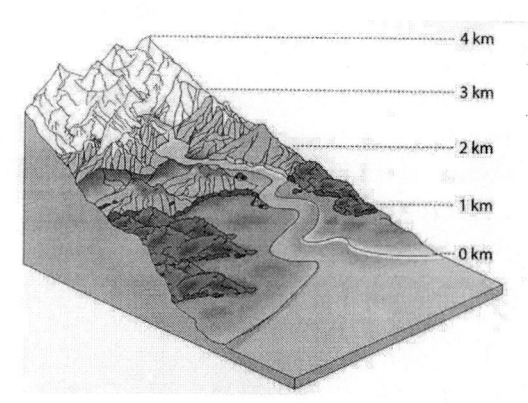

Figura 13.4. Altitude a partir do nível do mar.

Normalmente, os valores da latitude e da longitude são apresentados em graus, minutos e segundos. Porém, como essas coordenadas estão sendo amplamente utilizadas na computação, optou-se por utilizar o formato decimal.

Assim, a localização de um ponto no planeta no formato padrão pode ser apresentada da seguinte forma:

- Latitude: 26º 13' 43" S (lê-se vinte seis graus, treze minutos e quarenta e três segundos ao sul);
- Longitude: 52º 40' 14" W (lê-se cinquenta e dois graus, quarenta minutos e quatorze segundos a oeste).

Os dados apresentados são muito difíceis de ser manipulados por um computador e desta forma, é aconselhável sua conversão em decimal, formato nativo dos computadores. A fórmula de conversão é:

$$Graus\ decimais = graus + \frac{minutos}{60} + \frac{segundos}{3600}$$

Para entender melhor essa relação entre os graus, minutos e segundos, é utilizada a premissa de que:

- Um grau é equivalente a 60 minutos;
- Um minuto é equivalente a 60 segundos;
- Um grau é equivalente a 3.600 segundos.

Assim, após a conversão no formato decimal, utilizado pelos computadores, os valores se transformam em:

- Latitude: -26.228611
- Longitude: -52.670556

Sendo na latitude, o valor é negativo para o sul e positivo para o norte, e na longitude, o valor é negativo para o oeste e positivo para o leste.

Entender os geocódigos é muito importante para o uso do GPS, já que este fornecerá três valores decimais (em alguns casos, dois decimais (longitude e latitude)) e um inteiro (altitude) para o correto tratamento dos dados, assim como é importante para o uso dos mapas, uma vez que nos mapas 2D (os mais utilizados), eles são tratados como planos cartesianos, possuindo um referencia no eixo x (longitude) e outra no eixo y (latitude), ambas no formato decimal.

Usando recursos do GPS em uma aplicação Android

Para testar os recursos do GPS, será necessário o desenvolvimento de uma aplicação Android nova. Para o exemplo, foi criado um projeto chamado UsandoGPSMapas. Essa aplicação possui inicialmente uma Activity chamada ActivityPrincipal, assim como uma tela chamada activity_principal.

O objetivo desse primeiro aplicativo é fazer com que o programa desenvolvido apresente na tela do device Android os dados recuperados do GPS referentes à longitude, latitude e altitude, e esses dados serão apresentados nos componentes TextView.

Desta forma, o primeiro passo é o desenvolvimento da interface gráfica, assim, deve-se modificar o arquivo activity_principal.xml, conforme o código apresentado na **Listagem 13.1**.

Listagem 13.1. activity_principal.xml – Interface gráfica da tela principal do aplicativo.

```xml
01.   <LinearLayout xmlns:android="http://schemas.android.com/apk/res/android"
02.       xmlns:tools="http://schemas.android.com/tools"
03.       android:layout_width="match_parent"
04.       android:layout_height="match_parent"
05.       android:orientation="vertical"
06.       tools:context=".PrincipalActivity" >
07.
08.       <TextView
09.           android:layout_width="wrap_content"
10.           android:layout_height="wrap_content"
11.           android:text="Latitude:" />
12.
13.       <TextView
14.           android:id="@+id/tvLatitude"
15.           android:layout_width="wrap_content"
16.           android:layout_height="wrap_content"
17.           android:textStyle="bold" />
18.
19.       <TextView
20.           android:layout_width="wrap_content"
21.           android:layout_height="wrap_content"
22.           android:text="Longitude:" />
23.
24.       <TextView
25.           android:id="@+id/tvLongitude"
26.           android:layout_width="wrap_content"
27.           android:layout_height="wrap_content"
28.           android:textStyle="bold" />
29.
30.       <TextView
31.           android:layout_width="wrap_content"
32.           android:layout_height="wrap_content"
33.           android:text="Altitude:" />
34.
35.       <TextView
36.           android:id="@+id/tvAltitude"
37.           android:layout_width="wrap_content"
38.           android:layout_height="wrap_content"
39.           android:textStyle="bold" />
40.
41.   </LinearLayout>
```

Pode-se observar na listagem que todos os componentes visuais estão organizados dentro de um gerenciador de layout LinearLayout (linha 01), organizado de forma vertical (linha 05). Nessa tela, os componentes estão organizados aos pares, onde cada par de TextView corresponde a uma coordenada recuperada do GPS, sendo a latitude (linhas 08 a 17), longitude (linhas 19 a 28) e altitude (linhas 30 a 39).

Como observado, não foram adicionados à tela componentes de interação, como Button, uma vez que as coordenadas serão atualizadas automaticamente na tela do dispositivo, não sendo necessário um botão para "Atualizar".

O passo seguinte é o desenvolvimento da classe Java responsável pelo tratamento da tela e para isso, a **Listagem 13.2** apresenta o código correspondente à Activity PrincipalActivity.java.

Listagem 13.2. PrincipalActivity.java – Activity principal do aplicativo.

```
01.    package br.com.livro.usandogpsmapas;
02.
03.    import android.app.Activity;
04.    import android.content.Context;
05.    import android.location.Location;
06.    import android.location.LocationListener;
07.    import android.location.LocationManager;
08.    import android.os.Bundle;
09.    import android.widget.TextView;
10.
11.    public class PrincipalActivity extends Activity implements LocationListener {
12.
13.        private TextView tvLatitude;
14.        private TextView tvLongitude;
15.        private TextView tvAltitude;
16.
17.        @Override
18.        protected void onCreate(Bundle savedInstanceState) {
19.            super.onCreate(savedInstanceState);
20.            setContentView(R.layout.activity_principal);
21.
22.            tvLatitude  = (TextView) findViewById( R.id.tvLatitude );
23.            tvLongitude = (TextView) findViewById( R.id.tvLongitude );
24.            tvAltitude  = (TextView) findViewById( R.id.tvAltitude );
25.
26.            LocationManager  locationManager = (LocationManager)
27.                    this.getSystemService( Context.LOCATION_SERVICE );
28.
29.            locationManager.requestLocationUpdates(
30.                    LocationManager.GPS_PROVIDER, 2000, 0, this );
31.
32.        }
33.
34.        @Override
35.        public void onLocationChanged(Location location) {
36.            double latitude = location.getLatitude() / 1000000;
37.            double longitude = location.getLongitude() / 1000000;
38.            double altitude = location.getAltitude();
39.
40.            tvLatitude.setText( String.valueOf( latitude ) );
41.            tvLongitude.setText( String.valueOf( longitude ) );
42.            tvAltitude.setText( String.valueOf( altitude ) );
43.
44.        }
45.
46.        @Override
47.        public void onProviderDisabled(String arg0) {
48.
49.        }
50.
51.        @Override
52.        public void onProviderEnabled(String arg0) {
53.
54.        }
55.
56.        @Override
57.        public void onStatusChanged(String arg0, int arg1, Bundle arg2) {
```

```
58.
59.         }
60.
61.     }
```

Este código corresponde a utilização do GPS para a recuperação dos dados de latitude, longitude e altitude para sua correta apresentação nos componentes TextView definidos na tela.

Assim, é declarado o pacote da aplicação (linha 01) e importadas as classes utilizadas no aplicativo (linhas 03 a 09). Na linha 10, acontece a declaração da classe principal, a qual herda as funcionalidades de Activity, assim como implementa a interface LocationListener para a recuperação dos dados do GPS.

Nas linhas 13 a 15 são declarados os componentes visuais da tela, sendo recuperados entre as linhas 22 e 24 no método onCreate( ) do aplicativo.

Já as linhas 26 e 27 são muito importantes para a utilização do GPS. Neste, o objeto LocationManager é instanciado, sendo o objeto responsável por recuperar os geocódigos. Nas linhas 29 e 30, é registrado um Listener (a própria classe que implementa o LocationListener) para tratar a recuperação dos dados do GPS. Como parâmetros do método requestLocationUpdates( ), estão a origem do GPS (neste caso, um GPS interno, no próprio device, representado por Locationmanager.GPS_PRIVIDER), um tempo de atualização em milissegundos (neste exemplo, as coordenadas serão atualizadas a cada dois segundos, ou seja, 2.000 milissegundos), uma distância de atualização (neste caso, como a atualização depende do tempo, esse parâmetro foi valorizada com zero) e, por fim, a classe responsável pelo listener e que codificará os métodos abstratos, neste caso, a própria classe (this).

Desta forma, foi necessária a codificação dos quatro métodos abstratos da interface LocationListener, sendo eles: onLocationChanged( ), linha 35, onProviderDisable( ), linha 47, onProviderEnable( ), linha 52 e onStatusChanged( ), linha 57. Para o exemplo, apenas o método onLocationChanged( ) possui código, sendo que este é chamado toda vez que há mudança nos geocódigos ou a cada intervalo definido em requestLocationUpdates( ), linha 30.

Esse método é responsável por recuperar a latitude (linha 36), longitude (linha 37), altitude (linha 38), e poderiam ser recuperadas outras informações ainda, como a velocidade (método getSpeed( )) ou a hora do receptor (getTime( )). Os geocódigos de longitude e latitude vêm sem a parte decimal, por isso a necessidade da divisão por 1.000.000 para, então, ficar com seis casas decimais. Após, os dados são apresentados nos componentes TextView (linhas 40 a 42).

Já o método onProviderDisable( ) é executado toda vez que o device perde o sinal com os satélites do GPS. O método onProviderEnabled( ) ocorre quando o dispositivo acha os satélites e onStatusChanged toda vez que acontece uma mudança no estado do sinal.

Antes da execução do aplicativo, o último passo é modificar o arquivo manifest.xml, dando a permissão para que a aplicação acesse os dados do receptor GPS.

Em uma aplicação Android, o uso do GPS é algo relativamente simples, entretanto, como foge dos recursos tradicionais da plataforma (já que não existe garantia de que todos os devices Android possuem GPS, por exemplo) e também por questão de segurança, é necessário que as aplicações que fazem uso desses recursos sejam assinadas.

Desta forma, no arquivo AndroidManifest.xml, é necessário colocar a permissão do usuário para utilizar esses recursos, por exemplo.

Para permitir que uma aplicação Android utilize o recurso de GPS, é preciso dar as permissões no arquivo AndroidManifest.xml, conforme a **Listagem 13.3**. Essa linha deve ser inserida preferencialmente antes da declaração da tag application.

Listagem 13.3. AndroidManifest.xml – Dando permissão para o uso do GPS.

```
01.     <uses-permission android:name="android.permission.ACCESS_FINE_LOCATION"/>
```

Embora seja muito interessante a execução dos aplicativos que fazem uso do GPS a partir de devices reais, o mesmo também pode ser testado via emulador (AVD), utilizando a janela *Emulator Control*.

Lembre que nos dispositivos reais, o processo para o dispositivo encontrar o sinal do GPS pode levar vários minutos, e dificilmente é possível dentro de ambientes fechados, como um escritório ou em sala de aula. O ideal é em campo aberto, embora você possa configurar no device para a utilização também das redes móveis (rede da operadora ou Wi-Fi) para a recuperação da posição e nesta situação, o sinal do GPS é recuperado rapidamente.

Já no uso de um AVD para testar o aplicativo e permitir a simulação dos geocódigos, deve-se utilizar a ferramenta Emulator Control (no menu *Tools – Android – Android Device Monitor*, escolha a aba *Emulator Control*), conforme a **Figura 13.5**, sendo possível na parte inferior simular os dados correspondentes à longitude e à latitude.

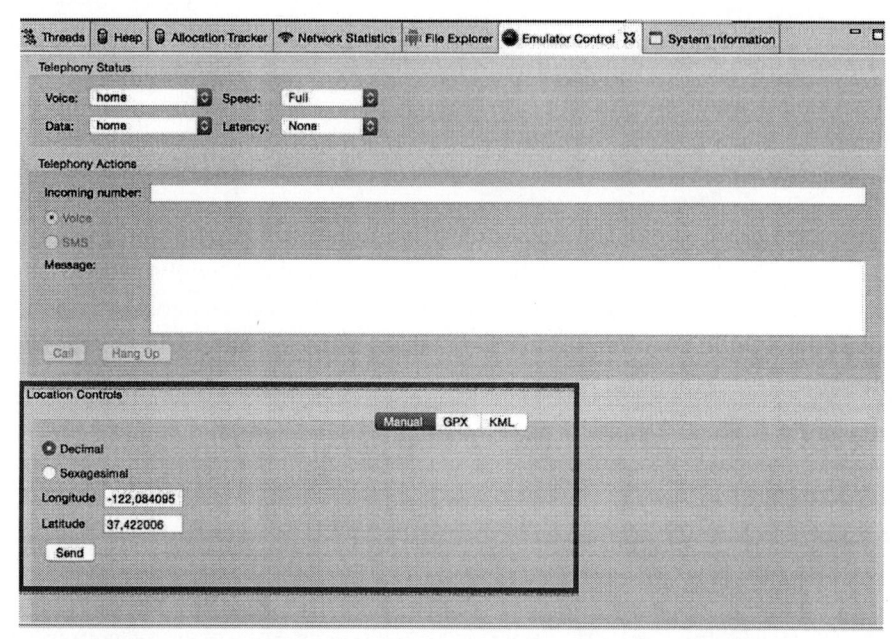

Figura 13.5. Tela para a simulação dos dados da latitude/longitude.

Após o clique no botão *Enviar*, o emulador já será atualizado com os novos valores, apresentando-os na tela, conforme a **Figura 13.6**.

Figura 13.6. Tela do aplicativo com os dados da latitude/longitude emulados.

Mapas

Em geral, os mapas são imagens em duas dimensões, que possuem uma escala (permitindo uma representação bem próxima do real), assim como legendas. Podem-se citar como exemplos os mapas políticos, do clima, relevo, bacia hidrográfica etc., mostrados na **Figura 13.7**.

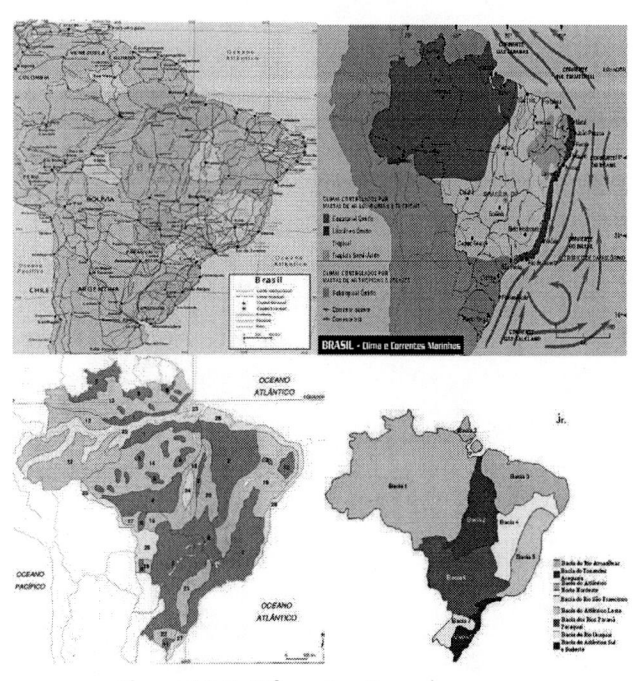

Figura 13.7. Diferentes tipos de mapas.

Além dos mapas apresentados, existe também o mapeamento digital, que é o processo pelo qual um conjunto de dados é compilado e formatado em uma imagem virtual. A função principal dessa tecnologia é a produção de mapas que dão representações precisas de uma determinada área, detalhando os principais eixos rodoviários e outros pontos de interesse. A tecnologia também permite o cálculo de distâncias de um lugar para outro.

Apesar do mapeamento digital ser encontrado em uma variedade de aplicações computacionais, como o Google Earth, **Figura 13.8**, o principal uso desses mapas é com o Sistema de Posicionamento Global, ou a rede de satélites GPS, utilizado nos sistemas de navegação automotivos padrão.

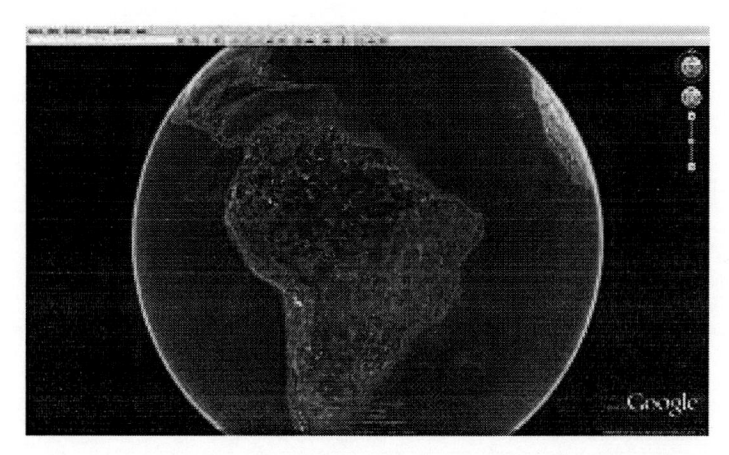

Figura 13.8. Imagem do software Google Earth, o qual trabalha com mapas digitais.

API do Google Maps

Com a API do Google Maps v2 para Android, é possível adicionar mapas com base nos dados da Google. A API trata automaticamente o acesso aos servidores do Google Maps, download de dados, visualização do mapa e resposta a gestos no mapa (como a navegação no mapa e os controles de zoom), entre outros recursos

O Google Maps API Android V2 é distribuído como parte do Google Play Services SDK, que trabalha como um gerenciador de pacotes, abstraindo o uso de alguns serviços do Google, como, por exemplo, o Google Maps. Com o Google Play Services, é possível acessar os serviços do Google da mesma maneira, independentemente da versão do Android utilizada no dispositivo, já que, por exemplo, para acessar o Google Maps, a aplicação acessa o Google Play Services instalado no dispositivo que, por sua vez, acessa os servidores do Google.

Para testar os aplicativos que fazem uso do Google Maps, é aconselhável que o programador possua um device Android real. Para utilizar o AVD do Android SDK, são necessários algumas configurações não tão triviais, que aumentam consideravelmente a complexidade da execução.

Para utilizar o Google Maps, assim como outros serviços disponibilizados pelo Google Play Services, além de possuir um device Android, devem-se realizar cinco passos: baixar e adicionar a biblioteca do Google Play Services ao projeto, recuperar a chave sha-1 do computador de desenvolvimento, criar uma chave de uso do Google Play Services, configurar o projeto para o uso da chave/biblioteca e utilizar o componente visual para a apresentação do mapa.

Para nossa sorte, a IDE do Android Studio tem um excelente ambiente para o acesso ao mapa, que facilita consideravelmente o processo, assim, seguindo alguns passos, temos acesso ao mapa do Google Maps em nossa aplicação.

Baixando e adicionando a biblioteca do Google Play Services ao projeto

O primeiro passo para utilizar o Google Maps via aplicativo Android é acessar o SDK Manager, verificando se o Google Play Services está instalado. Para isso, acesse o menu *Tools – Android – SDK Manager* e na categoria *Extras*, deve-se verificar se o Google Play Services está instalado, como pode ser visto na **Figura 13.9**.

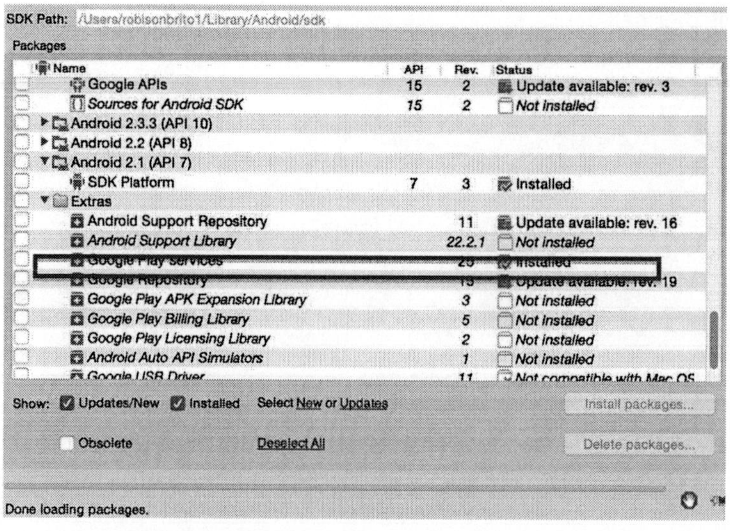

Figura 13.9. Identificando o Google Play Services no ambiente.

O passo seguinte é criar uma nova tela para a apresentação do mapa. O Android Studio abstrai toda a parte complexa para o uso do mapa, configurando o projeto, recuperando as chaves e registrando no ambiente da Google de forma automática. Para criar uma Activity para a apresentação do mapa, deve-se clicar com o botão direito no projeto, escolhendo a opção *New – Google – Google Maps Activity*, conforme a **Figura 13.10**.

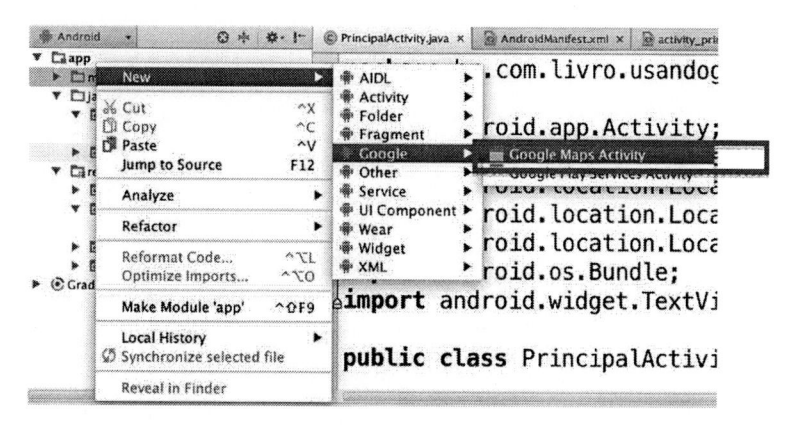

Figura 13.10. Criando uma tela para a apresentação de mapas.

Na tela apresentada, será solicitado o nome do arquivo xml correspondente à interface gráfica, assim como o nome da classe Java. Para o exemplo, serão utilizados activity_mapa.xml e MapaActivity.java, após, concluímos a criação da tela com o botão *Finish*.

Será criado no projeto, além do arquivo xml com a interface gráfica e o arquivo Java com a Activity, um arquivo de configuração do mapa chamado google_maps_api.xml, presente na pasta *values* do projeto, como pode ser visto na **Figura 13.11**.

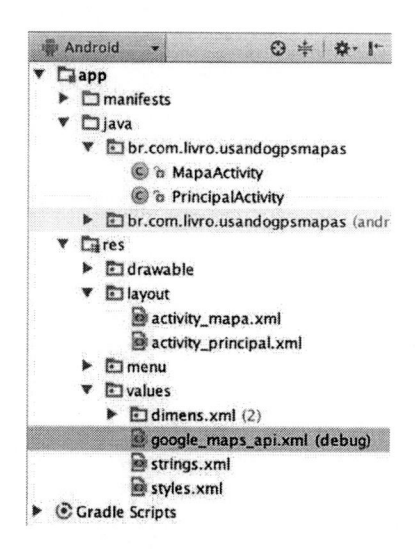

Figura 13.11. Estrutura do projeto após serem criados arquivos para a apresentação do mapa.

O mais interessante é que esse arquivo tem as orientações para o registro do projeto no portal de desenvolvimento da Google. O próprio Android Studio já obteve a chave SHA-1, necessária para o registro, e passa as informações para o desenvolvedor, conforme a **Figura 13.12**.

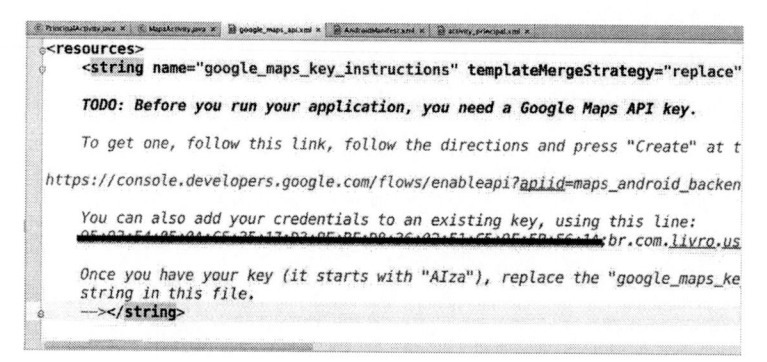

Figura 13.12. Instruções para o registro e uso do recurso de mapas na aplicação.

Na figura apresentada, por uma questão de privacidade, a informação referente à chave SHA-1 foi omitida; isso também acontecerá nas demais imagens que apresentam tal informação.

O passo seguinte é acessar o portal de desenvolvimento da Google, por meio do link apresentado no arquivo google_maps_api.xml. Para esse registro, é necessário que o desenvolvedor possua uma conta (usuário e senha) da Google, a mesma utilizada para acessar serviços como Gmail, Drive, entre outros.

Após o login, é solicitado criar um projeto para o gerenciamento do uso da API da Google e isto é feito clicando no botão *Continuar* da **Figura 13.13**.

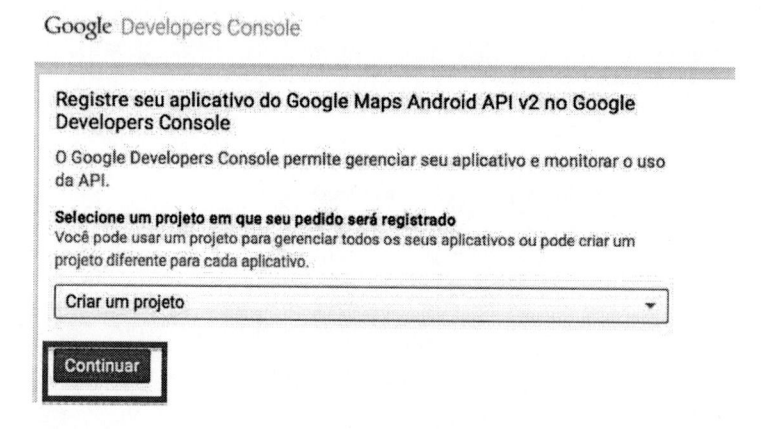

Figura 13.13. Criação de um projeto no ambiente de desenvolvimento da Google.

Após ativada a API, uma tela informativa é apresentada, informando que o próximo passo é configurar as credenciais do projeto, como pode ser observado na **Figura 13.14**.

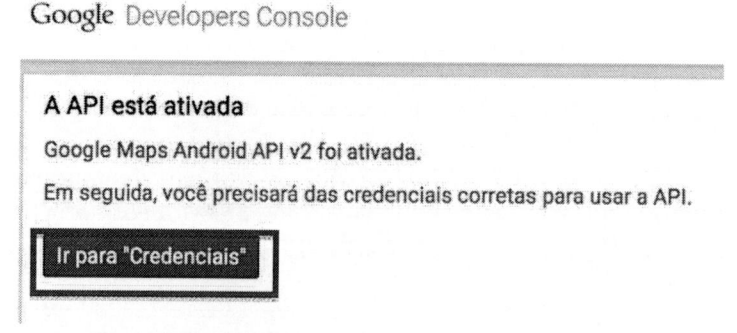

Figura 13.14. Tela de ativação do Google Maps API v2.

Clicando no botão, uma nova janela é apresentada, solicitando a confirmação da chave SHA-1 do computador de desenvolvimento, assim como um ponto e vírgula (;) e o nome do pacote da aplicação. A informação já vem preenchida, bastando clicar no botão *Criar*, como pode ser visto na **Figura 13.15**.

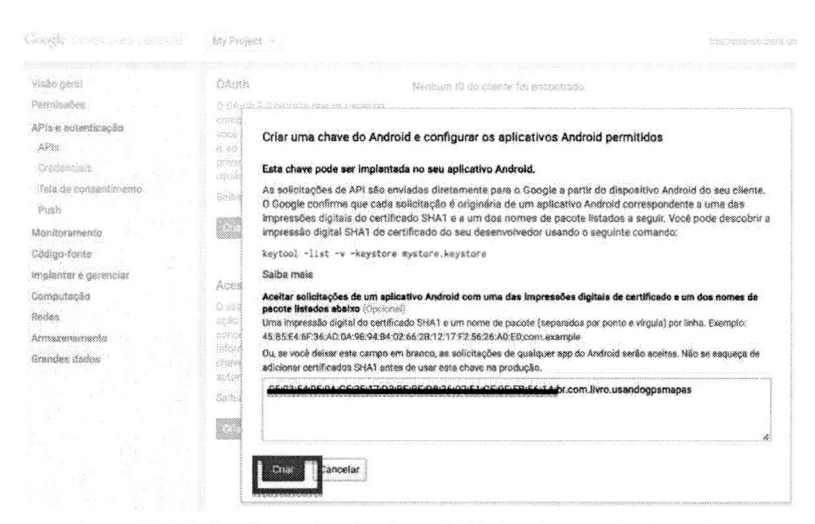

Figura 13.15. Confirmação da chave SHA-1 e do pacote do projeto.

Por fim, uma última tela é apresentada, com um resumo de todas as informações, assim como a chave SHA-1, e o mais importante, a chave da API em destaque na **Figura 13.16**.

Figura 13.16. Criação da chave da API.

Desta forma, a informação alfanumérica referente à chave da API deve ser copiada para a área de transferência e colada no arquivo de configuração google_maps_api.xml, substituindo o texto YOUR_KEY_HERE, conforme apresentado na **Figura 13.17**.

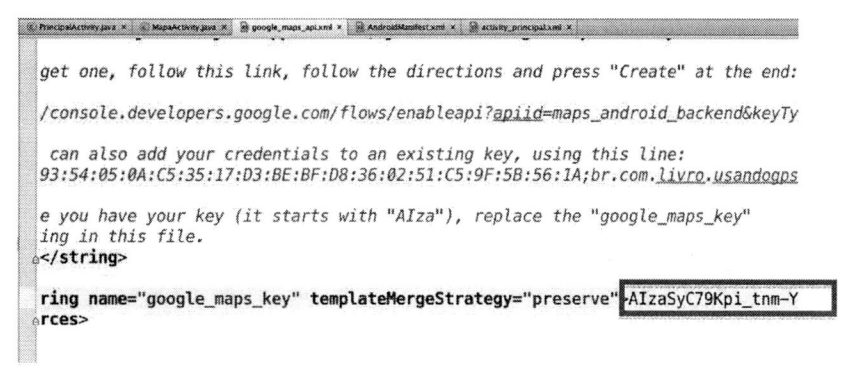

Figura 13.17. Informando ao arquivo google_maps_api.xml a chave da API.

Utilizando Google Maps em uma aplicação Android

Após a etapa de configuração do projeto, o passo seguinte é fazer uso do mapa na aplicação Android e para isso, no aplicativo desenvolvido até o momento, iremos adicionar um botão à tela principal com o texto "Ver no Mapa". O código da tela principal modificado é apresentado na **Listagem 13.4**.

Listagem 13.4. activity_principal.xml – Interface gráfica da tela principal do aplicativo com o botão de mapa.

```xml
01.    <LinearLayout xmlns:android="http://schemas.android.com/apk/res/android"
02.        xmlns:tools="http://schemas.android.com/tools"
03.        android:layout_width="match_parent"
04.        android:layout_height="match_parent"
05.        android:orientation="vertical"
06.        tools:context=".PrincipalActivity" >
07.
08.        <TextView
09.            android:layout_width="wrap_content"
10.            android:layout_height="wrap_content"
11.            android:text="Latitude:" />
12.
13.        <TextView
14.            android:id="@+id/tvLatitude"
15.            android:layout_width="wrap_content"
16.            android:layout_height="wrap_content"
17.            android:textStyle="bold" />
18.
19.        <TextView
20.            android:layout_width="wrap_content"
21.            android:layout_height="wrap_content"
22.            android:text="Longitude" />
23.
24.        <TextView
25.            android:id="@+id/tvLongitude"
26.            android:layout_width="wrap_content"
27.            android:layout_height="wrap_content"
28.            android:textStyle="bold" />
29.
30.        <TextView
31.            android:layout_width="wrap_content"
32.            android:layout_height="wrap_content"
33.            android:text="Altitude:" />
34.
35.        <TextView
36.            android:id="@+id/tvAltitude"
37.            android:layout_width="wrap_content"
38.            android:layout_height="wrap_content"
39.            android:textStyle="bold"  />
40.
41.        <Button
42.            android:id="@+id/btMapa"
43.            android:layout_width="fill_parent"
44.            android:layout_height="wrap_content"
45.            android:text="Ver no Mapa"
46.            android:onClick="btMapaOnClick"   />
47.
48.    </LinearLayout>
```

As linhas incluídas no código original vão da linha 41 à linha 46 e estão em negrito. Ele declara um botão que, ao ser pressionado, executará o método btMapaOnClick( ), sendo que deve ser codificado dentro da classe PrincipalActivity.java. O código desse método é apresentado na **Listagem 13.5**.

Listagem 13.5. PrincipalActivity.java – Codificação do método btMapaOnClick( ).

```
01.        public void btMapaOnClick( View v ) {
02.           Intent i = new Intent( this, MapaActivity.class );
03.             i.putExtra( "latitude", Double.parseDouble( tvLatitude.getText().toString() ) );
04.             i.putExtra( "longitude", Double.parseDouble( tvLongitude.getText().toString() ) );
05.          startActivity( i );
06.        }
```

Para o código anterior, a classes android.content.Intent e android.widget.View devem ser importadas. Esse código é responsável por apresentar a tela do mapa. Na chamada da nova tela, são passados os dados referentes à longitude e à latitude armazenados na tela (linhas 03 e 04), que serão utilizados para apresentar sua posição no mapa.

Neste ponto, o aplicativo já pode ser executado para testar a apresentação do mapa. Aconselham-se fazer os testes do aplicativo em um device Android real, uma vez que na primeira execução, ao ser apresentado o mapa, será solicitada a instalação do Google Play Services no device, como pode ser observado na **Figura 13.18**.

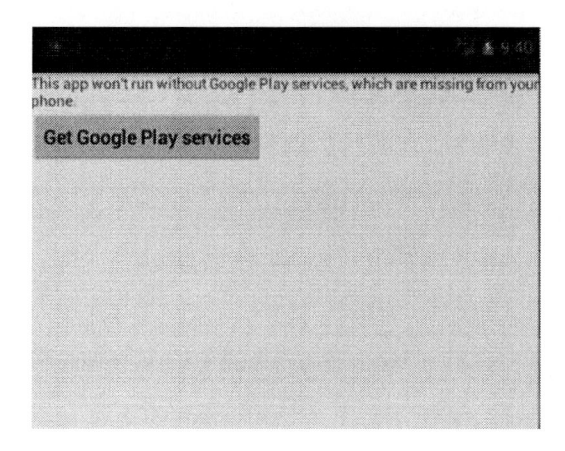

Figura 13.18. Solicitação para a instalação do Google Play Services.

Como este processo não é simples nos ambientes simulados (AVDs, por exemplo), o melhor é executar em um aplicativo real. Nesta situação, um mapa será apresentado, embora ainda não corresponda ao local das coordenadas da tela principal, como pode ser observado na **Figura 13.19**.

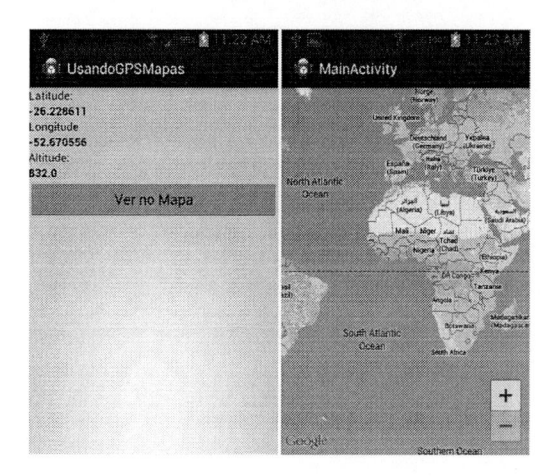

Figura 13.19. Apresentação do aplicativo sendo executado em um device real.

> **Dicas.** Sinal do GPS
>
> Nos primeiros devices que faziam uso do GPS, eles só conseguiam recuperar sua posição realizando a triangulação de satélites, o que poderia ser um processo lento (levar vários minutos), além de só ser possível em campo aberto (dentro de uma sala, por exemplo, o device não conseguia receber o sinal dos satélites). Isso mudou bastante e hoje, a maioria dos devices com GPS permite a recuperação de sua posição, não com tanta precisão, mas usando a rede da operadora e até mesmo bases Wi-Fi, o que faz uma recuperação rápida da posição e pode acontecer até mesmo em locais fechados.

Personalizando as características do mapa

Utilizando o Google Maps, é possível modificar as características do mapa, como, por exemplo, apresentar o mapa em uma posição específica (longitude e latitude), definir o nível de zoom, definir o tipo de mapa e até mesmo colocar marcadores em posições específicas. Algumas dessas mudanças são apresentadas na **Listagem 13.6**.

Listagem 13.6. MapaActivity.java – Personalizando a apresentação do mapa.

```
01.    package br.com.livro.usandogpsmapas;
02.
03.    import android.os.Bundle;
04.    import android.support.v4.app.FragmentActivity;
05.
06.    import com.google.android.gms.maps.CameraUpdateFactory;
07.    import com.google.android.gms.maps.GoogleMap;
08.    import com.google.android.gms.maps.SupportMapFragment;
09.    import com.google.android.gms.maps.model.LatLng;
10.    import com.google.android.gms.maps.model.MarkerOptions;
11.
12.    public class MapaActivity extends FragmentActivity {
13.
14.        private GoogleMap mMap;
15.
16.        @Override
17.        protected void onCreate(Bundle savedInstanceState) {
18.            super.onCreate(savedInstanceState);
19.            setContentView(R.layout.activity_mapa);
20.            setUpMapIfNeeded();
21.        }
22.
23.        @Override
24.        protected void onResume() {
25.            super.onResume();
26.            setUpMapIfNeeded();
27.        }
28.
29.        private void setUpMapIfNeeded() {
30.
31.            if (mMap == null) {
32.
33.                mMap = ((SupportMapFragment) getSupportFragmentManager().findFragmentById(R.id.map))
34.                        .getMap();
35.
36.                if (mMap != null) {
37.                    setUpMap();
38.                }
39.            }
40.        }
41.
42.        private void setUpMap() {
43.            double latitude = getIntent().getDoubleExtra("latitude", 0);
```

```
44.            double longitude = getIntent().getDoubleExtra("longitude", 0);
45.
46.            mMap.setMapType(GoogleMap.MAP_TYPE_NORMAL);
47.
48.            LatLng dadoGPS = new LatLng(latitude, longitude);
49.            mMap.moveCamera(CameraUpdateFactory.newLatLngZoom(dadoGPS, 15));
50.
51.            mMap.addMarker( new MarkerOptions()
52.                    .title("Pato Branco")
53.                    .snippet("Posição recuperada do GPS")
54.                    .position(dadoGPS) );
55.        }
56.    }
```

O código referente à Activity que personaliza a apresentação do mapa é criada automaticamente pelo Android Studio. Basicamente, é uma classe-filha de FragmentActivity (linha 12) e possui um único componente visual, GoogleMap, declarado na linha 14.

O método onCreate( ) realiza o processo padrão de inicialização da Activity (linhas 18 e 19), chamando na sequência o método para apresentar o mapa (linha 20). Esse processo também é realizado quando o aplicativo retorna do estado de pausa (linha 26).

O método setUpMapIfNeeded( ), linha 29, recupera o componente GoogleMap (linha 33), declarado no arquivo da interface gráfica activity_map.xml.

Após, o método setUp( ) é executado, declarado a partir da linha 42, o qual possui a função de personalizar a apresentação do mapa. Nesse método, são recuperadas as informações de longitude e latitude enviadas da tela principal (linhas 43 e 44), sendo na linha seguinte definido o tipo de exibição do mapa. Para o exemplo, foi utilizado o mapa normal (mapa de ruas), mas é possível apresentar também o mapa tipo satélite, tipo tráfico ou híbrido.

Na sequência, a posição recuperada da tela inicial é formatada para ser apresentada no centro da tela a partir da classe LatLng (linha 48). Este objeto é utilizado para movimentar o mapa na linha seguinte (linha 49), adicionando também à tela o zoom 15. O valor do zoom pode variar de 2 (mais afastado) a 21 (mais próximo).

Por fim, é adicionado ao ponto um marcador, semelhante a uma gota invertida (linha 51), contendo um título, uma descrição e uma posição. Podem ser adicionados vários marcadores a um mesmo mapa.

Ao ser executado, o mapa é apresentado conforme a **Figura 13.20**.

Figura 13.20. Mapa apresentando um ponto específico.

> **Dica. Conectividade nos dispositivos móveis**
> A maioria dos smartphones e tablets permite utilizar o acesso à Internet sem passar pela rede da operadora. Para isso, é necessário que o device esteja conectado a uma rede Wi-Fi para que, no momento da comunicação, o acesso à rede seja feito por uma rede sem fio. Entretanto, a limitação está na área de abrangência desses Access Points, que costumam limitar-se a escritórios e empresas. Já com o sistema em campo, nas ruas de uma cidade, por exemplo, dificilmente pode-se escapar do envio e da recepção de dados a partir da rede das operadoras.

Concluindo...

O presente capítulo teve a finalidade de realizar um estudo sobre as tecnologias de GPS e mapas utilizando o ambiente de desenvolvimento Android Studio que facilita, e muito, este processo. Essas tecnologias podem ser aplicadas aos mais diversos tipos de projetos.

No que diz respeito ao recurso de GPS, o mesmo pode ser emulado no ambiente de desenvolvimento e sua utilização é muito simples. Sua utilização em um device real fica limitada à conexão com o satélite, que pode não ocorrer em ambientes fechados.

Já a utilização de mapas enriquece muito a aplicação Android e a facilidade de seu uso é um destaque para o ambiente de desenvolvimento Android Studio.

Exercícios de fixação do capítulo

Exercício 1 – Interface gráfica

Desenvolva a interface apresentada na figura abaixo, que deve ser formada por um Spinner com o nome de algumas cidades e a última opção deve ser "Obter informação do GPS", conforme a interface gráfica abaixo.

Exercício 2 – Evento de seleção

Desenvolva a lógica da seleção de um item no componente Spinner, permitindo que, ao selecionar uma cidade no Spinner, sejam apresentadas as coordenadas de longitude e latitude correspondentes à cidade na tela, conforme a tabela abaixo:

Pato Branco – Latitude: -26.22947   Longitude: -52.671561

Curitiba – Latitude: -25.49525   Longitude: -49.288398

Madri – Latitude: - 40.416691   Longitude: - -3.700345

Se a opção "Obter informações do GPS" for selecionada no Spinner, deve-se recuperar a longitude/latitude do GPS, apresentando nos campos correspondentes da tela.

Exercício 3 – Mapa

Após a seleção de um item no Spinner e a apresentação das posições da longitude/latitude correspondentes, apresente também o mapa do local selecionado, com um marcador no ponto selecionado.

Capítulo Extra I - Persistência de dados com Android utilizando o Eclipse: muito além do SQLite

Este capítulo é uma cortesia para você, leitor da obra Android para Iniciantes com Android Studio – Passo a Passo. Este capítulo é parte integrante do livro Android Avançado – Muito além do HelloWorld. Nessa obra, são abordados temas como Annotation, Fragments, frameworks de persistência, sensores, APIs da Google, NFC, SMS, sintetização e reconhecimento de voz, e muito mais...

> Persista suas informações de maneiras alternativas, fugindo do tradicional SQLite

> (Código deste capítulo foi desenvolvido na IDE Eclipse)

Hoje, é muito difícil pensar na concepção de um aplicativo, seja ele para a plataforma Web, desktop, seja mobile, sem antes imaginar os procedimentos necessários para a persistência de seus dados. Essa persistência pode ser simples como armazenar a pontuação de um usuário em um jogo, armazenar as configurações do aplicativo, como usuário, senha, volume do jogo, nível de dificuldade, podendo ser incrementada para uma persistência mais sofisticada, armazenando dados em múltiplas tabelas, relacionadas entre si, ou, até mesmo, integrando diferentes fontes de informações, como, por exemplo, a base de dados existente em um aparelho celular tradicional e um repositório remoto de dados existente na Web.

Assim, tem-se que o armazenamento de dados é um dos pontos principais que deve ser considerado no desenvolvimento de uma aplicação. Sem ele, os dados ficam disponíveis apenas durante a execução, ou seja, após a execução do programa, esses dados são perdidos. Tal prática é inaceitável em grande parte das aplicações. Com isso, faz-se necessário algum mecanismo para a persistência dos dados.

Nas plataformas móveis mais antigas, isso era muito trabalhoso. Podemos citar como exemplo a primeira versão da plataforma Java ME, na qual a persistência era realizada como nos velhos programas desenvolvidos em Clipper ou Cobol, utilizando a persistência de dados binários, onde não existia banco de dados nem tabelas, apenas arquivos, e os dados eram armazenados um após o outro (sequencial), cabendo inclusive ao programador delimitar os campos persistidos, separando-os com caracteres especiais ou marcadores (como os metadados existentes nos arquivos xml de hoje).

Felizmente, para nós, programadores, e para o mundo mobile, o Java ME evoluiu muito, até mesmo alguns *frameworks* foram criados para burlar as dificuldades impostas pelo modelo de persistência existente e um bom exemplo é o *framework* brasileiro *Floggy*.

Além disso, o surgimento de novas plataformas para o desenvolvimento de aplicativos para a plataforma móvel já concebeu modelos mais sofisticados de persistência, sendo muitas vezes melhores que alguns modelos existentes em outras plataformas menos limitadas, como desktop e Web.

Essas ferramentas, além de facilitarem o processo de persistência, dão ao usuário opções para a persistência, podendo ser escolhido o que mais se adapta a um problema específico.

Entre as plataformas para desenvolvimento móvel, sem dúvida a que mais se popularizou nos últimos anos foi o Android. Criado pela Google em consórcio com mais de 40 empresas, o Android é uma plataforma para o desenvolvimento e a execução de programas para dispositivos móveis, robusta e de fácil utilização/aprendizagem. Essa plataforma é vista hoje como uma ótima alternativa para o desenvolvimento de aplicações.

Para os programadores que conhecem outras linguagens de programação, como Java ME, Windows Mobile, Widgets, entre outras, aprender a programar com o Android é uma tarefa simples, uma vez que essa tecnologia utiliza a linguagem de programação Java com algumas semelhanças com o Java ME e para o desenvolvimento da interface visual, podem-se utilizar arquivos XML, o que simplifica consideravelmente o processo de desenvolvimento.

Uma das características mais importantes do *Android* é a prioridade igualitária para os aplicativos nativos e de terceiros. As aplicações desenvolvidas por terceiros dispõem de toda a infraestrutura de hardware e software, assim como os aplicativos nativos, como, por exemplo, acesso ao Google Maps, Calendário, Agenda, entre outros. Talvez seja uma das plataformas com a ligação mais forte entre a plataforma de desenvolvimento e o sistema operacional.

Ele tem uma arquitetura já projetada para aparelhos não tão limitados quanto os tradicionais aparelhos celulares que rodam o Java ME, mais abrangente do que o tradicional iPhone, uma vez que os aparelhos que rodam o Android não são tão caros, e ainda contam com APIs (*Application Programming Interface*) que permitem a utilização de recursos nativos do aparelho.

Para a persistência de dados, muitos desenvolvedores Android utilizam o tradicional SQLite, uma ótima e robusta opção. O SQLite se trata de uma poderosa biblioteca de banco de dados baseada em SQL (*Structured Query Language*) que atua como um "miniSGBD" (Sistema Gerenciador de Banco de Dados), capaz de controlar diversos bancos de dados que podem conter diversas tabelas. O desenvolvedor pode criar o banco de dados e as tabelas, assim como manipular seus dados, com os comandos DDL (*Data Definition Language*) e DML (*Data Manipulation Language*) do SQL padrão. Isso traz um ganho considerável de produtividade, pois é possível apenas focar nas regras de negócio, tendo em vista que os serviços para a persistência de dados são fornecidos pelo SQLite. Para utilizar o SQLite em uma aplicação Android, precisamos criar um banco de dados e podemos fazê-lo de algumas formas, entre elas:

- Utilizando a API do Android para SQLite: Além de criar o banco, por meio da API, é possível criar tabelas e inserir dados criar scripts SQL;
- Usando um cliente do SQLite, tais como, *SQLite Expert Personal* e *SQLite Plus*;
- Utilizando o aplicativo *Sqlite3* pelo console do emulador.

Entretanto, o SQLite é muitas vezes utilizado para armazenar dados simples, como o conteúdo dos campos, configurações do aplicativo e pequenas quantidades de dados, o que não é a situação ideal.

Por este motivo, o objetivo deste capítulo é apresentar novas técnicas de persistência, simples e ágeis, que permitem a persistência de pequenas quantidades de dados. São elas:

- SharedPreferences
- PreferenceActivity

- Internal Storage
- Armazenamento em cache
- External Storage

Utilizando o SharedPreferences

O *SharedPreferences* é um framework Android que permite armazenar dados do tipo primitivo utilizando o formato chave-valor. Ele permite trabalhar com todos os tipos primitivos, incluindo também o tipo String, tratado como tal em muitas plataformas.

Como o nome sugere, o *SharedPreferences* é perfeito para armazenar as preferências e as configurações de uma aplicação, onde, geralmente, persistimos apenas alguns poucos dados, de forma rápida e simples, sendo que na maioria das vezes esses dados são dos tipos primitivos.

Para exemplificar o uso desse framework, será desenvolvido um aplicativo simples, no qual uma única informação booleana, que corresponde a uma configuração do aplicativo, será armazenada. A tela desse aplicativo é apresentada na **Figura 1**.

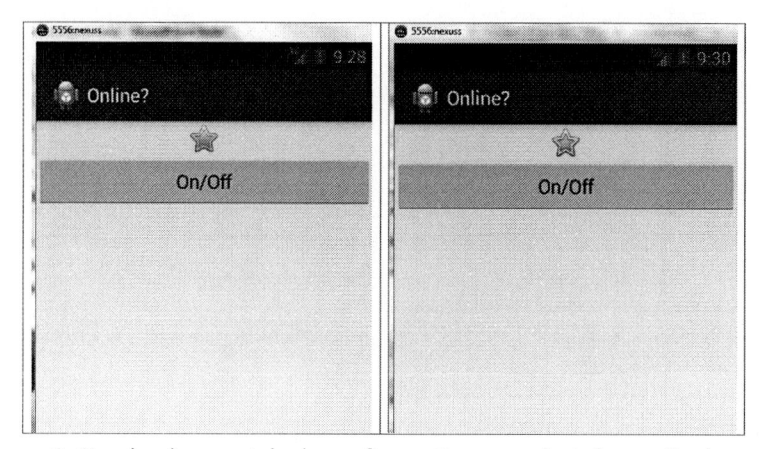

Figura 1. Simulando uma tela de configuração, na qual a informação deve ser persistida.

Para o desenvolvimento dessa interface, será necessário criar um projeto Android. Na **Listagem 1**, apresentamos o arquivo *main.xml*, que define a interface visual do aplicativo visualizado na **Figura 1**. No Android, todos os componentes da interface gráfica são representados por subclasses de *android.view.View*, que representam os componentes gráficos (os chamados *widgets*), como *TextView, Button , TextEdit, RadioButton, Checkbox* etc.; e a classe *android.view.ViewGroup*, que representa um contêiner de *Views* e também *ViewGroups*. Ela é a classe base para os componentes de layout, como *LinearLayout, FrameLayout, AbsoluteLayout, RelativeLayout, TableLayout* etc. Além disso, é importante termos em mente que no Android, os layouts são totalmente definidos em XML.

Listagem 1. main.xml - Arquivo xml referente à interface gráfica do aplicativo.

```
01. <?xml version="1.0" encoding="utf-8"?>
02. <LinearLayout xmlns:android="http://schemas.android.com/apk/res/android"
03.     android:orientation="vertical"
04.     android:layout_width="fill_parent"
05.     android:layout_height="fill_parent" >
06. <ImageView  android:layout_width="fill_parent"
07.     android:layout_height="wrap_content"
08.     android:id="@+id/img"
```

```
09.        android:src="@android:drawable/btn_star_big_off" />
10.    <Button android:layout_width="fill_parent"
11.        android:layout_height="wrap_content"
12.        android:id="@+id/btn"
13.        android:text="On/Off" />
14. </LinearLayout>
```

Criamos nesse aplicativo um *LinearLayout* (linha 02) para apresentar os componentes alinhados verticalmente (linha 03). Esse layout ocupa toda a tela do dispositivo (linhas 04 e 05). Na sexta linha, criamos um componente *ImageView*, que se estenderá por toda a largura da tela (linha 06) e se ajustará ao tamanho da imagem na vertical (linha 07). Seu id foi definido na linha 08. Perceba que não informamos o recurso de imagem do componente, isso será feito por linha de código.

Um componente *Button* é criado na linha 10, onde definimos também sua largura e altura, assim como id e texto inicial.

O próximo passo é a codificação da classe *Activity*, que é a classe principal do aplicativo *Android*. Uma *Activity* (ou Atividade) representa uma simples tela em branco e pode ser criada estendendo a classe de mesmo nome. As aplicações reais (por exemplo, uma lista de contatos, um organizador pessoal, um localizador geográfico etc.) são compostas de várias atividades. Ou seja, cada tela seria uma *Activity*. Para passar, então, para uma nova tela, uma nova classe-filha de *Activity* deve ser iniciada. A plataforma Android implementa o conceito de *Intent* (Intenção) para indicar que a aplicação tem a intenção de realizar algo.

Para o exemplo, utilizaremos o nome *MainActivity*, sendo seu código apresentado na **Listagem 2**.

Listagem 2. MainActivity.java – Arquivo correspondente à classe principal do aplicativo Android.

```
01. package com.livro.examples.usandodbandroid;
02.
03. import android.app.Activity;
04. import android.content.SharedPreferences;
05. import android.os.Bundle;
06. import android.view.View;
07. import android.widget.Button;
08. import android.widget.ImageView;
09.
10. public class MainActivity extends Activity {
11.
12.     public static final String PREFS_NAME = "prefs";
13.     private ImageView img;
14.     private Button btnOnOff;
15.     private boolean online;
16.
17.     @Override
18.     protected void onCreate(Bundle state) {
19.         super.onCreate(state);
20.         setContentView(R.layout.main);
21.
22.         img = (ImageView) findViewById( R.id.img );
23.
24.         btnOnOff = (Button) findViewById(R.id.btn);
25.         btnOnOff.setOnClickListener(new View.OnClickListener() {
26.
27.             public void onClick(View v) {
28.                 onOff();
29.             }
30.         });
31.
32.     }
33.
34.     public void onOff() {
35.         online = !online;
```

```
36.
37.         if (online) {
38.             img.setImageResource(android.R.drawable.star_big_on);
39.         } else {
40.             img.setImageResource(android.R.drawable.star_big_off);
41.         }
42.
43.         setOnline(online);
44.     }
45.
46.     protected void setOnline(boolean online) {
47.         SharedPreferences settings = getSharedPreferences(PREFS_NAME, 0);
48.         SharedPreferences.Editor editor = settings.edit();
49.         editor.putBoolean("online", online);
50.         editor.commit();
51.     }
52. }
```

As primeiras linhas do aplicativo (linhas 01 a 08) são responsáveis por importar as classes necessárias para o aplicativo, bem como definir seu pacote. Na linha 10, acontece a declaração da classe principal *Activity* e na linha 12, acontece a primeira referência ao sistema de persistência baseado na classe *SharedPreferences*, sendo declarada nesse ponto uma constante com o nome PREFS_NAME, com o conteúdo String *"prefs"*. Esse conteúdo representará o nome do arquivo persistido no sistema Android.

As linhas seguintes declaram o componente *ImageView* (linha 13), *Button* (linha 14) e a variável booleana que indica se o sistema está ativo ou não (linha 15).

No método *onCreate( )* da aplicação, além dos comandos iniciais da plataforma (linhas 19 e 20), é recuperada uma referência para os componentes visuais *ImageView* (linha 22) e *Button* (linha 24), sendo que ao segundo será associado um evento de clique (linha 25). Esse evento tem a função de executar o método *onOff( )* – linha 28.

O método *onOff( )* recupera o conteúdo da variável booleana online, mudando seu valor (linha 35). Na sequência, verificamos se a mesma possui o valor booleano *true* (linha 37) para, então, valorizar a imagem do componente *ImageView* com *star_big_on*; caso contrário, a imagem *star_big_off* é apresentada. Perceba que as duas imagens são figuras existentes na plataforma Android.

Dica. Recursos internos da plataforma Android
Verifique que não estamos utilizando uma imagem adicionada ao projeto pelo programador, e sim, um recurso interno da plataforma Android. Isso pode ser observado, pois não está sendo usado o recurso R (a classe que representa os recursos adicionados pelo programador), mas o android.R (a classe com os recursos internos da plataforma Android).

Finalizando o método, uma chamada o *setOnline( )* é feita, sendo este o método responsável pela persistência das informações e que recebe a variável booleana por parâmetro – linha 43.

Na linha 47, recupera-se nossa preferência e para isso, utiliza-se o método *getSharedPreferences( )*, que recebe como parâmetro uma string com o nome do arquivo de preferências que se deseja recuperar e um modo de utilização. O modo pode ser *MODE_PRIVATE* (sendo usado), *MODE_WORLD_READABLE* ou *MODE_WORLD_ WRITEABLE*.

Veja abaixo uma descrição detalhada dos três modos disponíveis:
- *MODE_PRIVATE:* O arquivo criado pode ser acessado somente pela aplicação que o criou (ou todas as aplicações que compartilham o mesmo ID);

- *MODE_WORLD_READABLE:* Todas as aplicações têm acesso de leitura ao arquivo;
- *MODE_WORLD_WRITEABLE:* Todas as aplicações têm acesso para escrever no arquivo.

> **Dica.** Recuperando o SharedPreferences de forma alternativa
>
> Existe também outra maneira de recuperar um SharedPreferences por meio do método *getPreferences*(int mode). A diferença entre os dois métodos é que, no último caso, ele retorna um conjunto de pares chave-valor associados a um *Context* da aplicação. No método que usamos na nossa listagem, ele retorna as preferências que estão sendo compartilhadas entre os múltiplos componentes da aplicação Android (activities, receivers, services, providers etc.). Todos esses componentes serão explicados em detalhes nas publicações futuras, porém, veja um resumo da função de cada um deles:
> - Activity: Uma tela com interface;
> - Broadcast Receiver: Responde aos broadcasts emitidos pelo sistema. Um bom exemplo é um aviso de que a bateria está em um nível crítico.
> - Services: O serviço que roda em background para realizar tarefas de longa duração ou para trabalhar com processos remotos;
> - Content Providers: Gerencia um conjunto de dados de uma aplicação. Um bom exemplo são os contatos. O sistema fornece um *Content Provider*, sendo assim, os programadores podem manipular certas informações deles.

Posteriormente, será executado o método *edit( )*, linha 48, na instância de SharedPreferences para ter acesso ao seu *Editor*. A classe *Editor* tem métodos *put* para cinco tipos primitivos, sendo um deles o *putBoolean*, utilizado na linha 49 da **Listagem 2**. Os outros são *putFloat, putInt, putLong* e *putString*. Além disso, a classe também apresenta outros métodos essenciais para as listas, como *clear* (remove todos os valores das preferências) e *remove* (String key), que retira do arquivo uma chave específica.

O método *commit* foi usado na linha 50 e serve para avisar a *Editor* que todas as alterações já foram feitas e devem ser persistidas.

Agora, já estamos salvando a informação, mas ainda não estamos recuperando-a. Se clicarmos no botão (a informação será persistida), sairmos da aplicação e retornarmos, o botão continuará no mesmo estado anterior ao clique. Para mudar tal comportamento, insira o código da **Listagem 3** ao final do método *onCreate*.

Listagem 3. MainActivity.java – Recuperando dados de um SharedPreferences.

```
01. SharedPreferences settings = getSharedPreferences(PREFS_NAME, 0);
02. online = settings.getBoolean("online", false);
03.
04. if (online) {
05.     img.setImageResource(android.R.drawable.star_on);
06. } else {
07.     img.setImageResource(android.R.drawable.star_off);
18. }
```

Como pode ser observado, na linha 01 da listagem é recuperado o arquivo de preferências, dado o identificador passado por parâmetro. Seguindo, é recuperado o conteúdo da chave online, sendo armazenado em uma variável booleana.

Por fim, na linha 04 é verificado o conteúdo da variável booleana e se ela vale *true*, é apresentada a imagem *star_big_on* (linha 05); caso contrário, a imagem *star_big_off* (linha 07).

Agora, é executar o aplicativo novamente e verificar se o estado da imagem é armazenado, mesmo finalizando o aplicativo na plataforma Android e inicializando novamente.

Utilizando a PreferenceActivity

PreferenceActivity é um sistema de persistência bastante interessante, utilizado principalmente nas telas de configurações dos aplicativos Android. *PreferenceActivity* é uma especialização da classe *Activity* e pode ser utilizada para mostrar um grupo de configurações, como, por exemplo, o *ringtone* de um aplicativo, se o aplicativo deve executar o áudio ou não, o grau de dificuldade de um jogo, armazenamento local do usuário e senha, entre outros.

A grande vantagem da PreferenceActivity está na facilidade de montar a tela de configuração e a persistência automática dos dados dessa tela, utilizando, para isso, o *SharedPreferences*, mostrado anteriormente.

A classe *PreferenceActivity* permite mostrar uma hierarquia de *Preferences*, definidas em um arquivo XML (**Listagem 4**), ou ainda, por classes que herdem a referida classe. Porém, assim como toda a interface gráfica de uma aplicação *Android*, é preferível criar um XML com o layout do aplicativo e chamá-lo a partir da *Activity*.

Dentro da hierarquia de *Preferences*, podemos utilizar umas das seguintes classes que correspondem aos componentes visuais da configuração:

- *CheckBoxPreference*: É uma caixa de seleção simples, que pode retornar *true* ou *false*;
- *ListPreference*: Mostra uma caixa de seleção *popup*, na qual apenas um item pode ser selecionado. A persistência é realizada utilizando o elemento selecionado na lista;
- *EditTextPreference*: Mostra uma caixa de diálogo para a digitação de um texto. Retorna uma string;
- *RingtonePreference*: Mostra um *popup* com todos os *ringtones* existentes no dispositivo;
- *PreferenceScreen*: Conduz o usuário para uma nova tela de preferências; *PreferenceCategory*: Categoriza as preferências.

Para o exemplo, iremos desenvolver uma tela de configuração, conforme apresentado na **Figura 2**.

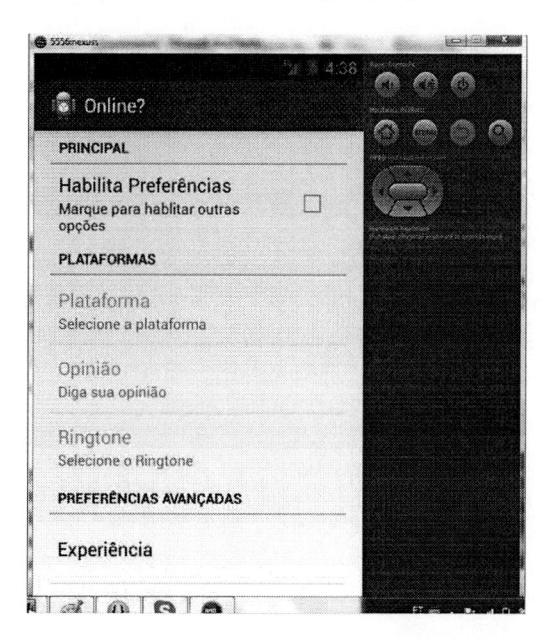

Figura 3. Tela de configuração de um aplicativo Android.

Para o desenvolvimento dessa interface de configuração, composta de três categorias, *Principal, Plataformas* e *Preferências Avançadas*, iremos alterar o arquivo *main.xml* para o conteúdo apresentado na **Listagem 4**. Novamente, temos o arquivo *main*.xml, reforçando a necessidade de definir os layouts utilizando arquivos XML no Android.

Listagem 4. main.xml – Interface da tela de configuração utilizada em uma PreferenceActivity.

```xml
01. <?xml version="1.0" encoding="utf-8"?>
02. <PreferenceScreen xmlns:android="http://schemas.android.com/apk/res/android">
03.     <PreferenceCategory android:title="Principal">
04.         <CheckBoxPreference android:title="Habilita Preferências"
05.              android:key="EnablePreferences"
06.              android:summary="Marque para habilitar outras opções" />
07.     </PreferenceCategory>
08.
09.     <PreferenceCategory android:title="Plataformas">
10.         <ListPreference android:title="Plataforma"
11.           android:key="plataforma" android:dependency="EnablePreferences"
12.           android:summary="Selecione a plataforma" android:entries="@array/plataformas"
13.           android:entryValues="@array/plataformasValues" />
14.
15.       <EditTextPreference android:title="Opinião"
16.          android:key="opiniao" android:dependency="EnablePreferences"
17.          android:summary="Diga sua opinião" android:dialogTitle="Diga sua opinião"
18.          android:defaultValue="" />
29.
20.       <RingtonePreference android:title="Ringtone"
21.          android:key="Ringtone" android:dependency="EnablePreferences"
22.          android:summary="Selecione o Ringtone" android:ringtoneType="all" />
23.     </PreferenceCategory>
24.
25.     <PreferenceCategory android:title="Preferências Avançadas">
26.         <PreferenceScreen android:title="Experiência">
27.             <EditTextPreference android:title="Informe sua experiência"
28.                 android:key="experiencia" />
29.         </PreferenceScreen>
30.     </PreferenceCategory>
31.
32. </PreferenceScreen>
```

Perceba que este arquivo, ao contrário das interfaces visuais desenvolvidas até o momento, utiliza a *tag* root *PreferenceScreen* (linha 02) definindo que será uma tela de preferências, utilizada em conjunto com a classe *PreferenceActivity*.

Essa tela é dividida em categorias. A primeira categoria definida no arquivo xml é a categoria *Principal* (linha 03). Cada categoria pode ter um ou mais componentes visuais. Para o exemplo, foi utilizado o componente *CheckBoxPreference* (linha 04), o qual possui o título "Habilita Preferências", e a chave de armazenamento *EnablePreferences* no arquivo de persistência usando *SharedPreferences* (linha 05). Por fim, um descritivo definido na tag *android:summary* (linha 06). O resultado desse componente é apresentado como o primeiro componente da **Figura 3**.

Na sequência, linha 09, é definida uma nova categoria: "Plataformas". Ela tem três componentes visuais: *ListPreference*, *EditTextPreference* e *RingtonePreference*.

O componente *ListPreference* (linha 10) possui a palavra Plataforma como título e a chave de persistência (linhas 10 e 11), assim como depende do componente *EnablePreference* (também na linha 11, com o atributo *android:dependency*). Isso significa que o componente só estará ativo para a edição se o componente *EnablePreference* estiver marcado.

Assim como o componente anterior, *ListPreference* também possui um *summary* (linha 12), onde adiciona a descrição do componente e o seu conteúdo é valorizado utilizando a propriedade *android:entries*, sendo recuperada do arquivo xml chamado *arrays.xml*. Esse arquivo deve estar no diretório *values* do projeto, conforme a **Figura 4**, e seu conteúdo é apresentado na **Listagem 5**, sendo que neste, o conteúdo da tag "plataformas" será apresentado na tela e o conteúdo da tag *plataformasValues* será persistido.

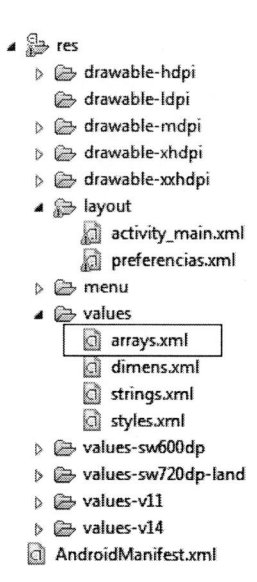

Figura 4. Inclusão do arquivo arrays.xml no projeto Android.

Listagem 5. arrays.xml – Conteúdo utilizado pelo componente ListPreference.

```
01. <?xml version="1.0" encoding="utf-8"?>
02. <resources>
03.    <string-array name="plataformas">
04.        <item>Android</item>
05.        <item>iOS</item>
06.        <item>Java ME</item>
07.        <item>BlackBerry</item>
08.        <item>Outra</item>
09.    </string-array>
10.    <string-array name="plataformasValues">
11.        <item>1</item>
12.        <item>2</item>
13.        <item>3</item>
14.        <item>4</item>
15.        <item>5</item>
16.    </string-array>
17. </resources>
```

Outro componente utilizado é o *EditTextPreference* (linha 15). Ele apresenta para o usuário um Dialog para a digitação de texto. Como pode ser observado no código, esse componente possui um título, uma chave de persistência, uma dependência (para ser ativada) e uma descrição, assim como os componentes já apresentados. A diferença está basicamente nas propriedades *android:dialogTitle* e *android:defaultValue*, que representam, respectivamente, o conteúdo do título da nova janela apresentada e o conteúdo inicial da caixa de texto.

No exemplo, também pode ser observada a utilização do componente *RingtonePreference* (linha 20), o qual permite selecionar um dos *ringtones* existentes no aparelho celular. A referência dele é armazenada em um *SharedPreferences*, com o atributo *android:key*.

Por fim, na linha 25, é definida uma última categoria, chamada "Preferências Avançadas", que, por sua vez, possui uma nova tela de preferência – *PreferenceScreen* (linha 26), sendo formada por um único campo, o já conhecido *EditTextPreference*.

Após o desenvolvimento do xml que representa a interface da tela de configuração, é necessário codificar a classe Java que apresenta essa interface na tela. Seu código poderia ser simplificado como é apresentado na **Listagem 6**.

Listagem 6. MainActivity.java – Classe principal do aplicativo Android.

```
01. package com.livro.examples.usandodbandroid;
02.
03. import android.os.Bundle;
04. import android.preference.PreferenceActivity;
05.
06. public class MainActivity extends PreferenceActivity {
07.
08.     @Override
09.     protected void onCreate(Bundle state) {
10.         super.onCreate(state);
11.         addPreferencesFromResource(R.layout.main);
12.
13.     }
14. }
```

A *Activity* que apresenta uma tela *PreferenceScreen* é diferente de uma *Activity* tradicional. A primeira (e maior) diferença está na linha 06, onde, tradicionalmente em uma aplicação Android, herdamos as funcionalidades da *Activity*. Já neste exemplo, é necessário herdar de *PreferenceActivity*. A segunda diferença está na chamada da tela, linha 11, onde é substituído o método *setContentView( )* pelo método *addPreferencesFromResource( )*.

Justamente na chamada deste último método, o desenvolvedor receberá um aviso de método depreciado, caso esteja fazendo um aplicativo para as últimas versões do Android, mais especificamente da 3.0 para cima. Isso porque a partir dessa versão, houve o surgimento do *Fragment* e junto com ele, uma subclasse chamada *PreferencesFragment*. Logo, a plataforma encoraja o uso desta, em detrimento de *PreferencesActivity*.

Para seguir os novos padrões e conceitos da plataforma, é indicado utilizar o código mostrado na **Listagem 7**.

Listagem 7. MainActivity.java – Classe principal do aplicativo Android.

```
01. package com.livro.examples.usandodbandroid;
02.
03. import android.annotation.TargetApi;
04. import android.os.Bundle;
05. import android.preference.PreferenceActivity;
06. import android.preference.PreferenceFragment;05.
06.
07. public class MainActivity extends PreferenceActivity {
08.
09.   public static int prefs = R.layout.main;
10.
11.   @Override
12.   protected void onCreate(final Bundle savedInstanceState)
13.   {
14.         super.onCreate(savedInstanceState);
15.         try {
16.             getClass().getMethod("getFragmentManager");
17.             adiciona11OuSuperior ();
18.         } catch (NoSuchMethodException e) { //Api < 11
19.                     adicionaAte11();
20.         }
21.   }
22.
23.   @SuppressWarnings("deprecation")
```

```
24.    protected void adicionaAte11()
25.    {
26.         addPreferencesFromResource(prefs);
27.    }
28.
29.    @TargetApi(11)
30.    protected void adiciona11OuSuperior()
31.    {
32.         getFragmentManager().beginTransaction().replace(android.R.id.content, new PF()).commit();
33.    }
34.
35.    @TargetApi(11)
36.    public static class PF extends PreferenceFragment
37.    {
38.         @Override
39.         public void onCreate(final Bundle savedInstanceState)
40.         {
41.              super.onCreate(savedInstanceState);
42.              addPreferencesFromResource(PreferenciaActivity.prefs);
43.         }
44.    }
45. }
```

Até a linha 7, não há novidades. Já na linha 9, declara-se uma variável estática com o nome *prefs*. Ela é valorizada com o valor inteiro referente ao endereço do recurso *R.layout.main*. Logo, o leitor entenderá porque se utilizou *static*.

Na linha 12, o método *onCreate*, do ciclo de vida da *Activity*, foi sobrescrito normalmente. O mecanismo de portabilidade que o código utiliza começa no bloco *try* da linha 15. Na linha 16, tenta-se recuperar o método *getFragmentManager*. Caso essa linha não resulte em uma *Exception* e não chame o bloco *catch*, isso informará que o aplicativo está sendo utilizado em um aparelho com o Android 3.0 ou superior. Neste caso, é efetuada uma chamada para o método *adiciona11OuSuperior*, na linha 17. O número 11 é o *api level* do Android 3.0. Caso contrário, o bloco *catch* será chamado e, por consequência, o método *adicionaAte11*.

Na linha 23, temos uma *java annotation*, suprimindo o *warning* que fatalmente o código receberia por estar usando um método depreciado (na linha 26). Esse método da linha 25 é utilizado no *catch* explicado anteriormente.

Nas linhas 29 e 35, utilizaram-se mais duas *annotations* que fazem parte da *Lint API Check*. Esta adição, presente deste o ADT 17, é uma grande ferramenta para os desenvolvedores que desejam produzir aplicativos para todas as versões do Android. O *@TargetAPI(<API_LEEVEL>)* informa que o método ao qual ele se refere deve ser compilado e verificado somente quando estiver sendo executado na *api level* especificada. É uma forma limpa e segura de chamar alguns métodos somente se a versão do Android corresponde às APIs utilizadas neles.

No método *adiciona11OuSuperior*, da linha 30, estamos chamando uma instância de *FragmentManager*, posteriormente de *FragmentTransaction*, com o método *beginTransaction*. Essa classe de transação serve para efetuar qualquer operação que envolva fragmentos, como o método *replace* utilizado na mesma linha 30. Como parâmetro, passa-se o local de destino e uma instância de *Fragment*. Finalmente, o método *commit* confirma e efetua as transações indicadas.

Na linha 36, encontra-se a declaração da classe *P*, utilizada na linha 30. Ela herda de *PreferenceFragment*. Na linha 39, sobrescreve-se seu método *onCreate* e na linha 42, adiciona-se o *layout* das preferências nesse *Fragment*.

Com essa classe, o aplicativo funcionará de forma segura e homogênea em qualquer versão do sistema operacional Android. Veja na **Figura 5** o aplicativo em execução.

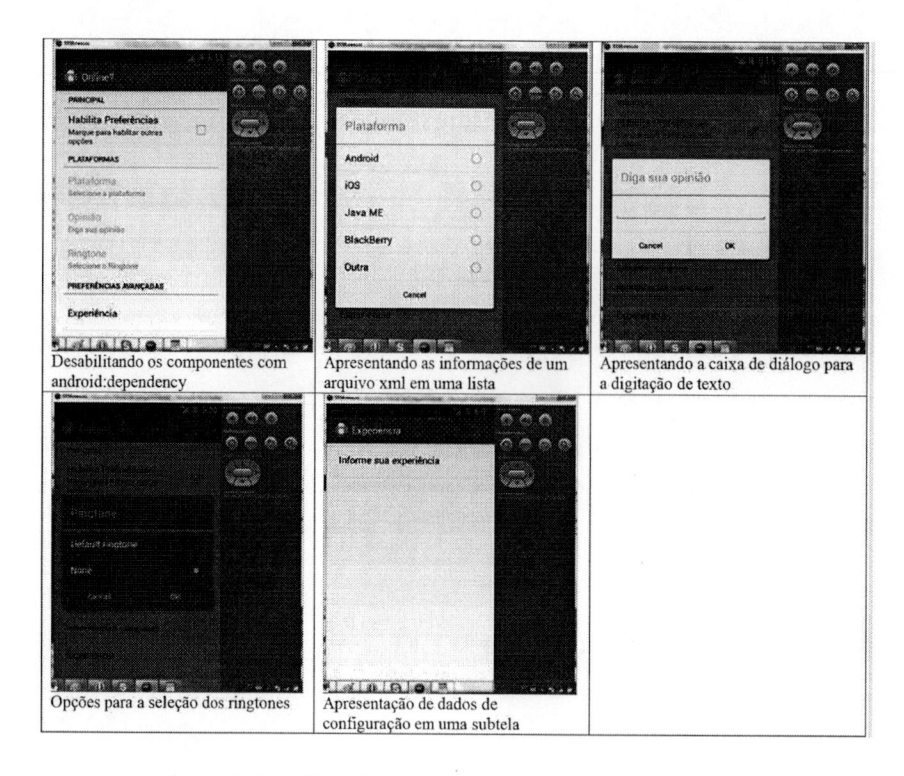

Figura 5. Detalhes de algumas das telas de configuração.

Utilizando o armazenamento interno (Internal Storage)

Uma alternativa para o armazenamento de dados na plataforma Android é o uso do *Internal Storage* (armazenamento interno), que permite armazenar dados no sistema de arquivos da memória interna do Android, sendo este muito parecido com o armazenamento em arquivos da plataforma Java SE tradicional.

Para exemplificar seu uso, iremos desenvolver uma interface gráfica simples, composta de uma caixa de texto e um botão *Gravar* – **Figura 6**. O objetivo dessa interface é gravar o texto digitado na caixa de texto em um arquivo e ao iniciar o aplicativo, recuperar o conteúdo e apresentar na própria caixa de texto.

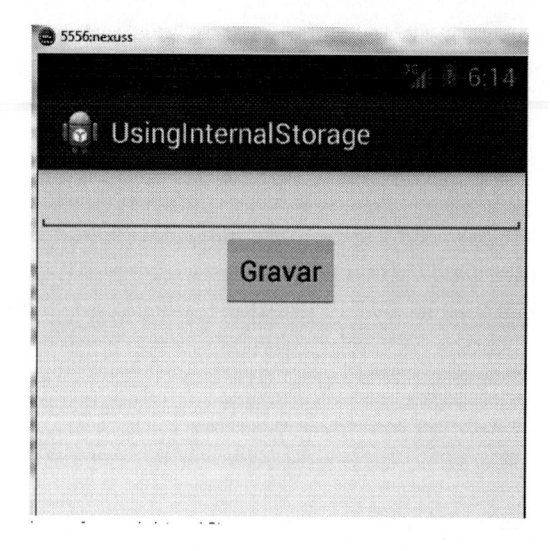

Figura 6. Aplicativo que faz uso de Internal Storage.

O código dessa interface gráfica é apresentado na **Listagem 8**, novamente definido em XML, conforme o padrão do Android. Como pode ser observado, trata-se de uma interface simples, composta basicamente de um *EditText* utilizado para recuperar o texto que será armazenado e um componente *Button* utilizado para o armazenamento dos dados.

Listagem 8. main.xml – Desenvolvimento da interface gráfica do aplicativo.

```xml
01. <?xml version="1.0" encoding="utf-8"?>
02. <LinearLayout xmlns:android="http://schemas.android.com/apk/res/android"
03.     android:orientation="vertical"
04.     android:layout_width="fill_parent"
05.     android:layout_height="fill_parent">
06.
07.     <EditText android:layout_width="fill_parent"
08.         android:layout_height="wrap_content"
09.         android:id="@+id/edt"
10.         android:maxLength="20" />
11.
12.     <Button android:layout_width="wrap_content"
13.         android:layout_height="wrap_content"
14.         android:id="@+id/btn"
15.         android:text="Gravar"
16.         android:layout_gravity="center_horizontal"/>
17.
18. </LinearLayout>
```

O código da classe *Activity* que processará essa interface visual é apresentado na **Listagem 9**. A classe *MainActivity.java* possui em suas primeiras linhas (01 à 12) a declaração do pacote do projeto, bem como a importação das classes necessárias para o aplicativo. Na linha 14, acontece a declaração da classe e nas linhas 16 e 17, a declaração dos dois componentes visuais do aplicativo. Já na linha 18, acontece a declaração de uma variável String, que contém o nome do arquivo que será utilizado na persistência.

A linha 20 declara o objeto *onCreate( )*, inicializando sua interface visual (linhas 21 e 22). As linhas 24 e 26 criam instâncias dos componentes visuais e a linha 27 implementa o método chamado ao clicar no botão *Gravar*, sendo um dos focos do código apresentado.

Dessa maneira, na linha 30, acontece a declaração de um objeto responsável pela gravação de um arquivo binário, instanciado a partir da classe *FileOutputStream* (classe semelhante à existente no Java SE). Para a instanciação, foi utilizado o método openFileOutput, passando por parâmetro o nome do arquivo e o modo de abertura do arquivo.

Listagem 9. MainActivity.java – Classe principal do aplicativo Android.

```java
01. package org.me.usandodbandroid;
02.
03. import android.app.Activity;
04. import android.content.Context;
05. import android.os.Bundle;
06. import android.view.View;
07. import android.widget.Button;
08. import android.widget.EditText;
09. import java.io.FileInputStream;
10. import java.io.FileNotFoundException;
11. import java.io.FileOutputStream;
12. import java.io.IOException;
13.
14. public class MainActivity extends Activity {
15.
16.     private EditText edt;
17.     private Button btn;
```

```
18.        String FILENAME = "hello_file";
19.
20.     public void onCreate(Bundle savedInstanceState) {
21.         super.onCreate(savedInstanceState);
22.         setContentView(R.layout.main);
23.
24.         edt = (EditText) findViewById(R.id.edt);
25.
26.         btn = (Button) findViewById(R.id.btn);
27.         btn.setOnClickListener(new View.OnClickListener() {
28.             public void onClick(View v) {
29.                 try {
30.                     FileOutputStream fos = openFileOutput(FILENAME, Context.MODE_PRIVATE);
31.                     fos.write(edt.getText().toString().getBytes());
32.                     fos.close();
33.                 } catch (FileNotFoundException e) {
34.                 } catch (IOException E) {
35.                 }
36.             }
37.         });
38.
39.         try {
40.             byte[] dados = new byte[20];
41.             FileInputStream fis = openFileInput(FILENAME);
42.             fis.read(dados);
43.             edt.setText(new String(dados));
44.         } catch (FileNotFoundException e) {
45.         } catch (IOException E) {
46.         }
47.     }
48. }
```

> **Dica.** Modos de abertura dos arquivos binários
>
> Um arquivo binário na plataforma Android pode ser aberto de quatro modos, sendo eles:
>
> - MODE_PRIVATE: Somente a aplicação que criou o arquivo pode manipulá-lo;
>
> - MODE_APPEND: Se o arquivo já existe, escreve os próximos bytes do final do texto já existente;
>
> - MODE_WORLD_READABLE: Qualquer aplicação pode ler este arquivo;
>
> - MODE_WORLD_WRITEABLE: Qualquer aplicação pode escrever no arquivo.

Na linha seguinte (31), é utilizado o método *write* do *FileOutputStream* para gravar os dados no arquivo binário, devendo ser convertido em um array de bytes (o conteúdo do *EditText* é recuperado com o método *getText( )*, que retorna um objeto do tipo Editable, sendo convertido em string por meio do método *toString( )* e, por fim, em um array de bytes com *getBytes( )*). Então, o arquivo é fechado utilizando o comando *close* (linha 32). Exceções do tipo *FileNotFoundException* e *IOException* podem ser geradas e por esse motivo, são tratadas com o comando *try – catch*.

Assim, ao final do método *onCreate( )*, é verificado se existe no sistema um arquivo armazenado com o nome correspondente e se existir, ele é carregado para dentro do *EditText*. Para isso, na linha 40, é criado um array de bytes com 20 posições (quantidade máxima de caracteres aceita pelo componente). Na linha 41, é criado um objeto para a leitura do arquivo binário (*FileInputStream*) que, por sua vez, foi utilizado para a leitura dos dados (linha 42). Por fim, na linha 43, é apresentado o conteúdo lido, já convertido em string, adicionando-o ao componente *EditText*.

Armazenando dados temporários nas aplicações Android

Em algumas situações, o programador necessita guardar os dados de forma temporária em um aplicativo. A maneira apresentada anteriormente, usando *Internal Storage*, armazena os arquivos na estrutura de diretórios do Android, ou seja, eles ficam persistidos permanentemente no dispositivo.

Para utilizar o armazenamento temporário, deve-se utilizar o caminho referenciado pelo método *getCacheDir( )*.

Esse método de persistência tem uma propriedade muito interessante. Quando o dispositivo está com pouco espaço de armazenamento interno livre, o Android pode excluir automaticamente os arquivos do cache para liberar mais espaço. No entanto, não podemos confiar no sistema para limpar esses arquivos automaticamente e por isso, é aconselhável manter uma política de pouca utilização do cache, estabelecendo, por exemplo, um limite de 512 KB a 1 MB de utilização. Também vale lembrar que quando desinstalamos uma aplicação, automaticamente os arquivos do diretório de cache são excluídos também. Veja no exemplo apresentado na **Listagem 10** o processo para a leitura e gravação de um arquivo temporário. A primeira parte do código apresenta a leitura de um arquivo temporário (linha 03). Inicialmente, é necessário recuperar um File contendo o diretório do arquivo temporário (que pode mudar de dispositivo para dispositivo), na sequência (linha 04), é declarado um objeto do File que corresponde ao arquivo que será lido, que, por sua vez, é composto por um caminho e um nome de arquivo.

Na linha 05, é solicitada a criação e a partir desse ponto (linhas 06 a 09), o processo para a escrita no arquivo temporário é idêntico à escrita com o *Internal Storage*.

Já para a gravação do arquivo, também são necessários os procedimentos para recuperar o caminho do arquivo temporário (realizados das linhas 03 a 05). Por fim, o restante do processo é igual ao *Internal Storage* também.

Listagem 10. Código utilizado para ler e gravar um arquivo em cache.

```
01. try {
02.        //leitura de um arquivo temporário
03.     File file = getCacheDir();
04.     File fileNew = new File(file.getAbsolutePath()+"/teste.tmp");
05.     fileNew.createNewFile();
06.         FileInputStream fis = openFileInput(fileNew.getName());
07.     byte[] dados = new byte[20];
08.     fis.read(dados);
09.     fis.close();
10.
11.        //gravação de um arquivo temporário
12.        FileOutputStream fos = openFileOutput( file.getAbsolutePath()+
13.           "/teste.tmp", Context.MODE_PRIVATE);
14.     fos.write("texto a ser escrito".getBytes());
15.        fos.close();
16. } catch (Exception e){}
```

Utilizando o armazenamento externo (External Storage)

Do ponto de vista da programação, o uso do armazenamento externo é muito parecido com o armazenamento interno, porém, tecnicamente, esses dois modos de armazenamento são bastante diferentes.

Enquanto o primeiro armazena as informações internamente, usando os recursos de persistência interna do aparelho, o segundo grava as informações nos dispositivos externos de persistência, como cartões SD,

MMC, repositórios USB, entre outros.

Como se trata de um armazenamento externo, alguns cuidados devem ser tomados na utilização desse recurso, são eles:

- Os arquivos salvos nos dispositivos de armazenamento externo não são de propriedade exclusiva da aplicação, ou seja, a segurança desses dados deve ser levada em consideração na hora de sua utilização;
- Nessa situação, é sempre necessário verificar se a mídia de armazenamento externa está disponível antes de tentarmos utilizá-la.

Para apresentar a utilização do External Storage, utilizaremos a mesma interface gráfica apresentada na **Listagem 1**, porém, modificando o código do MainAcitivity.java, conforme a **Listagem 10**.

O código da **Listagem 10** é muito parecido com a utilização de *Internal Storage*, diferenciando apenas no código para a escrita e leitura dos arquivos. Para a escrita, na linha 34, é executado o método *deviceAvailable*, codificado no final da classe. Esse método retornará *true* caso o cartão esteja disponível. Entrando, no condicional, é instanciado um objeto *File* (linha 35), fazendo referência ao diretório do cartão. Na sequência, é definido um *FileOutputStream* que receberá o caminho onde se encontra o cartão e o nome de um arquivo, além de um *mode* de gravação.

Seguindo, na linha 39, é realizada a gravação como um array de bytes dos dados e finalizado o arquivo (linha 40).

Já para abrir um arquivo do cartão, é verificado se ele está disponível (linha 49), sendo criada uma instância de *File* referenciando o caminho do cartão (linha 50), sendo este utilizado para criar um arquivo de leitura (linha 51). Já o restante do processo é idêntico à leitura de *Internal Storage*.

A rotina deviceAvailable (linha 63) é utilizada para verificar se o cartão está disponível para a leitura, gravação ou ambos, sendo criadas nas linhas 65 e 66 duas variáveis de controle. Na linha 68, é recuperado o estado do cartão (linha 68). Se o estado for igual a MEDIA_MOUNTED (linha 70), o cartão estará disponível para a leitura e gravação, se o estado for MEDIA_MOUNTED_READ_ONLY (linha 72), o cartão só poderá ser lido, caso contrário, ele não estará disponível para a leitura nem para a gravação.

Listagem 10. MainActivity.java – Classe principal do aplicativo Android (External Storage).

```
01. package org.me.usandodbandroid;
02.
03. import android.app.Activity;
04. import android.content.Context;
05. import android.os.Bundle;
06. import android.os.Environment;
07. import android.view.View;
08. import android.widget.Button;
09. import android.widget.EditText;
10. import java.io.File;
11. import java.io.FileInputStream;
12. import java.io.FileNotFoundException;
13. import java.io.FileOutputStream;
14. import java.io.IOException;
15.
16. public class MainActivity extends Activity {
17.
18.     String FILENAME = "hello_file";
19.     private EditText edt;
20.     private Button btn;
21.
22.     public void onCreate(Bundle savedInstanceState) {
23.         super.onCreate(savedInstanceState);
```

```
24.            setContentView(R.layout.main);
25.
26.            edt = (EditText) findViewById(R.id.edt);
27.
28.            btn = (Button) findViewById(R.id.btn);
29.            btn.setOnClickListener(new View.OnClickListener() {
30.
31.                public void onClick(View v) {
32.                    try {
33.
34.                        if ( deviceAvailable( "WRITE" ) ) {
35.                            File externalStorage = Environment.getExternalStorageDirectory();
36.                            FileOutputStream fos =
37.                          openFileOutput(externalStorage.getAbsolutePath() +
      38.                                    "/teste.sd", Context.MODE_PRIVATE);
39.                            fos.write(edt.getText().toString().getBytes());
40.                            fos.close();
41.                        }
42.                    } catch (FileNotFoundException e) {
43.                    } catch (IOException E) {
44.                    }
45.                }
46.            });
47.
48.        try {
49.            if ( deviceAvailable( "READ" ) ) {
50.                File externalStorage = Environment.getExternalStorageDirectory();
51.                File fileNew = new File(externalStorage.getAbsolutePath() + "/teste.sd");
52.                fileNew.createNewFile();
53.                FileInputStream fis = openFileInput(fileNew.getName());
54.                byte[] dados = new byte[20];
55.                fis.read(dados);
56.                fis.close();
57.            }
58.        } catch (FileNotFoundException e) {
59.        } catch (IOException E) {
60.        }
61.    }
62.
63.    protected boolean deviceAvailable( String type ) {
64.
65.        boolean mExternalStorageAvailable = false;
66.        boolean mExternalStorageWriteable = false;
67.
68.        String state = Environment.getExternalStorageState();
69.
70.        if (state.equals( Environment.MEDIA_MOUNTED) ) {
71.            mExternalStorageAvailable = mExternalStorageWriteable = true;
72.        } else if (state.equals( Environment.MEDIA_MOUNTED_READ_ONLY ) ) {
73.            mExternalStorageAvailable = true;
74.            mExternalStorageWriteable = false;
75.        } else {
76.            mExternalStorageAvailable = mExternalStorageWriteable = false;
77.        }
78.
79.        if ( type.equals( "READ" ) ) {
80.            return mExternalStorageAvailable;
81.        } else {
82.            return mExternalStorageWriteable;
83.        }
84.    }
85. }
```

> **Dica.** Diferença entre a API Level 8 e superiores
> Se você está utilizando uma versão superior à API Level 8 no Android, não utilize o método getExternalStorageDirectory( ), mas sim, o getExternalFilesDir( ).

Concluindo...

Este capítulo apresentou técnicas de persistência de dados, fugindo do SQLite utilizado tradicionalmente pelas aplicações Android.

Embora o SQLite possua inúmeras vantagens, principalmente se comparado ao método de persistência do JavaME, ele pode ser muito complexo para as persistências simples, como armazenar uma única informação, dados de configuração do aplicativo, ou até mesmo os arquivos binários.

Dessa forma, este capítulo procurou apresentar alternativas para a persistência, tais como:
- *SharedPreferences*, utilizado para armazenar dados no formato chave-conteúdo, de forma rápida e simples;
- *PreferenceActivity*, que trabalha em conjunto com a *tag* de layout *PreferenceScreen*, o qual permite desenvolver telas de configurações rápidas com uma grande quantidade de opções de componentes visuais, fazendo com que o programador não se preocupe com a persistência, somente com o desenvolvimento da interface;
- *Internal Storage*, permite a gravação de arquivos binários no repositório de dados do dispositivo móvel, podendo ser armazenado inclusive na pasta temporária.

Por fim, foi apresentada a leitura e gravação de dados no cartão de armazenamento externo.

Essa grande variedade de opções para a persistência mostra a robustez e a maturidade da plataforma Android, que, com certeza, será uma das principais plataformas de desenvolvimento móvel do futuro.

Exercícios de fixação do capítulo

O objetivo da atividade é desenvolver um aplicativo móvel que será utilizado em pesquisas de opinião.

Esse aplicativo, que hipoteticamente seria desenvolvido para uma universidade, possui uma única tela composta de quatro botões (*Ruim*, *Bom*, *Iniciar Pesquisa* e *Resultado da Pesquisa*), O pesquisador utilizará esse aplicativo para realizar a pesquisa com os acadêmicos da universidade, verificando sua opinião sobre a qualidade do ensino (que pode ser classificado como *Ruim* ou *Bom*). A cada clique nesses dois botões, um voto deve ser acrescido para o respectivo botão.

A qualquer momento, o usuário poderá clicar em *Resultado da Pesquisa*, o qual apresenta a quantidade de votos armazenada para Ruim e Bom.

Para a persistência dos dados, utilize o SharedPreferences. O identificador do arquivo de preferência pode ser voto, assim como os identificadores ruim e bom para os respectivos campos, conforme o exemplo abaixo.

Questão 1 – Interface gráfica

Desenvolva a interface gráfica do aplicativo, conforme a figura a seguir.

Questão 2 – Botão *Iniciar Pesquisa*

Implemente o botão *Iniciar Pesquisa*, o qual deve valorizar a quantidade de cada opinião com zeros no banco de dados. Esse comando permitirá ao usuário iniciar uma nova pesquisa.

Após, apresente a mensagem informativa via Toast: "Contadores Reiniciados. Pode iniciar uma nova pesquisa."

Questão 3 – Botão *Resultado da Pesquisa*

Desenvolva o botão *Resultado da Pesquisa*, o qual deve apresentar no Toast a quantidade de pessoas que escolheram *Ruim* e a quantidade de pessoas que escolheram *Bom* até o momento.

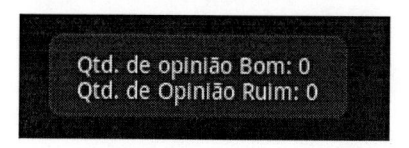

Questão 4 – Incremente a pesquisa

Desenvolva a lógica do clique dos botões *Ruim, Razoável, Bom* e *Muito Bom*, sendo que ao ser clicado, deve-se recuperar no SharedPreferences a informação referente à quantidade de votos desse botão, somar um ao valor e persistir novamente.

Após o lançamento, apresente a mensagem (via Toast): "Opinião Registrada com Sucesso."

Questão 5 – Exporte os dados

Adicione na tela do aplicativo um botão chamado *Exportar dados para SD*, o qual deve exportar os dados armazenados no SharedPreferences para o cartão SD. Esses dados devem estar no formato CSV.

Ex.

bom;15

ruim;12

Após a exportação, apresente a mensagem via AlertDialog: "Dados exportados com sucesso."

Exercício 1 – Interface gráfica

Desenvolva a interface gráfica do aplicativo, conforme a figura abaixo.

Exercício 2 – Botão Iniciar Pesquisa

Implementar o botão **Iniciar Pesquisa**, o qual deve valorizar a quantidade de cada opinião com zeros no SharedPreference. Este comando permitirá ao usuário iniciar uma nova pesquisa.

Após, apresentar mensagem informativa via Toast: "**Contadores Reiniciados. Pode iniciar uma nova pesquisa.**"

Exercício 3 – Botão Resultado

Desenvolver o botão Resultado da pesquisa, o qual deve apresentar no Toast a quantidade de pessoas que escolheram Ruim e a quantidade de pessoas que escolheram Bom até o momento.

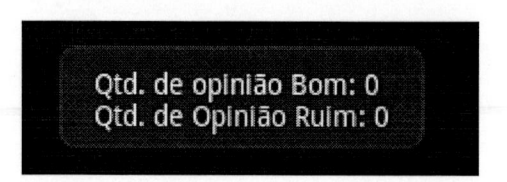

Qtd. de opinião Bom: 0
Qtd. de Opinião Ruim: 0

Exercício 4 – Votos

Desenvolver a lógica o clique dos botões Ruim e Bom, sendo que ao ser clicado, deve-se persistir a informação referente a quantidade de votos deste botão, somar um no valor e persistir novamente.

Após o lançamento, apresentar a mensagem (via Toast) de Opinião Registrada com Sucesso.

Capítulo Extra II - Tirando o máximo de vantagem das classes para o uso de imagens no Android com Eclipse

Este capítulo é uma cortesia para você, leitor da obra Android para Iniciantes com Eclipse – Passo a Passo. Este capítulo é parte integrante do livro Android Avançado – Passo a Passo. Nessa obra, são abordados temas como Annotation, Fragments, frameworks de persistência, sensores, APIs da Google, NFC, SMS, sintetização e reconhecimento de voz, e muito mais....

> Aprenda neste capítulo a utilizar imagens nas aplicações Android

> (Código deste capítulo foi desenvolvido na IDE Eclipse)

Um dos recursos que mais chama a atenção dos programadores, desde os tempos do COBOL e do Assembler, é a utilização de dados multimídia nos programas computacionais. Devido ao fato de, naquela época, as interfaces serem formadas por caracteres de texto (caracteres da tabela ASCII) e os computadores não possuírem placa de vídeo/áudio, era praticamente impossível adicionar imagens, sons e vídeos aos aplicativos.

Entretanto, muitos programadores utilizavam suas habilidades artísticas para desenhar usando caracteres ASCII, como pode ser observado na Figura 1. As animações e vídeos eram desenvolvidos manualmente, por meio de múltiplas mudanças de imagens ASCII na tela do computador, já a reprodução do som só era possível utilizando o speaker do computador, sendo este um pequeno alto-falante monofônico existente nos primeiros computadores.

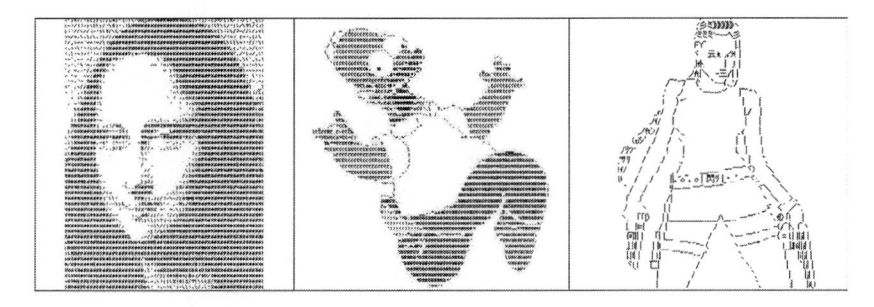

Figura 1. Elementos gráficos desenvolvidos com caracteres ASCII, utilizados nos programas de computadores mais antigos.

Já nos dias de hoje, com a grande capacidade gráfica e computacional dos computadores pessoais, é possível usar e abusar dos recursos multimídias, adicionando facilmente imagens e vídeos nos programas de computador.

Em contrapartida, as plataformas móveis, apesar de terem evoluído muito nos últimos anos, ainda possuem limitações que, quando não trabalhadas, podem inviabilizar o uso de imagens nos aplicativos móveis.

Uma das limitações é o tamanho reduzido da tela desses dispositivos. Apesar de muitos já possuírem uma resolução de tela superior a 640 x 480 pixels (essa era a resolução dos primeiros computadores que rodavam o sistema operacional Windows 3.1 em 1995), o problema está no tamanho das telas que, na maioria das vezes, têm poucos centímetros e por esse motivo, os pequenos detalhes de uma imagem podem não ser percebidos pelos usuários dos programas móveis.

Outra limitação está no formato da imagem compatível com os dispositivos móveis. Em algumas plataformas móveis, como o Java ME, foi estabelecido como padrão o uso das imagens PNG (Portable Network Graphics) por ser uma evolução do formato GIF, o qual permite o uso de transparência e permite armazenar imagens em alguns kilobytes. Para sorte dos programadores, esse problema é quase nulo nas plataformas mais recentes, como o Android.

Para trabalhar com imagens no Android, uma série de componentes foi criada, sendo apresentados neste capítulo os detalhes dos componentes *Gallery*, *ImageView*, *ImageSwitcher* e *GridView*.

Usando os componentes *Gallery* e *ImageView*

Nesse primeiro exemplo, criaremos um projeto com o nome *ImageInAndroid*. Posteriormente, iremos editá-lo para fazer uso de imagens.

Após criar o projeto, o próximo passo é modificar o arquivo *activity_main.xml*, adicionando o componente *Gallery*, conforme apresentado na **Listagem 1**.

Listagem 1. activity_main.xml - Arquivo xml referente à interface gráfica do aplicativo.

```xml
001. <?xml version="1.0" encoding="utf-8"?>
002. <LinearLayout xmlns:android="http://schemas.android.com/apk/res/android"
003.     android:orientation="vertical"
004.     android:layout_width="fill_parent"
005.     android:layout_height="fill_parent" >
006.     <Gallery
007.         android:id="@+id/gallery1"
008.         android:layout_width="fill_parent"
009.         android:layout_height="wrap_content" />
010. </LinearLayout>
```

Nesse arquivo, foram definidos os atributos do layout *LinearLayout*, que possuirá orientação vertical (linha 03), preencherá toda a largura da tela (linha 04) e toda a altura (linha 05). A novidade está na linha 06, na qual é declarado o componente *Gallery*, contendo a identificação *gallery1* (atributo *id*, linha 05), assim como ocupará a largura toda da tela (linha 08) e se ajustará à altura da imagem (linha 09).

O próximo passo é acessar a pasta onde o projeto foi salvo e na subpasta *res*, criar uma pasta chamada *drawable*, na qual devem ser inseridas as imagens apresentadas no projeto. Após esses passos, a estrutura do projeto deve ser apresentada conforme a **Figura 2**.

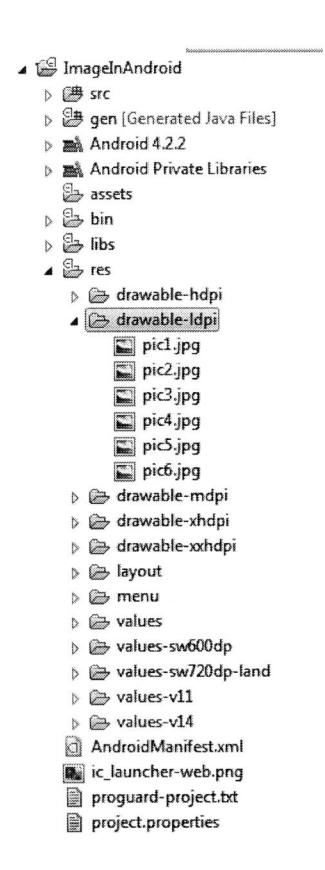

```
          ImageInAndroid
           ▷ src
           ▷ gen [Generated Java Files]
           ▷ Android 4.2.2
           ▷ Android Private Libraries
             assets
           ▷ bin
           ▷ libs
           ▲ res
             ▷ drawable-hdpi
             ▲ drawable-ldpi
                 pic1.jpg
                 pic2.jpg
                 pic3.jpg
                 pic4.jpg
                 pic5.jpg
                 pic6.jpg
             ▷ drawable-mdpi
             ▷ drawable-xhdpi
             ▷ drawable-xxhdpi
             ▷ layout
             ▷ menu
             ▷ values
             ▷ values-sw600dp
             ▷ values-sw720dp-land
             ▷ values-v11
             ▷ values-v14
            AndroidManifest.xml
            ic_launcher-web.png
            proguard-project.txt
            project.properties
```

Figura 2. Projeto com os arquivos de imagem na pasta *drawable*, dentro da subpasta *Resource*.

> **Dica.** Adicionando imagens
>
> Se a sua classe R não for atualizada com os novos recursos, deve-se clicar com o botão direito no projeto (apresentado na janela Projetos, com o nome ImagesInAndroid, conforme apresentado na **Figura 2**) e escolher a opção *Limpar e Construir*. Esse comando fará a atualização dos arquivos de configuração do projeto, de forma que estes passem a reconhecer as imagens da pasta *drawable*.
>
> Outra dica importante é não utilizar imagens muito grandes, com resoluções superiores a 500x500, pois isso dificultará o processo de apresentação da imagem.

O último passo para utilizar o componente *Gallery* é modificar o arquivo *MainActivity.java*, deixando-o conforme a **Listagem 2**.

Listagem 2. MainActivity.java – Arquivo correspondente à classe principal do aplicativo Android.

```
001. package org.me.imagesinandroid;
002.
003. import android.app.Activity;
004. import android.content.Context;
005. import android.os.Bundle;
006. import android.view.View;
007. import android.view.ViewGroup;
008. import android.widget.AdapterView;
009. import android.widget.AdapterView.OnItemClickListener;
010. import android.widget.BaseAdapter;
011. import android.widget.Gallery;
```

```
012. import android.widget.ImageView;
013. import android.widget.Toast;
014.
015. public class MainActivity extends Activity {
016.
017.     @Override
018.     public void onCreate(Bundle icicle) {
019.         super.onCreate(icicle);
020.         setContentView(R.layout.main);
021.
022.         Gallery gallery = (Gallery) findViewById(R.id.gallery1);
023.         gallery.setAdapter(new ImageAdapter(this));
024.
025.         gallery.setOnItemClickListener(new OnItemClickListener() {
026.
027.             public void onItemClick(AdapterView parent, View v, int position, long id) {
028.                 Toast.makeText(getBaseContext(),
029.                     "Selecionou" + (position + 1), Toast.LENGTH_SHORT).show();
030.             }
031.         });
032.
033.     }
034.
035.     public class ImageAdapter extends BaseAdapter {
036.
037.         private Integer[] imageIDs = {
038.             R.drawable.pic1,
039.             R.drawable.pic2,
040.             R.drawable.pic3,
041.             R.drawable.pic4,
042.             R.drawable.pic5,
043.             R.drawable.pic6,
044.             R.drawable.pic7
045.         };
046.
047.         private Context context;
048.
049.         public ImageAdapter(Context c) {
050.             context = c;
051.         }
052.
053.         public int getCount() {
054.             return imageIDs.length;
055.         }
056.
057.         public Object getItem(int position) {
058.             return position;
059.         }
060.
061.         public long getItemId(int position) {
062.             return position;
063.         }
064.
065.         public View getView(int position, View convertView, ViewGroup parent) {
066.             ImageView imageView = new ImageView(context);
067.             imageView.setImageResource(imageIDs[position]);
068.             return imageView;
069.         }
070.     }
071. }
```

A classe acima exemplifica o uso das classes *Gallery* e *ImageView* na manipulação de imagens. Inicialmente, na linha 01, é definido o pacote onde se encontra a classe *MainActivity* e nas linhas seguintes (linhas 03 a 13), são importadas as classes utilizadas no aplicativo.

Na linha 15, é declarada a classe *MainActivity* e na linha 18 é codificado o método *onCreate*, possuindo os comportamentos padrões: execução do método *onCreate* da superclasse *Activity* (linha 19) e apresentação na tela do conteúdo do arquivo *main.xml* (linha 20).

Na linha 22, é realizada a primeira referência para a classe *Gallery*, sendo, neste momento, recuperada a instância do componente que se encontra na tela do dispositivo móvel.

O componente *Gallery*, assim como os componentes *ListView* e *Spinner*, precisa também de um adaptador para seu funcionamento. Porém, ao contrário desses outros componentes, no *Gallery*, o adaptador precisa ser codificado (lembrando que o componente *Spinner* já tem uma implementação do BaseAdapter chamada *SpinnerAdapter*, assim como *ListView* possui o *ListAdapter*).

Dessa maneira, na linha 23, definimos como *Adapter* do componente *Gallery* a classe *ImageAdapter*, codificada a partir da linha 35.

Na sequência, é definido um evento de clique nas imagens da lista (linha 25), sendo que, ao clicar na imagem, é executado o método *onItemClick* (linha 27). Este, para fins didáticos, apresentará uma mensagem na tela a partir do componente *Toast*, apresentando o texto "Selecionou" e o índice da imagem. Como esse índice inicia em zero, ele foi acrescentado de um, assim, a primeira imagem desse exemplo será apresentada como Imagem 1 e a última como Imagem 7.

Na sequência, é declarada uma classe interna chamada *ImageAdapter*, herdando as funcionalidades da classe *BaseAdapter* (linha 35).

A primeira declaração dessa classe é um *array* de objetos *Integer* (linha 37), recebendo a identificação única da imagem a partir da constante R, atributos *drawable* e o nome da imagem. Ele será utilizado posteriormente para a captura da imagem.

Por fim, é declarado um objeto do tipo *Context* (linha 47), que representa a aplicação. Na linha 49, no construtor do *ImageAdapter*, o objeto do tipo *Context* é valorizado.

Na linha 53, o método *getCount* deve retornar a quantidade de elementos que serão apresentados no *Gallery*, e nesse exemplo será a quantidade de elementos armazenados no *array* de *Integer imageIDs*. O método *getItem* (linha 57) retorna o item associado à posição da galeria, sendo que, neste caso, será retornada a própria posição, assim como o método *getItemId* (linha 61).

Já o método *getView* (linha 65) retorna uma imagem associada a uma posição da galeria. Assim, na linha 66, é instanciado um objeto do tipo *ImageView*, sendo atribuído a este a imagem do *array* de *Integer* correspondente ao item selecionado (na linha 67). Por fim, na linha 68, a imagem é retornada ao chamador.

Portanto, esse aplicativo pode ser executado, sendo apresentada uma imagem após a outra no formato de galeria, conforme apresentado na **Figura 3**.

Figura 3. Utilização do componente *Gallery* com ImageView.

Lembrando que como foi tratado o evento de clique, ao clicar em qualquer foto, o índice dela é apresentado na tela com a classe *Toast*.

No exemplo apresentado, as imagens ainda estão com seu tamanho natural. Apesar de não ser visível na figura, *ImageView* possui uma transparência nas laterais e isso acontece no estilo padrão do componente.

Seguindo, iremos alterar algumas propriedades de *ImageView* para melhorar a apresentação das imagens no componente *Gallery*. Adicione mais estas duas linhas de código ao corpo de *getView* (após a linha 67 na **Listagem 2**).

```
imageView.setScaleType(ImageView.ScaleType.FIT_XY);
imageView.setLayoutParams(new Gallery.LayoutParams(180, 180));
```

Dessa maneira, estamos definindo o tipo da escala na primeira linha, pedindo para esta ser definida nos eixos cartesianos X e Y. Na segunda linha, configuramos o tamanho da imagem. Como resultado, a imagem ocupará toda a área reservada para ela (150 x 120 pixels). Veja como fica na **Figura 4**.

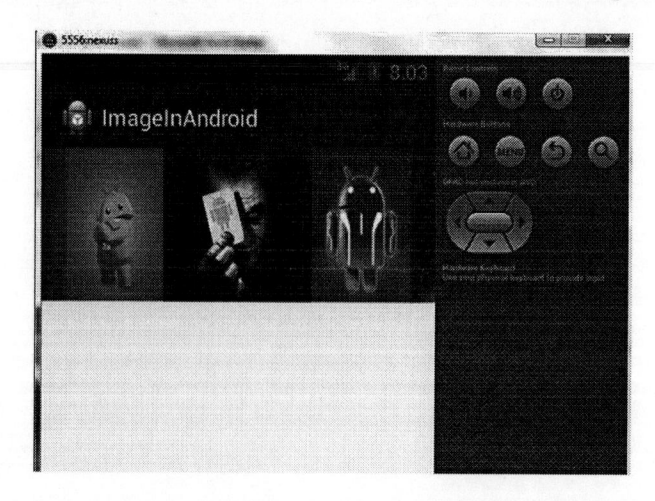

Figura 4. Utilização de *Gallery* com ImageView e o parâmetro de layout.

Nessa figura, é possível perceber o efeito padrão que o componente aplica em *ImageView*. Para finalizar, um último efeito na imagem. No método *getView*, adicionamos a linha de código abaixo:

```
imageView.setBackgroundResource( android.R.drawable.alert_light_frame);
```

E o resultado é apresentado na **Figura 5**.

Figura 5. Utilização de *Gallery* com ImageView e um estilo personalizado

Apresentando uma imagem selecionada no centro da tela

Adicionando novos recursos ao aplicativo desenvolvido neste capítulo, será desenvolvido um código para apresentar a imagem selecionada no componente *Gallery* no centro da tela, utilizando, para isso, o componente *ImageView*.

Como se trata da inclusão de um novo componente visual na tela do aplicativo, é necessário modificar o arquivo *main.xml*, incluindo após a linha 9 da **Listagem 1** o código apresentado na **Listagem 3**.

Listagem 3. Main.xml – Inclusão de um componente ImageView na tela do dispositivo.

```
01. <ImageView
02.     android:id="@+id/image1"
03.     android:layout_width="match_parent"
04.     android:layout_height="match_parent" />
```

O componente *ImageView* apresentará a imagem associada ao elemento selecionado no componente *Gallery*, usando todo o espaço disponível na tela, visto que, como largura e altura, definiram-se os valores *match_parent*. Assim, na linha 02, é definido um nome para a referência a *ImageView* a partir do código-fonte da aplicação, e nas linhas 03 e 04, é definido o tamanho do componente em pixel.

Agora, no arquivo *MainActivity.java*, é necessário alterar o código do método onItemClick( ), conforme apresentado na **Listagem 4**.

Listagem 4. MainActivity.java – Tratamento da seleção de imagem no componente Gallery.

```
01. gallery.setOnItemClickListener(new OnItemClickListener() {
02.     public void onItemClick(AdapterView parent,
03.         View v, int position, long id) {
```

```
04.
05.          Integer[] imageIDs = {
06.              R.drawable.pic1,
07.              R.drawable.pic2,
08.              R.drawable.pic3,
09.              R.drawable.pic4,
10.              R.drawable.pic5,
11.              R.drawable.pic6,
12.              R.drawable.pic7
13.          };
14.
15.          ImageView imageView = (ImageView) findViewById(R.id.image1);
16.          imageView.setImageResource(imageIDs[position]);
17.      }
18. });
```

Conforme apresentado, das linhas 05 a 13, acontece a declaração de um *array* de inteiros, o qual receberá as referências das imagens armazenadas na pasta *Resources* do aplicativo.

Após, a linha 15 recupera o componente *ImageView* definido no arquivo *main.xml*, atribuindo a este uma imagem a partir do índice do elemento selecionado (variável *position*). O resultado é apresentado na **Figura 6**.

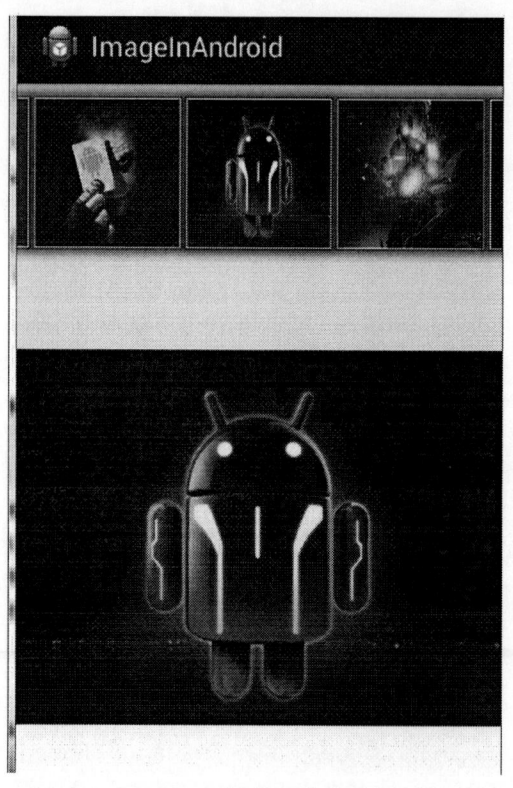

Figura 6. Apresentando a imagem selecionada em um componente ImageView.

Conforme observado, a imagem selecionada foi apresentada em seu tamanho original. Porém, assim como foi modificado no componente *Gallery*, é possível modificar a escala da imagem apresentada no *ImageView*. Para o exemplo, iremos solicitar que a imagem ocupe todo o tamanho disponível na tela, sem deixar espaços em branco no topo e rodapé, adicionando a linha às propriedades do ImageView no arquivo main.xml.

```
android:scaleType="fitXY"
```

Agora, após a execução, o resultado é apresentado na **Figura 7**.

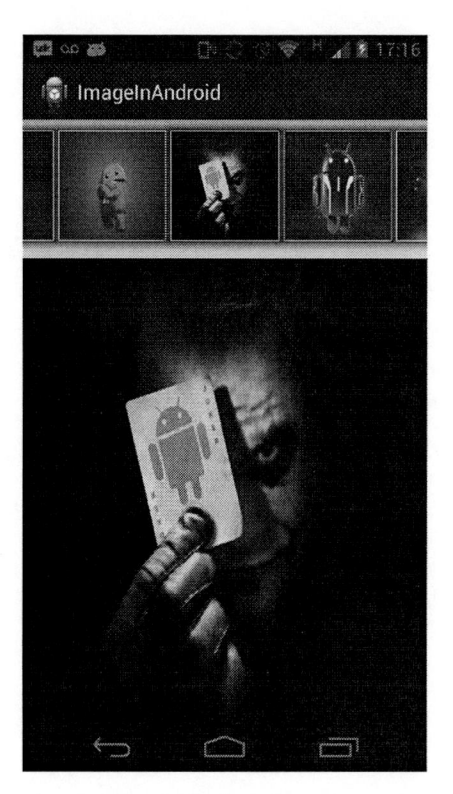

Figura 7. Apresentando a imagem selecionada em um componente ImageView.

Utilizando o componente ImageSwitcher

A troca de imagens realizadas no exemplo anterior também é conseguida utilizando o componente *ImageSwitcher*, mas com uma grande vantagem: esse componente permite configurar efeitos 3D na troca das imagens.

Para desenvolver a interface visual do aplicativo, modifique o arquivo main.xml, conforme o conteúdo apresentado na **Listagem 5**.

Listagem 5. main.xml – Definindo a interface visual para a utilização do ImageSwitcher.

```
01. <?xml version="1.0" encoding="utf-8"?>
02. <RelativeLayout xmlns:android="http://schemas.android.com/apk/res/android"
03.     android:orientation="vertical"
04.     android:layout_width="fill_parent"
05.     android:layout_height="fill_parent"
06.     android:background="#ff000000" >
07.     <ImageSwitcher
08.         android:id="@+id/switcher1"
09.         android:layout_width="fill_parent"
10.         android:layout_height="fill_parent" />
11.     <Gallery
12.         android:id="@+id/gallery1"
13.         android:layout_width="fill_parent"
14.         android:layout_alignParentRight="true"
15.         android:layout_alignParentBottom="true"
16.         android:layout_height="wrap_content"/>
17. </RelativeLayout>
```

Verifique que na **Listagem 5** foi utilizado *RelativeLayout* (linha 02), onde um componente é inserido utilizando como base o componente anterior. Na linha 03, é definida a orientação para adicionar componentes à tela (vertical), bem como a área ocupada na tela do dispositivo (linhas 04 e 05), finalizando as declarações do layout com uma definição da cor de fundo (linha 06).

Na linha 07, é declarado o componente *ImageSwitcher*, que nada mais é do que um componente para a apresentação da imagem (estilo *ImageView*), mas com efeitos para a transição de imagens. Assim, é definido na linha 08 seu *id* e nas linhas 09 e 10, é definido seu tamanho (tela toda).

Na sequência, é declarado o componente *Gallery*, já utilizado anteriormente e que permite selecionar uma imagem a partir de inúmeras miniaturas. Para sua utilização, foi definido um id na linha 12, bem como a largura ocupando toda a tela (linha 13). Nas linhas 14 e 15, são utilizados os recursos do layout relativo, onde o componente é adicionado respeitando o alinhamento direito e inferior da tela.

O próximo passo para desenvolver o aplicativo é codificar a classe *MainActivity.java*, o que é apresentado na **Listagem 6**.

Listagem 6. MainActivity.java – Utilizando o componente ImageSwitcher.

```
01.  package org.me.imagesinandroid;
02.
03.  import android.app.Activity;
04.  import android.content.Context;
05.  import android.os.Bundle;
06.  import android.view.View;
07.  import android.view.ViewGroup;
08.  import android.view.ViewGroup.LayoutParams;
09.  import android.view.animation.AnimationUtils;
10.  import android.widget.AdapterView;
11.  import android.widget.AdapterView.OnItemClickListener;
12.  import android.widget.BaseAdapter;
13.  import android.widget.Gallery;
14.  import android.widget.ImageSwitcher;
15.  import android.widget.ImageView;
16.  import android.widget.ViewSwitcher.ViewFactory;
17.
18.  public class MainActivity extends Activity
19.          implements ViewFactory {
20.
21.      private ImageSwitcher imageSwitcher;
22.
23.      private Integer[] imageIDs = {
24.          R.drawable.pic1,
25.          R.drawable.pic2,
26.          R.drawable.pic3,
27.          R.drawable.pic4,
28.          R.drawable.pic5,
29.          R.drawable.pic6,
30.          R.drawable.pic7
31.      };
32.
33.      @Override
34.      public void onCreate(Bundle savedInstanceState) {
35.          super.onCreate(savedInstanceState);
36.          setContentView(R.layout.main);
37.
38.          imageSwitcher = (ImageSwitcher) findViewById(R.id.switcher1);
39.          imageSwitcher.setFactory(this);
40.
41.          imageSwitcher.setInAnimation(AnimationUtils.loadAnimation(this,
42.              android.R.anim.fade_in));
43.          imageSwitcher.setOutAnimation(AnimationUtils.loadAnimation(this,
44.              android.R.anim.fade_out));
```

```
45.
46.          Gallery gallery = (Gallery) findViewById(R.id.gallery1);
47.          gallery.setAdapter(new ImageAdapter(this));
48.
49.          gallery.setOnItemClickListener(new OnItemClickListener() {
50.
51.              public void onItemClick(AdapterView parent,
52.                  View v, int position, long id) {
53.                  imageSwitcher.setImageResource(imageIDs[position]);
54.              }
55.          });
56.     }
57.
58.     public class ImageAdapter extends BaseAdapter {
59.
60.         private Context context;
61.
62.         public ImageAdapter(Context c) {
63.             context = c;
64.         }
65.
66.         public int getCount() {
67.             return imageIDs.length;
68.         }
69.
70.         public Object getItem(int position) {
71.             return position;
72.         }
73.
74.         public long getItemId(int position) {
75.             return position;
76.         }
77.
78.         public View getView(int position, View convertView, ViewGroup parent) {
79.             ImageView imageView = new ImageView(context);
80.             imageView.setImageResource(imageIDs[position]);
81.             imageView.setScaleType(ImageView.ScaleType.FIT_XY);
82.             imageView.setLayoutParams(new Gallery.LayoutParams(120, 90));
83.             imageView.setBackgroundResource(android.R.drawable.alert_light_frame);
84.             return imageView;
85.         }
86.     }
87.
88.     @Override
89.     public View makeView() {
90.         ImageView imageView = new ImageView(this);
91.         imageView.setBackgroundColor(0xFF000000);
92.         imageView.setScaleType(ImageView.ScaleType.FIT_XY);
93.         imageView.setLayoutParams(new ImageSwitcher.LayoutParams(
94.             LayoutParams.FILL_PARENT,
95.             LayoutParams.FILL_PARENT));
96.         return imageView;
97.     }
98. }
```

Nas primeiras linhas do código (até a linha 17), encontram-se a declaração do pacote e a importação das classes utilizadas no projeto. Na linha 18, acontece a declaração da classe principal do aplicativo, que implementa a interface *ViewFactory* (utilizada pelo componente *ImageSwitcher* para fazer a mudança das imagens).

Na linha 21, é declarado o componente *ImageSwitcher*, bem como na linha 23 um *array* de *Integers* com a referência das imagens que serão apresentadas.

No método *onCreate*(linha 34), é realizado o código para a inicialização da interface visual no Android (linhas 35 e 36) e a recuperação do componente *ImageSwitcher* (linha 38). Na linha 39, é informada a classe que implementa a interface *ViewFactory* e que, consequentemente, codifica o método *makeView( )*. Também nas linhas 41 e 43, são definidos os efeitos da apresentação e a retirada das imagens no componente *ImageSwitcher*. As linhas 46 e 47 definem o componente *Gallery* e informam o *Adapter* dele.

Das linhas 49 a 56 é realizado o evento para o clique nas miniaturas do componente *Gallery*, sendo que após esse evento, será apresentado no componente *ImageSwitcher* o conteúdo selecionado no *Gallery* (linha 53).

Seguindo, a linha 58 declara a classe *ImageAdapter* utilizada pelo componente *Gallery* e apresentada com detalhes no exemplo anterior do capítulo. Essa classe se estende até a linha 86.

Por fim, o método *makeView* é codificado na linha 89, sendo responsável pelos efeitos do *ImageSwitcher*. Em seu código, é instanciado na linha 90 um *ImageView* (conteúdo apresentado pelo *ImageSwitcher*), definindo sua cor de fundo (linha 91), sua escala (linha 92) e os parâmetros referentes ao layout (linhas 93 a 95), sendo retornado o componente *ImageView* pelo método.

Após a execução do aplicativo, o resultado é apresentado na **Figura 8**.

Figura 8. Utilizando o componente ImageSwitcher.

Utilizando o GridView para a apresentação de Imagens

Para finalizar o capítulo, será utilizado um componente *GridView* para a organização de várias imagens na tela do dispositivo móvel. Para sua utilização, é necessário alterar o arquivo activity_main.xml, conforme o conteúdo da **Listagem 7**.

Listagem 7. activity_main.xml – Utilizando o componente GridView.

```xml
01. <?xml version="1.0" encoding="utf-8"?>
02. <GridView xmlns:android="http://schemas.android.com/apk/res/android"
03.     android:id="@+id/gridview"
04.     android:layout_width="fill_parent"
05.     android:layout_height="fill_parent"
06.     android:numColumns="auto_fit"
07.     android:verticalSpacing="10dp"
08.     android:horizontalSpacing="10dp"
09.     android:columnWidth="90dp"
10.     android:stretchMode="columnWidth"
11.     android:gravity="center"
12. />
```

O arquivo *xml* define um componente *GridView*, dispensando o uso de um gerenciador de layout. Entre as propriedades definidas do componente, estão o *id* (linha 03), a largura e altura do componente (linhas 04 e 05), o número de colunas que será ajustável dinamicamente (linha 06), os espaçamentos vertical e horizontal entre as células da grade (linha 07 e 08), assim como a largura da coluna (linha 09). Por fim, é definido como será o preenchimento da imagem na célula (linha 10) e seu alinhamento (linha 11). Após isso, é modificado o *MainActivity.java*, conforme a **Listagem 8**.

Listagem 8. MainActivity.java – Utilizando o componente GridView.

```java
01. package org.me.imagesinandroid;
02.
03. import android.app.Activity;
04. import android.content.Context;
05. import android.os.Bundle;
06. import android.view.View;
07. import android.view.ViewGroup;
08. import android.widget.AdapterView;
09. import android.widget.AdapterView.OnItemClickListener;
10. import android.widget.BaseAdapter;
11. import android.widget.GridView;
12. import android.widget.ImageView;
13. import android.widget.Toast;
14.
15. public class MainActivity extends Activity {
16.     Integer[] imageIDs = {
17.             R.drawable.pic1,
18.             R.drawable.pic2,
19.             R.drawable.pic3,
20.             R.drawable.pic4,
21.             R.drawable.pic5,
22.             R.drawable.pic6
23.     };
24.
25.     @Override
26.     public void onCreate(Bundle savedInstanceState) {
27.
28.         super.onCreate(savedInstanceState);
29.         setContentView(R.layout.main);
30.
31.         GridView gridView = (GridView) findViewById(R.id.gridview);
32.         gridView.setAdapter(new ImageAdapter(this));
33.
34.         gridView.setOnItemClickListener(new OnItemClickListener() {
35.
36.             public void onItemClick(AdapterView parent,
37.                 View v, int position, long id) {
38.
39.                 Toast.makeText(getBaseContext(),
40.                     "pic" + (position + 1) + " selected",
```

```
41.                        Toast.LENGTH_SHORT).show();
42.                }
43.          });
44.      }
45.
46.      public class ImageAdapter extends BaseAdapter {
47.          private Context context;
48.          private int itemBackground;
49.
50.          public ImageAdapter(Context c){
51.              context = c;
52.          }
53.
54.          public int getCount() {
55.              return imageIDs.length;
56.          }
57.
58.          public Object getItem(int position) {
59.              return position;
60.          }
61.
62.          public long getItemId(int position) {
63.              return position;
64.          }
65.
66.          public View getView(int position, View convertView, ViewGroup parent) {
67.              ImageView imageView;
68.
69.              if (convertView == null) {
70.                  imageView = new ImageView(context);
71.                  imageView.setLayoutParams(new GridView.LayoutParams(150, 150));
72.                  imageView.setScaleType( ImageView.ScaleType.CENTER_CROP);
73.
74.              } else {
75.                  imageView = (ImageView) convertView;
76.
77.              }
78.
79.              imageView.setImageResource(imageIDs[position]);
80.
81.              return imageView;
82.
83.          }
84.      }
```

O código apresentado tem muitas semelhanças com os aplicativos anteriores desenvolvidos neste capítulo. As diferenças só aparecem nas linhas 31 e 32, nas quais é recuperada uma referência para o componente *GridView* da tela e definido o *Adapter* para trabalhar com as imagens.

Na linha 34, é tratado o evento de clique nas imagens, o qual apresenta uma mensagem com o componente *Toast* contendo o número da imagem selecionada.

Da linha 46 a 83 acontece o desenvolvimento do *Adapter ImageAdapter*, diferenciando apenas no método *getView( )* – linha 66. Na assinatura do método, temos três parâmetros: um inteiro com o índice do item selecionado, uma instância de *View* com o componente que está sendo visualizado pelo usuário no *Switcher* e, por fim, o *ViewGroup* no qual o referido componente está inserido.

Na linha 69, verificamos se o componente já existe. Caso ele ainda não exista, criamos a instância de *ImageView* (linha 70), informamos seus atributos de layout (linha 71) e seus atributos de escala (linha 72). ImageView.ScaleType.CENTER_CROP foi utilizado para centralizar a imagem. Em caso contrário, ou seja, se o *View* já existir, apenas forçamos que ele se torne uma instância de *ImageView* (linha 75).

Já na linha 79, apenas mudamos a imagem que o componente recém-criado, com *cast* forçado ou não, está mostrando no momento.

O resultado do código é apresentado na **Figura 9**.

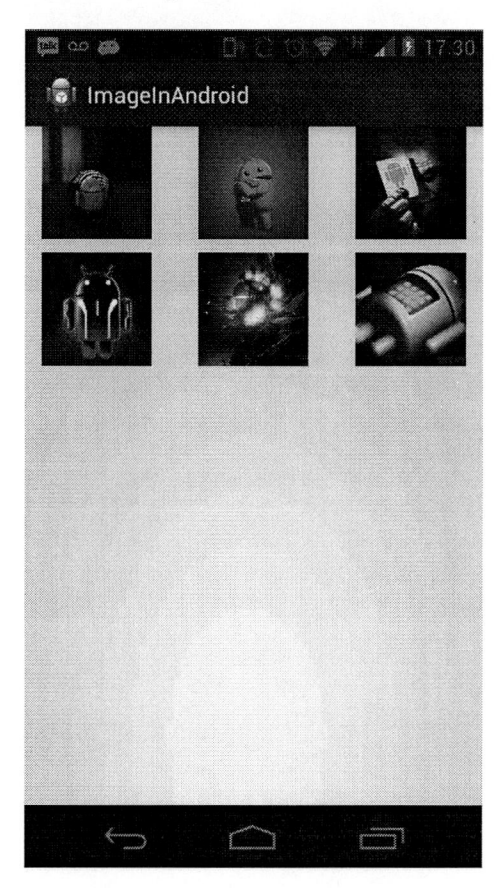

Figura 9. Utilizando o componente GridView.

Concluindo...

Este capítulo apresentou alguns dos componentes mais utilizados para a apresentação de imagens na plataforma Android. Ao contrário de outras plataformas para o desenvolvimento móvel, como o Java ME, com o Android é possível apresentar imagens de vários formatos (e tamanhos), é possível mudar suas características, utilizar efeitos, mudar escalas, alinhamentos e muito mais, e tudo isso alterando poucos atributos dos componentes visuais, o que comprova o poder dessa plataforma.

Exercícios de fixação do capítulo

Exercício 1 – Cadastro do veículo com imagem

Altere o Exercício 1 do Capítulo 8 adicionando na tela do aplicativo um campo para a imagem do modelo do veículo selecionado, logo após a seleção deste no Spinner.

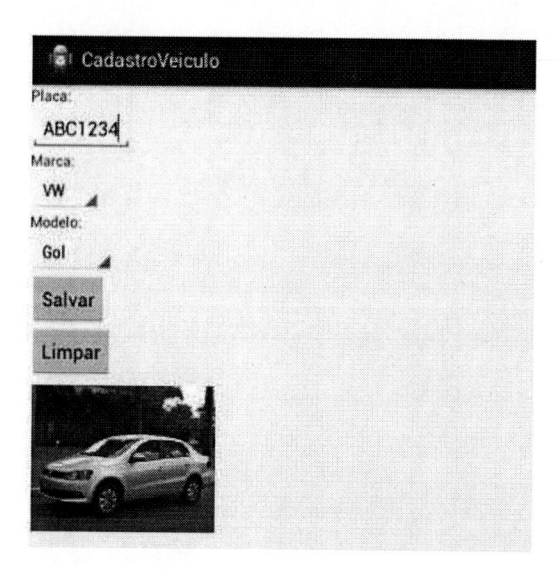

Exercício 2 – Cadastro do veículo

Ao lado da imagem adicionada, coloque um novo botão chamado **Ver** *galeria de imagens* que, ao ser clicado, deve avançar para uma nova tela com várias imagens de veículos referentes ao modelo selecionado (coloque, no mínimo, três imagens por veículo).

Capítulo Extra III - Introdução à comunicação Bluetooth no Android com o Eclipse

Este capítulo é uma cortesia para você, leitor da obra Android para Iniciantes com Eclipse – Passo a Passo. Este capítulo é parte integrante do livro Android Avançado – Passo a Passo. Nessa obra, são abordados temas como Annotation, Fragments, frameworks de persistência, sensores, APIs da Google, NFC, SMS, sintetização e reconhecimento de voz, e muito mais...

> Desenvolvendo uma aplicação cliente/servidor utilizando o protocolo de comunicação Bluetooth

Bluetooth é uma tecnologia sem fio usada para conectar e transmitir dados entre os dispositivos em rede pessoais (chamadas de Personal Area Networks - PANs). Com um alcance máximo de até 100 m e velocidades de transmissão que podem aproximar-se de 24 Mb/s, o Bluetooth é um o padrão em comunicação de curta distância.

Celulares, smartphones, câmeras digitais, teclados, mouses e outros dispositivos adotaram a tecnologia por ser robusta, economizar energia e ter uma fácil implementação. Um dispositivo operando o Bluetooth pode conectar-se a até oito outros dispositivos, que o torna uma ótima opção para uma rede de dispositivos móveis. O Bluetooth surgiu como resposta para a necessidade de conectar dispositivos sem a utilização de cabos, visando a econômica de energia, fácil operação e comodidade.

Em 1994, a empresa Ericson iniciou um projeto para a eliminação dos cabos que conectavam os diversos periféricos dos telefones celulares. A ideia era utilizar ondas de rádio de baixa frequência para conectar os diferentes dispositivos.

A tecnologia originada pelo projeto da Ericson foi batizada de MCLink e surpreendeu por ser relativamente barata e de fácil implementação, o que contribuiu muito para o desenvolvimento do projeto que logo recebeu o apoio de outras empresas.

Mais tarde, a tecnologia recebeu o nome de Bluetooth em homenagem ao rei dinamarquês Harold Blatand (em inglês, Harold Bluetooth), que unificou as tribos da Noruega, Suécia e Dinamarca. Foi utilizado o aspecto da unificação das nações para fazer uma referência à unificação dos dispositivos.

Em 1998, foi formado o consórcio BSIG (Bluetooth Special Interest Group) que iniciou as especificações industriais do Bluetooth. A formação inicial do grupo pelas empresas Nokia, Ericson, IBM, Toshiba e Intel facilitou que o projeto recebesse cada vez mais aceitação e apoio da comunidade tecnológica.

Funcionamento técnico do Bluetooth

O Bluetooth utiliza ondas de rádio de baixa potência, operando em frequências que vão de 2.4 GHz a 2.5 GHz, na faixa de frequência conhecida como ISM (Industrial, Scientific, Medical). O uso da baixa potência aumenta a economia de energia das baterias e limita o alcance a um máximo de 100 m.

A tecnologia é dividida em três classes, levando em conta o alcance das ondas de rádio:

- Classe 3 de 1 MW de potência: Alcança distâncias de até 1 m;
- Classe 2 de 10 MW potência: Alcança distâncias de até 10 m;
- Classe 1 de 100 MW potência: Alcança distâncias de até 100 m.

Cada dispositivo possui uma classe de operação, que deve ser observada no momento de sua compra.

Existe também o conceito de Bluetooth Wireless Personal Area Network (BT-WPAN), que é o nome dado à área onde os dispositivos Bluetooth formam uma rede. Uma BT-WPAN consiste de piconets e scatternets.

Uma piconet consiste de um conjunto de até oito dispositivos conectados, onde o dispositivo que iniciou a conexão é marcado como mestre e os demais como escravos. Duas piconets podem conectar-se através de dispositivos comuns em ambas as redes, sendo a única restrição que esses dispositivos não sejam os mestres de suas piconets. Essa união de piconets recebe o nome de scatternet, conforme exemplificado na **Figura 1**.

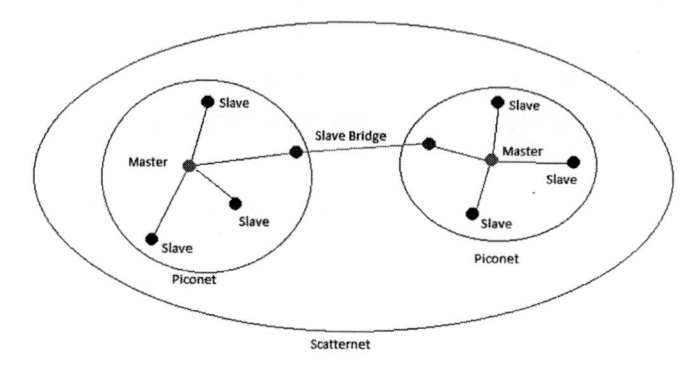

Figura 1. BT-WPAN.

A tecnologia utiliza conexões ponto-multiponto, nas quais o nó mestre é o controlador da rede. O nó mestre é o responsável por organizar a comunicação na piconet, sincronizando o clock entre os dispositivos conectados e calculando um padrão de frequency hopping. Os nós escravos se conectam somente ao nó mestre, não havendo conexão direta entre eles.

Outros dispositivos utilizam a mesma banda de frequência do Bluetooth e para evitar interferência e garantir uma transmissão fim a fim segura, a tecnologia utiliza um mecanismo de alteração de frequência (frequency hopping). O mecanismo consiste em alterar a frequência de utilização em até 1.600 vezes por segundo, gerando saltos na banda de frequência ISM. Os dispositivos sincronizam o padrão de saltos e comunicam-se na mesma frequência.

As transmissões ocorrem no modo full duplex, onde os dispositivos transmitem e recebem dados por um esquema de divisão de tempo chamado TDD (Time Division Duplex).

Protocolos

A pilha de protocolos Bluetooth é dividida em três partes:
- Camada de transporte
- Camada middleware
- Camada da aplicação

Os protocolos de transporte são responsáveis por localizar os dispositivos e gerenciar os links físicos e lógicos entre eles. Suportam tanto conexões síncronas quanto assíncronas e englobam as camadas de radiofrequência (RF), Baseband, Link Manager, Logical Link Control and Adaptation (L2CAP).

Os protocolos de middleware são responsáveis por permitir a interação entre aplicações antigas e novas. Padrões como Point-to-Point Protocol (PPP), Wireless Application Protocol (WAP), Internet Protocol (IP), Transmission Control Protocol (TCP) fazem parte dessa camada.

A camada da aplicação faz referência aos aplicativos que podem usufruir da especificação Bluetooth. A **Figura 2** representa a pilha de protocolos Bluetooth.

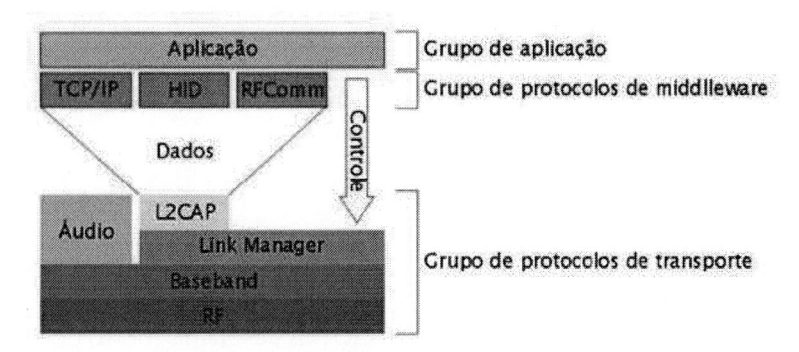

Figura 2. Pilha de protocolos Bluetooth.

Especificações

O BSIG é o responsável por padronizar as especificações Bluetooth. Desde 1998, o grupo vem aperfeiçoando a tecnologia e lançando novos recursos com versões mais atuais.

A primeira versão do Bluetooth, a 1.0, foi publicada em junho de 1999 e tinha a capacidade de conectar somente 1 dispositivo por vez e uma taxa de transferência de 1 Mbs compartilhada entre dados e voz. Meses depois, foi lançada a versão 1.0b com algumas correções críticas.

A versão 1.1 foi a primeira a ser retificada como padrão IEEE, recebendo a especificação número 802.15.1-2002, adicionou suporte aos canais não criptografados e um indicador de força do sinal.

A especificação 1.2 foi a primeira a implementar o mecanismo Frequency Hopping, além de aumentar as taxas de transferência de dados e adicionar alguns mecanismos para melhorar a qualidade no canal de voz. Foi retificada como o padrão IEEE 802.15.1-2005.

A especificação 2.0 implementou o EDR (Enhanced Data Rate), um mecanismo que possibilitou taxas de transferência de até 3 Mbs utilizando uma tecnologia de rádio aprimorada. A economia de energia passou a ser implementada também nas camadas de hardware, dando uma melhor autonomia da bateria aos dispositivos.

A versão 2.1 possui mecanismos mais rápidos e confiáveis para auxiliar na descoberta de dispositivos operando o Bluetooth. Implementa também um mecanismo de economia de energia que reduz o consumo de energia quando o dispositivo está procurando por conexões ativas.

Foram adicionadas na versão 2.1 algumas especificações para a segurança, tais como: suporte ao EPR (Encryptation Pause Resume), SSP (Secure Simple Pairing) e NFC (Near Field Communication). O EPR é uma ferramenta que possibilita utilizar uma chave de criptografia mutante, que aumenta a segurança nas conexões que ficam ativas por um longo período de tempo (mais de 20 h). O NFC cria automaticamente conexões seguras quando encontra dispositivos operando o Bluetooth + NFC.

A especificação 3.0 adiciona o uso da UWB (Ultra Wide-Band), que proporciona taxas de transferência que podem chegar a 54 Mb/s. Esse mecanismo utiliza as especificações wireless IEEE 802.11 para atingir altas taxas de transferência. Como o padrão 802.11 utiliza muita energia, essa ferramenta é ativada somente quando necessária, em transferências de muitos arquivos ou arquivos muito grandes.

A especificação 4.0 conta com inovações na economia de energia dos dispositivos. Foi adicionada uma estrutura de múltiplos perfis para os dispositivos, onde são agrupados conforme o consumo de energia.

Os dispositivos mais simples, como relógios e fones de ouvido, param de gastar energia assim que não estão mais sendo usados. Os dispositivos, como celulares e notebooks, utilizam um perfil diferente, pois suas conexões geralmente utilizam taxas de transferência maiores.

O novo protocolo de segurança dessa versão utiliza um algoritmo de criptografia de 128 bits.

Android e Bluetooth

A primeira versão do Android com suporte a Bluetooth foi anunciada em 2009 pela Google com o nome de Eclair. A versão é a 2.0 e conta com suporte ao Bluetooth 2.1. Os desenvolvedores podem utilizar as classes nativas no Android e suas funções para criar aplicativos que utilizem o Bluetooth.

As aplicações Android que têm suporte ao Bluetooth podem descobrir e conectar-se aos dispositivos, estabelecer conexões ponto a ponto e ponto-multiponto, e utilizar conexões RFCOMM para transferir dados.

Através das APIs (Interface de Programação de Aplicativos), os aplicativos desenvolvidos para o Android podem configurar conexões, buscar, conectar e transferir dados entre os dispositivos.

Estas são as principais classes para estabelecer conexões Bluetooth no Android:
- BluetoothAdapter: Representa o adaptador Bluetooth local, o hardware do Bluetooth. Utilizado para instanciar os dispositivos Bluetooth usando macs conhecidos e criar sockets Bluetooth para receber as conexões de outros dispositivos;
- BluetoothDevice: Usado para requisitar informações e conexões aos dispositivos remotos;
- BluetoothSocket: Representa a interface da conexão;
- BluetoothServeSocket: Habilita o servidor a receber pedidos de conexão;
- BluetoothClass: Propriedades de somente leitura que definem as características e os serviços do dispositivo Bluetooth;
- BluetoothProfile: Representa um perfil Bluetooth. Existem vários perfis predefinidos de configuração que podem ser escolhidos para trabalhar como headset profile e hands-free profile;
- BluetoothHeadset: Suporte para os headsets utilizando a tecnologia Bluetooth;
- BluetoothA2p: Define a qualidade do áudio que pode ser transmitido nas conexões entre os dispositivos;

- BluetoothProfile.ServiceListener: Avisa aos clientes Bluetooth quando eles são desconectados ou conectados.

Das classes acima citadas, algumas serão utilizadas no estudo de caso apresentado a partir de agora.

Sistema proposto

Para apresentar na prática a comunicação Bluetooth entre dispositivos móveis distintos, será utilizado um estudo de caso simples, no qual os aparelhos trocam mensagens de texto. Para o desenvolvimento, foram utilizados dois aplicativos. O primeiro (aplicativo servidor) disponibilizará um serviço, onde esperará uma requisição (via texto) e responderá ao cliente (via texto). Já o segundo aplicativo (cliente) possuirá uma interface gráfica para a pesquisa do servidor, onde serão apresentados todos os dispositivos móveis com Bluetooth ligado próximos a ele. Após a seleção do servidor desejado, o aplicativo móvel enviará uma mensagem e aguardará a resposta, sendo esta apresentada na interface gráfica.

As **Figuras 3, 4** e **5** apresentam a interface gráfica de ambos os dispositivos.

Figura 3. Interface do aplicativo servidor.

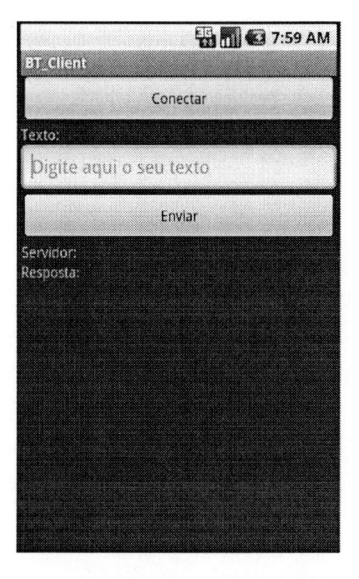

Figura 4. Interface do aplicativo cliente.

Figura 5. Interface do aplicativo cliente após conectar, apresentando uma lista de dispositivos.

Desta forma, o usuário primeiro precisa iniciar o aplicativo servidor (deixando-o apto a receber mensagens Bluetooth) para, na sequência, iniciar o aplicativo cliente.

Apresentada a tela inicial do aplicativo cliente, deve-se clicar no botão *Conectar*, o qual apresentará uma nova tela (lista) com todos os dispositivos Bluetooth próximos. Nessa tela, o usuário pode clicar em *Buscar*, que inicia uma nova busca, ou selecionar o dispositivo o qual deseja conectar (dispositivo servidor).

Selecionando o servidor, é apresentada novamente a tela inicial do aplicativo cliente contendo o nome do servidor, assim, o usuário pode digitar uma mensagem e enviar ao servidor.

O servidor, por sua vez, receberá a mensagem, irá adicioná-la à tela, assim como o nome do cliente que a enviou, formatará uma nova mensagem de resposta e devolverá ao cliente. Por fim, o aplicativo cliente apresentará na tela inicial do aplicativo a mensagem recebida.

Como observado, apesar de simples, este aplicativo apresenta todas as etapas para a tróca de mensagens Bluetooth. Após testar as etapas, é possível aprimorar ainda mais o aplicativo, como o envio de múltiplas mensagens, dados binários (como imagens ou sons), entre outros.

Desenvolvimento do aplicativo servidor

Para o desenvolvimento do aplicativo servidor, criaremos um projeto Android. Como nome do projeto, será utilizado ServidorBT. A Activity principal é chamada de ServidorBTActivity.java, já sua interface visual (arquivo xml) possui o nome activity_servidor_bt.xml.

Para os testes, será utilizada a versão 2.1 do Android (Eclair), por esta possuir compatibilidade com a maioria dos smartphones (mesmo sendo mais antiga, essa versão já suporta perfeitamente a comunicação Bluetooth).

Uma vez criado o projeto, o primeiro passo é desenvolver a interface visual, já apresentada na **Figura 3**. O código da interface é apresentado na **Listagem 1**.

Listagem 1. activity_servidor_bt.xml – Interface gráfica do aplicativo servidor.

```
01. <LinearLayoutmlns:android="http://schemas.android.com/apk/res/android"
02. mlns:tools="http://schemas.android.com/tools"
03. android:layout_width="fill_parent"
04. android:layout_height="fill_parent"
05. android:orientation="vertical">
06.
07. <TextView
08.   android:id="@+id/tvEntrada"
09.   android:layout_width="wrap_content"
10.   android:layout_height="wrap_content"
11.   android:tet="Mensagem Recebida:"/>
12.
13. <TextView
14.   android:id="@+id/tvNomeCliente"
15.   android:layout_width="wrap_content"
16.   android:layout_height="wrap_content"
17.   android:tet="Nome do cliente:"/>
18.
19.</LinearLayout>
```

Como a interface conta com apenas dois componentes visuais, os mesmos foram adicionados a um layout LinearLayout (linha 01), sendo definido no formato vertical (linha 05). Desta forma, um componente será adicionado após o outro na interface.

São utilizados dois componentes TextView na interface gráfica. O primeiro (linha 07) possui o nome tvEntrada, sendo apresentada nesse componente a mensagem recebida do aplicativo cliente. Já o segundo componente, com o nome tvNomeCliente (linha 13), apresentará o nome do dispositivo cliente que enviou a mensagem.

Desenvolvida a interface visual, o próximo passo é personalizar a classe ServidorBTActivity.java, iniciando com a importação das classes e a declaração dos componentes necessários, conforme a **Listagem 2**.

Listagem 2 – ServidorBTActivity.java – Importação das classes e declaração dos objetos utilizados no servidor.

```
01.   import android.app.Activity;
02.   import android.content.Intent;
03.   import android.os.Bundle;
```

```
04.    import android.widget.TextView;
05.    import android.widget.Toast;
06.    import java.io.IOException;
07.    import java.io.InputStream;
08.    import java.io.OutputStream;
09.    import java.util.UUID;
10.    import android.bluetooth.BluetoothAdapter;
11.    import android.bluetooth.BluetoothServerSocket;
12.    import android.bluetooth.BluetoothSocket;
13.
14.    public class ServidorBTActivity extends Activity { //Activity principal
15.        private TextView tvEntrada;
16.        private TextView tvNomeCliente;
17.
18.        private BluetoothAdapter adapter;
19.
20.        private static final String NAME = "EccoServerBT";
21.        private static final UUID MY_UUID = UUID.fromString(
22.            "fa87c0d0-afac-11de-8a39-0800200c9a66");
23.
24.        @Override
25.        public void onCreate(Bundle savedInstanceState) {
26.            super.onCreate(savedInstanceState);
27.            setContentView(R.layout.activity_servidor_bt);
28.        }
29.    }//fim da classe ServidorBTActivity
```

Das linhas 01 a 05, são importadas as classes referentes à estruturação de uma classe Android e também a interface gráfica. Das linhas 06 a 12, são importadas as classes para a utilização do Bluetooth dentro do aplicativo.

A linha 14 declara a única Activity do aplicativo servidor, responsável pelo tratamento dos componentes visuais e a comunicação Bluetooth. As linhas 15 e 16 declaram os dois componentes visuais da tela.

Já a linha 18 declara um objeto da classe BluetoothAdapter, que representa o hardware do Bluetooth existente no dispositivo móvel. Como o aplicativo servidor fornece um "serviço" Bluetooth (embora muito simples, o serviço oferecido recebe uma string do cliente, concatena uma mensagem e devolve ao cliente), esse serviço precisa ter um nome e uma identificação única. O nome do serviço é definido na linha 20, já a identificação única (de 128 bits) é declarada como uma string de 32 caracteres hexadecimal, linha 22. O valor dessa variável pode ser definido pelo usuário.

Por fim, o método onCreate (apresentado entre as linhas 25 e 28) precisa ser modificado, sendo sua nova versão apresentada na **Listagem 3**.

Listagem 3 – ServidorBTActivity.java – Método onCreate.

```
01.    @Override
02.    public void onCreate(Bundle savedInstanceState) {
03.        super.onCreate(savedInstanceState);
04.        setContentView(R.layout.activity_servidor_bt);
05.
06.        tvEntrada = (TextView) findViewById(R.id.tvEntrada);
07.        tvNomeCliente = (TextView) findViewById(R.id.tvNomeCliente);
08.
09.        try{
10.        adapter = BluetoothAdapter.getDefaultAdapter();
11.
12.        if(!adapter.isEnabled()){
13.            Intent enableIntent = new Intent(
14.                    BluetoothAdapter.ACTION_REQUEST_ENABLE);
15.            startActivityForResult(enableIntent, 2);
16.        }
```

```
17.
18.         new ConexaoThread(adapter).start();
19.
20.         }catch(Exception e){
21.         Toast.makeTet( this, "Erro:" + e.getMessage(),
22.                 Toast.LENGTH_SHORT ).show();
23.         }
24.     }
25. } //fim da classe ServidorBTActivity
```

O método onCreate é responsável por formatar a tela inicial do aplicativo, bem como executar algumas operações iniciais do aplicativo. As linhas 03 e 04 iniciam a Activity e apresentam a tela inicial do aplicativo (activity_servidor_bt.xml). Já as linhas 06 e 07 recuperam os componentes visuais da tela.

A linha 09 inicia as operações para trabalhar com o Bluetooth na plataforma Android. Essa linha é responsável por recuperar uma instância do adaptador Bluetooth presente no dispositivo móvel, permitindo utilizá-lo para a troca de mensagens. Após a recuperação, na linha seguinte (linha 12) é verificado se o Bluetooth está ligado no dispositivo. Caso esteja desligado, via software, é instanciado um objeto do tipo Intent, o qual permite interagir com os recursos do dispositivo móvel, como ligar o Bluetooth. Este procedimento é apresentado das linhas 13 a 15.

Caso ocorra um erro neste procedimento, uma exceção é gerada (linhas 21 e 22), apresentando uma mensagem informativa para o usuário.

Se tudo ocorrer bem, será iniciado o tratamento da comunicação Bluetooth no dispositivo servidor, iniciando um serviço e esperando um cliente conectar-se. Esta lógica é codificada na classe ConexaoThread chamada na linha 18. A classe ConexaoThread é uma classe interna de ServidorBTActivity, sendo detalhada na **Listagem 4**.

Listagem 4 – ServidorBTActivity.java – Classe interna ConexaoThread.

```
01.     public class ConexaoThread extends Thread{
02.
03.         private BluetoothAdapter adapter;
04.         private BluetoothServerSocket server;
05.
06.         public ConexaoThread(BluetoothAdapter adapter)throws IOException{
07.             this.adapter = adapter;
08.             server =
09.             adapter.listenUsingRfcommWithServiceRecord(NAME, MY_UUID);
10.         }
11.
12.         public void run() {
13.             try{
14.                 while(true){
15.                     BluetoothSocket cliente = server.accept();
16.                     new TratarCliente(cliente).start();
17.                 }
18.             }catch(Exception e){
19.                 Toast.makeTet(ServidorBTActivity.this, "Erro:" +
20.                     e.getMessage(), Toast.LENGTH_SHORT).show();
21.             }
22.         }
23. }//fim da classe ConexaoThread
```

O código dessa listagem trata um servidor multiconexão, ou seja, vários clientes Bluetooth podem conectar-se ao servidor e este conseguirá responder à requisição de todos eles.

A classe ConexaoThread herda as funcionalidades de Thread (linha 01), declara os objetos do tipo BluetoothAdapter (que representa o adaptador Bluetooth do dispositivo, recuperado na linha 10 da **Listagem 4**) e um BluetoothServerSocket, responsável por fornecer a possibilidade dos clientes se conectarem a ela, como se usassem uma comunicação socket.

O método construtor (linha 06) recebe por parâmetro o BluetoothAdapter, que valoriza o atributo da classe (linha 07), assim como é instanciado o serviço disponibilizado pelo aplicativo servidor. Para criar o serviço, é necessário informar o nome dele e sua identificação única (linha 09).

Feito isso, o método run é acionado, sendo neste executado um loop infinito (linha 14) para tratar as diversas conexões simultâneas dos dispositivos clientes, criando um BluetoothSocket para cada cliente conectado. Desta forma, cada cliente é tratado individualmente pela thread TratarCliente iniciada na linha 16.

Ocorrendo erros no programa, eles são recuperados pelo comando catch (linha 18), apresentando uma mensagem informativa na tela para o usuário.

O código da classe TratarCliente, interna do ServidorBTActivity.java, é apresentado com detalhes na **Listagem 5**.

Listagem 5 – ServidorBTActivity.java – Classe interna TratarCliente.

```
01.     public class TratarCliente extends Thread{
02.
03.         private BluetoothSocket cliente;
04.
05.         private InputStream entrada;
06.         private OutputStream saída;
07.
08.         private String nomeCliente;
09.         private String msg;
10.
11.         public TratarCliente(BluetoothSocket cliente){
12.             try{
13.                 this.cliente = cliente;
14.                 entrada = cliente.getInputStream();
15.                 saida = cliente.getOutputStream();
16.             }catch(Exception e){
17.                 Toast.makeTet(ServidorBTActivity.this,
18.                     "Erro:" + e.getMessage(), Toast.LENGTH_SHORT).show();
19.             }
20.         }
21.
22.         public void run(){
23.             try{
24.     while(true){
25.                 byte[] buffer = new byte[1024];
26.                 int bytes = entrada.read(buffer);
27.                 msg = new String(buffer);
28.                 nomeCliente = cliente.getRemoteDevice().getName();
29.
30.                     ServidorBTActivity.this.runOnUiThread( new Runnable() 31.
public void run() {
32.                         tvNomeCliente.setTet("Cliente: " +
33.                             nomeCliente.toString());
34.                         tvEntrada.setTet("Mensagem recebida: " +
35.                             msg.trim() );
36.                     }
37.                 } );
38.                 Thread.sleep(1000);
39.
40.                 saida.write(("Recebido:"+msg).getBytes());
41.                 saida.flush();
42.
43.     }
44.             }catch(Exception e){
45.                 Toast.makeTet(ServidorBTActivity.this, "Erro:" +
```

```
46.      e.getMessage(), Toast.LENGTH_SHORT).show();
47.       }
48.   }
49.    }//fim da classe TratarCliente
50.}//fim da classe ServidorBTActivity
```

A classe TratarCliente também é uma classe interna de ServidorBTActivity e como a classe ConexaoThread, ela também herda as funcionalidades de Thread (linha 01).

Nessa classe, são declarados os objetos de BluetoothSocket (linha 03), sendo que ela representa a conexão com o cliente, os objetos das classes InputStream e OutputStream (linhas 05 e 06), representando respectivamente os fluxos de entrada e saída do dispositivo utilizado para a troca de mensagens, as variáveis auxiliares nomeCliente e a mensagem (linhas 08 e 09), que armazenarão os dados referentes à mensagem recebida.

O método construtor da classe (linha 11) valoriza a variável cliente (linha 13), assim como define os fluxos de entrada e saída para a troca de mensagem. Caso algum erro ocorra, o mesmo será tratado na exceção da linha 16.

Por fim, no método run da Thread é realizado um loop infinito (linha 24) a fim de tratar as inúmeras mensagens enviadas por um único cliente. Desta forma, na linha 25, é criado um array de bytes de um Kbyte (tamanho máximo estimado para as mensagens trafegadas). Após, na linha 26, é aguardada a mensagem vinda do cliente. Assim que ela chega, é convertida em uma string (linha 27) e é recuperado o nome do dispositivo que enviou a mensagem (linha 28).

O ambiente de desenvolvimento Android possui uma limitação, a qual não permite atualizar o conteúdo visual dos componentes dentro das Threads que não sejam a principal, desta forma, para adicionarmos à tela o conteúdo vindo do dispositivo cliente é necessário executar o comando runOnUiThread (linha 30), o qual apresentará na tela o nome do dispositivo cliente (linha 32) e o texto recebido (linha 33). Como o texto recebido possui um tamanho de um Kbyte (1024 bytes), é necessário retirar os caracteres em branco com o comando trim( ) (linha 35).

Feito isso, é realizada uma interrupção de um segundo (linha 38) para evitar problemas na comunicação (evitar que seja enviada outra mensagem sem que a primeira tenha sido processada). Nas linhas 40 e 41, a mensagem de retorno é enviado ao cliente e uma nova iteração do loop é realizada. Caso ocorra algum erro, o mesmo é tratado no catch da linha 44.

Desenvolvimento do aplicativo cliente

Desta forma, o aplicativo cliente é relativamente mais complexo do que o aplicativo servidor, pois ao contrário do servidor que só disponibiliza um serviço, no aplicativo cliente deve-se codificar a lógica para localizar o servidor para só então realizar a conexão. Assim, o aplicativo cliente possui duas Activities. A primeira será a Activity principal, responsável pela conexão com o servidor e a troca de informações, a segunda será a Activity de localização dos dispositivos Bluetooth. Ambas as Activities são criadas em um projeto com o nome ClienteBT.

Na **Listagem 6**, temos o código da interface gráfica da Activity principal do cliente.

Listagem 6 – activity_cliente_bt.xml – Interface gráfica da Activity principal do cliente.

```
01. <?ml version="1.0" encoding="utf-8"?>
02. <LinearLayout mlns:android="http://schemas.android.com/apk/res/android"
03.     android:layout_width="fill_parent"
```

```
04.        android:layout_height="fill_parent"
05.        android:orientation="vertical" >
06.
07. <Button
08.        android:id="@+id/btConectar"
09.        android:layout_width="fill_parent"
10.        android:layout_height="wrap_content"
11.        android:tet="Conectar" />
12.
13. <TextView
14.        android:layout_width="wrap_content"
15.        android:layout_height="wrap_content"
16.        android:tet="Teto:" />
17.
18. <EditTet
19.        android:id="@+id/etSaida"
20.        android:layout_width="fill_parent"
21.        android:layout_height="wrap_content"
22.        android:hint="Digite aqui o seu teto" />
23.
24. <Button
25.        android:id="@+id/btEnviar"
26.        android:layout_width="fill_parent"
27.        android:layout_height="wrap_content"
28.        android:tet="Enviar" />
29.
30. <TextView
31.        android:id="@+id/tvServidor"
32.        android:layout_width="fill_parent"
33.        android:layout_height="wrap_content"
34.        android:tet="Servidor:" />
35.
36. <TextView
37.        android:id="@+id/tvResposta"
38.        android:layout_width="wrap_content"
39.        android:layout_height="wrap_content"
40.        android:tet="Resposta:" />
41.
42. </LinearLayout>
```

A interface da **Listagem 6** tem algumas similaridades e entre elas, o uso do LinearLayout (linha 02) e de componentes simples da plataforma Android.

Assim, na linha 07 é declarado um botão, cuja função é apresentar uma nova tela com todos os dispositivos Bluetooth disponíveis. O TextView seguinte (linha 13) é o rótulo para o texto que o usuário poderá digitar no cliente, já o componente EditText (linha 18) receberá o texto digitado pelo usuário, o qual será enviado para o aplicativo servidor.

Finalizando a interface gráfica, o componente Button (linha 24) é responsável por enviar o texto digitado no EditText para o aplicativo servidor. Já os dois TextView (linhas 30 e 36) apresentam para o usuário do aplicativo cliente o nome do dispositivo servidor para o qual será enviada a mensagem e a resposta do servidor.

Após codificada a interface gráfica, o próximo passo é codificar a Activity principal do programa cliente, sendo este código apresentado na **Listagem 7**.

Listagem 7 – ClienteBTActivity.java – Interface gráfica da Activity principal do cliente.

```
01. package br.com.utfpr.clientebtactivity;
02.
03. import java.io.IOException;
04. import java.io.InputStream;
05. import java.io.OutputStream;
06. import java.util.UUID;
```

```
07. import android.bluetooth.BluetoothAdapter;
08. import android.bluetooth.BluetoothDevice;
09. import android.bluetooth.BluetoothSocket;
10.
11. import android.app.Activity;
12. import android.content.Intent;
13. import android.os.Bundle;
14. import android.view.View;
15. import android.widget.Button;
16. import android.widget.EditTet;
17. import android.widget.TextView;
18. import android.widget.Toast;
19.
20. public class ClienteBTActivity extends Activity {
21.     private EditTet etTeto;
22.     private TextView tvResposta;
23.     private TextView tvServidor;
24.     private Button btConectar;
25.     private Button btEnviar;
26.
27.     private static final int RECUPERA_DISPOSITIVO = 0;
28.     public static final UUID BTUUID =
29.         UUID.fromString("fa87c0d0-afac-11de-8a39-0800200c9a66");
30.
31.     private String nomeDispositivo;
32.     private String enderecoDispositivo;
33.
34.     private BluetoothAdapter btAdapter;
35.     private BluetoothDevice mmDevice;
36.     private BluetoothSocket servidor;
37.
38.     @Override
39.     public void onCreate(Bundle savedInstanceState) {
40.         super.onCreate(savedInstanceState);
41.         setContentView(R.layout.activity_cliente_bt);
42.
43.         etTeto = (EditTet)findViewById(R.id.etSaida);
44.         tvResposta = (TextView)findViewById(R.id.tvResposta);
45.         tvServidor = (TextView)findViewById(R.id.tvServidor);
46.         btConectar = (Button)findViewById(R.id.btConectar);
47.         btEnviar = (Button)findViewById(R.id.btEnviar);
48.
49.         //código conexão Bluetooth aqui
50.
51.         btConectar.setOnClickListener(new View.OnClickListener() {
52.            @Override
53.            public void onClick(View v) {
54.                 btConectarOnClick();
55.            }
56.         });
57.
58.         btEnviar.setOnClickListener(new View.OnClickListener() {
59.            @Override
60.            public void onClick(View arg0) {
61.                 btEnviarOnClick();
62.            }
63.
64.         });
65.     }
66.
67.     protected void btConectarOnClick() {
68.         // TODO Auto-generated method stub
69.
70.     }
71.
72.
73.     private void btEnviarOnClick() {
74.         // TODO Auto-generated method stub
```

```
75.
76.    }
77. }//fim da classe ClienteBTActivity
```

Das linhas 03 a 09, são importadas as classes necessárias para a comunicação Bluetooth. Já das linhas 11 a 18, são importadas as classes referentes à interface gráfica/ciclo de vida da aplicação Android.

A classe ClienteBTActivity é uma Activity tradicional (linha 20), sendo declarados seus componentes visuais (linhas 21 a 25), além das variáveis de controle do aplicativo.

A primeira variável criada (na verdade, uma constante, pois possui o identificador final) é RECUPERA_DISPOSITIVOS (linha 27), sendo utilizada para a troca de informações entre esta classe e a classe que lista os dispositivos Bluetooth próximos ao cliente. Também é criada uma constante chamada BTUUID, que possui o identificador único do serviço ao qual queremos nos conectar (lembre que esse identificador também foi declarado no aplicativo servidor).

Seguindo as declarações, duas strings são necessárias (linhas 31 e 32). A primeira, para armazenar o nome do dispositivo servidor e a segunda, para armazenar seu endereço.

Por fim, a declaração de um objeto da classe BluetoothAdapter (linha 34), que representa a interface Bluetooth do dispositivo, um objeto do tipo BluetoothDevice (linha 35), o qual conterá os dados do dispositivo remoto (neste caso, o dispositivo servidor), e um objeto BluetoothSocket (linha 36), para o gerenciamento do envio e a recepção dos dados.

No método onCreate (linha 39), é iniciada a Activity (linhas 40 e 41), sendo recuperados os componentes visuais (das linhas 43 a 47). A linha 49 receberá o código para a conexão Bluetooth, porém, ele será detalhado na **Listagem 8**. Por fim, das linhas 51 a 56, é tratado o evento de clique no botão *Conectar* e das linhas 58 a 64, o tratamento de clique do botão *Enviar*, sendo que eles executam, respectivamente, os métodos btConectarOnClick (linha 67) e btEnviarOnClick (linha 73).

O código da **Listagem 8** apresenta a recuperação da interface Bluetooth. Tal código deve ser inserido no local da linha 49 da **Listagem 7**.

Listagem 8 – ClienteBTActivity.java – Recuperação da interface Bluetooth.

```
01.        btAdapter = BluetoothFactory.getBluetootAdapter();
02.
03.        if(!btAdapter.isEnabled()){
04.        Intent enableIntent = new
05.                    Intent(BluetoothAdapter.ACTION_REQUEST_ENABLE);
06.        startActivityForResult(enableIntent, 2);
07.        }
```

A recuperação da interface Bluetooth acontece na linha 01, utilizando uma classe Factory (também conhecida como classe Singleton). O objetivo dessa classe é evitar a redundância na instanciação de um mesmo objeto. O código completo da Singleton BluetoothFactory é apresentado na **Listagem 9**.

Por fim, como aconteceu no programa servidor, é verificado se o Bluetooth do dispositivo está acionado (linha 03) e caso não esteja, ele é iniciado (linhas 4 a 6).

Listagem 9 – ClienteBTActivity.java – Recuperação da interface Bluetooth.

```
01.   import android.bluetooth.BluetoothAdapter;
02.
03.   public class BluetoothFactory {
04.
05.         private static BluetoothAdapter btAdapter;
```

```
06.
07.         public static BluetoothAdapter getBluetootAdapter() {
08.             if ( btAdapter == null ) {
09.                 btAdapter = BluetoothAdapter.getDefaultAdapter();
10.             }
11.             return btAdapter;
12.         }
13.   }
```

A classe Singleton apresentada na **Listagem 9** importa (linha 01) e declara (linha 05) um objeto do tipo BluetoothAdapter. No método estático getBluetoothAdapter (linha 07), é verificado se o objeto btAdapter foi instanciado (linha 08) e caso não esteja instanciado, ele é recuperado (linha 09). Ao final da lógica, o objeto é retornado ao chamador (linha 11). Isso garante que o objeto btAdapter, do tipo BluetoothAdapter, seja instanciado apenas uma vez.

Com o código apresentado até o momento, o aplicativo já pode ser executado, sendo recuperada a interface Bluetooth e apresentada a tela inicial do aplicativo. Se o usuário clicar no botão *Conectar*, o código da **Listagem 10** deverá ser executado.

Listagem 10 – ClienteBTActivity.java – Tratamento de clique do botão *Conectar*

```
01.     public void btConectarOnClick(){
02.         Intent i = new
03.         Intent(ClienteBTActivity.this,EscolhaDispositivo.class);
04.         startActivityForResult(i, RECUPERA_DISPOSITIVO);
05.     }
```

O método btConectarOnClick (linha 01) é executado no clique do botão *Conectar* e ele instancia uma classe de intenção (Intent), linha 02, passando por parâmetro uma instância da Activity chamadora e da Activity que será chamada. Depois disso, essa intenção é usada como parâmetro do método startActivityForResult, que chama a nova Activity e espera uma resposta dela. Como identificador de chamada, foi utilizada a constante RECUPERA_DISPOSITIVO declarada anteriormente.

A interface gráfica da Activity EscolherDispositivo, bem como sua classe é apresentada respectivamente nas **Listagens 11** e **12**.

Listagem 11 – activity_escolha_dispositivo.xml – Interface gráfica da tela de seleção do dispositivo.

```
01.     <?ml version="1.0" encoding="utf-8"?>
02.     <LinearLayout mlns:android="http://schemas.android.com/apk/res/android"
03.             android:layout_width="fill_parent"
04.             android:layout_height="fill_parent"
05.             android:orientation="vertical" >
06.
07.         <ListView
08.         android:id="@+id/lvDispositivos"
09.         android:layout_width="fill_parent"
10.         android:layout_height="200dp"
11.         android:layout_weight="0.82"
12.         android:clickable="true" />
13.
14.         <Button
15.         android:id="@+id/btRecarregar"
16.             android:layout_width="fill_parent"
17.         android:layout_height="wrap_content"
18.         android:layout_gravity="bottom"
19.         android:hint="Renova lista de bluetooth"
20.         android:tet="Buscar" />
21.
22.     </LinearLayout>
```

O código apresentado é simples, no qual o formato do layout é Linear (linha 02) e vertical (linha 05), sendo declarado um ListView (linha 07), onde serão apresentados os dispositivos Bluetooth próximos, e um botão (linha 14), podendo ser utilizado para "recarregar" os dispositivos Bluetooth próximos.

Apesar de extenso, o código apresentado na **Listagem 12** é relativamente simples. Ele é responsável por percorrer todos os dispositivos Bluetooth próximos do aplicativo cliente, adicionando-os a uma lista. O usuário tem a opção de clicar no dispositivo para realizar a conexão ou clicar no botão *Recarregar*, o qual limpa a lista e volta a pesquisar novos dispositivos.

As linhas de 01 a 16 são responsáveis pelos imports do programa, sendo uma Activity tradicional (linha 18). As linhas seguintes declaram a constante para a troca de informação entre os aplicativos (linha 20), a interface Bluetooth (linha 22), uma lista à qual serão adicionados os dispositivos Bluetooth que serão apresentados (linha 23) e um HashMap contendo o endereço de cada dispositivo Bluetooth (linha 24).

No método onCreate, é iniciada a Activity (linhas 27 e 28), assim como recuperados os componentes visuais da lista e do botão (linhas 30 a 32). O ArrayAdapter que formatará os dados da lista também é criado (linha 38), assim como o HashMap com os endereços (linha 40).

Seguindo a lógica, a interface Bluetooth é recuperada (linha 42), sendo também declarado o tratamento do evento de clique nos elementos da lista (linhas 48 a 53). Este executa o método lvDispositivosOnItemClick (linha 51), apresentado com detalhes posteriormente.

Listagem 12 – EscolhaDispositivo.java – Activity responsável pela procura e seleção dos dispositivos Bluetooth – parte 1.

```
01.   import factory.BluetoothFactory;
02.   import android.bluetooth.BluetoothAdapter;
03.   import android.bluetooth.BluetoothDevice;
04.   import android.content.BroadcastReceiver;
05.
06.   import android.app.Activity;
07.   import android.content.Contet;
08.   import android.content.Intent;
09.   import android.content.IntentFilter;
10.   import android.os.Bundle;
11.   import java.util.HashMap;
12.   import android.view.View;
13.   import android.widget.AdapterView;
14.   import android.widget.ArrayAdapter;
15.   import android.widget.Button;
16.   import android.widget.ListView;
17.
18.   public class EscolhaDispositivo extends Activity{
19.
20.       private static final int RECUPERA_DISPOSITIVO = 0;
21.
22.       private BluetoothAdapter btAdapter;
23.       private ArrayAdapter<String> lvDispositivosAdapter;
24.       private HashMap<String, String> address;
25.
26.       public void onCreate(Bundle savedInstanceState){
27.           super.onCreate(savedInstanceState);
28.           setContentView(R.layout.activity_escolha_dispositivo);
29.
30.           ListView lvDispositivos =
31.   (ListView)findViewById(R.id.lvDispositivos);
32.           Button btnRecarregar = (Button)findViewById(R.id.btRecarregar);
33.
34.           lvDispositivosAdapter = new
```

```
35.     ArrayAdapter<String>(EscolhaDispositivo.this,
36.                 android.R.layout.simple_list_item_1);
37.
38.         lvDispositivos.setAdapter(lvDispositivosAdapter);
39.
40.         address = new HashMap<String,String>();
41.
42.         btAdapter = BluetoothFactory.getBluetootAdapter();
43.
44.         lvDispositivos.setOnItemClickListener(new
45. ListView.OnItemClickListener(){
46.
47.             @Override
48.             public void onItemClick(AdapterView<?> lista, View v,
49.   int id, long l){
50.
51.                 lvDispositivosOnItemClick( lista, id );
52.             }
53.         });
54.
55.         registerReceiver( ActionFoundReceiver, new
56. IntentFilter(BluetoothDevice.ACTION_FOUND ) );
57.
58.         procurarDispositivos();
59.
60.         btnRecarregar.setOnClickListener(new View.OnClickListener() {
61.
62.             public void onClick(View v) {
63.                 procurarDispositivos();
64.             }
65.         });
66.     }
```

Na linha 55, está o código mais importante da Activity. Nessa linha, é informado qual Listener irá procurar os dispositivos próximos, sendo passada por parâmetro a classe ActionFoundReceiver, codificada adiante, e também um filtro, o que permite que a classe citada seja chamada apenas quando um novo dispositivo for encontrado.

Após, é executado o método responsável por iniciar as buscas (linha 58), assim como o tratamento do botão *Recarregar* (linhas 60 a 64), o qual executa o mesmo código apresentado na linha 58.

Já na **Listagem 13,** o método procurarDispositivo (linha 70) inicia cancelando as eventuais pesquisas que já estão ocorrendo (linha 02), limpa os elementos que já estão na lista apresentada para o usuário (linha 03), limpa o HashMap com os endereços (linha 04) e inicia um novo serviço de descoberta utilizando a interface Bluetooth do dispositivo (05). Ao ser iniciado o serviço de descoberta, é executada a classe informada no comando registerReceiver (linha 55).

Ele executa o método onReceive (linha 97) da classe BroadcastReceiver (linha 93). Inicialmente, é recuperado o tipo de operação que chamou o método (linha 99). Se a operação for o resultado de uma pesquisa (linha 101), será recuperada uma referência do dispositivo (linha 102) e se a lista da tela existir (diferente de null, linha 105), à mesma será acrescentado o nome do dispositivo (linha 106), assim como o endereço no HashMap (linha 107), com o componente visual sendo notificado que seu conteúdo foi alterado (linha 108).

Listagem 13 – EscolhaDispositivo.java – Activity responsável pela procura e seleção dos dispositivos Bluetooth – parte 2

```
67.
68.
69.
70.     private void procurarDispositivos() {
71.
```

```
72.              btAdapter.cancelDiscovery();
73.              lvDispositivosAdapter.clear();
74.              address.clear();
75.              btAdapter.startDiscovery();
76.         }
77.
78.
79.
80.       protected void lvDispositivosOnItemClick(AdapterView<?> lista, int id) {
81.
82.           String dispositivoSelecionado = (String)lista.getItemAtPosition(id);
83.
84.           Intent i = getIntent();
85.           i.putEtra("nome",dispositivoSelecionado);
86.           i.putEtra("endereco",(String) address.get(dispositivoSelecionado));
87.           setResult(RECUPERA_DISPOSITIVO,i);
88.
89.           finish();
90.       }
91.
92.
93.       public final BroadcastReceiver ActionFoundReceiver = new
94.  BroadcastReceiver(){
95.
96.           @Override
97.           public void onReceive(Contet contet, Intent intent) {
98.
99.                String action = intent.getAction();
100.
101.            if(BluetoothDevice.ACTION_FOUND.equals(action)) {
102.      BluetoothDevice device =
103.               intent.getParcelableEtra(BluetoothDevice.ETRA_DEVICE);
104.
105.            if(lvDispositivosAdapter != null) {
106.      lvDispositivosAdapter.add(device.getName());
107.                address.put(device.getName(),device.getAddress());
108.      lvDispositivosAdapter.notifyDataSetChanged();
109.      }
110.
111.                if(BluetoothAdapter.ACTION_DISCOVERY_FINISHED.equals(action)){
112.                    lvDispositivosAdapter.add("Finalizada a busca.");
113.      }
114.      }
115.        }
116.     };//fim da classe ActionFoundReceiver
117.  }//Fim da classe EscolhaDispositivoActivity
```

Por fim, é verificado se terminou a operação de pesquisa (linha 112) e caso isso ocorra, uma mensagem é apresentada ao final do componente visual de lista.

Quando for apresentado o dispositivo servidor na tela do dispositivo, o usuário poderá clicar nele, o que chamará o método lvDispositivosOnItemClick (linha 80). Nesse método, é recuperado na tela o elemento selecionado (linha 82) e iniciada a intenção para retornar à Activity principal (linha 84), passando como parâmetro o nome e o endereço do dispositivo (linhas 85 e 86). Por fim, esses dados são passados (linha 87) e o processamento da Activity de lista é finalizado (linha 89).

Uma vez retornado à Activity principal, o método onActivityResult( ) é executado. O método onActivityResult é apresentado na **Listagem 14**.

Listagem 14 – ClienteBTActivity.java – Método onActivityResult, chamado no retorno do EscolhaDispositivo.java.

```
01.    public void onActivityResult(int requestCod, int resultCode, Intent data){
02.        if ( requestCod == RECUPERA_DISPOSITIVO ){
03.            nomeDispositivo = data.getEtras().getString("nome");
04.            enderecoDispositivo = data.getEtras().getString("endereco");
05.        }
06.
07.        if (conectarDispositivo(enderecoDispositivo)){
08.          String nomeServidor = "Conectado com: " +
09.                m.mDevice.getName().toString();
10.          tvServidor.setTet("Servidor: " + nomeServidor);
11.        Toast.makeTet( this, "Conectado com "+nomeDispositivo+"!",
12.              Toast.LENGTH_SHORT ).show();
13.        }else{
14.        Toast.makeTet( this, "Não foi possível estabelecer conexão!"
15.              Toast.LENGTH_SHORT ).show();
16.        }
17.
18.    }
```

Ao ser executado, o método verifica o requestCode para saber se é o mesmo utilizado na chamada da nova tela (linha 02). Caso isto ocorra, o parâmetro data (do tipo Intent) é valorizado com as informações do dispositivo selecionado, como o nome do dispositivo e seu endereço, este armazenado em variáveis do tipo String (linhas 03 e 04).

Após, na linha 07, é tentada a conexão com o dispositivo (o código do método conectarDispositivo é apresentado em detalhes na **Listagem 15**). Havendo conexão, é formatada uma string com o nome do servidor no qual houve a conexão (linha 08), além de apresentar os dados no TextField (linha 10), finalizando com uma mensagem informativa via componente Toast (linha 11).

Caso a conexão não seja bem-sucedida, uma mensagem informativa é apresentada ao usuário (linha 15). Na **Listagem 15**, o código responsável pela conexão com o servidor Bluetooth é apresentado.

Listagem 15 – ClienteBTActivity.java – Método conectarDispositivo, o qual estabelece uma conexão com o servidor Bluetooth.

```
01.    private boolean conectarDispositivo(String enderecoDispositivo) {
02.        mmDevice = btAdapter.getRemoteDevice(enderecoDispositivo);
03.        BluetoothSocket tmp;
04.
05.        try{
06.            tmp = mmDevice.createRfcommSocketToServiceRecord(BTUUID);
07.        }catch(Exception e){
08.            return false;
09.        }
10.
11.        servidor = tmp;
12.        btAdapter.cancelDiscovery();
13.
14.        try{
15.            servidor.connect();
16.        }catch(IOException connectEcption){
17.            try{
18.                servidor.close();
19.            }catch(IOException closeException){
20.                return false;
21.            }
22.        }
23.
```

```
24.        return true;
25.    }
```

O método acima inicia tentando a recuperação do dispositivo remoto, identificado por seu endereço (linha 02). Havendo recuperação, o próximo comando é a recuperação dos fluxos de dados. Isto acontece a partir da instanciação de um BluetoothSocket (linha 06), sendo, na sequência, finalizado qualquer serviço de descoberta (linha 12). Por fim, é realizada a conexão com o servidor (linha 15), retornando false se algum erro ocorrer (linha 20).

Neste ponto, o aplicativo cliente já está quase completo, já funcionando o procedimento para pesquisar por dispositivo, selecionar e conectar-se a ele. Agora, apresentaremos o último processo restante, que é o envio das informações (veja a **Listagem 16**).

O envio dos dados acontece quando o usuário clica no botão *Enviar* da interface gráfica. Este método chama o btEnviarOnClick (linha 01), que cria os fluxos de entrada e saída de dados (linhas 07 e 08).

Para o envio dos dados digitados no EditText, ele é armazenado em uma variável String (linha 10) e escrito no fluxo de saída (linhas 12 e 13). Na sequência, é criado um array de bytes de 1 Kbyte (linha 15) para recuperar a resposta do servidor (linha 16), a qual é convertida em string (linha 17). Também é recuperado o nome do servidor (linhas 18 e 19) para a apresentação na tela. Por fim, os dados recuperados são apresentados nos componentes TextView (linhas 21 e 22).

Caso ocorra algum erro, uma exceção é capturada na linha 24, apresentando uma mensagem informativa para o usuário (linhas 25 e 26).

Listagem 16 – ClienteBTActivity.java – Método btEnviarOnClick.

```
01.    private void btEnviarOnClick() {
02.
03.        InputStream entrada;
04.        OutputStream saida;
05.
06.        try{
07.            saida = servidor.getOutputStream();.
08.            entrada = servidor.getInputStream().;
09.
10.            String msgEnviar = etTeto.getTet().toString();
11.
12.            saida.write(msgEnviar.getBytes());
13.            saida.flush();
14.
15.            byte[] buffer = new byte[1024];
16.            int bytes = entrada.read(buffer);
17.            String msgResposta = new String(buffer);
18.            String nomeServidor =
19.                servidor.getRemoteDevice().getName();
20.
21.            tvResposta.setTet(msgResposta);
22.            tvServidor.setTet(nomeServidor);
23.
24.        }catch(Exception e){
25.            Toast.makeTet(this, "Erro: " + e.getMessage(),
26.                Toast.LENGTH_SHORT).show();
27.        }
28.
29.    }
```

Testando o aplicativo Bluetooth

Dada a limitação dos emuladores do Android para testar a comunicação Bluetooth, ela não pode ser testada diretamente no emulador. Desta forma, a maneira mais segura e eficiente de realizar os testes é no próprio aparelho Android.

Para executar a aplicação no aparelho existem duas maneiras. A primeira é gerar o arquivo apk (Android Application Package), copiando-o para dentro do dispositivo móvel para a execução. A segunda maneira é utilizar um dispositivo Android como emulador, ou seja, dentro de sua IDE, você pode iniciar o aplicativo no seu dispositivo Android. Para isso, basta instalar via Android SDK Manager a ferramenta Google USB Driver. Depois, é preciso conectar o dispositivo Android via USB ao computador, habilitando o Debug via USB no dispositivo (no menu *Configurações – Aplicações – Desenvolvimento*) e habilitando a opção *Depuração de USB*). Por fim, ao executar a aplicação Android, na tela de seleção do AVD (Android Virtual Device), escolha seu dispositivo Android conectado ao computador via USB.

Concluindo...

Este capítulo apresentou os conceitos da comunicação Bluetooth, um dos recursos mais poderosos dos dispositivos móveis que permite a troca de informações entre os dispositivos (usando uma rede sem cabo e de baixo consumo de energia). Isto, muitas vezes, permite contornar algumas limitações dos dispositivos (falta de impressora, falta de um leitor de código de barra, ausência de GPS etc.).

No exemplo apresentado, uma aplicação simples foi desenvolvida a fim de apresentar os conceitos nas classes de comunicação Bluetooth. Foi possível abordar conceitos como a iniciação do serviço Bluetooth, procura por dispositivos, conexão, envio e recepção de mensagens de texto.

Exercício de fixação do capítulo

Exercício único

Desenvolva um aplicativo de chat, com link direto entre os dois devices Android, para a troca de mensagens e armazenamento delas em um arquivo de log.

Impressão e acabamento
Gráfica da Editora Ciência Moderna Ltda.
Tel: (21) 2201-6662